El faro de Stalingrado

Primera edición en este formato: enero de 2026
Título original: *The Lighthouse of Stalingrad*

© Iain MacGregor, 2022
© de la traducción, Joan Eloi Roca, 2023
© de esta edición, Futurbox Project, S. L., 2026

Diseño de cubierta: Taller de los Libros
Imagen de cubierta: Ataque de soldados soviéticos, enero de 1943. Wikimedia Commons
Corrección: Alicia Álvarez y Lola Ortiz

Publicado por Ático de los Libros
C/ Roger de Flor n.º 49, escalera B, entresuelo, oficina 10
08013, Barcelona
info@aticodeloslibros.com
www.aticodeloslibros.com

ISBN: 979-13-87592-36-3
THEMA: NHWR7
Depósito Legal: B 977-2026
Preimpresión: Taller de los Libros
Impresión y encuadernación: Liberdúplex
Impreso en España — *Printed in Spain*

IAIN MACGREGOR

EL FARO DE STALINGRADO

La verdad oculta en el corazón
de la mayor batalla de la
Segunda Guerra Mundial

TRADUCCIÓN DE

JOAN ELOI ROCA

ÁTICO DE
LOS LIBROS

BARCELONA - MADRID

Índice

He referido, hasta aquí, el hecho evidente y esencial, a saber, que son los ejércitos rusos los que han hecho la principal parte en arrancar las entrañas al ejército alemán.

Winston Churchill, primer ministro británico
Cámara de los Comunes, «Situación de la guerra»
(2 de agosto de 1944)

En tanto que comandante en jefe de las Fuerzas Armadas de los Estados Unidos de América, le felicito por la brillante victoria en Stalingrado de los ejércitos bajo su mando supremo. Los 172 días de épica batalla por la ciudad que por siempre ha honrado su nombre y el decisivo resultado que todos los estadounidenses celebran hoy continuarán siendo uno de los capítulos de mayor orgullo en esta guerra que libran los pueblos unidos contra el nazismo y sus imitadores.

Memorando de Franklin Delano Roosevelt
al presidente Iósif Stalin (6 de febrero de 1943)

Para Cameron e Isla

La Casa de Pávlov es un símbolo de la heroica lucha de todos los defensores de Stalingrado. Pasará a la historia de la defensa de la gloriosa ciudad como un monumento a la destreza militar y al valor de los guardias.

Teniente Yuli Petróvich Chepurin, corresponsal del 62.º Ejército, Stalingrado (31 de octubre de 1942)[1]

Cronología

5 de abril de 1942
Directiva número 41 de Hitler sobre la ofensiva alemana en el sur de Rusia.

24 de abril de 1942
Alexánder Mijáilovich Vasilevski asume la jefatura del Estado Mayor soviético (nombrado formalmente para el cargo el 26 de junio de 1942).

12 de mayo de 1942
Comienza la ofensiva soviética en Járkov.

17 de mayo de 1942
Los alemanes contraatacan en Járkov.

23 y 24 de mayo de 1942
Cerco y destrucción de los ejércitos soviéticos implicados en la fracasada ofensiva de Járkov.

28 de junio de 1942
Comienza la ofensiva alemana en el sur de Rusia (operación Azul).

Del 1 al 4 de julio de 1942
Caída de Sebastopol ante el 11.º Ejército alemán de Erich von Manstein.

6 de julio de 1942
Los alemanes capturan Vorónezh junto al Don.

9 de julio de 1942
El comando del Grupo de Ejércitos Sur alemán se divide entre el Grupo de Ejércitos A y el Grupo de Ejércitos B.

12 de julio de 1942
Formación del Frente de Stalingrado, grupo de ejércitos soviético.

23 y 24 de julio de 1942
Las fuerzas alemanas toman Rostov del Don.

23 de julio de 1942
La directiva número 45 de Adolf Hitler ordena lanzar ofensivas principales simultáneas sobre Stalingrado y hacia el Cáucaso.

28 de julio de 1942
Stalin emite la orden número 227 («¡Ni un paso atrás!»).

9 de agosto de 1942
Los alemanes capturan los campos petrolíferos de Maikop.

19 de agosto de 1942
Friedrich Paulus dirige el 6.º Ejército hacia Stalingrado desde sus posiciones en la curva del Don.

23 y 24 de agosto de 1942
La Luftwaffe comienza el bombardeo masivo de Stalingrado.

26 de agosto de 1942
Se nombra vicecomandante supremo de las Fuerzas Armadas soviéticas al general Gueorgui Konstantínovich Zhúkov.

3 de septiembre de 1942
Las tropas alemanas alcanzan las afueras de Stalingrado.

10 de septiembre de 1942
El 6.º Ejército alcanza el río Volga y separa a los Ejércitos 62.º y 64.º soviéticos.

12 de septiembre de 1942
El teniente general Vasili Ivánovich Chuikov asume el mando del 62.º Ejército.

13 de septiembre de 1942
Comienza la batalla por el centro de Stalingrado.

13 y 14 de septiembre de 1942
La 13.ª División de Fusileros de la Guardia del general de división Aleksánder Rodímtsev comienza a cruzar el Volga hacia el centro de Stalingrado.

24 de septiembre de 1942
Kurt Zeitzler sustituye al coronel general Franz Halder como jefe de Estado Mayor del Ejército.

24 de septiembre de 1942
La unidad de asalto del sargento inferior Yákov Fedótovich Pávlov del 42.º Regimiento vuelve a tomar la «Casa de los Especialistas» y comienza el asedio de la «Casa de Pávlov».

26 de septiembre de 1942
La mayor parte del centro de Stalingrado está en manos alemanas.

9 de octubre de 1942
Abolición del sistema de doble mando político-militar en el Ejército Rojo (Instituto de Comisarios).

14 de octubre de 1942
Cúspide del esfuerzo alemán dedicado a tomar Stalingrado.

8 de noviembre de 1942
Hitler anuncia en Múnich que Stalingrado está en sus manos.

11 de noviembre de 1942
La última gran ofensiva alemana en Stalingrado (operación Hubertus).

19 de noviembre de 1942
Comienzo de la contraofensiva soviética (operación Urano).

23 de noviembre de 1942
El 6.º Ejército alemán y los aliados del Eje son rodeados en Stalingrado.

24 de noviembre de 1942
Hitler ordena al 6.º Ejército que continúe la lucha en Stalingrado.

25 de noviembre de 1942
Comienzo de la ofensiva soviética contra el Grupo de Ejércitos Centro (operación Marte).

25 de noviembre de 1942
Se inicia el puente aéreo de la Luftwaffe a Stalingrado.

30 de noviembre de 1942
Paulus asciende a coronel general.

12 de diciembre de 1942
Inicio de la operación Tormenta de Invierno del mariscal de campo Von Manstein para rescatar al 6.º Ejército.

16 de diciembre de 1942
Los soviéticos lanzan la operación Pequeño Saturno.

20 de diciembre de 1942
Se aborta la operación Marte.

23 de diciembre de 1942

Se cancela la operación alemana de socorro a Stalingrado.

28 de diciembre de 1942

El Grupo de Ejércitos A alemán recibe la orden de retirarse del Cáucaso.

8 de enero de 1943

Los soviéticos dan un ultimátum al 6.º Ejército para que se rinda, pero este se niega.

10 de enero de 1943

Se inician las operaciones soviéticas contra el cercado 6.º Ejército.

17 de enero de 1943

Se repite el ultimátum de rendición soviético; de nuevo se rechaza.

25 de enero de 1943

Rechazo de una nueva oferta de rendición ante los soviéticos.

30 de enero de 1943

Hitler asciende a Paulus a mariscal de campo.

31 de enero de 1943

Rendición de Paulus y del 6.º Ejército en la bolsa centro-meridional.

2 de febrero de 1943

Rendición de las fuerzas alemanas restantes en Stalingrado en la bolsa norte.

Lista de los principales personajes citados

Nota del autor: Los siguientes oficiales y rangos, de ambos bandos, aparecen en orden cronológico a partir del desarrollo de la campaña de 1942. Muchos de ellos ascenderían, tal como señalaré en la narración.

ALEMANES

Adolf Hitler: comandante en jefe alemán.

Coronel general Franz Halder: jefe de Estado Mayor del Alto Mando del Ejército.

Coronel general Kurt Zeitzler: jefe de Estado Mayor del Alto Mando del Ejército.

Mariscal de campo Fedor von Bock: comandante del Grupo de Ejércitos Sur.

Mariscal de campo Paul Ludwig Ewald von Kleist: comandante del Grupo de Ejércitos A.

General mariscal de campo Wolfram Freiherr von Richthofen: comandante de la Luftflotte IV.

General Friedrich Wilhelm Ernst Paulus: comandante del 6.º Ejército.

Coronel Wilhelm Adam: ayudante de campo del general Paulus del 6.º Ejército.

General de división Alexander von Hartmann: comandante de la 71.ª División de Infantería.

Teniente coronel Friedrich Roske: comandante del 194.º Regimiento de Infantería.

Capitán Gerhard Münch: ayudante del 194.º Regimiento de Infantería.

Teniente primero Gerhard Hindenlang: ayudante del 194.º Regimiento de Infantería.

Sargento Albert Wittenberg: zapador de la 50.ª División de Infantería.

Soviéticos

Iósif Vissariónovich Stalin: presidente del Consejo de Comisarios del Pueblo.

General Gueorgui Konstantínovich Zhúkov: comandante en jefe adjunto del Ejército Rojo.

Nikita Serguéyevich Jrushchov: comisario militar del Frente de Stalingrado.

Coronel general Andréi Ivánovich Yeriómenko: comandante de los Frentes del Sudeste y de Stalingrado.

Teniente general Vasili Ivánovich Chuikov: comandante del 62.º Ejército.

Teniente general Mijaíl Stepánovich Shumílov: comandante del 64.º Ejército.

General de división Aleksánder Ilich Rodímtsev: comandante de la 13.ª División de Fusileros de la Guardia.

Coronel Iván Pávlovich Elin: comandante del 42.º Regimiento de Fusileros de la Guardia.

Teniente primero Alekséi Efímovich Zhúkov: 3.er Batallón del 42.º Regimiento de Fusileros de la Guardia.

Teniente Antón Kuzmich Dragan: 1.er Batallón del 42.º Regimiento de Fusileros de la Guardia.

Teniente Anatoli Grigóryevich Merezhko: oficial de Estado Mayor del 62.º Ejército.

Teniente Iván Filíppovich Afanásiev: 3.er Batallón del 42.º Regimiento de Fusileros de la Guardia.

Sargento inferior Yákov Fedótovich Pávlov: 3.er Batallón del 42.º Regimiento de Fusileros de la Guardia.

El complejo «La Madre Patria llama» en la cima del Mamáyev Kurgán

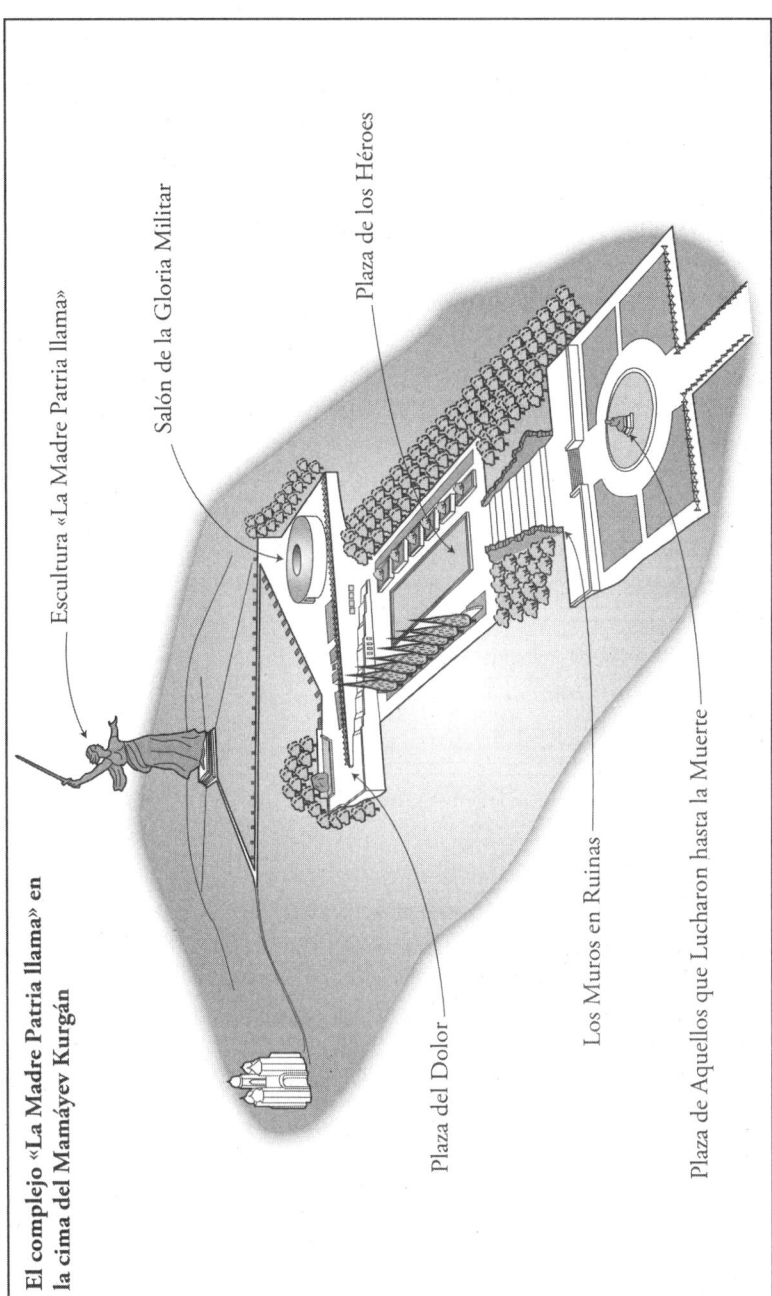

Escultura «La Madre Patria llama»

Salón de la Gloria Militar

Plaza de los Héroes

Plaza del Dolor

Los Muros en Ruinas

Plaza de Aquellos que Lucharon hasta la Muerte

© MDL Design

Prólogo

Enterramos a los nuestros

«El acontecimiento más memorable en la vida de mi abuelo fue, sin duda, la batalla de Stalingrado. [A su muerte] quiso yacer en la tierra junto a sus soldados».[1] Mientras habla por teléfono, la voz de Nikolái Chuikov se quiebra de repente, perdido en sus recuerdos del día en el que los ciudadanos salieron a las calles de la ciudad que había decidido el destino de la Segunda Guerra Mundial en Europa para despedirse de su hijo adoptivo.

Nikolái es descendiente directo de Vasili Ivánovich Chuikov, uno de los mayores hombres de armas de la historia moderna de Rusia. Todos los niños del país —y, de hecho, la mayoría de quienes estudian la historia militar en todo el mundo— conocen su nombre: el del comandante del ejército que salvó la «Ciudad Heroica». Chuikov, un campesino de provincias, ya comandaba un regimiento de revolucionarios a la edad de diecinueve años y, con el tiempo, se convertiría en un condecorado mariscal de la Unión Soviética.[2] Dirigió a sus hombres del 8.º Ejército de Guardias desde Stalingrado, atravesó Ucrania y Polonia, y derrotó a los mejores ejércitos que Adolf Hitler pudo reunir antes de aceptar la rendición incondicional del Tercer Reich en Berlín en mayo de 1945.[3] Fue un hombre duro, fornido y beligerante, además de conocido por su temperamento explosivo; las espaldas de no pocos de sus subordinados estaban bien familiarizadas con el bastón de oficial que Chuikov porta en las imágenes de las celebraciones en Stalingrado en febrero de 1943. Su coraje personal estaba fuera de toda duda, pero se podría aducir que su desdén hacia las vidas de sus hombres era, quizá, un asunto diferente. Sus implacables contraataques en la defensa de Stalingrado desangraron al 6.º Ejército de la Alemania nazi, aunque, de igual forma, casi aniquilaron al suyo. A pesar de ello y tras la guerra, Chuikov fue muy querido. Con un cabello negro despeinado, unos ojos hundidos y una expresión sombría tan solo iluminada por sus relucientes dientes de oro, el suyo era un rostro imposible de olvidar.

En 1949, el propio Iósif Stalin quiso que este hombre comandara la principal agrupación de la Unión Soviética en el distrito de Kiev, que sería una barrera contra cualquier ataque occidental futuro.[4] Tras ser ascendido a un alto cargo en marzo de 1969, Leonid Brézhnev, el primer secretario, lo envió a encabezar una delegación de cuatro hombres que representaría al Kremlin en el funeral de Dwight David Eisenhower, expresidente de los Estados Unidos y que había combatido en el mismo bando que Chuikov, en Washington D. C. En un día invernal azotado por el viento a orillas del Volga, le llegó el turno de recibir la despedida que el pueblo de la ciudad que lo había hecho todo posible daba a un soldado.

Chuikov llevaba algún tiempo enfermo: su cuerpo, de ochenta y dos años, seguía destrozado por las heridas de metralla sufridas en acto de servicio mientras luchaba contra los finlandeses en la guerra de Invierno de 1940, así como por los múltiples accidentes isquémicos transitorios que había padecido más tarde. Sin embargo, sería un ataque al corazón lo que pondría fin a su vida el 18 de marzo de 1982. Como última voluntad, pidió que lo enterrasen en la ciudad;[5] fue un honor único concedido por un Kremlin acostumbrado a enterrar las cenizas de sus generales intramuros, en la plaza Roja. El Mamáyev Kurgán ('túmulo de Mamái') o «cota 102.0»,[6] uno de sus puestos de mando más famosos durante la batalla de Stalingrado, se encontraba en plena línea de frente y se había excavado en el punto más alto de la ciudad.[7] Se había luchado por él durante semanas con artillería, duelos, bombardeos aéreos y brutales combates cuerpo a cuerpo. A la muerte de Chuikov, el antiguo túmulo tártaro era un gigantesco complejo conmemorativo dedicado a las decenas de miles de personas que habían perecido allí, así como a los cientos de miles que habían fallecido en el conjunto de la batalla de Stalingrado. La colina, que antes de los combates estaba cubierta de hierba, había quedado calcinada durante los enfrentamientos y permaneció desprovista de vegetación años después de la batalla, y, aun hoy en día, sigue llena tanto de escombros de la contienda como de huesos humanos. Cuando Friedrich Paulus, mariscal de campo y comandante del 6.º Ejército alemán, se rindió a finales de enero de 1943, la primera pregunta que hizo a sus captores del Ejército Rojo del 64.º Ejército fue: «¿Dónde está el "CP* 62"?».[8] Con ello, se refería al puesto de mando del Mamáyev Kurgán. Chuikov, que fue condecorado con honores y dos veces héroe de la Unión Soviética, había participado activamente en la reconstrucción del emplazamiento emprendido en la posguerra a finales de los años cincuenta; había colaborado con Evgueni Víktorovich Vuchétich, un renombrado escultor, para crear un complejo conmemorativo de fama mundial:[9] *¡La Madre Patria llama!*[10] Él sabía cuál era su lugar en la historia de la Gran Guerra Patria y, al igual que muchos de sus contemporáneos, se aseguró de ocupar una posición de *primus inter pares* como celebrado héroe de la mayor victoria de su país, aunque, para disgusto de sus contemporáneos stalingradenses,[11] la estatua gigante que domina una de las plazas del complejo de Mamáyev tiene el inconfundible rostro de Chuikov. Este acaparó los focos en la inauguración oficial del complejo en octubre de 1967, cuando la gente de la ciudad clamó para que fuera él, y no los políticos de la ciudad, quien se dirigiera a ellos. A regañadientes, le permitieron, por fin, hablar y comenzó entonces su discurso: «¡Hermanos míos, gentes de Stalingrado!» y, a sus palabras, le siguió un torrente de gritos y vítores. Tras su muerte, cumplió su último deseo: ser enterrado con sus hombres en la cota 102.0 a fin de que el comandante del antiguo 62.º Ejército yaciera por siempre junto a sus tropas.

El Kremlin había rubricado su necrológica pública en la que se celebraban tanto sus hazañas militares como políticas, y el primer secretario Brézhnev envió a sus hombres de confianza

---

* *CP*: siglas de *comandante de puesto. (N. del T.)*

del Comité Central a rendirle homenaje junto a los dignatarios del Partido en Volgogrado a pesar de que estaba demasiado enfermo como para asistir al funeral. Mientras la brisa del este se abría paso entre la multitud que aguardaba a lo largo de las orillas del río —algunas personas se sentaron en los árboles y encima de los autobuses aparcados para tener la mejor vista—, los mayores jerarcas de la Unión Soviética habían volado desde Moscú y ahora permanecían de manera solemne junto al féretro de Chuikov, que yacía en la Casa Central del Ejército Soviético en la plaza Suvorovskaya. Por su parte, Yuri Vladímirovich Andrópov, el líder del KGB, dirigía su mirada a las puertas de cristal de doble hoja, más allá de la familia de Chuikov y de la guardia de honor que rodeaba el féretro. La multitud se acercaba a la entrada para ver mejor. A su lado estaba Andréi Andréyevich Gromiko, el ministro de Asuntos Exteriores, ensimismado en sus cavilaciones. Por último, en representación de las Fuerzas Armadas soviéticas, se encontraba Dimitri Fiodórovich Ustínov, ministro de Defensa, que conversaba amistosamente con el hombre a su derecha, Mijaíl Serguéyevich Gorbachov, una joven estrella emergente del Partido que había ascendido recientemente a secretario del Comité Central.

Brézhnev admiraba desde hacía tiempo a Chuikov, el Legendario. Aunque es cierto que él mismo había logrado abrirse camino durante la Gran Guerra Patria ejerciendo de comisario político, también es verdad que no había dudado en inflar su propia contribución al esfuerzo de guerra y concederse a sí mismo los honores militares por los que comandantes como Chuikov habían derramado sangre. Ambos habían mantenido una relación incómoda con Nikita Serguéyevich Jrushchov, el predecesor de Brézhnev como primer secretario. Brézhnev respetaba la franqueza de Chuikov y se rio de la forma en la que este había cuestionado en público a Jrushchov al preguntarle dónde se encontraba durante los combates de Stalingrado.[12] Y lo que era más importante, Brézhnev había contado con su apoyo cuando llegó el momento de destituir al errático líder y tomar él mismo el control del Comité Central en 1962. Estaba en deuda con Chuikov.

Tras una mañana de velatorio, llegó la hora. El cortejo fúnebre, al compás de la banda del Ejército Rojo, siguió al féretro, ahora dispuesto sobre un armón de metal pulido del que tiraba un blindado. La semana anterior, una ola de frío había azotado la estepa que rodeaba la ciudad y la había cubierto de nieve; durante el funeral, un frío entumecedor aún atenazaba Volgogrado. La humedad del río creaba una espeluznante niebla a lo largo de la orilla que contribuía a la fúnebre escena. La familia de Chuikov encabezaba el cortejo seguida por los hombres del Comité Central, otros dignatarios locales, una columna de jóvenes guardias soviéticos —que más adelante portarían el féretro de Chuikov— y, por último, una cada vez mayor multitud de civiles entre los que se contaban cientos de veteranos de Stalingrado. A lo largo de todo el recorrido, se alinearon miles de residentes de la ciudad y, en algunos lugares, había hasta cinco filas: todo el mundo deseaba presenciar el último viaje del comandante.

Nikolái continuó: «Mi abuelo, por supuesto, recordó a los veteranos toda su vida y habló de ellos hasta sus últimos días cuando, tras múltiples apoplejías, ya estaba muy enfermo. Con motivo de su ochenta cumpleaños, un patio lleno de veteranos se congregó bajo las ventanas de su apartamento en la calle Granovsky de Moscú. Mi abuelo los vio, bajó y ellos, literalmente, se aferraron a él. Luego, los invitó por grupos a entrar en casa para brindar con cada uno de los hombres. "¡No hemos olvidado a nuestros camaradas muertos!", dijo mi abuelo como si se dirigiera a fantasmas: "Pronto iré a veros". Fue un espectáculo conmovedor».[13]

El cortejo fúnebre llegó al sendero del enorme complejo memorial que cubría 3,36 kilómetros cuadrados de la vertiente oriental del túmulo de Mamáyev. Antes de llegar a su destino, los dolientes se encontraron con una serie de terrazas por las que debían ascender, cada una de ellas con esculturas que elogiaban una etapa de la batalla.[14] Comenzaron subiendo por el camino de cien metros para luego avanzar por los doscientos escalones que representaban cada uno de los días de la batalla, y que lle-

Veteranos de la 13.ª Guardia se saludan en una reunión en los años
setenta en el lugar de su desembarco en el terraplén de la ciudad,
ahora llamado Muro de Rodímtsev.

varon tanto al cortejo como a la multitud de seguidores hasta
la avenida de los Álamos Negros. A continuación, atravesaron
una plaza circular rodeada de abedules; desde ella, la visión de
los enlutados dominaba el Volga, hecho que contribuyó a poner
de relieve lo crucial que esta posición había sido para ambos
bandos.

Sin detenerse, la procesión subió un segundo tramo de escalones de granito, pasó por la plaza de los Héroes y atravesó el
cavernoso Salón de la Gloria Militar (el Panteón), excavado en
la ladera de la colina y cuyo techo exterior estaba cubierto de
hierba. El techo interior abovedado, el suelo de mármol y las paredes de ladrillo de la sala creaban, de forma intencionada, una
atmósfera reverencial. A la luz de la gran llama eterna, el cortejo
podía ver inscritos en la pared los paneles con los nombres de
más de siete mil caídos, una fracción del número de muertos de
la batalla. ¿Cuántos camaradas anónimos habían perdido la vida
en el fragor del combate? Siguiendo un camino que ascendía
por el lateral del Panteón, los dolientes llegaron a la plaza del
Dolor. Ahora, mientras estos acostumbraban los ojos a la luz
natural, se divisaba la gigantesca estatua de la Madre Patria que,
espada en mano y apuntando hacia el oeste, parecía elevarse
sesenta metros sobre sus cabezas. El viento soplaba desde el este,

sobre el Volga, contra las espaldas de los dolientes. Empezaron a caer copos; ya casi habían llegado.

Los jóvenes guardias se detuvieron. Un murmullo se alzó entre la muchedumbre a sus espaldas mientras decenas de ancianos emergían de entre la multitud. Algunos vestían sus viejos uniformes oliváceos de sus días de servicio; otros, sus más elegantes trajes oscuros de paisano. Todos iban engalanados con medallas, pulidas y deslumbrantes a la luz del invierno, que colgaban de sus galones formando tres, a veces cuatro, filas que, en algunos casos, se extendían desde la solapa del cuello hasta el último botón de la chaqueta para mostrar toda una vida de servicio a la patria. Eran los héroes anónimos del 62.º Ejército, callados y solemnes.

En silencio, se abrieron paso hasta situarse junto a los jóvenes portadores del ataúd, ahora inmóviles, y se dispusieron a reemplazarlos. Se trataba de los supervivientes del 62.º Ejército: habían luchado por Chuikov, vencido al mejor ejército moderno de su época y lo habían hecho retroceder hasta Berlín. Llevarían a su comandante al lugar de su postrero descanso en

El cadáver del mariscal Chuikov antes de su entierro en marzo de 1982.

las laderas orientales del túmulo. En formación, una docena de ellos flanqueó el féretro; un hombre iba al frente para abrir paso y otro se dispuso en la retaguardia. Otro grupo caminaba detrás de ellos para ayudar en caso de que uno, o todos, no pudieran soportar la carga. Sus rostros solo mostraban la recia determinación de acometer su tarea, aunque caminaban despacio, mucho más que los guardias más jóvenes a quienes habían sustituido minutos antes. En medio de un ambiente cargado, se encontraron conduciendo a su viejo general a su última morada mientras la música ceremonial resonaba en el aire. El hombre que lideraba a los portadores del féretro volvió la cabeza hacia sus hombres y dio una orden. La procesión se detuvo de repente, dos de ellos abandonaron la formación y fueron sustituidos para que el féretro quedase bien sujeto; tal vez, más que el propio esfuerzo físico, la ceremonia había sido demasiado para ellos. Los hombres retornaron a la multitud mientras uno se enjugaba la frente con la manga de la chaqueta. Sus antiguos camaradas lo rodearon, y le apretaron el brazo y le dieron palmaditas en la cabeza en señal de agradecimiento.

La banda había dejado de tocar. A la vez que tanto familiares como dignatarios se alineaban en formación, el mariscal Víktor Gueórguievich Kulikov, comandante en jefe de las Fuerzas del Pacto de Varsovia, se adelantó ahora para pronunciar el discurso de despedida de una nación y un Partido agradecidos. Valentina Petrovna, su mujer, y la familia extensa de Chuikov se encontraban junto a los jefes locales del Partido y Vasili Grigórievich Záitsev,[15] el veterano francotirador y héroe de la Unión Soviética, además de amigo de la familia. Záitsev se acercó para consolar a Petrovna al mismo tiempo que señalaba, colina abajo, la gigantesca estatua de un coloso con el torso desnudo que empuñaba su ametralladora PPSh-41 en una mano y en la otra, una granada; la escultura, a su vez, custodiaba la entrada a la plaza circular por la que hacía muy poco se habían abierto camino.[16] De manera asombrosa, el rostro parecía reflejar los rasgos graníticos de su marido en sus mejores tiempos durante la batalla de 1942; en su inscripción, se leía: «¡Enfréntese la muerte!».

¡Imposible confundir esos rasgos! Al caminar por las diversas plataformas que componen el complejo del Mamáyev Kurgán, uno se encuentra la figura del mariscal Chuikov con el torso desnudo.

Después de cuatro horas, llegó el momento de dar sepultura a Chuikov y, sobre su tumba, se pronunciaron los últimos elogios. Los disparos de las salvas rompieron el silencio del homenaje. La Policía local había intentado mantener al público a una distancia prudencial, pero, cuando la familia y los funcionarios regresaron a sus coches, los curiosos rompieron filas para dirigirse en silencio a la tumba y rendirle su propio tributo en silencio.

«Por los héroes de la batalla de Stalingrado», proclamó una voz solitaria. La nieve se hizo más densa y la niebla ocultó los densos bosques de la orilla oriental del Volga a los dolientes. Mientras los ciudadanos de a pie caminaban de vuelta al centro de la ciudad, protegiéndose del viento cortante, un almacén de

El lugar de descanso del mariscal Chuikov en la cima del Mamáyev Kurgán hoy en día, mirando hacia el este, más allá del Volga.

cuatro plantas erigido con ladrillos rojos se alzaba en la lejanía. El monumento, ahora abandonado, había sido el escenario
de lo que, a lo largo de los años, les habían enseñado que fue
uno de los últimos reductos defensivos del ejército de Chuikov
cuando este se aferró a la ribera occidental durante la batalla.
En las inmediaciones, se encontraba un conjunto de modernos
bloques de apartamentos con vistas al gran parque público de
la plaza del Nueve de Enero. Al pasar, los padres señalaban a
sus hijos uno en particular, el lugar donde un pequeño grupo
de hombres de Chuikov había realizado proezas sobrehumanas
a fin de frustrar el avance del ejército alemán hacia el río en su
intento de capturar la ciudad: la Casa de Pávlov.

Introducción

*La plaza del combate y la casa
de la calle Penzenskaya, número 61*

Es otra fresca mañana de invierno en Volgogrado. Paseo junto al Volga, cerca del Museo Panorama, que domina el gran río y cuyas exposiciones cuentan la historia de la batalla de Stalingrado. Un tanque T-34 restaurado vigila la entrada; a la derecha del acceso principal, oculto tras grandes verjas de hierro de refinado doble, hay un edificio moderno de dos plantas que alberga los archivos del museo. Voy a pasar allí una semana como invitado para investigar los testimonios orales de los hombres del Ejército Rojo que sobrevivieron a la batalla. Igual que en el funeral de Chuikov, el viento castiga mi rostro y grandes nubes de vapor se elevan sobre la corriente helada del río. Llevo una hora caminando por los lugares situados junto al terraplén del sector central mientras recuerdo a cada paso que estoy en lo que fue un gran campo de batalla. El emplazamiento del Muelle Central, que mira hacia el Volga, está a tiro de piedra del museo y, para un ruso, significa tanto como la playa de Omaha en Normandía para un estadounidense. De pie en la orilla, la niebla helada me envuelve y echo la vista atrás hacia el muro del terraplén, que se eleva unos nueve metros por encima de mí. Todos los habitantes de la ciudad conocen hoy este muro de contención, donde antes se situaba un antiguo muelle de sal, en el que, allá por 1943, un guardia del Ejército Rojo perteneciente a la 13.ª División de Fusileros de la Guardia pintó con alquitrán unas palabras en ruso que, traducidas, vendrían a decir: «¡Aquí se enfrentaron a la muerte los Guardias de Rodímtsev; en su defensa, vencieron a la muerte!». Es solo una de las decenas de homenajes, estatuas, jardines conmemorativos y plazas que salpican la ciudad con el fin de recordar a los caídos.

Quiero inspeccionar una gran plaza pública y un edificio concreto cercano a esta, uno que ha cautivado mi imaginación desde que, cuando era un niño, leí sobre la feroz batalla que se libró aquí en la Segunda Guerra Mundial. Como la propia ciudad, la calle por la que camino ha cambiado de nombre desde la muerte de Stalin y la posterior caída del comunismo; ahora es la calle Sovetskaya. El edificio que busco, el número 39, se encuentra en el corazón de la ciudad de Volgogrado: es un moderno bloque de apartamentos de cuatro plantas situado junto a una transitada carretera que discurre a lo largo del tramo central del Volga. Un extremo del bloque da a la plaza Lenin, al oeste, mientras que el otro, al este, está a escasos metros del museo. Junto a este último, se encuentra el impresionante armazón en ruinas del famoso molino de Gerhardt, que hoy se conserva tal como quedó tras los encarnizados combates por la urbe en 1942 y 1943. A diferencia de su histórico vecino, el complejo de apartamentos de fachadas amarillas —hoy bien mantenido— fue

A tiro de piedra de la «Casa de Pávlov» y del gélido río Volga, la solemnidad del molino de Gerhardt impone, incluso en el invierno de 2020.

el primero en reconstruirse a partir de las ruinas en 1943 y en prestar un buen uso a sus habitantes. Para los transeúntes, se trata de un edificio residencial corriente, aunque bastante elegante, diseñado al estilo de la arquitectura de la ciudad antes de la guerra. Mientras camino por la calle, con el río a mi derecha, enseguida diviso lo que esperaba ver: unos ladrillos rojos que contrastan con el amarillo otoñal del edificio adyacente, a cuya esquina y lateral están casi pegados. Hay una inscripción tallada que reza: «En este edificio, se funden heroicas hazañas de guerra y esfuerzo. ¡Te defenderemos, / te reconstruiremos, querida Stalingrado!».

Recorro el edificio en toda su longitud, asimilando su dimensión, recreando en mi mente cómo habría sido guarnicionado, igual que una fortaleza en miniatura, durante la cruenta lucha que se libró casa por casa. Imagino sus muchas ventanas tapiadas y utilizadas como emplazamientos de tiro, también los accesos a los sótanos que protegían a los defensores soviéticos de los bombardeos alemanes y los ataques blindados.

Dominando la entrada trasera, que da a la plaza Lenin, hay un enorme mausoleo de piedra construido en estilo modernista soviético. En su centro, un conjunto semicircular de columnas se asoma a una sucesión de parterres y un muro conmemorativo. La imagen bidimensional de un soldado del Ejército Rojo —también en el clásico estilo modernista soviético— cincelada en el muro parece guardar la casa que hay detrás. Debajo de la figura, que ocupa casi toda la anchura del muro conmemorativo, se encuentra una lista de los defensores de esta casa: la Casa de Pávlov, quizá la más famosa de la batalla de Stalingrado.

La batalla de Stalingrado levanta pasiones. Muchos la consideran la contienda europea clave de la Segunda Guerra Mundial. Tal como concluye el historiador John Erickson:

> Al final de la campaña de Stalingrado, Alemania y sus aliados del Eje en el frente oriental habían sufrido las bajas de un millón y medio de personas entre muertos, heridos y capturados. Habían perdido casi cincuenta divisiones (casi cinco

Lo que queda de la «Casa de Pávlov» original continúa siendo hoy un destino popular tanto para los turistas como para los historiadores que estudian la batalla.

ejércitos completos). [...] La victoria soviética en Stalingrado fue el punto de inflexión de la guerra en el frente oriental y el frente oriental fue el principal frente de la Segunda Guerra Mundial.[1]

En toda la antigua Unión Soviética, y concretamente en la actual Rusia de Vladímir Putin, la victoria en la ciudad que llevaba el nombre del antiguo dictador representaba el punto de inflexión de la Gran Guerra Patria de 1941 a 1945. Los sacrificios realizados, las bajas infligidas por el conflicto y la victoria obtenida en su batalla más famosa definen la Rusia moderna.[2] Estados Unidos sufrió 419 000 muertos en combate tras su entrada en el conflicto a finales de 1941; el Reino Unido contabilizó una cifra superior, 451 000 muertos, y los soviéticos padecieron más de 27 millones de muertos. Desde la caída de Creta en mayo de 1941 hasta la invasión de Italia en septiembre de 1943, el Ejército Rojo fue la única fuerza que se enfrentó al grueso de las alemanas en suelo europeo.[3] El propio hermano mayor de Putin pereció en el sitio de Leningrado y, en 1942, su padre resultó herido de gravedad mientras defendía la ciudad. Al igual que millones de sus compatriotas, Putin siente una profunda conexión personal y una gran pasión por este conflicto que se extiende hasta la mayor batalla de la guerra y la mejor victoria del Ejército Rojo. En la batalla de Stalingrado, el Ejército Rojo resistió a los planes de Hitler de conquistar y ocupar los vitales yacimientos petrolíferos de la Unión Soviética en el Cáucaso, capturar su vital ruta de suministro en el río Volga y dividir el país en dos.

El presidente Putin ha visitado la actual Volgogrado numerosas veces con ocasión de actos oficiales, como la conmemoración del septuagésimo quinto aniversario de la victoria el 2 de febrero de 2018.[4] Además, siempre saca tiempo para hablar y fotografiarse con los veteranos, a menudo, en el Museo Panorama. En parte, es publicidad para vincular su programa nacionalista a la mayor batalla de Rusia, pero también sirve para reforzar el culto soviético a la propia Gran Guerra Patria, en la que cada acción, sacrificio, muerte y, por supuesto, victoria están justificados y merecen veneración. Al igual que Jrushchov, Brézhnev, Gorbachov y Borís Nikoláyevich Yeltsin antes que él, tal vez Putin reconoce que la aclamación que el propio Stalin logró en la posguerra, tanto en su país como en el extranjero, fue una consecuencia directa de la victoria en Stalingrado.[5]

El presidente ruso evoca estos recuerdos para cimentar su posición de líder fuerte, de forma muy parecida a la que lo hizo Stalin, guiando al país en tiempos difíciles tanto económicos como políticos. El hecho de envolverse en la bandera rusa y celebrar las hazañas bélicas de sus antepasados le garantiza una sólida base de apoyo entre los rusos patrióticos de todas las generaciones. En el momento de editar este libro en la primavera de 2022, cuando las relaciones entre Rusia y Occidente pasan por su peor momento desde el final de la Guerra Fría debido a la invasión de Ucrania por parte de Putin, este apoyo interno —o la represión de cualquier crítica interna— se vuelve todavía más crítico. El Día de la Victoria en Europa es la segunda fiesta nacional más importante de Rusia y, en una reciente encuesta, los rusos situaron la victoria en Stalingrado por delante de la

Si se sabe dónde buscar (en este caso, en el antiguo alojamiento para trabajadores detrás de la fábrica de armas de Barrikady), todavía se encuentran los daños de los combates casa por casa. Una aleta caudal de mortero soviético de 120 mm, descubierta en un recorrido a pie por el Mamáyev Kurgán.

defensa de Moscú en 1941 y la posterior victoria en Kursk en 1943 como el acontecimiento más importante de la Segunda Guerra Mundial.[6]

Ciertas ciudades, fortalezas, personas y determinados edificios son sacrosantos para la historia oficial de Rusia anterior a la llegada al poder de Putin; sus reputaciones se labraron durante la Segunda Guerra Mundial y, desde entonces, no se ha dejado de sacarles brillo: la defensa de la Fortaleza de Brest (en la actual Bielorrusia) en los primeros días de la operación Barbarroja en 1941; el heroísmo de los ciudadanos de Leningrado, asediada, bombardeada y hambrienta durante 872 días, así como los hombres del Ejército Rojo que al final se harían con Berlín, el premio gordo, allá por mayo de 1945. El deseo de venerar este esfuerzo colectivo e individual, además de vincularlo a la actualidad, siempre ha sido primordial; tal cosa se consiguió mediante el uso de la propaganda soviética de la época y se ha mantenido después de la guerra. Stalingrado fue —y es— la piedra angular definitiva para cualquier dirigente ruso: para el país, significa lo mismo que Dunkerque para los británicos; El Álamo, para los estadounidenses[7] o Verdún, para los franceses.[8] Sin embargo, a veces, la mitificación de la lucha por la ciudad de Stalin puede distorsionar la verdadera historia, que, en sí misma, es, sin la menor duda, heroica.

De las catastróficas pérdidas de vidas rusas en el transcurso de la Segunda Guerra Mundial, 16 000 000 de ellas fueron civiles, y más de 7 000 000 tenían entre 19 y 25 años; prácticamente todas las familias soviéticas debieron guardar luto por un ser querido. En la Rusia europea, 78 000 ciudades, pueblos y aldeas fueron destruidos, y la infraestructura de transporte y comunicaciones de la nación quedó devastada. No obstante, Stalingrado, con su enorme coste en vidas humanas, rompió el ciclo de continuas victorias alemanas y aseguró que la derrota de los nazis por parte de los Aliados fuera una cuestión de *cuándo* y no una mera posibilidad. Aun así, el coste para las fuerzas rusas fue enorme, tal como concluye Brandon M. Schecter en *The stuff of soldiers*:

Al final de la guerra, 11 273 026 personas habían dejado de existir para siempre y 34 476 700 habían sido reclutadas (por término medio, cada año hubo once millones de personas que vestían de uniforme). [...] De 1941 a 1943, el ejército en el frente había gastado el 488 por ciento de su fuerza media mensual. En otras palabras, se había reconstruido cinco veces.[9]

Aunque la ofensiva alemana de verano comenzó en julio de 1942, la batalla por la ciudad se libró desde principios de septiembre hasta el 2 de febrero de 1943. Acabaría con la aniquilación del 6.º Ejército la agrupación más experimentada de la Wehrmacht.[10] Esta poderosa fuerza estuvo en la vanguardia de la conquista de los Países Bajos y Francia en 1940, así como de la invasión inicial de Rusia en junio de 1941. Desde su destrucción en Stalingrado, tanto las fuerzas alemanas como sus aliados del Eje en el este estarían a la defensiva y el Ejército Rojo —que, hasta entonces, se consideró una fuerza exhausta— avanzaría inexorablemente hacia el oeste en dirección a Berlín. Tal como aventura Erickson en *The road to Stalingrad*: «Si, en 1709, la batalla de Poltava convirtió a Rusia en una potencia europea, Stalingrado puso a la Unión Soviética en el camino de convertirse en una potencia mundial».[11] La batalla, que duró cinco meses, supuso la culminación de la ofensiva estival de Hitler que, empleando más de un millón de soldados, atacó el sur del país con las miras puestas en los campos petrolíferos rusos del Cáucaso y cogió por sorpresa tanto a Stalin como a su consejo militar, la Stavka, pues esperaban que los alemanes repitieran su asalto directo a Moscú.[12] Al final, varias semanas de derramamiento de sangre en pleno verano de 1942 —mientras el Ejército Rojo lanzaba a la desesperada sus reservas al combate para frenar el avance del Grupo de Ejércitos Sur alemán— desembocaron en la ribera del río Volga, la arteria de transporte del país (y de la ciudad); en su orilla, Stalingrado, joya y escaparate comunista, era entonces una gigantesca fábrica en tiempos de guerra.

El 23 de agosto, las fuerzas germanas alcanzaron el Volga al norte de Stalingrado y establecieron líneas defensivas alrededor de

Estación principal de ferrocarril n.º 1 de
Stalingrado, en laactual Volgogrado.

la ciudad antes de lanzar ataques coordinados, y la Luftwaffe redujo a escombros vastas extensiones de la urbe y mató a miles de
civiles. A partir del 13 de septiembre, un debilitado Ejército Rojo
hizo todo lo posible por defender intramuros baluartes vitales que
se convertirían en legendarios (el elevador de grano, las fábricas de
armas de Barrikady y la de tractores, así como la Estación de Ferrocarril número 1), pero, frente a los implacables asaltos alemanes
de los blindados y la infantería, el Ejército Rojo se vio forzado a ceder terreno y aferrarse a unas pocas y estrechas cabezas de puente.

Las bajas en ambos bandos fueron asombrosas, ya que cientos de miles de soldados lucharon con uñas y dientes, y los incesantes bombardeos aéreos y de artillería contribuyeron a hacer
de Stalingrado un infierno. Las guerreras gris campaña de los
alemanes estaban tan cubiertas de polvo y escombros que, a menudo, se confundían con el color caqui de los rusos. *Rattenkrieg*
('guerra de ratas') fue el cínico apodo que el 6.º Ejército dio a su
sangrienta pugna por avanzar calle a calle, casa por casa, habitación por habitación, y bajo las propias calles de la ciudad, en
las alcantarillas. A finales de septiembre, tres semanas después
de que comenzase la batalla, el Ejército Rojo había cambiado
de táctica para inmovilizar a un mayor número de alemanes,

mermar sus fuerzas y neutralizar su superior potencia de fuego aéreo y blindado mientras se pretendía que sus tropas «abrazaran a su enemigo» para maximizar las bajas alemanas y disuadir los ataques aéreos y de artillería.

Estos combates serían los precursores del empleo de grupos de asalto rusos formados por equipos de entre cuatro y ocho hombres —armados con granadas, ametralladoras, bayonetas e incluso palas afiladas— que debían desalojar de invasores un edificio antes de ser fuertemente reforzados para repeler los contraataques enemigos y hacer de la edificación una fortaleza en miniatura. Varios de estos emplazamientos podían convertir una línea de defensa debilitada en un mortífero campo de batalla: así fue como un equipo de cinco hombres del 42.º Regimiento de Guardias, unos «Hermanos de Sangre» soviéticos, que pertenecía a la 13.ª División de Fusileros de la Guardia, recibió la orden de volver a tomar un bloque de apartamentos que dominaba una sección vital de las líneas rusas en el centro

El sargento inferior de la Guardia Yákov Fedótovich Pávlov, a quien los periódicos ensalzarían como héroe del asedio.

de la ciudad y por el que se había luchado de manera encarnizada desde el comienzo de la batalla. El grupo de asalto estaba dirigido por Yákov Fedótovich Pávlov, un sargento inferior de veinticuatro años, de origen campesino y originario del óblast de Nóvgorod en el noroeste de Rusia, que era conocido tanto por su gorro de piel, digno de un dandi, como por su tenacidad para defenderse incluso cuando todo parecía perdido.

En Stalingrado, dos unidades clave se enfrentaron en la pugna por el centro de la ciudad. Igual que muchas otras, la 71.ª División de Infantería alemana, comandada por el general de división Alexander von Hartmann, sería destruida en la batalla por la ciudad, pero no sin antes verse involucrada en un feroz combate con una agrupación igual de legendaria: la 13.ª División de Fusileros de la Guardia del general de división Alexánder Ilich Rodímtsev. Ambos dirigirían sus respectivas agrupaciones durante cinco meses de encarnizados combates por el corazón de la urbe. Las historias que hoy podemos leer sobre la salvaje batalla —casi medieval, en esta lucha que ambos bandos libraron casa por casa— son las que hacen que la de Stalingrado sea tan atractiva para algunos historiadores, entre los que me incluyo. Una de esas se centra en Pávlov, quien, desde entonces, ha sido elevado a una posición bastante singular; hablaré de su historia desde nuevos puntos de vista y sirviéndome de los testimonios de otros hombres que lucharon junto a él. El grupo de asalto del sargento inferior Pávlov, que se hizo con el control del edificio, sabía que, ahora, su posición sobresalía de sus líneas en territorio alemán, lo que permitía a sus observadores de artillería disponer de excelentes posiciones para lanzar salvas precisas sobre el enemigo cuando, cada día al amanecer, formaban a fin de realizar nuevos ataques. La edificación también servía para cubrir uno de los puntos de cruce del Volga donde se había construido una plataforma de desembarco para transportar tropas y suministros a la línea del frente; quien lo mantuviera en su poder controlaba la cabeza de puente. El edificio se encontraba bajo el permanente ataque tanto de la infantería como de los blindados alemanes, y era bombardeado desde el aire; por su parte, la guarnición se

El general de división Alexánder Rodímtsev, comandante de la recién formada 13.ª División de Fusileros de la Guardia, recibe el nuevo estandarte
de la Guardia, en marzo de 1942. La división participaría en encarnizados
combates durante todo el año, desde el desastre de Járkov en primavera
hasta la asombrosa victoria de Stalingrado en el invierno siguiente.

reforzaba de manera ininterrumpida con hombres y material, y
las bajas se iban acumulando.

Aunque sembrado de muertos y moribundos, este enfrentamiento, en comparación con la batalla principal, fue relativamente insignificante. Sin embargo, en cuanto un periódico de la
ciudad habló de ello mientras se libraba la incesante lucha, Pávlov
se convirtió en una leyenda: debido a los escritores que trabajaban para la sección política del Ejército Rojo, los hechos reales
se amoldarían a una nueva trama que tenía poco que ver con la
realidad, pero que se acepta como un hecho hasta la actualidad.[13]
La prensa soviética bautizó el edificio del Volga como la «Casa de

Pávlov» y ensalzó el espíritu del combatiente campesino como típico de los *frontoviki* que estaban en primera línea de combate de la mayor prueba que la patria debía afrontar contra el invasor fascista.[14] En realidad, el nombre en clave de la posición fue Faro.

Deseosos de ocultar el hecho de que, a mediados de noviembre, los alemanes ocupaban el noventa por ciento de la ciudad, los soviéticos tenían una necesidad desesperada de historias que sugirieran justo lo contrario.[15] Entonces, sus reporteros escribieron artículos en los que alababan la heroicidad de los civiles de Stalingrado y del Ejército Rojo que defendía la urbe. La primera mención de la Casa de Pávlov apareció el 31 de octubre de 1942 en el periódico *Bandera de Stalin* del 62.º Ejército antes de anunciarse a los cuatro vientos en un movimiento social de reconstrucción tras la batalla. En la historia del *Bandera,* se nombraba a los combatientes, se elogiaba su origen étnico —un crisol multicultural soviético— y se tomaban licencias artísticas con la cronología de los acontecimientos. El artículo fue popular entre las tropas de la ciudad, necesitadas de una historia con la que sentirse bien, pero pronto se elevó a categoría nacional y un artículo similar apareció en el *Pravda* el 19 de noviembre de 1942, día en el que la operación Urano, orquestada por el general Gueorgui Konstantínovich Zhúkov, puso en marcha el cerco y la destrucción final del 6.º Ejército alemán.[16] Más tarde, se relató en la radio nacional.

Una vez conseguida la victoria en Stalingrado, esta fue motivo de celebración internacional y los soviéticos recibieron elogios generalizados. El *Daily Mail* declaró en su portada:[17] «El ejército de Stalingrado, aniquilado», mientras que, al otro lado del Atlántico, el *New York Times* anunciaba la destrucción de «la flor y nata del ejército de Hitler [...]; las bajas del Eje en el Volga desde el pasado otoño superan los quinientos mil, solo en muertos y capturados».[18]

En la Conferencia de Teherán de noviembre de 1943, el primer ministro Winston Churchill entregó a Stalin, en nombre del rey Jorge VI, la Espada de Stalingrado con la inscripción «De un pueblo británico agradecido».[19]

El realismo socialista, en todas sus formas, era el estilo artístico oficial aprobado por el Gobierno: dominó la Rusia soviética desde los tiempos de Lenin, en los años veinte, hasta casi la caída del Muro de Berlín y el final de la Guerra Fría en los noventa. Escritores, artistas, escultores, poetas y cineastas se vieron sometidos a su influjo: con ello se pretendía perfeccionar el ideal de vida socialista en el país. Un elemento clave de esta doctrina fue el embellecimiento de la verdad para apoyar cualquier línea del Partido que se adoptara. Lo que ocurriría después de la batalla de Stalingrado —el hecho de relatar la historia de la defensa de una casa como metáfora del sufrimiento de la ciudad y de la propia Rusia— encajaba a la perfección en la política del realismo socialista.

Ya en 1943, esta lucha apocalíptica cobró vida en la pantalla, con el estreno de *La ciudad que detuvo a Hitler: la histórica Stalingrado,* una epopeya de propaganda gubernamental «oficial» dirigida por Leonid Varlámov y narrada por la voz de Yuri LeviTán, emblemático locutor de radio del país.[20] Naturalmente, Stalin era la estrella, armado con un dominio casi napoleónico de las tácticas y amado por sus tropas y generales, así como tomando las decisiones clave que garantizasen la victoria de una nación agradecida.[21] Es probable que este último punto fuese el arte imitando a la vida en la sociedad totalitaria que era la Rusia de posguerra y que, tras el Telón de Acero, había descendido sobre Europa del Este. Pero, hasta el momento, en todo el mundo se habían alabado los sacrificios del pueblo ruso y su ejército. Solo en Francia, se bautizaron más de ciento cincuenta calles o avenidas con el nombre de Stalingrado conforme los comunistas ganaban poder en las elecciones locales desde Lille a Cannes y de Burdeos a Grenoble. Una estación del metro de París recibió el nombre de la ciudad de Stalin y se denominó Place de la Bataille-de-Stalingrad a una plaza del XIX distrito de la capital francesa.

Durante la contienda, abundaron los reportajes originados en la primera línea del frente oriental, y los mejores escritores rusos se vistieron de verde oliva para servir en el Ejército Rojo y escribir en su periódico oficial, el *Estrella Roja*, páginas de una prosa que, en cualquier otro país, habría recibido no pocos premios.[22] No obstante, de la misma manera que ocurrió con los escritores y corresponsales de Occidente, el hecho de compartir trinchera con camaradas de ideas afines fomentó el deseo de contar la verdad tal como la presenciaban, ya fuera buena o mala.

Vasili Grossman, ingeniero químico originario de Ucrania, fue uno de estos escritores. A finales de 1941 y tras el inicio de las hostilidades, se alistó e informaría sobre las principales batallas hasta la toma de Berlín en 1945. Sus doce artículos —algunos de los cuales se citarán más adelante— le granjearon el respeto de los soldados del Ejército Rojo. Captó tanto sus vidas en el frente como en la batalla, y Stalingrado iba a ser la cúspide de su guerra particular. Las vidas que plasmó en las páginas de su producción periodística también habitarían su prosa de ficción, en especial, la de su mejor novela, *Vida y destino,* que terminó en 1959. Tal como cabría esperar, la honestidad de su narrativa a la hora de describir los puntos débiles de la actuación de Stalin en la guerra hizo que la obra fuera tachada de «antisoviética» por las autoridades y nunca viera la luz; en 1964, Grossman murió de cáncer. En 1980, su mayor obra se sacó de manera clandestina de Rusia y se publicó, al fin, con gran éxito, por lo que Stalingrado se convirtió en un tema popular entre el público de Occidente.[23]

A medida que la Guerra Fría avanzaba, en los países regidos por los comunistas, los parques, las fábricas y las urbanizaciones cambiaron de nombre o se erigieron de la nada para celebrar la trascendental victoria. En todo el mundo, las obras de teatro sobre la Gran Guerra Patria llenaron las salas. En los años setenta, cuando las relaciones entre la Unión Soviética y Occidente se estaban descongelando, dos importantes series documentales, que combinaban la visión estratégica con la experiencia personal de diferentes testigos de los acontecimientos críticos, reconocieron el terrible coste que Rusia había pagado para derrotar a Hitler. En 1973, se estrenó *El mundo en guerra,* la multipremiada crónica del conflicto en veintiséis capítulos, narrada por sir Laurence Olivier, y en la que se dedicaba un episodio entero a Stalingrado; en su momento, fue la serie documental más cara jamás producida. En 1978, Burt Lancaster, leyenda de Hollywood, protagonizó una respuesta estadounidense a su antecesora británica: una serie de veinte capítulos centrada únicamente en la Gran Guerra

Patria en la que un Lancaster, grabado a orillas del Volga, relataba la naturaleza brutal y épica de los combates.[24]

En los más de treinta años transcurridos desde el final de la Guerra Fría, millones de personas han visto alguna dramatización de la batalla. En 2011, la BBC produjo una emblemática adaptación de *Vida y destino;* además, tres películas —incluida la superproducción de Hollywood *Enemigo a las puertas*— han transmitido al público una idea de la magnitud de la destrucción que sufrió la ciudad.[25] Por su parte, también los historiadores han analizado y valorado la batalla: destacan el *best seller* internacional *Stalingrado,* de Antony Beevor; la trilogía *Stalingrado,* de David M. Glantz, y *Stalingrado: la ciudad que derrotó al Tercer Reich*, de Christopher Tauchen y Jochen Hellbeck, quizá uno de los mejores títulos recientes que recoge las últimas voces de quienes vivieron la batalla.

En los reportajes y las noticias, la imagen de la Casa de Pávlov se ha transformado de manera radical; lo que en la crónica del periódico del Ejército Rojo era la defensa de un único edificio acabó por echar raíces en el folclore ruso moderno y se encumbró como piedra angular no solo de la batalla, sino de toda la Gran Guerra Patria. Más tarde, se utilizaría como símbolo de un movimiento local de mujeres y jóvenes pioneros de Stalingrado dedicados a la reconstrucción de la ciudad, lo que, a su vez, se convirtió en una historia nacional que inspiraría a otros grupos similares en todos los pueblos y las ciudades de Rusia dañados o destruidos por la guerra.[26] El sargento Pávlov se convertiría en el icono del movimiento y las nuevas generaciones del siglo XXI reconocen su imagen.

En *Call of Duty,* la multimillonaria franquicia de PlayStation, hay un nivel llamado «La Casa de Pávlov» donde aparece el propio sargento Pávlov, y en este se enseña una versión errónea de la historia de la batalla a las generaciones más jóvenes (entre ellos, mi hijo adolescente). En 2018, en el septuagésimo quinto aniversario de la victoria, durante su visita de Estado a Volgogrado, el presidente Vladímir Vladímirovich Putin apareció junto a un grupo especialmente seleccionado de estudiantes («Voluntarios de la Victoria») para el lanzamiento de un videojuego educativo interactivo a escala nacional, financiado con una subvención presidencial, que llevaba al espectador en un recorrido de realidad virtual por los lugares clave de la batalla de Stalingrado, incluida la Casa de Pávlov.[27]

El faro de Stalingrado aborda la leyenda de este edificio vista a través de los ojos de los hombres y las mujeres que habitaron el número 61 de la calle Penzenskaya. Tras la muerte de Stalin en 1953, el Gobierno aflojó la censura por orden de Jrushchov, su sucesor y el director del Museo Panorama invitó a los veteranos a relatar sus historias personales con independencia tanto del lugar de la ciudad en el que hubieran combatido como de su rango. La gran mayoría de estos testimonios han permanecido intactos en los archivos durante décadas, pero captan de manera gráfica los muchos momentos icónicos de la batalla, de la misma manera que ofrecen una visión única de lo que estos hombres y estas mujeres experimentaban. Si bien es cierto que hubo cierta censura soviética en cuanto al lenguaje utilizado y a los recuerdos que la gente se sentía segura de plasmar por escrito, estos testimonios constituyen una lectura fascinante.

Con el telón de fondo de la propia campaña de 1942 a 1943 y las numerosas voces que presentaremos, analizaremos la leyenda del sargento inferior Pávlov así como las principales figuras de los enfrentamientos en el centro de la ciudad. En algunos casos, la realidad era bastante distinta de lo que el *Pravda* y otros propagandistas mediáticos soviéticos querían que el público ruso supiera. Para ser claros, se trató de una lucha prolongada por una posición clave en el campo de batalla, y el propio Pávlov, que resultaría herido de gravedad tres veces hasta el final de la guerra, fue un soldado valiente y recibió multitud de condecoraciones. No obstante, la historia cobró vida propia durante y después de la Gran Guerra Patria.

Los hechos aceptados desde 1943 son los siguientes: la guarnición era una pequeña «hermandad de sangre», una mezcla cultural perfecta de once grupos étnicos procedentes de toda la Unión Soviética que luchó, contra todo pronóstico, durante 58 días seguidos, mató a cientos de enemigos y estuvo bajo el mando de Pávlov. La importancia del edificio para el devenir de la contienda fue tal que el mariscal de campo Paulus incluso lo marcó en los mapas del 6.º Ejército. Esta es la historia oficial que todos los rusos conocen y que, en efecto, ha venido repitiéndose en las innumerables narraciones de la batalla. No obstante, este relato no es exacto y la verdadera historia revela mucho más sobre los individuos implicados, la cronología de los acontecimientos y el destino de quienes sobrevivieron. Además, está la cuestión del papel del propio Pávlov.

Su fama quedó garantizada por el reconocimiento de la prensa y, después, por el respaldo de dos individuos de alto rango, quienes repitieron el argumento del *Pravda* en sus propias memorias publicadas en los años sesenta: el mariscal Chuikov, su antiguo comandante del 62.º Ejército en 1945, y el general de división Rodímtsev, su propio comandante de división y el héroe de la 13.ª División de Fusileros de la Guardia. Al verse necesitado de héroes vivos a los que encumbrar, un agradecido liderazgo soviético recompensó con generosidad a Pávlov otorgándole sus más altas condecoraciones militares: el título de Héroe de la Unión Soviética, la Orden de Lenin, dos Órdenes de la Estrella Roja y muchas otras medallas. Después de la guerra, se afilió al Partido Comunista, fue elegido para un cargo político y mantuvo un destacado perfil tanto dentro del Partido como en todo el país.[28] Esto contrastaba enormemente con los hombres de su compañía —muchos de los cuales murieron en el asedio y en posteriores operaciones en el interior de la ciudad—, cuya historia nunca se ha contado ni sus acciones se han visto recompensadas. De hecho, en la actualidad, algunos historiadores locales de Volgogrado participan en una campaña para que la Casa de Pávlov sea rebautizada en honor al verdadero comandante que mantuvo unida a la guarnición, pero que fue herido de gravedad, y posteriormente, expulsado del ejército. En estas páginas, se contará su historia.

Con motivo del próximo octogésimo aniversario de la batalla, tendrá lugar la que, sin duda, será la última reunión de veteranos: por pocos que sean, viajarán desde todos los confines de Rusia y ocuparán, con razón, un lugar de honor en diversos actos. En medio de la atención mediática internacional y la ceremonia militar, Volgogrado recuperará su nombre de guerra («Heroica Ciudad de Stalingrado») —de igual forma que ha hecho en los últimos ocho años— para celebrar una gran victoria y rememorar unas pérdidas inimaginables.[29] Tal como hace cinco años declaró Putin en su discurso del aniversario anterior, en lo alto del complejo del Mamáyev Kurgán: «Stalingrado se convirtió en una fortaleza invencible e inexpugnable para detener el avance del nazismo. [...] Nuestros soldados convirtieron cada calle, trinchera, casa y emplazamiento de tiro en una fortaleza».

El historiador que Putin lleva dentro ha expresado en público la necesidad de una «educación patriótica» de la juventud del país, y su Gobierno ha promulgado varios decretos con la intención de que los textos históricos destinados a las escuelas rusas se reescriban y estandaricen con el fin de ofrecer la versión «verdadera» de los acontecimientos, tachando de «antirrusas» las interpretaciones discrepantes. Desde el éxito internacional de *Stalingrado,* de Beevor, en la década de los noventa, Putin ha tratado de restringir metódicamente el acceso a los archivos oficiales del país en Podolsk (que Yeltsin, su predecesor, había abierto)[30] y se ha implicado sin reservas en el tipo de *agitprop*[31] que solía ser la especialidad de los *zampolit* del país.[32] Es prerrogativa del historiador oponerse a cualquier forma de censura cuando escribe sobre la historia rusa en medio de tales restricciones.

Este libro es fruto de los viajes de investigación realizados a Volgogrado, Moscú y Berlín, donde se estudiaron decenas de testimonios de los hombres que combatieron en la ciudad y se entrevistaron, entre otros, al hijo del sargento inferior Pávlov y al nieto del mariscal Chuikov. Por increíble que parezca, provenientes del bando alemán, se han descubierto unas memorias inéditas compuestas por el último comandante germano de la bolsa sur que, en los fatídicos días finales, albergó y protegió al mariscal de campo Paulus y actuó como su confidente. Friedrich Roske, el veterano general de la 71.ª División de Infantería, fue testigo ocular de algunos de los momentos clave a lo largo de cinco meses de batalla en el centro de la ciudad. A pesar de las innumerables operaciones al frente de sus hombres, sobrevivió a la batalla y, en los últimos días de la contienda, Paulus le concedió un ascenso en batalla al hasta entonces teniente coronel. Hasta el momento, sus memorias manuscritas habían permanecido en silencio durante décadas; ahora, arrojan nueva luz sobre el asalto alemán a la ciudad en aquel septiembre, así como sobre los brutales combates de los meses siguientes y los cruciales últimos días de Paulus al mando del 6.º Ejército. Desde ambos bandos, esta será una historia de heroísmo, férrea determinación contra unas probabilidades abrumadoramente desfavorables y pura desesperación conforme los camaradas perdían la vida.

El faro de Stalingrado permitirá, espero, comprender por qué esta ciudad a las puertas de Asia se interpuso en el camino de la ofensiva alemana, aportar nuevas voces a la narrativa consolidada y, en concreto, revelar el verdadero legado de la casa del número 61 de la calle Penzenskaya.

Parte I

Un verano negro para el Ejército Rojo

No teníamos fuerzas para mantener la defensa. Si nos hubieran dado la orden de resistir, nos habríamos quedado, pero
el mando prefirió salvarnos. Sentíamos desesperación y rabia
por nuestra impotencia, y también nos preguntábamos: «¿Por
qué no nos dejan luchar como se debe contra el enemigo?
¿Por qué seguimos retirándonos?».[33]

Teniente Anatoli Grigórievich Merezhko, 62.º Ejército
Stalingrado (31 de octubre de 1942)

Capítulo uno

Lanzar los dados: la batalla de Moscú (1941)

Cuando comience Barbarroja, el mundo contendrá la respiración y no hará ningún comentario.

Adolf Hitler (febrero de 1941)

«Hoy, a las 04:00, sin declaración de guerra, Alemania ha atacado nuestro país. La nuestra es una causa justa. El enemigo será derrotado. ¡La victoria será nuestra!».[1] El 22 de junio de 1941, la voz monocorde de Viacheslav Mijáilovich Mólotov, ministro de Asuntos Exteriores de Stalin, resonó por toda la nación desde la radio de Moscú. Había llegado el ataque desde el oeste del que Stalin había advertido al pueblo ruso en los años treinta. Su cortejo a Hitler en los dos años previos, el reparto mutuo de Polonia en 1939 y su afán por permanecer neutral y suministrar valiosos pertrechos a la maquinaria bélica alemana lo habían llevado a ignorar las señales de una invasión inminente. Millones de tropas del Eje cruzaban, entonces, la frontera para atacar el país y penetrar en su territorio, mientras las unidades fronterizas del Ejército Rojo se veían desbordadas, los depósitos de suministros resultaban capturados y la fuerza aérea era destruida.[2] En las pistas de despegue, los cazas y bombarderos soviéticos estaban en ordenadas filas, lo que ofreció blancos fáciles a los pilotos del Tercer Reich. Para crear la mayor confusión posible, la Luftwaffe fijó sus objetivos en los centros de mando y control, los nudos de comunicaciones y las principales carreteras que llegaban hasta la frontera, los cuales destruyó. La masacre de los ataques del primer día continuaría mientras las agrupaciones blindadas de la Wehrmacht se adentraban en el corazón del país. Así, la «cruzada contra el bolchevismo» del régimen nazi (denominación acuñada por Joseph Goebbels, el ministro de Propaganda alemán) estaba en marcha.

La *Blitzkrieg* ('guerra relámpago') había arrasado Polonia en 1939; el verano siguiente lo haría en Francia y los Países Bajos, y los Balcanes, en la primavera de 1941.[3] Ahora, Hitler se volvió hacia lo que siempre había sido su fin último: la destrucción de la Rusia bolchevique. El 31 de julio de 1940, hacia el final de una conferencia celebrada en su retiro bávaro de Berchtesgaden para decidir el destino de la operación León Marino (esto es, la invasión de Gran Bretaña), Hitler declaró que el enfrentamiento con Rusia tendría que producirse en la primavera siguiente. La intención era repetir el calendario que tan buenos resultados había dado en Francia ese verano; la velocidad era esencial para derrotar a los ejércitos europeos de Stalin.

El mariscal de campo Walther von Brauchitsch, líder del Ejército alemán del Führer, delegó la planificación militar de la invasión en el general Franz Halder, su jefe de Estado Mayor, perteneciente al Alto Mando de las Fuerzas Armadas: el Oberkommando der Wehrmacht (OKW). Hasta el mes de septiembre, se analizaron, discutieron y rediseñaron varios borradores hasta que estuvo listo un anteproyecto que supervisó el personal de la División de Operaciones bajo la dirección del general de división Paulus, el nuevo ayudante del jefe de Estado Mayor. Durante las semanas previas a Navidad, su departamento puso a prueba el plan en simulacros de guerra, se tuvieron en cuenta las peticiones de los comandantes de los grupos de ejércitos designados, se consultó a los asesores logísticos, se revisaron de nuevo los planes y, en último término, se aprobaron.

El 18 de diciembre de 1940, el teniente general Alfred Jodl, jefe de Estado Mayor de las Fuerzas Armadas, presentó a Hitler el borrador final, que se bautizó con el nombre en clave de operación Barbarroja.[4] Con una negligencia que tendría graves consecuencias, Hitler había ignorado las preocupaciones económicas planteadas en el borrador de los planes, que ponían de manifiesto los problemas que, durante los doce meses siguientes, volverían para atormentar el progreso de los alemanes. La deficiente infraestructura de transportes de Rusia tendría que ser puesta a punto con celeridad. Habría que apoderarse de las materias primas y las reservas de petróleo del sur sin dañarlas. Aunque se habían logrado avances en las cuotas de producción nacional, en 1941, Alemania dependía tanto de los suministros rumanos como de los rusos obtenidos mediante acuerdos comerciales. Ahora, el primero de estos países sería el principal aliado de Alemania para invadir el segundo.

La producción de alimentos también debía mantenerse si se quería evitar el fantasma de la hambruna y, en noviembre, Hitler se enfrentó a las matemáticas del abastecimiento. Sus tanques se quedarían sin combustible, alimentos y municiones tras veinte días de operación una vez comenzada la invasión; esta limitación reduciría su ámbito de avance en Rusia a ochocientos kilómetros, lo cual era significativo.[5] Una vez se detuvieran, los grupos de ejércitos tardarían varias semanas en reabastecerse y continuar sus operaciones a lo largo de todo el frente, mientras que, al mismo tiempo, los equipos de zapadores tendrían que adaptar los menores anchos de vía de las líneas ferroviarias rusas, así como asegurarse de que las carreteras fueran transitables para los blindados pesados y el resto del tráfico. De hecho, una vez que la invasión estuviera encarrilada y los grupos de ejércitos se adentrasen en territorio enemigo, el botín y los suministros del oponente que se incautasen permitirían a la Wehrmacht continuar sus avances durante más tiempo del que podrían hacerlo sus suministros.

En el sur de Rusia, donde las redes viarias y ferroviarias eran deficientes o inexistentes, la dura realidad del reabastecimiento obstaculizaría a la Wehrmacht en su intento de derrotar al Ejército Rojo en una sola campaña de verano. La inteligencia militar alemana —a menudo poco fiable a la hora de proporcionar una imagen real— reveló, al menos, dos importantes puntos de concentración militar rusos en el teatro de operaciones occidental (setenta divisiones asentadas en Ucrania y otras sesenta en la Rusia Blanca, cerca de la frontera al oeste de Minsk; por su parte, en los Estados bálticos, solo había treinta divisiones), pero sus informes hacían demasiado hincapié en el efecto de la reorganización que había seguido a la actuación del Ejército Rojo en la guerra de Invierno contra Finlandia en 1940. Era cierto que, en los escalafones superiores del Ejército, la purga había sido drástica y brutal; sin embargo, la capacidad de combate real de los soldados rasos seguía intacta en 1941.[6]

Aunque el verano de 1942 conocería el satisfactorio establecimiento de la capacidad industrial soviética para producir tanques en masa, allá por 1941, las fuerzas blindadas soviéticas totalizaban menos de dos mil vehículos operados en el teatro de operaciones occidental. A pesar de que destrozarían tanto a las divisiones blindadas como a las motorizadas alemanas, la falta de comunicaciones por radio de sus tripulaciones y la incapacidad del Ejército Rojo para coordinar ataques serios los condenó, en las primeras semanas, a ofrecer una mera resistencia esporádica y aislada al gigante blindado alemán.[7] Lo que salvó al Ejército Rojo fue su preponderancia en artillería, ámbito en el que superaba a los alemanes en una proporción de cuatro a uno, y la experiencia que les faltaba a los artilleros soviéticos la compensaban con su potencia, lo cual hizo que el invasor pagara un precio muy alto.[8]

A diferencia de su educado y bien entrenado homólogo alemán, el soldado soviético medio de 1941 solo podía recurrir a conocimientos armamentísticos básicos, y pocos recibían una instrucción más compleja en sistemas de comunicación y en cómo trabajar en combinación con la artillería y el apoyo aéreo.[9] Lo que la inteligencia alemana no supo evaluar y los altos mandos del ejército no tuvieron en cuenta fue el número de reservas de las que disponía Rusia: aproximadamente, catorce millones de personas podían ser llamadas a filas cuando comenzaran las hostilidades. Los reservistas no estaban bien entrenados, pero, aun así, eran capaces de luchar y millones de rusos acudieron entonces en masa a presentarse al servicio. Con independencia de los materiales y las herramientas necesarios, tanto para el Führer como para sus asesores más cercanos este iba a ser un tipo de conflicto muy diferente. Hitler esbozó sus principales objetivos en una conferencia del Estado Mayor alemán en la que transmitió sus órdenes: debía acabarse con la Unión Soviética y, además, la contienda que se avecinaba sería una guerra de «aniquilación». Así, Goebbels escribió en su diario: «El Führer dice que, esté bien o mal, debemos ganar [...], porque, cuando ganemos, ¿quién cuestionará nuestros métodos? Tenemos ya tanto sobre nuestra conciencia que solo nos es posible ganar».[10]

Siguió habiendo intensos debates de alto nivel, cuestionamientos e incluso disensión —si bien en un menor grado— por parte de algunos de los hombres que dirigirían las puntas de lanza de Barbarroja. Se decidió que el mariscal de campo Gerd von Rundstedt, veterano de la Gran Guerra en Europa del Este que había desempeñado un papel clave en la derrota de Polonia y Francia, comandase el Grupo de Ejércitos Sur. Von Rundstedt tenía un trato lo bastante íntimo con el Führer como para sentirse capaz de preguntarle si sabía lo que significaba invadir Rusia. En su diario, anotó lo siguiente:

> Esta guerra con Rusia es una idea sin sentido a la que no veo un final feliz. Ahora bien, si por razones políticas la guerra es inevitable, debemos afrontar, entonces, el hecho de que esta no se puede ganar en una sola campaña de verano. Basta con prestar atención a las distancias que se deberían cubrir. No es posible derrotar al enemigo y ocupar todo el oeste de Rusia, desde el Báltico hasta el mar Negro, en unos pocos meses. Debemos prepararnos para una guerra larga e ir paso a paso hacia nuestros objetivos.[11]

Junto con otros oficiales prominentes, Von Rundstedt sugirió un enfoque más equilibrado de la invasión que se avecinaba, pero Hitler rechazó su propuesta —como todas las demás— pues se mantenía firme en su creencia de que el control bolchevique sobre el Estado ruso y sus Fuerzas Armadas se desmoronaría una vez iniciadas las hostilidades.[12] A su arrogante consideración del Ejército Rojo se sumaba su sentido de la predestinación, impulsado por sus instintos de político. Era muy consciente de que, tras las asombrosas victorias alemanas de 1940, su prestigio nacional estaba en auge y le había brindado una ocasión irrepetible de aventurarse a tal apuesta; tal vez no hubiera más oportunidades así. La planificación continuó sin cesar: aunque la toma de los centros industriales y de comunicaciones soviéticos —como Leningrado, Minsk y Moscú— era vital, lo prioritario era destruir las Fuerzas Armadas rusas y su capacidad para generar otras nuevas. Esta ambición se veía respaldada por la creencia de Hitler y Hermann Göring, comandante en jefe de la Luftwaffe, de que sería una campaña rápida. Se eludió la necesidad de involucrar a la Luftwaffe en bombardeos estratégicos en favor de una estrategia de ataque terrestre centrada en buscar y destruir al Ejército Rojo sobre el terreno. Una vez que Rusia estuviese fuera de la guerra o, al menos, quedase gravemente incapacitada, Alemania se volvería hacia el oeste para acabar con Gran Bretaña.

Para lograr este objetivo, la operación Barbarroja desplegaría tres grupos de ejércitos (Norte, Centro y Sur) con más de 3,8 millones de tropas organizadas en 170 divisiones alemanas y del Eje, 150 000 de las cuales pertenecerían al cuerpo de élite de las Waffen-SS (el brazo militar de las Schutzstaffel ['Escuadrón de protección' o SS]), y se encontrarían respaldadas por una reserva de 1,2 millones de reemplazos. Las fuerzas contarían con el apoyo de casi 4000 tanques alemanes (sobre todo, Panzer II, III y IV) y se complementarían con más de 800 tanques incautados a los franceses y los checos. Asimismo, dispondrían del apoyo de 700 000 vehículos de motor y varios cientos de miles de caballos.[13] Aunque sobre el papel el Ejército Rojo superaba en número a los tres grupos de ejércitos alemanes por un margen significativo, el único factor que —según pensaban los alemanes— inclinaría la balanza sería el poder aéreo. Cada uno de los grupos de ejércitos disfrutaría de la protección y el apoyo aéreo sobre el terreno de sus propias y poderosas flotas aéreas (Luftflotte 1, 2 y 4), que contaban con más de 3500 aviones y 1,7 millones de efectivos. Además, la Luftwaffe alemana era, sin duda, la fuerza aérea más poderosa y experimentada del mundo y ahora se centraría en despejar el espacio aéreo soviético el 22 de junio de 1941.

Aunque ambos bandos estaban igualados en número, Stalin ignoró su propia información diplomática y militar sobre la ubicación de las concentraciones de fuerzas alemanas y ordenó al Ejército Rojo, cuyo grueso de fuerzas reclutas de primer año contaba con escasa experiencia, que ocupara toda la frontera. Al llevar una fuerza tan abrumadora a las zonas objetivo, los tres grupos de ejércitos alemanes lograrían penetrar con rapidez y avanzarían hasta situarse por detrás de la retaguardia del Ejército Rojo para, luego, rodearlo y destruirlo. Una vez logrado esto, el Ejército alemán en conjunto avanzaría para establecer una segunda línea tan alejada del territorio del Reich que sería imposible lanzar ningún bombardeo especulativo. En última instancia, se avanzaría hasta una tercera línea que llevaría a la Wehrmacht más allá de Moscú; la frontera que se extendería desde Arcángel, en el norte, hasta el mismo río Volga, y cortaría el país en dos, lo que posibilitaría enviar entonces a la Luftwaffe a buscar y destruir la base industrial de Rusia más allá de los Montes Urales. Solo cuando esta operación final hubiera tenido éxito, se retiraría el grueso de las tropas alemanas y comenzarían los preparativos para enfrentarse a Gran Bretaña.

El Grupo de Ejércitos Norte se movería desde sus bases adelantadas en Prusia Oriental y avanzaría a lo largo de la costa del Báltico para capturar y destruir Leningrado; las expectativas alemanas eran que la población local se levantaría entonces contra sus ocupantes rusos, quienes habían invadido aquellos territorios en junio de 1940. Mientras tanto, el Grupo de Ejércitos Centro lanzaría su ataque desde sus posiciones en Polonia, cerca de la zona soviética, con la intención de hacerse con los principales nudos de transporte de Minsk y Smolensk, y, luego, dirigirse a Moscú. Por su parte, el Grupo de Ejércitos Sur se adentraría a toda velocidad en Ucrania para tomar Kiev, su capital, ocupar sus bases agrícolas e industriales y avanzar hacia el sur, a la región del Cáucaso, con miras a acaparar tanto los yacimientos petrolíferos como los puertos navales de la costa del mar Negro. Por el momento, la ciudad de Stalingrado, situada junto al Volga, era solo un nombre en el mapa de operaciones.

Incluso sobre el papel, el plan presentaba un hueso increíblemente duro de roer para el Grupo de Ejércitos Sur: el Cáucaso era una enorme extensión de tierra, dividida por una cadena montañosa digna de consideración, un terreno en el que no era nada fácil abrirse paso y cuya ocupación no resultaba sencilla, sobre todo si el Ejército Rojo presionaba a los alemanes desde el sur y el este. Los germanos se enfrentarían a una fuerza cuyo número de tropas era aún desconocido y cuyos blindados superaban a los atacantes en una proporción de, al menos, dos a uno. A su vez, Hitler se había centrado en apoderarse del diez por ciento de la producción total de petróleo de Rusia. Al tomar el Cáucaso, el Grupo de Ejércitos Sur podría atravesar las montañas para avanzar sobre la Transcaucasia, un botín todavía mayor: estaba densamente poblada, poseía industrias pesadas y era la principal base soviética de producción petrolera (más de veinticuatro millones de toneladas solo en 1942).[14] A esto, se añadían los grandes depósitos de gas, que suministraban el sesenta y cinco por ciento del natural ruso. Además, los empresarios alemanes y los magnates del acero codiciaban los mayores yacimientos de manganeso del mundo, gracias a los que ciudades como Stalingrado se habían convertido en enormes centros industriales de fabricación de acero y, posteriormente, en baluartes armamentísticos. Desde el punto de vista ecológico, industrial y agrícola, tenía sentido centrarse ahora en hacerse con el sur de Rusia y negar sus propios recursos a un Ejército Rojo ya debilitado, al menos, sobre el papel...

Bajo la superficie de la estrategia militar de Barbarroja, se escondía una política más oscura: la campaña ideológica de los dirigentes nazis que pretendía destruir el comunismo y emprender una guerra racial contra los judíos y los pueblos eslavos que habitaban los territorios que ocuparían sus ejércitos. El 13 de mayo, Hitler emitió un decreto, redactado por el jefe de Estado Mayor Halder, que eximía de hecho a las tropas alemanas del castigo por cualquier atrocidad que pudieran cometer en su campaña.[15]

Dos semanas antes de que comenzara dicha operación y con las tropas concentradas en la frontera rusa, se emitió un segundo comunicado, «Directrices sobre el tratamiento de los comisarios», aunque, esta vez, solo para los altos mandos de la Wehrmacht. Lo que se conoció como la «Orden de los comisarios» daría carta blanca a las tropas alemanas para tratar a su antojo a los oficiales políticos del Ejército Rojo capturados. El folleto estipulaba que «por principio, se los debe rematar [a los comisarios] con sus armas al instante», lo que constituía una clara violación del derecho internacional. La cúpula militar alemana se aseguró de que se distribuyera el menor número posible de copias y los altos mandos transmitieron en persona las instrucciones verbales a sus unidades.

El fatal destino de los comisarios no fue lo único que los dirigentes nazis —en connivencia con las Fuerzas Armadas— sancionaron de manera oficial: también se ordenó la aniquilación de los judíos de Europa Oriental y la esclavización de las razas eslavas. En el otoño de 1942, cuando se libraban los combates en Stalingrado, más de dos millones de judíos de los territorios ocupados estaban, para entonces, muertos. Al verse abocados a su propia destrucción en la ciudad, el 6.º Ejército y el 4.º Ejército Panzer se convirtieron en cómplices voluntarios de muchas de las masacres aprobadas. El comandante original del 6.º Ejército, el mariscal de campo Von Reichenau, dijo a sus hombres que debían emprender «la aniquilación completa de la herejía bolchevique» y que, al cumplir dichas órdenes, estarían «liberando al pueblo alemán de la amenaza judeo-asiática de una vez por todas». A su vez, el general Hermann Hoth, comandante del 4.º Ejército, exhortó a sus hombres: «Rusia no es un Estado europeo, sino un Estado asiático [...]. Europa y, especialmente, Alemania, deben quedar libres para siempre de la presión y las fuerzas destructivas del bolchevismo».[16] Unos pocos comandantes alemanes expresaron su preocupación por estos métodos tan expeditivos y poco prusianos, y no aplicaron las órdenes de Von Reichenau, entre ellos, el general Paulus en el momento de asumir el mando del 6.º Ejército a principios de 1942.

Stalin había estado jugando con fuego a fin de apaciguar las evidentes intenciones de Hitler de atacar la Unión Soviética en algún momento futuro. Había eludido implicarse en los avances germanos en los Balcanes y Grecia, y había señalado al líder alemán su deseo de mantener una relación cordial como hasta entonces para lo que firmó un pacto de neutralidad con Japón, el nuevo aliado de Hitler.[17] Cuando Moscú negó el reconocimiento diplomático a los Gobiernos en el exilio de Bélgica, Noruega y Yugoslavia, mostró hasta dónde llegaba su lealtad hacia los alemanes, que más tarde reafirmó al obrar del mismo modo con la delegación griega una vez que su país había sido invadido. En segundo plano y reforzando la creencia de Stalin de que Hitler no atacaría en 1941, se encontraban las señales que le mostraba Friedrich-Werner Graf von der Schulenburg, el embajador alemán en Moscú, quien fomentaba una relación verdaderamente cordial con el dictador. A medida que aumentaban las tensiones en junio de 1940, el Kremlin recibía informes diarios de agentes en Berlín y de tropas fronterizas que detallaban los movimientos masivos de tropas alemanas y del Eje, así como las continuas violaciones del espacio aéreo soviético por parte de la Luftwaffe. Sin embargo, el líder soviético se convenció de que los ventajosos acuerdos comerciales que favorecían a Alemania garantizarían la paz durante muchos meses más y de que las concentraciones de tropas alemanas en la nueva frontera surgida del reparto de Polonia eran preparativos secretos para la invasión de Gran Bretaña.[18] Por su parte, semanas antes de que comenzara la invasión, los británicos descifraron el código alemán Enigma en Bletchley Park y sus informes se vieron reforzados por los de la resistencia polaca acerca de los movimientos de tropas alemanas. Se ordenó a sir Stafford Cripps, embajador de Churchill en Moscú, que informara al Kremlin de los temores británicos sobre un probable ataque alemán; Stalin no quedó convencido y, de igual modo, se ignoraron las advertencias de los servicios de inteligencia estadounidenses.

La actuación del Ejército Rojo en la guerra de Invierno contra los finlandeses en 1940 había puesto de relieve el escaso adiestramiento de muchas agrupaciones soviéticas de primera línea, su atraso táctico, sus deficientes comunicaciones y su incapacidad a la hora de manejar la tecnología moderna. Tan solo la abrumadora superioridad numérica y el empleo de brigadas blindadas habían conseguido doblegar a unos finlandeses duros de roer que carecían de armas antitanque y se habían visto forzados a mejorar la básica bomba de combustible que, desde entonces y para siempre, se conocería como «cóctel Mólotov».[19] La consecuencia de una actuación tan mediocre fue que los planificadores alemanes creyeron que había llegado el momento de luchar contra el Ejército Rojo, mientras que el Kremlin debatía el alcance de la inoperancia de su ejército. Semión Mijáilovich Budionni, un desventurado mariscal y el bolchevique favorito de Stalin, dio en el clavo con su brutal crítica a la descoordinación de la dirección del Ejército Rojo en cualquier ámbito: «En ocasiones, nuestras tropas deambulan en iniciativas de una gran escala estratégico-operacional, pero ¿cómo vamos a dirigir las operaciones si la compañía no vale para nada; la sección, tampoco, o el pelotón se muestra inútil?».[20]

La infame purga de Stalin de la clase oficial del Ejército Rojo en la segunda mitad de la década de 1930 había causado un daño sistémico incalculable a la capacidad del ejército para funcionar como una fuerza armada moderna. Durante esta, el cuarenta y cinco por ciento de los oficiales superiores y oficiales políticos —no solo del Ejército, sino también de la Marina— fueron ejecutados o despedidos, incluidos 720 de los 837 comandantes —desde coroneles a mariscales— que habían sido nombrados conforme a la nueva tabla de rangos establecida en 1935. De los 85 oficiales superiores del Consejo Militar, 71 habían fallecido en 1941.[21] Los rangos inferiores sufrieron menos en términos de encarcelamiento o ejecución, pero, en cualquier caso, para cuando los alemanes lanzaron Barbarroja, más de diez mil oficiales habían sido expulsados del Ejército Rojo. A ello, se sumó la reestructuración radical de la organización y la estructura de mando del Ejército Rojo emprendida por Stalin en el verano de 1941 con la creación de comandos estratégicos (o «frentes») que controlaban varios ejércitos y eran responsables de un sector geográfico importante del frente, que, en algunos lugares, abarcaba cientos o miles de kilómetros.* Al igual que un grupo de ejércitos alemán, cada frente soviético contaba con un comandante general, apoyado por un equivalente político, y era responsable de todas las armas, incluidas las fuerzas aéreas.[22]

En sus primeras semanas, la operación Barbarroja dio unos resultados increíbles a los tres grupos de ejércitos alemanes. El Grupo de Ejércitos Centro penetró en el oeste de Rusia y rodeó a los ejércitos occidentales de Stalin en torno a los nodos de transporte clave de Bialystok y Minsk, tomando más de 400 000 prisioneros y destruyendo 2500 tanques.[23] La Luftwaffe logró establecer su superioridad aérea y destruyó más de 70 aeródromos soviéticos y 4000 aviones a cambio de perder algo menos de 400 aparatos. Con los cielos enemigos despejados, los ataques terrestres de la Luftwaffe dieron su apoyo a las agrupaciones Panzer para desbaratar los contraataques soviéticos. La primera fase de Barbarroja (la destrucción de las fuerzas del Ejército Rojo en las inmediaciones de la frontera) se había desarrollado con éxito. El 3 de julio, el general alemán Halder se mostró mordaz con la falta de coordinación del enemigo y dijo que las tácticas que este había empleado durante los ataques

> fueron singularmente pobres. Los fusileros en camiones se lanzan a la par de los tanques contra nuestra línea de fuego: el resultado inevitable son unas pérdidas muy cuantiosas para el enemigo. Estos ataques, carentes de método, no pueden considerarse una amenaza para nuestras operaciones.[24]

Los increíbles éxitos y el aparente colapso del Ejército Rojo en todo el frente llevaron a las tropas alemanas de a pie del 6.º Ejército a proclamar lo siguiente: «Russland ist kaput!» ('Rusia ha caído'). Por su lado, de vuelta en el Alto Mando del Ejército, Halder concluyó triunfalmente: «No es [...] exagerado decir que la campaña rusa se ha ganado al término de dos semanas».[25]

---

* Como enseguida deja entrever el autor, un frente soviético equivale a un grupo de ejércitos. *(N. del T.)*

Para los residentes de la ciudad de Stalingrado, en el sudoeste de Rusia a cientos de kilómetros de los combates, la conmoción por el ataque alemán solo se vio igualada por la creencia de que su ciudad estaba a salvo en la orilla del Volga, tal como recordaba Nikolái Vasílievich Orlov, un estudiante de dieciséis años:

> Nos dijeron que habían bombardeado Kiev y que la guerra había empezado. Para ser sincero, no puedo hablar por toda la ciudad, pues no lo sé todo, pero vivíamos con dos pensamientos: que los alemanes nunca vendrían aquí —esta era la primera consideración— y lo segundo: ¡que ganaríamos![26]

En el Cuartel General Supremo alemán, el debate se desató. Hitler quería alcanzar los objetivos originales de Barbarroja: tomar Leningrado, junto con las riquezas petrolíferas y minerales del sur de Rusia, y subyugar a Crimea, que amenazaba los suministros alemanes de petróleo desde Rumanía. Por otra parte, sus comandantes de campo, apoyados por Halder, buscaban una victoria decisiva sobre el Ejército Rojo. El 19 de julio, en lo más encarnizado de los feroces combates alrededor de Smolensk —ciudad que protegía la ruta hacia Moscú—, el Führer ordenó que la infantería del Grupo de Ejércitos Centro continuara su avance hacia Moscú, pero que sus agrupaciones blindadas cambiasen de ruta: algunas unidades debían dirigirse hacia el norte para contribuir a tomar Leningrado, mientras que otras habían de poner rumbo al sur con miras a apoyar el avance hacia Ucrania. Así, la directiva número 34 del Führer afirmaba que:

> El objetivo más importante que se debe alcanzar antes de la llegada del invierno no es la toma de Moscú, sino, más bien, la ocupación de Crimea [...], de la cuenca del Donets y el corte de las rutas de suministro rusas desde los yacimientos petrolíferos del Cáucaso.

La respuesta inicial de Stalin había consistido en organizar con rapidez las defensas que, debido a sus propias acciones, se encontraban en un deficiente estado, sin embargo, su respuesta a la catástrofe que se avecinaba a finales de julio fue señalar a sus comandantes para arrestarlos y ejecutarlos, sobre todo al general Dimitri Grigórievich Pávlov, quien lideraba el frente occidental, y al que sustituyó el general Andréi Ivánovich Yeriómenko: un talentoso oficial que desempeñaría un importante papel en la batalla del Volga durante el año siguiente.

Para comienzos de septiembre, más de cuatro millones de tropas rusas habían fallecido, sido capturadas o resultado heridas; Leningrado estaba sitiada, Smolensk y Kiev habían sido invadidas después de multitud de combates encarnizados y Moscú construía con desesperación frentes concéntricos de defensa. Las tropas alemanas, exhaustas pero eufóricas, marchaban hacia el este en medio del calor y el polvo, mientras columnas de harapientos prisioneros soviéticos caminaban en dirección opuesta. En el sur de Rusia, al Grupo de Ejércitos Sur alemán se le encomendó avanzar hacia el Cáucaso, capturar la importante ciudad de Rostov y avanzar más allá del río Don hacia Stalingrado. Asimismo y a pesar de los intensos combates que habían ralentizado gravemente el avance del ejército a finales de otoño, se dio prioridad a la toma de Moscú y de los campos petrolíferos antes de que el invierno hiciera su aparición. Aunque no tenían nada que ver con las que contabilizaba el Ejército Rojo, las pérdidas alemanas fueron considerables: para finales de verano, estas ascendían a más de ciento ochenta mil hombres, un número superior al del total de bajas de toda su campaña del año anterior. Tras los combates en el sur, los blindados se reincorporaron al Grupo de Ejércitos Centro en los últimos días de septiembre y el grupo de ejércitos marchó hacia la capital soviética. La batalla de Moscú —que comenzó a principios de octubre— involucraría a setenta divisiones de la Wehrmacht, un total de un millón de hombres que, en su intento de capturar la capital, recibirían el apoyo de mil setecientos tanques, catorce mil piezas de artillería y casi mil aviones. De nuevo, la ofensiva cogió a Stalin por sorpresa: estaba convencido de que el Ejército alemán estaba demasiado agotado e ignoró a sus propios servicios de inteligencia, que le dijeron lo contrario.

No obstante, al atacar en un frente tan amplio de más de mil seiscientos kilómetros y retrasar el lanzamiento de Barbarroja hasta tan entrado el verano, los planes de Hitler habían pasado por alto tanto el empeoramiento de las condiciones meteorológicas como el espíritu de lucha de los soviéticos. Más sorprendentes —a pesar de que el Grupo de Ejércitos Centro había hecho seiscientos cincuenta mil prisioneros rusos— fueron los informes que continuaban refiriendo la aparición de nuevas divisiones soviéticas frescas en la siguiente línea de defensa en el camino hacia Moscú. No obstante, aunque cada vez eran mayores las pérdidas en hombres y máquinas, a mediados de octubre, el ejército del comandante del Grupo de Ejércitos Centro, Fedor von Bock, se encontraba a menos de sesenta y cinco kilómetros de Moscú: la población y las autoridades civiles de la capital entraron en pánico, y miles de personas huyeron en trenes, autobuses y automóviles hacia el este.[27] Sin embargo, la segunda semana de octubre trajo un cierto respiro, ya que la fría lluvia dio paso a la raspútitsa estacional y, entonces, los caminos de tierra sin asfaltar se convirtieron en lodazales imposibles de transitar.[28] Los deslumbrantes avances diarios de casi cincuenta kilómetros se redujeron a dos, tres u ocho; el impulso se había perdido, al igual que la moral de las tropas alemanas que luchaban. Las numerosas bajas redujeron las unidades a raquíticas agrupaciones y varios centenares de vehículos cubrían las carreteras semidestruidas que conducían a Moscú. El coronel general Halder se lamentó de las pérdidas el 22 de noviembre: «Las tropas [...] están acabadas; por ejemplo, en mi antigua 7.ª División, un teniente primero manda un regimiento y los batallones se encuentran comandados por tenientes segundos».[29] La frustración de los mandos alemanes por las condiciones meteorológicas se vio agravada por su gran enfado hacia los crecientes problemas de suministro de munición y combustible, que se acumulaban en los depósitos de Polonia listos para ser enviados a las unidades de primera línea, pero que no acababan de llegar. Por ejemplo, preocupaba la falta de unidades de ingenieros especializados, cuyo cometido consistía en transformar el menor ancho de vía del ferrocarril ruso para permitir el paso de los trenes alemanes, reconstruir puentes y viaductos, así como restaurar las líneas férreas destruidas. La crisis no se limitaba a las provisiones para los tanques, sino también a la capacidad de las tropas para sobrevivir y luchar en las duras condiciones: en noviembre, las temperaturas descendieron de manera considerable, algunos días muy por debajo del punto de congelación. Otro problema era que toneladas de ropa de invierno, adecuada para afrontar aquella climatología, estaban varadas en los almacenes situados más al oeste, en Polonia y Prusia Oriental, pero no podían distribuirse a tiempo debido a que el envío de municiones y alimentos tenía prioridad a la hora de transportarse por las vías férreas. Toda la vida parecía haberse paralizado en el momento en el que tanto los tanques como los vehículos alemanes dejaron de funcionar, y los hombres que los operaban buscaron refugio simplemente para seguir vivos.

Antes de que se diera el visto bueno a Barbarroja, el departamento de Paulus en el Cuartel General del Ejército había previsto tal escenario. El memorando escrito al respecto había llevado a Hitler a pronunciar una furiosa diatriba:

> No voy a escuchar más tonterías sobre las penurias de nuestras tropas en invierno. [...] No va a haber campaña de invierno. Todo lo que el Ejército debe hacer es asestar unos cuantos golpes duros a los soviéticos. ¡Entonces, verán que el gigante ruso tiene los pies de barro!

Así, ordenó que nadie de su círculo militar volviera a pronunciar la frase «campaña de invierno».

Por aquel momento, el Ejército Rojo sito en los alrededores de Moscú se consideraba una fuerza agotada: la eliminación del grueso de sus fuerzas profesionales y la destrucción de 20 000 tanques y 14 000 aviones habían hecho que la inteligencia alemana ofreciera una imagen optimista cuando el Grupo de Ejércitos Centro contempló la posibilidad de acantonarse en los cuarteles de invierno. En el norte, Leningrado estaba sitiada y su capitulación se creía inminente.[30] La propia Moscú se encontraba entonces protegida por una fuerza miliciana de 31 000 hombres, reforzada por dos divisiones del Comisariado del Pueblo para Asuntos Internos (NKVD [el precursor del KGB]), quienes, por orden de Stalin, se vieron obligados a permanecer en Moscú y luchar. En una demostración pública de fuerza, las tropas y los tanques desfilaban a diario delante del Kremlin y por la plaza Roja mientras se dirigían al frente. El ambiente en la ciudad era sombrío, pero desafiante, tal como pudo comprobar un corresponsal extranjero:

> Un rostro moscovita era un rostro demacrado. Mientras los niños, abrigados contra el frío, jugaban en la nieve, los hombres y las mujeres, los niños y las niñas habían debido esforzarse y se los había empujado al límite de la resistencia humana. Unos dos millones de una población de cuatro millones y medio partieron a incorporarse al Ejército o hacia los Urales y más allá, mientras las fábricas y los comercios se trasladaban a zonas seguras. Las ambulancias llevaban a los heridos directamente del frente a los hospitales y las clínicas de la ciudad. En las calles, los trineos transportaban hasta el crematorio a los niños que habían muerto a causa de accidentes, desnutrición o enfermedad.[31]

No obstante, en ese momento el mando soviético, fortalecido por la formidable defensa que había salvado la capital —incluso a pesar de que los bombarderos alemanes sobrevolaban Moscú de cuando en cuando—, movilizó febrilmente todas las fuerzas que pudo reunir con el objetivo de montar una contraofensiva seria. El 10 de octubre, el general Zhúkov —talentoso, cáustico y algo despiadado, bastante dispuesto a gastar vidas humanas en ataques temerarios si así se lo ordenaba el Kremlin— había asumido el mando del frente occidental y había acabado convirtiéndose en el «bombero» de Stalin. Ascendió con rapidez en el escalafón de oficiales desde la Revolución, sobrevivió a la purga del Ejército Rojo y se dio a conocer en Extremo Oriente al derrotar a los japoneses en una batalla fronteriza localizada.

El 5 de diciembre, Zhúkov lanzó un feroz ataque con tanques T-34 y tropas de esquiadores a través de la helada niebla de la mañana y, aunque no podían desplegar un gran número de carros, los tres ejércitos cogieron a los alemanes por sorpresa. En una semana, a lo largo de todo el frente, cientos de miles de tropas alemanas habían retrocedido ochenta kilómetros bajo la lluvia, la aguanieve y la nieve. Las temperaturas, que fluctuaban en torno a los cero grados, a menudo los obligaban a buscar refugio cuando una nueva helada los envolvía, hecho que permitió a los soviéticos ganar impulso en el campo de batalla. El 19 de diciembre, Hitler se negó en redondo a retirarse y emitió la directiva número 39, en la que ordenó a sus ejércitos adoptar una defensa en «erizo» de las posiciones existentes y luchar por sus vidas allí donde se encontraran.

A pesar de que la ofensiva invernal soviética había salvado Moscú e infligido más de 110 000 bajas a los alemanes, el Grupo de Ejércitos Centro no había resultado destruido y, a principios de 1942, continuaba siendo una amenaza estratégica para Moscú. De manera significativa, por primera vez el Ejército Rojo había detenido una ofensiva alemana y la había obligado a retirarse.[32] Stalin había escapado a la catástrofe provocada por su propia política y creía que ahora le tocaba al Ejército Rojo llevar la iniciativa. El 5 de enero anunció a los comandantes de la Stavka, su consejo militar, las conclusiones a las que había llegado tras la reciente victoria: «Los alemanes están desconcertados tras su derrota. [...] Es el momento de emprender la ofensiva general. El enemigo espera aguantar hasta la primavera, reunir sus fuerzas y poner otra vez en marcha nuevas operaciones». Así las cosas, el nuevo objetivo de Zhúkov era «negar a los alemanes cualquier respiro y empujarlos hacia el oeste sin tregua».[33]

Tal como Zhúkov había temido, cuando la ofensiva general soviética se lanzó de manera desordenada en forma de miniataques individuales, el gran golpe maestro de Stalin se topó con la tenaz resistencia alemana, lo que puso fin a la lucha a principios de marzo de 1942. Aunque el Ejército Rojo había tomado la iniciativa, logrado avances territoriales, infligido grandes bajas al Ejército alemán y asegurado Moscú, en última instancia, Stalin no había logrado invertir de manera decisiva la situación estratégica. Si bien en algunos puntos del frente oriental la

Wehrmacht se desmoronó y retrocedió, y, en muchos lugares, tanto su retaguardia como sus flancos sufrieron las incursiones soviéticas, su línea había conseguido mantenerse unida. Las pérdidas alemanas habían sido cuantiosas en hombres y máquinas, y algunas unidades habían quedado aisladas y rodeadas, como el 16.º Ejército, embolsado en Demiansk, al sur de Leningrado.[34]

Con las cosas así estancadas, el Kremlin se planteó cuál sería el siguiente movimiento en 1942. ¿Cómo de fuertes se encontraban ahora los alemanes? Los informes de inteligencia habían confirmado la llegada de nuevas unidades desde el oeste. Todavía con los índices de bajas por las nubes, Hitler disponía de más de novecientos mil soldados nuevos estacionados a lo largo de los puertos franceses del canal de la Mancha a la espera de un posible ataque británico. ¿Los alemanes llevarían a cabo una ofensiva continuada para capturar Leningrado u otra dirigida contra la capital? ¿Atacarían de nuevo el sur con renovada energía para tomar Crimea y el Cáucaso?

Este debate se vio alimentado por el conocimiento de las catastróficas pérdidas sufridas por las infraestructuras y las Fuerzas Armadas rusas: millones de soldados del Ejército Rojo habían fallecido o se habían convertido en prisioneros de los alemanes, una muerte en vida para muchos. Además, miles de ciudades y pueblos estaban ocupados. El proceso de adiestramiento y armamento de los millones de rusos que se estaban alistando requeriría un tiempo del que no disponían. A pesar de que el Ejército Rojo contaba ahora con los mejores tanques de la contienda para enfrentarse a las divisiones Panzer, las tácticas sobre cómo emplearlos en el campo de batalla y las comunicaciones necesarias para coordinar los ataques iban por detrás de las alemanas. En aquel entonces, el Estado ruso había logrado trasladar su industria pesada a la seguridad de los Urales.[35]

Se había evitado una derrota inesperada y aplastante para Hitler: el Grupo de Ejércitos Centro había frenado la contraofensiva de Zhúkov y algunos elementos ocupaban entonces un largo saliente cerca de Rzhev, a más de cien kilómetros de Moscú.[36] Para la Stavka de Stalin, esto representaba una importante distracción estratégica en sus intentos de predecir las campañas de primavera y verano del Führer. Por otro lado, su persistente temor de que Alemania se quedara sin las materias primas que necesitaba para seguir librando y ganando la guerra no hacía sino agravar los fracasos de las operaciones en torno a Moscú, aunque sus ejércitos se habían salvado de la destrucción. Los reveses sufridos en el sur de Rusia eran los culpables de que esta preocupación fuera muy real. Aunque no tan mortíferas como las anteriores purgas de Stalin, Hitler también despidió a varios miembros del Estado Mayor alemán, incluidos el mariscal de campo Von Bock y otros líderes de ejércitos y cuerpos de ejércitos.[37] También se rectificaron hasta cierto punto los errores tanto en logística como en el almacenamiento de municiones y suministros, sin embargo, para la campaña de verano del año siguiente, no se habían puesto del todo a punto.

En adelante, el Führer justificaría su insistencia en aferrarse a una posición mediante el recuerdo de los encarnizados combates librados en las afueras de Moscú, Leningrado y Kiev, un proceso mental que se manifestaría a lo largo de los primeros meses de la campaña de verano conforme sus planes se estancaban y perdía impulso.[38] Dicha insistencia tendría unos efectos nefastos allá por el otoño de 1942. Durante aquella primavera, las opiniones de ambos dictadores sobre lo que los combates del año anterior les habían enseñado al uno acerca del otro, sobre cuál sería el siguiente movimiento de su enemigo, cuán fuertes eran sus propias fuerzas y su propia capacidad militar tendrían consecuencias dramáticas para la decisiva campaña que se avecinaba.

Capítulo dos

La historia se repite.
15 de marzo – 28 de mayo de 1942

El próximo invierno, nos encuentre donde nos encuentre,
nos hallará mejor preparados.[1]

Adolf Hitler (26 de abril de 1942)

En su discurso al pueblo alemán transmitido por la radio nacional el 15 de marzo de 1942, el Führer describió la magnitud
de los intensos combates de los últimos meses. Se había «derrotado» la ofensiva soviética de invierno y ambos bandos estaban
entonces instalados tras sus líneas en medio de los chaparrones
primaverales. Mientras los tres grupos de ejércitos germanos
intentaban reorganizarse, reabastecerse y reponer sus respectivas unidades, en Alemania, el régimen nazi intentaba también
hacer balance político. Hitler no solo necesitaba justificar las
colosales pérdidas que había sufrido la nación, sino también ex-
plicar el fracaso de Barbarroja y preparar ahora a su pueblo para
la continuación de la guerra en el este en 1942. Su discurso del
Día de la Memoria en Berlín fue una oportunidad para justificar —tanto ante el propio país como ante sus Fuerzas Armadas— la lucha:

> Hoy ya sabemos una cosa: las masas bolcheviques que no fue-
> ron capaces de conquistar al soldado alemán y sus aliados en
> el invierno serán derrotadas en todas las direcciones durante
> el verano. Conscientes del gran año que dejamos a nuestras

espaldas, al que seguirá otro, por lo menos, igual de grandio-
so, pensamos en nuestros héroes y en los de nuestros valientes
aliados, pasados y presentes, decididos a velar por que tales
sacrificios no hayan sido en vano ni lo sean jamás.[2]

Hitler oteaba nuevas conquistas para su próxima campaña
estival: estaba convencido de que asestaría un golpe significativo
al Ejército Rojo y podría sacar a Rusia de la contienda o, al menos, incapacitarla lo suficiente como para que Alemania pudiera
centrar toda su atención en los aliados de Stalin, a saber, Gran
Bretaña y Estados Unidos. Con la declaración de guerra de Hitler a este último en diciembre de 1941, el Tercer Reich se vio
inmerso en un conflicto económico mundial de desgaste, que
solo sería capaz de ganar si se aseguraba de contar con la fuerza
industrial indispensable para competir con los Aliados y derro-
tarlos. A fin de lograr dicho propósito, Alemania necesitaba una
victoria decisiva y estratégica en el teatro oriental mientras su
enemigo se encontrase —o, al menos, así se percibía— debilitado. Hitler confió a Goebbels, su ministro de Propaganda, que la
ofensiva de ese año tendría tres objetivos: una vez se capturase
el Cáucaso, el Grupo de Ejércitos Norte se centraría en tomar
Leningrado, y el Grupo de Ejércitos Centro, en terminar el trabajo de conquistar Moscú. Su ambición superaba con creces la
realidad.

Esta confianza en sí mismo se vio alimentada por las pérdidas que Barbarroja había infligido al Ejército Rojo (más de 3,1
millones de muertos y 3 millones de prisioneros de guerra).[3] En
la primavera de 1942, su optimismo acerca de la posibilidad de
un ajuste final de cuentas parecía ser artificialmente alto, hecho
que se vio reforzado por sus asesores militares. La destrucción
causada en la Unión Soviética desde el 22 de junio de 1941
casi había conseguido la aniquilación de la mitad occidental del
Ejército Rojo —o, cuanto menos, de las agrupaciones de las que
tenía conocimiento la inteligencia alemana— y la ocupación de
toda la Rusia europea.

A pesar de la contraofensiva de invierno, hacia finales de
la campaña en marzo de 1942, cuando Stalin miraba hacia el

oeste, veía un país devastado. El apoyo tangible (una invasión de Europa Occidental) de Gran Bretaña y Estados Unidos, sus nuevos aliados, todavía tardaría en producirse. Si bien las materias primas, el combustible y el armamento llegaban al país por las rutas marítimas del Báltico a Múrmansk —la vía más rápida—, el líder soviético se vio frustrado por la no confirmación de una fecha para abrir un «segundo frente» en Europa durante todo 1942. Por su parte, las fuerzas alemanas y del Eje ocupaban entonces grandes franjas de Rusia: en el sur, la toma del fértil granero ucraniano por parte de Alemania había reducido en un cincuenta por ciento el suministro de pan y carne a los ciento treinta millones de ciudadanos soviéticos restantes que vivían fuera del territorio ocupado. Asimismo, un tercio de la red ferroviaria rusa se encontraba en aquel momento detrás de las líneas alemanas ocupadas y las mejores carreteras se encontraban en el oeste del país, y ahora eran los alemanes quienes las utilizaban. La producción de carbón, acero y mineral de hierro se redujo en dos tercios durante los seis meses siguientes, lo que provocó un descenso significativo de la de armamento.

A principios de mayo de 1942, Hitler había asumido el control total de las Fuerzas Armadas como su comandante en jefe tras la destitución del mariscal de campo Von Brauchitsch.[4] La planificación de la ofensiva que se avecinaba ese verano pondría de relieve como el equilibrio de poder se había decantado a su favor frente a la opinión del estamento militar alemán tradicional. El Führer se mostraba reacio a la hora de permitir que tanto sus asesores militares como económicos mantuvieran conversaciones, ya que prefería mantener los departamentos separados a fin de que no discutieran sus objetivos para futuras campañas.

Las pérdidas sufridas por las Fuerzas Armadas alemanas en los diez meses de continuos combates, aunque fueron una fracción de las que debió padecer el Ejército Rojo, seguían siendo asombrosas para un ejército acostumbrado a ganar. Dentro del Cuartel General del Führer (la Guarida del Lobo) en Prusia Oriental, un informe redactado por el general Halder proporcionó una visión realista de la capacidad operacional de las

Fuerzas Armadas alemanas en las próximas campañas de primavera y verano. De la fuerza combinada de más de tres millones
de efectivos que invadieron la Rusia europea el año anterior, casi
un tercio eran ahora bajas, con una Wehrmacht diezmada en, al
menos, treinta divisiones, aproximadamente 625 000 hombres.
La mayoría de las compañías de fusileros se encontraban reduci-
das a entre cincuenta y sesenta combatientes, y, debido a la limitada reserva de reemplazos en Alemania, había pocas esperanzas
de que pudieran reforzarse.[5] A diferencia de Stalin, Hitler aún
no había preparado la economía del país para la guerra total ni
el reclutamiento afectaba a la totalidad de los varones alemanes:
esto solo comenzaría en los primeros meses de 1943.

A medida que evolucionaban las necesidades del esfuerzo
bélico para las operaciones en los otros teatros de Alemania, en
1942, se redoblaron los esfuerzos productivos con miras a construir submarinos destinados a la batalla del Atlántico, pero los
trabajadores alemanes todavía no eran tan prescindibles como
los cientos de miles de trabajadores rusos y prisioneros del sistema del gulag que recibieron presiones para trabajar en la industria armamentística alemana.[6]

Halder informó a Hitler de que, de los 3700 Panzer asignados en 1941 a las dieciséis divisiones Panzer de los tres grupos de ejércitos, ahora solo quedaban 140 vehículos blindados
utilizables en todo el frente (el equivalente a una sola división
completa). Se habían perdido más de 13 600 piezas de artillería
y morteros, 80 000 vehículos y más de 180 000 caballos: solo
la Luftwaffe había podido reemplazar en parte las mermas de
sus aviones y pilotos, que habían prestado un notable apoyo
al ejército.[7] Sin embargo, ya por aquel entonces, encontraron
dificultades para cubrir no solo el frente oriental, sino también
sus obligaciones en Europa Occidental, así como, en ese momento, la campaña del mariscal de campo Erwin Rommel en el
Norte de África y su operación destinada a destruir la base naval
británica de Malta, que amenazaba las líneas de suministro de
Rommel desde Italia.

Resultaba posible acelerar la incorporación de nuevos reclutas, continuó Halder, sin embargo, la debilidad crítica se

localizaba en las pérdidas insustituibles de oficiales subalternos y suboficiales, fundamentales para que cualquier batallón de combate pudiera ser eficaz y operar con éxito. El hecho de reclutar y entrenar a esos hombres llevaría más tiempo, lo que no haría sino aumentar las debilidades estructurales de muchas divisiones que, para entonces, ya se encontraban infradotadas.[8] Además, tanto la moral como la disciplina habían caído en picado antes, durante y después de las batallas invernales. Muchos comandantes de unidad refirieron que algunos soldados rasos habían infringido las normas militares de manera flagrante y, al evaluar las cartas enviadas desde el frente, el régimen comprobó que los soldados se quejaban de las malas raciones, las condiciones de vida y el desarrollo de la contienda. Así, Hitler aceptó la cruda conclusión de Halder: la Wehrmacht ya no era capaz de repetir lo de 1941. No obstante, fue en este punto donde las propuestas estratégicas para 1942 divergieron, tal como había quedado claro en las conversaciones que Hitler mantuvo con Goebbels el mes anterior.

Halder y su jefe de operaciones (el general de división Adolf Heusinger), que dirigían los dos frentes de guerra, abogaban ahora por una estrategia conservadora y defensiva.[9] La Wehrmacht debería poder reconstruir sus destrozadas divisiones de infantería y blindados detrás de una línea sólida y fortificada que rechazara cualquier ofensiva que pudiera lanzar el Ejército Rojo. Si se convenía en esto, el principal objetivo de la campaña del verano siguiente tendría que ser el desarrollo de operaciones de limitada envergadura, por ejemplo, capturar Crimea y establecer allí una base para, luego, lanzar una gran ofensiva en 1943. Al sentirse frustrado, quizá, por la falta de ambición de Halder, Hitler cuestionó en 1942 su plan de un frente defensivo, argumentando que, en última instancia, devolvería la iniciativa al Ejército Rojo, que también estaría ganando fuerza.

Podría decirse que el Ejército Rojo contaba con el mejor carro de combate de la Segunda Guerra Mundial, el T-34, pero todavía tenía que aprender a utilizarlo correctamente en términos de formación, tácticas y comunicaciones por radio, algo en lo que los alemanes sobresalían. No obstante, tal como concluyó un general alemán que inspeccionó un T-34 capturado: «Si los rusos llegan a producirlo en serie, habremos perdido la guerra».[10] Cuando Halder presentó ante el Führer los últimos informes de inteligencia, según los cuales las fábricas rusas de los Urales producían entre seiscientos y setecientos tanques T-34 al mes, el dictador alemán desestimó la información como propaganda soviética. De la misma manera, se silenciaron las preocupaciones sobre lo que quedaba de las enormes reservas de mano de obra a las que podía recurrir la Stavka: seis millones habían muerto en el campo de batalla o se estaban pudriendo en campos alemanes de prisioneros, así que ¿cómo podía hablarse de nuevos ejércitos pululando por ahí?

Las brutales condiciones del invierno ruso habían sorprendido a los alemanes tanto en el plano físico como tecnológico. Por el contrario, el combatiente ruso estaba bien acostumbrado al descenso de las temperaturas y un chaleco de algodón acolchado llamado *telogreika*, un gorro calentador *(ushanka)* y unas botas y unos guantes de fieltro destinados a reducir al mínimo las congelaciones lo aislaban del frío glacial. Sus armas, artillería, vehículos y tanques también estaban mejor diseñados y lubricados para combatir las condiciones árticas, lo cual le permitía mantenerse en movimiento y luchar con eficacia. En la primavera de 1942, se enfrentaba a un soldado de infantería alemán que apenas había sobrevivido a las bajas temperaturas, se encontraba frustrado por la congelación del equipo y dependía de un suministro esporádico de alimentos y combustible. Estaba desesperado por no volver a sufrir el mismo destino, aunque las bases seguían confiando en el liderazgo militar de Hitler.

La primavera de 1942 presagió nuevos trastornos, ya que las condiciones extremas del invierno ruso dieron paso al barro del deshielo primaveral del que era imposible zafarse. La lucha diaria por simplemente sobrevivir y estabilizar los frentes fue dura para ambos bandos, tal como registró el corresponsal de guerra soviético Grossman: «Sin duda, nadie ha visto tanta mugre: lluvia, nieve, grano, un cenagal líquido y sin fondo; una masa negra trabajada por miles de botas, ruedas y orugas».

Hitler tuvo que decidir entre las diversas opiniones que se le presentaron sobre dónde debía emprenderse la siguiente ofensiva estival: ¿lanzar una gran ofensiva en el norte para capturar, por fin, Leningrado o intentar acabar la tarea de tomar Moscú y dejar fuera de combate al nudo de comunicaciones de Stalin? Se percató de que el Ejército Rojo defendería con uñas y dientes la capital soviética, y de que las pérdidas alemanas serían cuantiosas y solo proporcionarían una victoria localizada. Aquello no afectaría entonces al desarrollo general de la guerra, lo que tenía aún más importancia si cabe debido a la entrada de Estados Unidos en la contienda. Además, era del todo consciente de que Alemania necesitaba recursos para luchar en varios frentes y sobrevivir, por lo que la prioridad debía ser paralizar al Ejército Rojo para poder adquirir tales recursos. Así, el 5 de abril de 1942, tomó su fatídica decisión y la directiva número 41 estableció sus objetivos en el este para aquel año:

> Todas las fuerzas disponibles se concentrarán para las operaciones principales del sector sur, con el objetivo de destruir al enemigo antes del Don y, así, capturar los yacimientos petrolíferos del Cáucaso y los pasos montañosos del propio Cáucaso.

Hasta entonces, Stalingrado era tan solo un nombre en un mapa estratégico para el Führer:

> No se escatimarán esfuerzos para alcanzar Stalingrado o, al menos, someter la ciudad al fuego de la artillería pesada de modo que no pueda ser usada como centro industrial o de comunicaciones.

El 20 de enero y apenas un mes después de abandonar su puesto como comandante del Grupo de Ejércitos Centro, se puso al mando de la ofensiva de este grupo al mariscal de campo Von Bock, hombre metódico pero digno de confianza. Su nombramiento fue fortuito e inesperado: había que resolver la repentina muerte del mariscal de campo Von Reichenau

—posiblemente, el comandante operacional con más talento de Hitler y un nazi duro y carismático—, recientemente nombrado comandante del Grupo de Ejércitos Sur y originario del 6.º Ejército. Este había aplicado la «Orden de los comisarios» del régimen durante Barbarroja y había ofrecido apoyo logístico a las unidades de los Einsatzgruppen (escuadrones paramilitares de la muerte)[11] que liquidaron a las comunidades judías de su zona, como en Babi Yar, a las afueras de Kiev, donde más de 33 000 judíos fueron asesinados en dos días.[12] Su promoción al mando de un grupo de ejércitos en diciembre le permitió ascender al general Paulus, un oficial de Estado Mayor que Von Reichenau pensó que sería un solvente comandante operacional del 6.º Ejército. Ahora bien, estos dos hombres no podían ser más distintos: Paulus era estudioso y nada propenso a las explosiones de ira ni contaba con la brillantez táctica de su comandante. Aunque carecía de experiencia de liderazgo en combate, Von Reichenau predijo que su protegido estaría a la altura del reto a pesar de las preocupaciones mostradas por otros altos mandos. La nueva asociación apenas duró un mes. El 14 de enero, un Von Reichenau fanático del ejercicio se derrumbó de forma repentina ante la estupefacción de sus superiores cuando volvía de correr cerca de su cuartel general:

> El otrora tan fuerte y activo mariscal de campo colgaba flácido entre dos guardas-oficiales con los ojos fijos en la nada. Parecía haber perdido el conocimiento. […] El brazo derecho de Reichenau caía hacia el suelo, al igual que el lado derecho de su cara.[13]

Von Reichenau había sufrido un derrame cerebral catastrófico. Su equipo médico solicitó que el facultativo personal del mariscal de campo volara desde su unidad, asentada en el Grupo de Ejércitos Norte. Las cuarenta y ocho horas de viaje salieron caras, ya que acabó falleciendo poco después de la llegada del médico. Por si esto fuera poco, el avión que lo llevaba de vuelta a Alemania para su entierro se estrelló en las afueras de Leópolis. Hitler, conmocionado, le concedió un funeral de

Estado en Berlín y ordenó al mariscal de campo Von Bock que asumiera el mando de la ofensiva por llegar.

En primer lugar, el Grupo de Ejércitos Sur eliminaría a las fuerzas rusas que ocupaban la porción de Crimea que permanecía sin invadir y capturaría la base naval asediada de Sebastopol, considerablemente guarnecida por unidades del Ejército Rojo, navales y aéreas capaces de causar estragos tanto en la navegación del Eje como en el transporte de suministros de petróleo. Una vez logrado esto, las fuerzas del Eje lanzarían una ofensiva a gran escala en dos frentes: se empujarían las líneas hasta el Volga antes de avanzar hasta el Cáucaso. El doble objetivo era rodear y destruir las fuerzas del Ejército Rojo, así como capturar Maikop y Grozni para asegurar sus refinerías de petróleo.[14]

Hitler y su séquito militar asumieron como un dogma de fe que las fuerzas rusas se encontraban ahora en modo defensivo, limitadas por sus inmensas pérdidas y luchando por reemplazarlas. La inteligencia militar alemana había intentado evaluar esto a través de los estudios de informes de bajas, de interrogatorios a prisioneros de guerra y de vuelos de reconocimiento. Por su parte, la sección de inteligencia de Halder —Ejércitos Extranjeros Este (FHO), dirigidos por el teniente coronel Eberhard Kinzel— trabajaba con la suposición de que Stalin estaba, en efecto, empleando sus reservas (entre treinta y sesenta divisiones) para proteger Moscú. Sin embargo, frente al Grupo de Ejércitos Sur, a lo largo del frente principal que protegía el Cáucaso al sur y el este en dirección al Volga, había, como mínimo, un millón de tropas repartidas por más de 1500 kilómetros de terreno.[15]

El 1 de abril de 1942, Kinzel fue reemplazado por el teniente coronel Reinhardt Gehlen, uno de los oficiales de inteligencia del propio Halder, que lo había asistido en 1941 antes de lanzar Barbarroja. En realidad, aunque el mando militar confiaba en sus métodos, no tenía una clara idea de la acumulación de tropas en el interior de la Rusia no ocupada. Con el combustible que transportaban, los vuelos de reconocimiento de la Luftwaffe no podían aventurarse tan lejos en territorio enemigo y pretender regresar. Suponía todo un reto descubrir nuevas agrupaciones en la inmensidad de la estepa abierta del sur de Rusia y la toma de prisioneros de primera línea solo proporcionaba información limitada sobre los movimientos de las tropas de la zona.

Desde el final de la campaña de invierno, la Stavka había acumulado una enorme reserva de personal. Después del 22 de junio de 1941, más de ochocientos mil soldados de las nuevas levas de reservistas fueron llamados a filas; además, los poderosos ejércitos de tanques estaban desplegando el T-34, que salía de las líneas de producción en las cantidades sobre las que Halder había advertido a Hitler. Estas nuevas reservas estaban ocupadas entrenándose y equipándose muy por detrás de la línea del frente existente y sus posiciones se extendían desde el noreste de Moscú hasta el sur de Stalingrado. Su fuerza combinada representaba, al menos, el cincuenta por ciento de toda la fuerza alemana en el frente oriental.

Con tales recursos reunidos y tras caer en el engaño de que Moscú era el verdadero objetivo para 1942 por parte del Grupo de Ejércitos Centro, la Stavka, que había distribuido los ejércitos occidentales de manera desequilibrada, los reestructuró en ocho «frentes» que se extendían a lo largo de toda la línea de frente desde el Báltico hasta el Cáucaso.[16] Tres de estos protegían la propia Moscú y comprendían el cincuenta por ciento de las fuerzas, mientras que el flanco sur guardaba la frontera del Cáucaso, que era mucho más débil. Así pues, el general Zhúkov comandaría los frentes del norte que defendían a Leningrado y Moscú, mientras que el mariscal Semión Konstantínovich Timoshenko supervisaría los del sur.

El sueño de Hitler era hacerse con el trigo ucraniano y el petróleo del Cáucaso, y el de Stalin, expulsar a todas las fuerzas alemanas de Rusia occidental para finales de año. Esta estrategia se había discutido largo y tendido desde el final de las batallas de invierno, para lo cual se habían previsto ofensivas a lo largo de todo el frente oriental. El 14 de marzo, el líder soviético había informado a Churchill al respecto: «Tengo plena confianza en que los esfuerzos combinados de nuestras tropas, a pesar de ocasionales reveses, culminarán en el aplastamiento del enemigo común y en que el año 1942 será testigo de un giro crucial en el frente antihitleriano».[17]

Una de esas llamativas ofensivas «localizadas» fue la propuesta que lanzó el mariscal Timoshenko: retomar el fundamental nodo de transporte de Járkov, atacar a las fuerzas del Grupo de Ejércitos Sur —que se creían dispersas por el norte y el sur— y rodearlas en un movimiento de pinza en torno a la urbe. Járkov, el centro industrial de Ucrania, se encargó de construir el T-34 hasta que las fábricas de tanques fueron enviadas al este y, con una población de novecientos mil habitantes, era la cuarta ciudad más grande de Rusia. Su captura y ocupación a manos del Grupo de Ejércitos Sur fue uno de los éxitos alemanes durante los encarnizados combates de las ofensivas invernales del Ejército Rojo. La Stavka autorizó a Timoshenko a planificar la ofensiva de Járkov con todas las reservas que pudiera reunir el Frente Sudoeste. Se había debatido a fondo sobre si tanto Hitler como el Alto Mando alemán creían que el Ejército Rojo era capaz de tal hazaña, pero, en medio de sus preparativos para su propia ofensiva, la entrada del 8 de mayo del diario del mariscal de campo Von Bock fue reveladora: «No ha disminuido mi gran preocupación de que los rusos puedan adelantarse a nosotros con su propio ataque».[18]

La ruta hacia Stalingrado. El plan de la ofensiva estival alemana de 1942

Avances propuestos de la operación Azul
Línea de frente a 10 de mayo de 1942
Ataques alemanes locales
Campos petrolíferos

Golfo de Finlandia
Lago de Ládoga
Leningrado
Neva
Voljov
Lago Peipus
Lago Ilmen
Embalse de Ribinsk
Pskov
G. de EE. Norte
Gorki
Rzhev
Moscú
Vítebsk
Smolensk
Kaluga
G. de EE. Centro
Tula
Briansk
Oriol
Kursk
FASE 1
Vorónezh
G. de EE. Sur
Stari Oskol
Kiev
Bélgorod
Járkov
Volga
Poltava
FASE 2
Don
Dniéper
Izium
Millerovo
Stalingrado
Pavlogrado
FASE 3
Dnipropetrovsk
Zaporiyia
Stalino
Taganrog
Rostov
Astracán
Mariúpol
Mánych
Elistá
Perekop
Mar de Azov
FASE 4
Canal del Mánych
Kerch
Krasnodar
Voroshílovsk
Mar Caspio
Sebastopol
Novorossísk
Maikop
Kubán
Tuapsé
Térek
Grozni
Mar Negro
Sujumi
Bakú
CORDILLERA DEL CÁUCASO

0   100   200   300 millas
0   100   200   300   400   500 kilómetros

Capítulo tres

Hacia el sur

¡La tarea del Ejército Rojo es liberar nuestro territorio soviético de los invasores alemanes!

Iósif Stalin[1]

El mariscal Timoshenko no pecaba de ingenuo cuando se trataba de entender lo que se requería para derrotar a las fuerzas
alemanas desplegadas contra su frente sudoeste. Para aplastar al
6.º Ejército —la principal unidad del Grupo de Ejércitos Sur—,
recuperar la ciudad y avanzar hacia el oeste en dirección al río
Dniéper, necesitaría 640 000 soldados apoyados por 1200 tanques y más de 1000 piezas de artillería. Stalin quedó impresionado y preocupado por los requerimientos de una sola ofensiva
como esta; atado de pies y manos por las necesidades de otros
frentes, suavizó la ofensiva de Timoshenko, que se limitaría a
capturar Járkov y a estabilizar la línea. Sin embargo, esta fue un
fracaso de planificación y preparación. Los embotellamientos
logísticos obligaron a retrasar su fecha de lanzamiento; mientras, las fuerzas alemanas seguían preparándose para su propia
campaña, lo que significaba que el Ejército Rojo se enfrentaría
al doble de fuerzas de las que habían previsto sus mandos.

El 12 de mayo, Timoshenko lanzó su asalto terrestre contra
el Grupo de Ejércitos Sur, pero, casi al instante, se topó con la
enconada resistencia de los germanos, que paralizó su avance a
medida que estallaban encarnizados combates. En tres días, el
6.º Ejército de Paulus fue machacado desde múltiples direcciones

y perdió más de diez mil hombres a la vez que los blindados soviéticos intentaban, en vano, romper sus defensas a fin de cerrar
el cerco que se había planeado de antemano. La capacidad de la
Wehrmacht para absorber el golpe permitió a Paulus inmovilizar
—con la ayuda de los ataques aéreos masivos de la Luftwaffe—
la mayor parte del empuje norte de los soviéticos conforme las
condiciones meteorológicas cambiaban y el 1.er Ejército Panzer
de Kleist atacaba entonces el flanco sur de los rusos.

Intimidado por la rapidez con la que los alemanes habían
contraatacado, el comisario militar ruso Jrushchov envió un telegrama a Moscú en el que solicitaba permiso para retirarse. Stalin se negó durante treinta y seis horas hasta que fue demasiado
tarde: para entonces, las fuerzas de Paulus esperaban a que las
agrupaciones móviles de Kleist avanzasen desde el norte para
cerrar el cerco a las fuerzas soviéticas. A medida que el tiempo
se volvía húmedo bajo el sol de principios de verano, más de
250 000 soldados del Ejército Rojo se vieron apretujados en una
bolsa cada vez más pequeña conforme los blindados, la artillería
y los bombarderos alemanes liquidaban columnas de tanques
soviéticos en retirada y diezmaban batallones enteros de un solo
golpe; antes que ser capturados vivos, muchos soldados rusos
enlazaban sus armas y marchaban hacia su perdición. Para el
teniente Iósif Mirónovich Yampolski, que tripulaba un cañón
antitanque de 45 mm y se retiraba a medida que se estrechaba
el cerco alemán, la cobertura no era posible:

> Yo fui uno de los 400 hombres de la fuerza de cobertura es-
> tablecida espontáneamente por algún coronel de infantería.
> Nos pusimos a la defensiva, tal como se nos dijo, para dar la
> oportunidad a dos hospitales de campaña, repletos de heri-
> dos, de desplazarse a la retaguardia. La infantería alemana
> apareció por la mañana. Nuestra línea defensiva se enfrentó
> a los alemanes, que avanzaron con disparos. Pocos minutos
> después, llegaron los bombarderos en picado alemanes. Fue
> un bombardeo atroz. [...] Esto se repitió varias veces. [...]
> Los alemanes no necesitaron gastar sus tanques o su infan-
> tería motorizada contra nosotros. Tan solo dieron a sus avia-

dores la oportunidad de divertirse a sus anchas. Por la noche, solo diecinueve de nosotros salimos vivos de aquel infierno.[2]

Se tomaron más de 240 000 prisioneros, junto con la mayor parte del parque de artillería y blindados del frente sudoeste. Fue un desastre tan grave como el del verano anterior; por su parte, las pérdidas alemanas ascendieron a 30 000 bajas. Ambos bandos se llevarían valiosas lecciones de Járkov que darían sus frutos en los combates invernales alrededor de Stalingrado. Para los rezagados que lograron escapar del cerco alemán, la respuesta oficial soviética decretada por Stalin fue la ejecución o el batallón de castigo. El teniente Yampolski, que resultó herido, tardó 10 días en volver a las líneas aliadas, pero, al llegar, se encontró con la sorpresa de que continuaba en peligro:

Resultó que a esos pobres tipos como yo los enviaron al punto de control de filtraciones situado en los locales de la oficina del comisario de la división.[3] Caminé hacia allí con gran alegría, feliz de haber llegado por fin junto a mis compatriotas, sin pensar siquiera en la tortura que me aguardaba. De repente, alguien me abordó:

—Yampolski, ¿qué estás haciendo aquí?

Miré a mi alrededor. Allí estaba el oficial de aprovisionamiento de alimentos de mi antigua unidad en un camión de 1,5 toneladas.

—Acabo de salir del cerco y voy a la verificación —me expliqué con él.

—¡No vayas allí! No les impresionará que llegues de uniforme y con tus documentos de identidad, y tendrás problemas. Estoy aquí de servicio para llevar pan a la brigada desde la panadería del Ejército, que está estacionada a treinta kilómetros de aquí. Hemos roto el cerco en una formación organizada con nuestro estandarte y 120 de nosotros lo hemos logrado. Espérame aquí una hora y te recogeré a la vuelta. Cose de nuevo la insignia de tu cuello en la guerrera [para que las fuerzas rusas lo reconozcan] y no te vayas de aquí. ¡Espéranos![4]

El unteroffizier Albert Wittenberg sobreviviría a los intensos combates en el distrito de la 50.ª División de Infantería y volvería a casa.

El 1 de junio, Hitler voló a Poltava para decidir los siguientes pasos junto a Von Bock. El Führer acordó que el 11.º Ejército, comandado por el coronel general Erich von Manstein, reduciría la guarnición rusa de Sebastopol y Von Bock despejaría el saliente (la operación Wilhelm) antes de lanzar la nueva ofensiva estival el 20 de junio. Con la Luftwaffe dominando los cielos y prácticamente aniquilando las fuerzas aéreas soviéticas presentes en el teatro de operaciones, el 2 de julio, el 4.º Ejército Panzer de Von Bock se abriría paso hasta la ciudad de Vorónezh, un nodo fundamental de transporte y comunicaciones.

Al comenzar la lucha por Vorónezh, el sargento Albert Wittenberg se dirigió al sur, hacia Sebastopol, para unirse a la 50.ª División de Infantería. Formaba parte de una agrupación de choque cuyos orígenes se remontaban a los días de las tropas de asalto de la Gran Guerra. En los primeros años de la década de 1940, había trabajado como herrero cerca de Cottbus, una ciudad universitaria situada a 125 kilómetros al sudeste de Berlín, en la Baja Lusacia. Su capataz había conseguido aplazar su reclutamiento para el servicio militar, ya que dicha profesión se consideraba un servicio esencial para la economía y la logística en el frente interno. Tras las pérdidas sufridas a causa de Barbarroja, Wittenberg fue uno de los cientos de miles de reemplazos llamados a filas y, tras completar su formación básica, lo destinaron a recibir instrucción adicional en una compañía de zapadores; se sabía que se trataba de una especie de unidad de élite y corría el rumor de que estaba fundamentalmente integrada por hombres jóvenes, solteros y sin parientes. El entrenamiento básico fue muy duro y algunos reclutas murieron durante su adiestramiento: «Se produjo un incidente con granadas de mano durante el entrenamiento. Un recluta no lanzó la granada, sino que la sostuvo en la mano. Se quedó petrificado, y nosotros, también. Un instructor con aplomo empujó al soldado a una trinchera. El recluta murió».[5]

Por otra parte, era la primera vez en su vida que Wittenberg tenía un horario regular de trabajo, tres buenas comidas al día y una paga decente con la que pasar su tiempo libre en la Praga ocupada; no había conocido nada de todo esto hasta entonces, y le gustaba poseerlo. Al principio, trabajó en la herrería donde la Wehrmacht —que continuaba siendo, en gran parte, un ejército de tracción equina— mandaba a reparar carros, carretas y vehículos llegados desde el frente ruso. También se enviaron miles de caballos para que se recuperasen de sus heridas o de las congelaciones provocadas por las duras condiciones invernales rusas. Wittenberg consideró que el sufrimiento de los animales era demasiado insoportable y solicitó el traslado a la armería de la división, donde permaneció hasta que, en 1942, fue destinado al Grupo de Ejércitos Sur.

Tras la captura de Sebastopol, los soldados de la unidad de Wittenberg fueron llevados al este por ferrocarril a fin de reforzar las pérdidas que la 50.ª División había sufrido debido a la toma del principal puerto naval de Crimea. La lucha que habían librado los rusos sería un adelanto de lo que les esperaba a los alemanes junto al Volga.[6] Wittenberg describió el viaje como un trayecto relativamente agradable en el que la nueva agrupación recibió abundantes raciones y cigarrillos, y los reclutas cantaron canciones para mantener la moral conforme pasaban los días.

Nunca había ido de vacaciones y menos en tren, pero me sentí bien, sin duda. Al cabo de un tiempo, algunos de los soldados se dieron cuenta de que el tren se dirigía hacia el sudeste. Entre los hombres, se rumoreaba que el destino del viaje podría ser Crimea, donde el 11.º Ejército de Von Manstein bombardeaba a la guarnición que resistía en Sebastopol. Nuestros oficiales confirmaron esto en el transcurso del viaje, así que me dirigí a Sebastopol.[7]

La unidad llegó a Crimea y los hombres tuvieron que bajarse del tren a unos kilómetros del puerto: la locomotora no podía llevarlos más lejos, ya que la línea férrea había quedado destrozada por los bombardeos. En su lugar, marcharían hacia la costa.

Tuvimos que reunirnos en una pequeña estación de tren, recoger las armas y el equipaje, y partir. Yo había vivido veranos calurosos en Alemania, pero nunca había soportado un calor semejante. Marchamos durante días, no sé exactamente cuánto tiempo, quizá una semana. La unidad se abría paso a través de interminables campos de cereales, solo interrumpidos, de vez en cuando, por una pequeña aldea. También parábamos a menudo en campos de tomates y cogíamos algunos. Eran dulces como el azúcar.

Por las noches, cesábamos la marcha y nos instalábamos en cualquier barracones que encontrásemos en pueblos pequeños, pero, también, en otros más grandes. Hay que pensar que caminábamos con botas —*Knobelbecher* las llamaban mis compatriotas— en pleno verano. No teníamos calcetines propiamente dichos—me procuré unos más tarde—, sino envolturas [polainas]. Había que atárselas bien, de lo contrario, te hacías daño en los pies enseguida, lo que podía ser muy doloroso. No había enfermería.

Igual que ya había sucedido el año anterior, muchos ucranianos vieron a los invasores alemanes como libertadores, tal como recordaba Wittenberg:

Lo que noté fue que la población civil fue muy amable con nosotros a pesar de que éramos los atacantes (teníamos conciencia de ello). Así que nos comportamos de manera amistosa e incluso entablamos conversación con algunos de ellos. Éramos hombres jóvenes y, por supuesto, también queríamos chicas. Nunca hicimos contacto con el enemigo y no vimos ni un solo soldado ruso. Tampoco había señales de las actividades partisanas de las que habíamos oído hablar. Sin embargo, eso iba a cambiar pronto.[8]

En ese momento, el aburrimiento de la continua marcha bajo el implacable sol del verano de Crimea se vio interrumpido por el aumento de los vuelos de la Luftwaffe sobre sus cabezas. Las tropas empezaron a encontrarse con otras unidades alemanas atrincheradas, trabajando en puestos de abastecimiento o regresando de la propia Sebastopol, algunas marchando en formación, muchas otras heridas, a bordo de carros y camiones. Tanto Wittenberg como sus camaradas empezaron a vislumbrar la realidad del frente oriental:

En algún momento, llegamos a los suburbios de una ciudad y, cuanto más avanzábamos, mayor era la destrucción. Nunca había visto tal caos en mi vida: no había piedra sobre piedra. Sebastopol estaba completamente destruida, solo quedaban ruinas humeantes, algo casi apocalíptico, estaba horrorizado. Creo que fue entonces cuando me asusté por primera vez.

Por vez primera, los refuerzos se encontraban en ese momento con su enemigo:

Y allí estaban, columnas interminables de soldados del Ejército Rojo marchando hacia el oeste. Se parecían a nosotros, solo que con otro uniforme. Algunos dijimos: «Si esto sigue así, la guerra habrá terminado antes de que disparemos un tiro». ¿Se puede estar más equivocado?

En Sebastopol, tuvimos contacto por primera vez con los soldados alemanes del frente que habían participado en la toma de la ciudad. Uno en particular se puso a hablar con nosotros mientras le dábamos los cigarrillos que teníamos. Parecía hecho polvo y nos advirtió: «No os engañéis, no los derrotaremos pronto. Los rusos lucharon con una valentía increíble. Nunca he visto nada igual. Tuvimos que arrasar toda la maldita ciudad hasta que se rindieron».

Esta conversación volvería para atormentar a Wittenberg en medio de la lucha por Stalingrado.

En Vorónezh, los combates que tenían por objetivo capturar la ciudad se prolongaron durante días, ya que nuevas fuerzas soviéticas se enfrentaron al 4.º Ejército Panzer de Von Bock desde el norte, mientras los derrotados ejércitos de Timoshenko retrocedían sobre sus pasos hacia el río Don. Como comandante de campo, Paulus acababa de lograr una victoria en su primera gran batalla y, allá por el 30 de junio, estaba al frente del 6.º Ejército desde su base al noreste de Járkov para proteger el flanco sur del 4.º Ejército Panzer mientras se dirigía hacia el este. Su confianza durante esta época se pone de manifiesto en las páginas de sus cartas a amigos y familiares:

> Hemos avanzado bastante y hemos dejado Járkov 500 kilómetros atrás. Lo importante ahora es asestarle al ruso un golpe tan fuerte que no se recupere en mucho tiempo.[9]

El 12 de julio, Stalin se convenció de la amenaza que se cernía sobre el Volga y estableció el nuevo Frente de Stalingrado, compuesto por 38 divisiones de efectivos y calidad mixtos que se dividieron en tres ejércitos de reserva de la Stavka: el 62.º, el 63.º y el 64.º. Su fuerza combinada, de aproximadamente ciento sesenta mil tropas, estaba al mando de los generales Antón Lopatin, Vasili Chuikov y Mijaíl Shumílov, respectivamente; los dos últimos desempeñarían un papel muy importante en la historia de Stalingrado. Una semana después, Stalin telefoneó a Alekséi Seménovich Chuyanov, presidente del Gorodskoi Komitet Oboroni ('Comité de Defensa de la Ciudad') de Stalingrado, a fin de ordenarle que lo pusiera en pie de guerra al instante. El 20 de julio, mientras las agrupaciones alemanas del 17.º Ejército y del 1.er Ejército Panzer se acercaban a la ciudad clave de Rostov al sur, Chuyanov informó al Kremlin de sus planes para convertir Stalingrado en una fortaleza. En aquel momento, la población civil marchaba hacia el territorio circundante con el propósito de construir una serie de líneas defensivas compuestas por kilómetros de trampas para tanques, cientos de fortines de hormigón y miles de metros de alambradas de espino. Al igual que el año anterior, la industria pesada de la ciudad se estaba desmantelando y trasladando al este para ponerla a salvo, y se estaban formando batallones de milicianos procedentes del sector industrial del norte. Stalin le denegó el permiso para evacuar a la población; cuatrocientos mil civiles permanecerían en una «ciudad viva» que sus tropas lucharían con más ahínco por defender.[10] Entonces, las tripulaciones antiaéreas soviéticas avistaron los aviones de reconocimiento de la Luftwaffe en los cielos de Stalingrado.

Mientras las dos vertientes de la ofensiva alemana continuaban persiguiendo a los soviéticos en retirada hasta el Cáucaso y hacia el este, a la curva del Don, el hecho de que no se hubiera podido tomar muchos prisioneros reforzó la sospecha de Hitler de que el Ejército Rojo se tambaleaba al borde del colapso final. Entonces, el 23 de julio, tomó la fatal decisión de dividir sus operaciones e ir a por todas, para lo cual emitió la directiva del Führer número 45, que resumía la situación de la siguiente manera: «En una campaña que ha durado poco más de tres semanas, los amplios objetivos trazados por mi persona para el flanco sur del frente oriental se han alcanzado en gran medida».

El Grupo de Ejércitos Sur se dividiría en dos: Grupo de Ejércitos A y B. El primero debía enfrentarse y destruir las fuerzas rusas situadas al sur de Rostov y luego «ocupar toda la costa oriental del Mar Negro».[11] Tras la exitosa subyugación de Crimea por Von Manstein, su 11.º Ejército cruzaría el estrecho de Kerch hacia el continente, si fuera necesario, y apoyaría al Grupo de Ejércitos A en su avance hacia el sur con el objetivo de ocupar los centros petrolíferos en torno a Maikop, Grozni y Bakú. El Grupo de Ejércitos B, privado por el momento de sus blindados del 4.º Ejército Panzer, dirigiría al 6.º Ejército de Paulus, que dispondría de la ayuda de sus aliados húngaros, italianos y rumanos para «avanzar hacia Stalingrado, aplastar a las fuerzas enemigas allí concentradas, ocupar la ciudad y bloquear las comunicaciones terrestres entre el Don y el Volga».[12]

El 24 de julio, la ofensiva de verano alcanzó un punto crítico para Stalin, ya que el Grupo de Ejércitos A germano reconquistó Rostov en cuestión de pocos días y sin apenas lucha; ahora, el Cáucaso corría el peligro real de perderse. Lo que Stalin no sabía era que la fatídica decisión que había tomado Hitler estaba causando un estrés excesivo conforme los blindados del Grupo de Ejércitos B se desviaban hacia el sur para contribuir a la ofensiva del Grupo de Ejércitos A hacia los campos petrolíferos. Las carreteras que separaban las dos agrupaciones se llenaron de columnas, confusas y atascadas, de vehículos y tanques, muchas de ellas paradas por falta de combustible. Con la caída de Rostov, la infantería del 6.º Ejército alemán alcanzó el río Don y, ahora, estaba a solo cincuenta kilómetros del Volga y de Stalingrado. Stalin palideció ante la noticia, plenamente consciente de que Rusia estaba a punto de perder la campaña antes de que siquiera mediase el verano. Debía actuar.

Capítulo cuatro

«¡Ni un paso atrás!»

Por primera vez, tuve ante mis ojos una imagen clara de la ciudad, que solo estaba marcada por una pequeña cruz en nuestros mapas. Se extendía a lo largo de más de sesenta kilómetros en una franja de cuatro a siete kilómetros de ancho a lo largo de la orilla occidental del Volga. Hasta ahora, no me había dado cuenta de lo grande que era. De inmediato, surgió la pregunta: «¿Seremos capaces de tomar esta inmensa ciudad en el primer intento?».

Coronel Wilhelm Adam, ayudante de campo del general
Paulus[1]

El sargento superior Iván Vladímirovich Máslov era un tanquista profesional antes del estallido de la guerra y había luchado contra los polacos en 1939, así como en la guerra de Invierno contra los finlandeses. Después, sirvió con el 44.º Ejército durante la desastrosa campaña de Crimea y tuvo la suerte de escapar de vuelta al continente. Ahora, estaba con el 125.º Batallón Especial de Tanques, donde dirigía un T-34 en el frente de Stalingrado cuando los rusos intentaban frustrar el empuje alemán hacia el Volga:

> Nuestra resistencia en las estepas del Don fue más tenaz. Sí, sufrimos enormes bajas, pero los hombres lucharon. Una vez, después de varios de nuestros infructuosos y sangrientos ataques, el resto de nuestro batallón se acercó al cruce

del río Don, cerca de la aldea cosaca llamada Morozovskaya. Como en un alud, avanzaban los tanques y otros vehículos alemanes. Todo el cielo estaba plagado de aviones alemanes. [...] Nuestra infantería procedió a retirarse de manera desordenada. Al mando del batallón, el comandante Danílov nos ordenó retirarnos del cruce sin luchar. Se dio cuenta de que, en un minuto, no quedaría nada de nosotros ni de cualquier cosa que tuviéramos cerca.[2]

El 25 de julio, las fuerzas soviéticas del 62.º Ejército se retiraron tras la curva del Don mientras el Grupo de Ejércitos B alemán avanzaba tras su formidable escudo aéreo para flanquear las nuevas posiciones de los soviéticos. La fuerza rusa, reunida apresuradamente, era una mezcla de nuevos reclutas, veteranos supervivientes y, en algunos casos, artillería y tanques obsoletos puestos en servicio debido a las enormes pérdidas sufridas en Járkov. En aquel momento, la Stavka dividió su zona de operaciones de 640 kilómetros en dos teatros más manejables: el Frente de Stalingrado y el nuevo Frente del Sudeste. Este último tendría que vérselas con el 4.º Ejército Panzer, que se dirigía de nuevo hacia el noreste en un giro de ciento ochenta grados que Hitler —frustrado por la retirada de su enemigo y viendo cómo su Grupo de Ejércitos A se estancaba en el Cáucaso— acababa de ordenar. Necesitaba un triunfo, por lo que sus pensamientos se enfocaban ahora en capturar la ciudad de Stalin.

El 28 de julio, Stalin, consciente de la necesidad de concentrar las mentes, tomó la crucial decisión de publicar la Orden 227, una proclama que instruía a sus Fuerzas Armadas sobre lo que se esperaba de ellas en la lucha que se avecinaba. No se imprimió, sino que se distribuyó a todas las unidades y se leyó en voz alta. Una línea en particular captó la imaginación de la prensa soviética y, a partir de ella, crearían un eslogan con el que galvanizar al pueblo. La orden «¡Ni un paso atrás!» («Ni shagu nazad!»), firmada por Stalin como comisario del pueblo para la defensa, declaraba su intención de que todos sus comandantes aplicaran una disciplina más estricta en el ejército, ya que «era necesario defender, hasta la última gota de sangre, cada posición, cada metro de territorio soviético; aferrarse a cada brizna de tierra soviética y defenderla hasta el final». Aquellos oficiales o comisarios políticos adjuntos que permitieran la retirada de sus unidades o abandonaran sus propias posiciones recibirían severos castigos: «Quienes siembren el pánico y los cobardes deben ser aniquilados en el acto». Con el 6.º y 4.º Ejército alemanes acechando Stalingrado, el decreto hacía ver que el líder soviético preparaba psicológicamente a sus propias tropas para luchar hasta la muerte.

Para aplicar la Orden 227, Stalin ordenó al NKVD crear «destacamentos de bloqueo» que se encargarían de vigilar a las tropas de primera línea y estarían alerta frente a cualquier retirada no autorizada; se situarían en todos los cruces y puentes detrás de las líneas y tendrían autoridad para abrir fuego contra cualquiera que se retirara sin haber recibido tales órdenes. Un informe de un pelotón especial que actuó a lo largo del frente de Stalingrado durante este periodo revela que, del 1 de agosto al 15 de octubre, estas nuevas unidades detuvieron a 140 755 soldados que se retiraron de los combates. De este número, 3980 fueron arrestados; 1189, fusilados, y 2961, enviados a compañías y batallones de castigo, mientras que 131 094 militares fueron devueltos a sus unidades o destinados a lugares de tránsito a la espera de nuevas instrucciones.[3] Que cada división tuviera que reunir sus propias tropas de bloqueo era, en ese momento, algo sensato, pero poco práctico. Estas unidades estarían conformadas, con no poca probabilidad, por unos pocos cientos de hombres y a ellos se les ordenó inculcar disciplina en una división que podría tener miles de efectivos.

Sea como fuere, la gran mayoría de las tropas rusas que, en aquel verano, se retiraban de sus posiciones seguían siendo conscientes de su deber patriótico de defender la patria. Tal como el corresponsal de guerra Grossmann documentó cuando viajó con un regimiento:

> La reunión comenzó y la enorme multitud avanzó hacia el camión donde se encontraban los oradores. Era como si el claro del bosque estuviera ocupado por un enorme guerrero con un corazón enorme que respirase con calma y regularidad.

La reunión estaba dominada por la sensación de que iba a acontecer una gran batalla. Cada palabra pronunciada por los sargentos, soldados rasos y comandantes hacía referencia a la guerra y estaba diseñada para la guerra. Los que hablaban desde el camión, camuflado entre el follaje, eran de un mismo pensar y sentir.

Uno de los oradores extendió los brazos hacia sus camaradas y dijo: «El destino de la nación se halla en estas mismas manos, en nuestras manos». Hasta el último soldado se miró las manos y una ligera brisa recorrió la multitud. Su responsabilidad es grande, y su destino, difícil. [...] «Debemos resistir. Debemos vencer. La suerte de la nación está en nuestras manos».[4]

Mientras la orden de Stalin se iba implementando, en el lado alemán de la línea, el avance que propusieron los planificadores para capturar Stalingrado había llegado a su término. Ahora, el Grupo de Ejércitos B comprendía el 2.º y 6.º Ejércitos alemanes, el 4.º Ejército Panzer volvía desde el sur y el número de las tropas de los aliados alemanes del Eje iba en aumento; además, se incorporaron las tropas recién llegadas y relativamente frescas del 8.º Ejército italiano al 2.º Ejército húngaro. El grueso de la aviación se puso al servicio del Grupo de Ejércitos B para la siguiente serie de operaciones, lo que garantizaba al avance de las columnas el poderoso apoyo aéreo que necesitarían para tomar la ciudad.

Tras intensos combates, la lucha por la curva del Don llegó a un punto muerto el 2 de agosto, y ambos bandos se replegaron tras sus defensas e hicieron balance. En Moscú, Stalin volvió a poner al coronel general Yeriómenko al mando de tropas, ofreciéndole el cargo de comandante del Frente del Sudeste, con la orden expresa de detener el avance del 4.º Ejército Panzer hacia la ciudad.[5] Mientras hablaban, los tanques alemanes se dirigían al noreste en dirección al sur de Stalingrado, lo que obligó al 64.º Ejército ruso a extender su línea defensiva para contrarrestarlo, pero esto fue a costa de debilitar la línea al norte, donde el 62.º Ejército ruso resistía contra el 6.º Ejército de Paulus. La agrupación rusa se encontraba entonces en mal estado, había sufrido miles de bajas y la mayor parte de su equipo pesado se había destruido o quedado abandonado.

Al tomar el mando y a fin de frenar el avance del 4.º Ejército Panzer, Yeriómenko reforzó de inmediato el 64.º Ejército con los tanques y cañones anticarro que pudo reunir, aunque, con todo y con eso, los rusos retrocedieron ante el peso de los asaltos blindados y aéreos. Para muchas unidades soviéticas en retirada procedentes del sur y sudoeste de la ciudad, la suerte del conflicto se mostraba en toda su crudeza. El sargento superior Vladímirovich Máslov observó cómo algunos de los aldeanos, cosacos del Don, racionalizaban con rapidez quiénes podrían ser sus nuevos amos:

> Fuimos retrocediendo a través de las granjas cosacas y allí vimos que los lugareños ya estaban colocando manteles blancos en las mesas, y disponiendo comida y bebida, preparando una cálida bienvenida para los alemanes. [...] Disparamos las ametralladoras contra las mesas y vimos cómo saltaban astillas.[6]

Más al sur, en el Cáucaso, tras la captura de la ciudad de Maikop el 9 de agosto y después de haber volado los centros petrolíferos, el avance del Grupo de Ejércitos A alemán chocaba ahora con la encarnizada defensa soviética a medida que sus divisiones de infantería alcanzaban la cadena montañosa que se extendía desde el Caspio hasta el mar Negro. Las tropas locales del Ejército Rojo utilizaron el conocimiento del terreno en su beneficio, tal como lamentó el soldado Christian B. de la 198.ª División de Infantería alemana:

> Ahora estamos entre montañas. Son, desde luego, escarpadas, pero aún no terriblemente altas. Sin embargo, a medida que avancemos más en este sector, nos encontraremos, en efecto, con las cadenas montañosas como tal. [...] Aquí hay muchos francotiradores, porque los rusos pueden esconderse muy bien en estos matorrales, y es muy difícil para nuestra infantería peinar estos bosques.[7]

Después de que el 6.º Ejército alemán consiguiera el combustible que necesitaba para continuar, el punto muerto al que se acaba de llegar se rompió cuando Paulus hizo un esfuerzo concertado para rodear y destruir el 62.º Ejército de Lopatin. Para ello, se valió de una división Panzer alemana que, a su vez, se abrió camino desde el sur con el objetivo de rodear al grueso de las tropas al mando de Lopatin alrededor del nodo de transporte de Kalach: esta operación involucró a doce brigadas de fusileros y diez de tanques con un total de más de 50 000 hombres. Ahora, Paulus era libre para iniciar la ofensiva hacia el cruce del río Don a solo cincuenta kilómetros de Stalingrado. La formación en punta de lanza de su 6.º Ejército, el LI Cuerpo, ordenó cruzar el tramo más estrecho del río, de 250 metros, frente a la aldea de Vertiachi, a dos de sus divisiones de infantería, hecho que cogió por sorpresa al 62.º Ejército de Lopatin, puesto que los estaba esperando en Kalach. Así, Paulus consiguió que cruzara una parte de sus fuerzas gracias a sus zapadores, que construyeron dos puentes de pontones una vez que sus unidades de vanguardia habían consolidado la cabeza de puente. La Luftwaffe, que siempre superó en número a la fuerza aérea soviética —en proporción de dos a uno—, dominó los cielos y apoyó al 6.º Ejército y al 4.º Ejército Panzer, que se aproximaban para establecer una base firme treinta kilómetros al sur de la ciudad. La potencia de fuego alemana rechazó sin piedad los restos de la defensa rusa en la estepa; mientras, los comandantes soviéticos de la zona se preparaban para el combate de sus vidas.

Parte II

Todos los caminos llevan al Volga

La orilla del río estaba cubierta de peces muertos mezclados con cabezas, brazos y piernas humanos, todos tirados en la playa. Eran los restos de las personas que fueron bombardeadas cuando se las evacuaba a través del Volga.

Konstantín Duvánov,
62.º Ejército, Stalingrado[8]

Capítulo cinco

Una ciudad revolucionaria: el nacimiento de Stalingrado

¡Oh, Volga! [...] Mi cuna.
¿Te ha amado alguien como yo lo he hecho?
Solo en la penumbra de la mañana,
cuando todo el mundo aún duerme,
cuando el destello escarlata se desliza tan solo
sobre ondas azul oscuro.
Huyo y regreso al río donde nací.

Nikolái Nekrásov, «En el Volga»[1]

Desde 1925, Stalingrado debía, por supuesto, su nombre al líder soviético, pero la ciudad se había desarrollado sin hacer ruido durante el antiguo Imperio ruso, tal como reflejaba su denominación original, Tsaritsyn. Era una de las muchas urbes y puestos comerciales que, con el paso de los siglos, se habían erigido a lo largo del Volga —uno de los mayores ríos europeos—, que fluía desde las colinas del noroeste más allá de Moscú. Este cruzaba densos bosques y, más adelante, a través de su reseco paisaje estival, la gran extensión esteparia del sur de Rusia, antes de desembocar en el mar Caspio. En total, suponía un recorrido de más de tres mil kilómetros a lo largo del cual más de quinientos ríos y arroyos más pequeños vertían sus aguas en el río. El Volga era una fuente de maravillas naturales, rico en poblaciones de peces, incluido su famoso esturión beluga. El término eslavo *volga* significa 'humedad', pero las numerosas tribus prototúrquicas que se asentaron a lo largo de sus riberas meridionales lo conocían como el «gran río».[2] Por su parte, Tsaritsyn deriva de la denominación tártara 'ciudad del río Tsaritsa'.

Las provincias y los asentamientos del sur de Rusia llevaban siglos acostumbrados a los invasores; en el siglo XI, los vikingos —grandes exploradores— navegaron a lo largo del río y estos dieron paso, un siglo más tarde, a los mongoles y los tártaros, quienes, a su vez, serían conquistados por el zar Iván IV de Rusia (el Terrible) en el siglo XVI, que unió el país bajo el gobierno del emergente imperio cristiano cuyo poder emanaba de Moscú y Nóvgorod.[3]

A finales del siglo XIX y al igual que en Estados Unidos y en Europa continental, la llegada del ferrocarril —este nuevo medio de transporte, más rápido y adaptado a cualquier condición meteorológica— supuso un incremento radical del potencial comercial del Volga conforme los nudos ferroviarios convertían las pequeñas y soñolientas poblaciones de antaño en ciudades en auge. El puesto comercial de Tsaritsyn ejemplificaba esta prosperidad: en 1871, se construyó una terminal ferroviaria para exportar el grano proveniente de los vastos campos de la estepa hacia Moscú y San Petersburgo —a más de 1700 kilómetros al norte— y a Astracán —más de 400 kilómetros al sur—. Cuando el zar Nicolás II de Rusia condujo al país a la Gran Guerra, la ciudad contaba con 131 000 habitantes. Aunque sus principales distritos, calles y plazas estaban construidos con adoquines y escalinatas de granito conectados a un núcleo central de edificios de piedra, donde se encontraban los centros administrativos, judiciales y religiosos, la mayor parte de la nueva urbe se componía de caminos embarrados, muy parecidos a los de los núcleos industriales estadounidenses del Medio Oeste de la época.[4]

Se construyeron varios almacenes a lo largo de sus altos acantilados occidentales cerca de la terminal ferroviaria; en 1898, la inversión extranjera desarrolló la industria pesada de la ciudad, que ya contaba con astilleros, pesquerías, aserraderos y almacenes de petróleo. Tsaritsyn fue creciendo hasta convertirse en la urbe que los invasores alemanes otearon a través de los visores de sus Panzer en 1942.

El estallido de la Gran Guerra (1914-1918) supuso un desastre para la monarquía rusa y el orden imperante, derrocado por la agitación social y la Revolución de 1917, que se extendió desde San Petersburgo a todos los rincones del país cuando los bolcheviques arrebataron el poder al Gobierno provisional. Lo que siguió fue una cruenta y prolongada guerra civil (1917-1923), que, posiblemente, situó a Tsaritsyn en el mapa debido a su posición como enlace de transporte y a la lucha que se desató por poseerla. Esta, junto con otras a lo largo del Volga, desempeñó un papel crucial en la construcción de bases de apoyo y en la alimentación del Ejército Rojo de los bolcheviques, que luchaban contra el Ejército Blanco en el sur.[5]

Fue un periodo en el que grandes ejércitos independientes vivieron de la tierra mientras intentaban hacerse con el control de las zonas agrícolas e industriales clave del país, y esta situación empeoró una vez que Alemania controló el granero de Ucrania tras el tratado de paz de 1917. Los acontecimientos de San Petersburgo y Moscú radicalizaron a la numerosa población obrera empleada en las fábricas metalúrgicas de Tsaritsyn, que se unió a las guarniciones locales para establecer bases de abastecimiento bolcheviques. La ciudad cambiaría de manos unas cuantas veces antes de quedar, por fin, bajo el liderazgo de Stalin, un despiadado bolchevique de Georgia a quien la dirección de Moscú había enviado a encabezar la milicia del Partido en 1919.

A pesar de encontrarse en una situación precaria tras verse rodeado por fuerzas superiores, Stalin se negó a abandonar la ciudad y ordenó a los residentes que cavaran trincheras con el objetivo de prepararse para un asedio. Los defensores soviéticos hablaban de Tsaritsyn como un «Verdún Rojo» que nunca se rendiría ante los rusos blancos y a los entrometidos extranjeros que los apoyaban.[6] En octubre de 1918 y contraviniendo las órdenes recibidas, Stalin llamó a los refuerzos que luchaban en el sur para atacar la desprotegida retaguardia del Ejército Blanco sitiador. Una vez resuelta la amenaza de los blancos, Stalin se dedicó a restaurar el gobierno mediante el terror, a través de la ejecución de presuntos colaboradores y el incendio de pueblos enteros que se creían en contra del nuevo régimen.[7] Esta obstinada determinación de no abandonar su posición y aplicar en su lugar una despiadada ley marcial sobre los habitantes de la ciudad guiaría sus acciones cuando se hizo con el control del país, y, veinte años más tarde, actuaría de igual modo en Stalingrado. En enero de 1920, los bolcheviques ganaron la batalla de Tsaritsyn y su trayectoria era ascendente.

En 1925, tras el fallecimiento de Lenin, Stalin estuvo inmerso en una lucha de tres años para hacerse con el control del Sóviet Supremo a costa de sus rivales, entre ellos, León Trotski. Entonces, en sus tiempos como secretario general del Partido, su legendaria defensa de Tsaritsyn cobró mayor importancia para él. Para realzar aún más su perfil entre los leales al Partido y el público ruso en general, sus partidarios al frente de la ciudad pidieron a Moscú que cambiara su nombre en su honor. Ahora ya no sería la «ciudad del zar», sino la «ciudad de Stalin», y, como tal, Stalingrado reflejaría todo lo que había de moderno e industrial en los «planes quinquenales» de los que ahora Stalin se encontraba a cargo y que el país debía adoptar en diez años a fin de modernizarse. La ciudad se convertiría en un escaparate del socialismo moderno ante el país y el mundo.

En el terreno situado al norte, se había desarrollado una enorme base manufacturera y de ingeniería denominada Distrito Fabril. Además, los dirigentes de la ciudad se dispusieron a reurbanizar el corazón de la urbe para convertir sus trazas decimonónicas —todavía feudales en algunos emplazamientos— en una sucesión de plazas, bulevares, parques y terraplenes modernos, futuristas y abiertos. Las viviendas de la población que trabajaba en la industria pesada cercana serían modernos bloques de apartamentos que incorporarían los últimos avances tecnológicos y contarían con iluminación eléctrica y conexiones de gas.

La parte central de la urbe se transformó: su apariencia era semejante a la de muchas de las nuevas ciudades que estaban surgiendo en Norteamérica, como Chicago y Detroit. El centro de Stalingrado tenía ahora más de cien manzanas en un sistema de cuadrícula con grandes almacenes, escuelas, universidades técnicas, bibliotecas y apartamentos.[8] Mirando hacia el norte desde el barranco Krutoy y dominando la ciudad si uno contemplaba en dirección a las plantas industriales, se encontraba el Mamáyev Kurgán, antiguo cementerio tártaro y, ahora, parque público cubierto de hierba donde los habitantes de Stalingrado hacían pícnic en verano. Era el punto más alto de la zona y contaba con una maravillosa vista panorámica de varios kilómetros en todas direcciones.

Por su parte, los urbanistas continuaban siendo conscientes de que necesitaban viviendas para alojar a la mano de obra obtenida de dicha modernización y seguirían construyendo y ampliando estas nuevas secciones de Stalingrado, así como erigiendo residencias para mantener allí al gran número de trabajadores agrícolas de la zona que habían vivido en aquel lugar durante generaciones. No obstante, los distritos del sur apenas habían cambiado: ante todo, seguían siendo viviendas de madera de una o dos plantas con chimeneas de piedra, y, según la estación, las calles eran todavía poco más que tierra desnuda, helada, embarrada o seca.

Stalingrado era solo una parte de la gran estrategia que el Comité Estatal de Planificación (Gosplán) de Stalin había ideado con miras a que el país diera un gran salto industrial. En parte, la nueva política económica (NEP) del Partido Comunista, puesta en marcha por Lenin, pretendía servir de preparación para un ataque desde el oeste, que él parecía tener la certeza de que acabaría llegando, y Stalin describió esta metamorfosis como una «revolución desde arriba».[9] El coste humano sería enorme en términos de deportaciones masivas de campesinos a Siberia si protestaban; de vidas perdidas debido a las hambrunas posteriores, provocadas por políticas mal preparadas, así como por el aumento de las horas de trabajo en empleos de gran peligrosidad, como la construcción y la minería, en los que trabajaba una mano de obra con escasa formación.[10] Como ciudad soviética modelo, Stalingrado salió bien parada: su población se disparó de unos 151 000 a los 450 476 ciudadanos con los que contaba al comienzo de la Segunda Guerra Mundial.[11]

La expansión industrial no solo incrementó la mano de obra, sino que también convirtió tanto a Stalingrado como a sus principales puntos de referencia en un objetivo fundamental para cualquier enemigo. La fábrica de tractores comenzó a funcionar el 17 de junio de 1930 y producía un máximo de 144 vehículos de diseño estadounidense al día.[12] En el primer año de la Segunda Guerra Mundial, se reequipó la fábrica, prácticamente de la noche a la mañana, con el objetivo de fabricar tractores de artillería, proyectiles, minas y, sobre todo, el tanque T-34 (el arma fundamental de la guerra). Los astilleros situados junto al río producían submarinos y lanchas blindadas, mientras que otras fábricas, trineos a motor —para los enfrentamientos invernales—, el bombardero de ataque Il-2, armas y uniformes de todo tipo, todo ello destinado al frente. Alrededor de las gigantescas fábricas, se erigían grandes zonas residenciales para los trabajadores del Distrito Fabril, así como edificios administrativos. En el verano de 1942, cerca del ochenta por ciento de la población adulta de la ciudad trabajaba, de una forma u otra, en la industria bélica. Además, el cuerpo de voluntarios que Chuyanov —líder del Comité de Defensa de la Ciudad— ordenó reunir el invierno anterior contaba ahora con 13 600 hombres y mujeres, 11 000 de los cuales pertenecían al Partido. En toda la región, el número de voluntarios superaba los 50 000.[13]

Entre otros hitos que pusieron de relieve la modernización de la ciudad, se encontraban los grandes almacenes Univermag, de cinco plantas, el edificio más destacado cerca de la Estación de Ferrocarril número 1 de la plaza Roja.[14] Al sur de esta, la silueta del elevador de grano podía reconocerse con facilidad. La famosa construcción monolítica, de 35 metros de altura y casi 100 de longitud, de hormigón reforzado con acero dominaba el horizonte. Bastante más al sur, la central eléctrica de StalGRES, alimentada con carbón, suministraba electricidad a la ciudad y sus alrededores, aunque no sufrió ningún ataque terrestre directo durante la batalla. Cuando empezaron los combates, las estructuras de hormigón reforzado con acero no solo proporcionaron refugio, sino que también resultaron ser excelentes posiciones defensivas para los rusos a medida que el 6.º Ejército penetraba en la urbe.

Por su parte, Stalin valoraba la ciudad no solo por su conexión personal con ella, sino también por su producción industrial para el esfuerzo bélico. Estratégicamente, Moscú había designado la zona del sur del Volga como refugio seguro en caso de que los alemanes se abrieran paso para capturar la capital. Además, se había considerado Samara, a 800 kilómetros al noreste de Stalingrado, como posición de repliegue donde establecer el Gobierno: su situación tras las líneas soviéticas era lo bastante segura como para frustrar los bombardeos enemigos y estaba lo bastante cerca del frente a fin de permanecer en contacto con las agrupaciones de primera línea del Ejército Rojo. Sin embargo, ahora, en agosto de 1942, mientras el 6.º Ejército se acercaba por el noroeste, el 4.º Ejército Panzer apareció de repente en el horizonte con sus agrupaciones blindadas barriendo desde el sur y cogió a Yeriómenko con la guardia baja. Decenas de miles de refugiados habían huido de la estepa, lo que aumentó la población de Stalingrado —que pasó a albergar 850 000 habitantes— mientras los aviones de reconocimiento alemanes sobrevolaban la zona. A Stalin le pareció que la historia se repetía: era necesaria una nueva defensa de la antigua Tsaritsyn, forjada en el espíritu de la revolución.

De la misma manera que ya había hecho en 1919, el líder ruso emitió órdenes que prohibían la evacuación de los civiles y exigían que se acelerase la construcción de las obras de defensa que ya habían comenzado. Con el objetivo de frustrar la ofensiva del enemigo hacia el Volga, las unidades supervivientes —o lo que quedaba de ellas— de los 62.º y 64.º Ejércitos soviéticos serían las encargadas de fortificar las fábricas. Mantener la línea sería imperativo mientras los refuerzos ordenados por la Stavka desde la reserva se enviaban al norte de Stalingrado para una próxima contraofensiva.[15] La mentalidad bolchevique de abnegación era primordial y Chuyanov,[16] jefe del Comité de Defensa Civil de Stalingrado, tomó el control de todos los distritos y estableció puntos de control ocupados por hombres de la 10.ª División del NKVD, una mezcla de tropas regulares del Ejército Rojo, guardias fronterizos y más de 3000 civiles y trabajadores pertenecientes al Partido.[17] Asimismo, se impuso la ley marcial y las autoridades de la ciudad decretaron que:[18]

Igual que hace veinticuatro años, nuestra ciudad vuelve a vivir tiempos difíciles [...]. En el trascendental año de 1918, nuestros padres resistieron, en la Roja Tsaritsyn, la embestida de las bandas de mercenarios alemanes, y nosotros mismos defenderemos la Roja Stalingrado en 1942. La defenderemos para poder rechazar y destruir a la sanguinaria banda de ocupantes alemanes. [...] ¡Todos a construir barricadas! ¡Todo aquel que pueda llevar armas, acuda a las barricadas, a la defensa de la ciudad natal, del hogar natal![19]

Durante el último año, Chuyanov había mantenido ocupada a la mano de obra civil, reclutando a la fuerza a más de 250 000 personas, 1000 vehículos, 200 000 metros cúbicos de madera y 1000 toneladas de cemento para construir más de 3000 kilómetros de líneas defensivas, incluidos cientos de emplazamientos de artillería. Siguiendo las directrices —que, en parte, habían ayudado a los defensores de Sebastopol— del Gobierno destinadas a preparar una gran ciudad rusa para el ataque, Stalingrado quedaría rodeada por tres cinturones defensivos de diversa profundidad. El más lejano era el Cinturón de Defensa Exterior o «Línea O», que se extendía 100 kilómetros hacia la estepa. A continuación, el Ejército Rojo retrocedería hasta el Cinturón de Defensa Central o «Línea K», que contaba con una potencia de fuego más intensa, además de con fortificaciones bien situadas, trampas para tanques y campos de minas que protegían las principales carreteras de acceso a la ciudad. Finalmente, con un 6.º Ejército y un 4.º Ejército Panzer que acusaban el desgaste de sus respectivos avances, se construyó un último Cinturón de Defensa Interior o «Línea S», justo en el perímetro de la urbe, aprovechando el terreno y protegiendo las viviendas civiles de los suburbios. El único aspecto de la defensa en el que las autoridades de la ciudad se quedaron cortas fue en la construcción masiva de refugios antiaéreos para la población civil, que casi se había duplicado en agosto debido a la avalancha de refugiados. En aquel momento, no se consideraron necesarios tales preparativos, pero la destrucción que se iba a descargar sobre esta desde el aire en vísperas de la batalla no tendría parangón en el frente oriental.

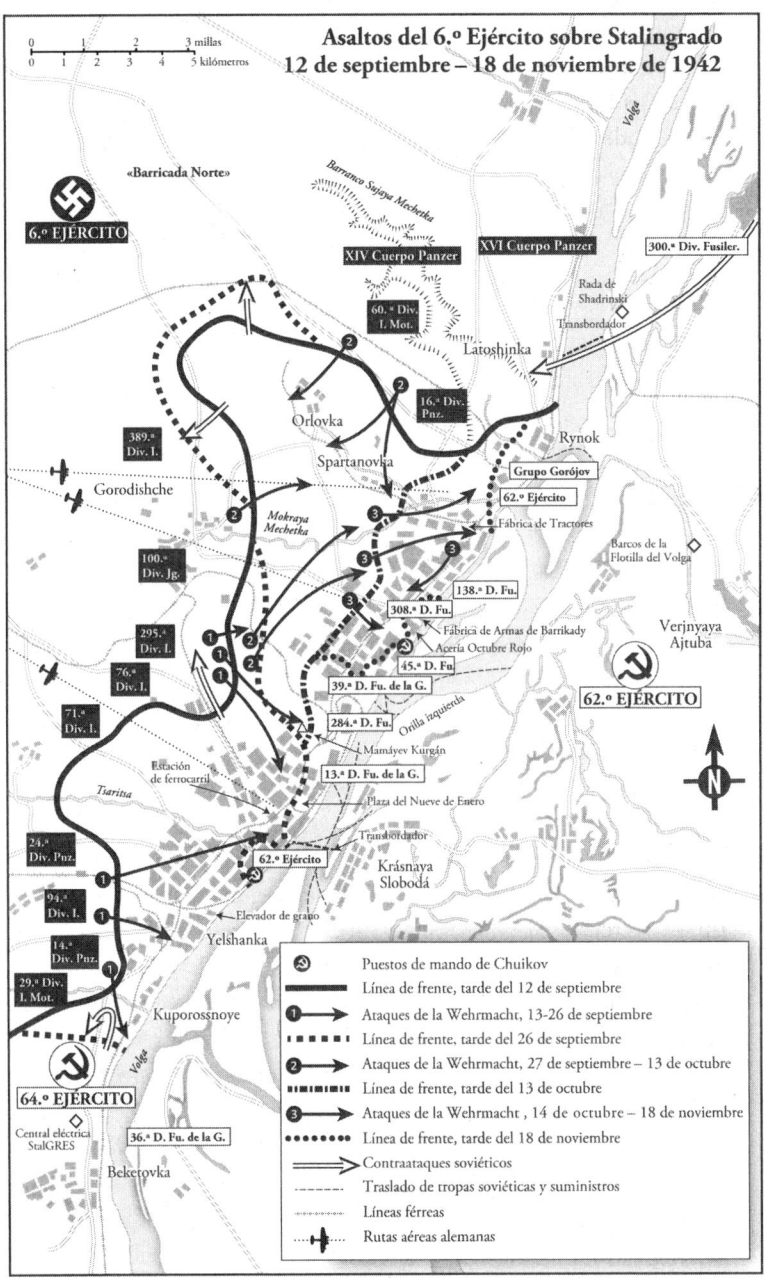

Asaltos del 6.º Ejército sobre Stalingrado
12 de septiembre – 18 de noviembre de 1942

0 1 2 3 millas
0 1 2 3 4 5 kilómetros

«Barricada Norte»

6.º EJÉRCITO

Barranco Suigua Mechetka

XIV Cuerpo Panzer

XVI Cuerpo Panzer

300.ª Div. Fusiler.

60.ª Div. I. Mot.

Rada de Shadrinski
Transbordador

Latoshjinka

389.ª Div. I.

Orlovka

16.ª Div. Pnz.

Rynok

Grupo Gorójov

Spartanovka

62.º Ejército

Gorodishche

Mokraya Mechetka

Fábrica de Tractores

Barcos de la Flotilla del Volga

100.ª Div. Jg.

138.ª D. Fu.

308.ª D. Fu.

Verjnyaya Ajtuba

295.ª Div. I.

Fábrica de Armas de Barrikady

Acería Octubre Rojo

76.ª Div. I.

45.ª D. Fu.

62.º EJÉRCITO

39.ª D. Fu. de la G.

71.ª Div. I.

284.ª D. Fu.

Orilla izquierda

Mámyev Kurgán

Estación de ferrocarril

13.ª D. Fu. de la G.

Tsaritsa

Plaza del Nueve de Enero

Transbordador

24.ª Div. Pnz.

62.º Ejército

Krásnaya Slobodá

94.ª Div. I.

Elevador de grano

14.ª Div. Pnz.

Yelshanka

29.ª Div. I. Mot.

Kuporossnoye

64.º EJÉRCITO

Volga

Central eléctrica StalGRES

36.ª D. Fu. de la G.

Beketovka

N

Puestos de mando de Chuikov
Línea de frente, tarde del 12 de septiembre
Ataques de la Wehrmacht, 13-26 de septiembre
Línea de frente, tarde del 26 de septiembre
Ataques de la Wehrmacht, 27 de septiembre – 13 de octubre
Línea de frente, tarde del 13 de octubre
Ataques de la Wehrmacht, 14 de octubre – 18 de noviembre
Línea de frente, tarde del 18 de noviembre
Contraataques soviéticos
Traslado de tropas soviéticas y suministros
Líneas férreas
Rutas aéreas alemanas

Capítulo seis

Lluvia de fuego

Stalingrado en llamas: fantástica imagen a la luz de la luna.

General de división Wolfgang Pickert,
9.ª División Antiaérea de la Luftwaffe[1]

El general Paulus se sentó en su vehículo de mando, se quitó los binoculares que llevaba colgados del cuello y miró con impaciencia hacia el claro cielo azul celeste mientras otro avión de reconocimiento Fieseler Storch sobrevolaba la zona. La actividad de la Luftwaffe aumentaba rápidamente a medida que el 6.º Ejército avanzaba desde su posición previa junto a la curva del Don. Aunque el día prometía mucho, el carácter de Paulus era de tal condición que aún estaba inquieto por la naturaleza azarosa del aparente éxito de los alemanes cuando rompieron la anterior línea de frente del Ejército Rojo. Tal como había sucedido antes de aquel verano abrasador, la escasez de combustible y suministros obstaculizaba el avance germano a la vez que aumentaba la fuerza de la resistencia de los soviéticos tanto en el frente de Paulus como en el flanco norte. La sensación era de impotencia, ya que la oportunidad de tomar la ciudad de Stalin y asestar un golpe mortal al Ejército Rojo se escapaba de manera palpable. Además, la interrupción de los suministros no solo molestaba al comandante del 6.º Ejército: el jefe de Estado Mayor Halder, presente en el Cuartel General con el Führer, era testigo diario de cómo el caos generado por las irreales ambiciones de Hitler se reflejaba, ahora, en la línea de frente. Las fuerzas alemanas solo avanzaban a trompicones hacia sus objetivos operacionales en el sur, en el Cáucaso y en la estepa del Don, y sus líneas de suministro se hacían más largas a diario. Con amargura, Halder apuntó en su diario: «Nuestro ataque no puede desarrollarse debido a la escasez de combustible y municiones».[2]

A pesar de los constantes trastornos del apoyo logístico, el 22 de agosto, la directiva del Alto Mando del Ejército al Fliegerkorps VIII de la Luftwaffe, en la que se ordenaba a esta unidad proporcionar cobertura aérea al 6.º Ejército, rendiría beneficios en forma de un nuevo y arriesgado avance. Paulus, actuando un poco a contracorriente, tomó la iniciativa y ordenó al XIV Cuerpo Panzer del general Gustav von Wietersheim que abandonara sus cabezas de puente en la curva del Don y partiera hacia el Volga. Este sorprendente avance consternaría al Alto Mando soviético. La estrategia de Paulus de concentrar su punto de ataque mediante el empleo de todas las agrupaciones a su disposición *(Schwerpunktbildung)* no era innovadora, pero aquella fue la primera vez que pudo emprender una operación de este tipo en ese verano. La ambición del plan general era extender las unidades del Eje a lo largo de varios cientos de kilómetros de estepa rusa en aquel verano, lo que anularía la capacidad soviética de concentrar sus fuerzas para un ataque importante en un punto de la línea defensiva enemiga y obtendría la clase de recompensas que sus cercos del verano anterior habían producido. Solo en las dos últimas semanas, las incursiones en determinados puntos alrededor de la ciudad de Kalach habían aportado un primer éxito tangible al 6.º Ejército: se destruyeron más de 110 tanques y se capturaron 50 000 soldados soviéticos del 62.º Ejército.

Con sus fuerzas repuestas desde el punto de vista operacional, la situación de Paulus en la curva del Don lo obligó a tomar una decisión; atrincherarse y aceptar un aumento de bajas mientras el Ejército Rojo continuaba su contraataque no era una opción, sobre todo cuando el Alto Mando del Ejército le instaba repetidamente a avanzar hacia el Volga. Necesitaba golpear al enemigo en su frente y abrirse camino hasta Stalingrado. Esta calculada apuesta estaría liderada por los tanques de la 16.ª División Panzer con las 3.ª y 60.ª Divisiones Motorizadas siguiendo la estela del agujero que los Panzer abrirían en las defensas soviéticas. Por su parte, la cobertura aérea correría a cargo de los cazas del VIII Cuerpo Aéreo, mientras que sus grupos de bombarderos harían añicos todo lo que se interpusiera en el camino de la 16.ª División Panzer. Aunque Paulus sabía que su ejército estaba sobrecargado, y sus divisiones, agotadas tras seis semanas de intensos combates, el calendario establecido por la directiva de Hitler no perdonaba; estaba obligado a tirar los dados y lanzar el ataque.

Aquella mañana, en más de 1600 incursiones, los cazas alemanes Messerschmitt Bf 109F despejaron los cielos del campo de batalla, lo que permitió a los bombarderos Heinkel He 111 y Junkers Ju 88, así como a varios grupos de Stukas, hacer llover más de 1000 toneladas de muerte de alto poder explosivo y destrucción metálica como avanzadilla de la 16.ª División Panzer del general Hans Hube. Desde el comienzo de la Segunda Guerra Mundial, la Luftwaffe había desarrollado con éxito sus sistemas de coordinación aire-tierra y, así, en agosto de 1942, la infantería y las unidades blindadas, igual que la agrupación de Hube, podían disfrutar de los beneficios del apoyo aéreo cercano con gran puntualidad (en muchos casos durante este avance, en cuestión de quince a veinte minutos). Una vez trazado el camino, los blindados alemanes salieron de sus posiciones en la cabeza de puente, aplastaron a los supervivientes de la línea defensiva secundaria del 62.º Ejército y abrieron un corredor de siete kilómetros de ancho.

Ahora, el plan de Hube consistía en que dos grupos de batalla, del tamaño de un regimiento, acelerasen en dirección a los espacios abiertos de la estepa y llevaran la ofensiva hacia el Volga hasta encontrar resistencia. Por su parte, los 8.º y 16.º Ejércitos Aéreos soviéticos desplegaron todos los aviones que pudieron reunir en un vano intento de apoyar tanto a su infantería como a los blindados, que la *Blitzkrieg* alemana estaba masacrando.[3] A pesar de que las fuerzas aéreas soviéticas se estaban haciendo con los cazas y bombarderos más modernos —si bien en pequeñas cantidades durante aquel verano—, la inexperiencia de los pilotos, aunada con los rudimentarios sistemas de comunicaciones, hizo que el combate fuera desigual. Las pérdidas soviéticas fueron cuantiosas y tendrían consecuencias drásticas para la futura defensa aérea de la propia ciudad, consecuencias que, según apuntó un piloto de caza alemán, comenzaron en cuestión de pocas horas:

> Volábamos a baja altura sobre las carreteras por las que avanzaban nuestras tropas. En tierra, por todas partes, los soldados se volvían locos de alegría. El verano era seco y, mientras sobrevolábamos las puntas de lanza, las nubes de polvo de las agrupaciones de tanques se elevaban por encima del suelo hacia el cielo despejado.[4]

Para Yeriómenko, que contemplaba este último ataque enemigo en el Cuartel General del frente ruso, una pérdida tan catastrófica de aviones y pilotos era como si lo hubieran dejado ciego, sin idea de hacia dónde se dirigía el enemigo ni del tamaño de la fuerza a la que se enfrentaba. Por si fuera poco, unos nuevos informes del Frente del Sudeste revelaron el avance del 4.º Ejército Panzer, que se acercaba desde el sur. Las consecuencias de que se repitiesen los cercos del verano de 1941 eran demasiado terribles como para imaginarlas. Los tanques de Hoth estaban ahora cargados de combustible y a solo 70 kilómetros de la ciudad con toda probabilidad para enlazar con las divisiones de Paulus que llegaban entonces del norte, superándolos en número, rodeando y destruyendo a los 64.º y 62.º Ejércitos soviéticos. En última instancia, esto daría a los alemanes el control del Volga.

En el mediodía del 23 de agosto, los tanques de Hube se dirigieron, sin encontrar resistencia, hacia los suburbios del norte de Stalingrado, y algunas unidades llegaron hasta Gumrak, varios kilómetros al sudoeste de la ciudad. No obstante, una unidad de la milicia obrera detectó su presencia y rápidamente retrocedió hacia Stalingrado. La única resistencia real provenía ahora de varias baterías de cañones antiaéreos de 85 mm del 1077.º Regimiento Antiaéreo, manejadas, en su mayoría, por civiles y mujeres. Los inexpertos artilleros se vieron obligados a bajar la altura de sus miras para enfrentarse a los blindados alemanes; carecían de proyectiles perforantes y solo contaban con proyectiles de gran poder explosivo, que resultaron inútiles. Aunque se difundió que la heroica defensa de los artilleros aficionados había ocasionado importantes pérdidas a los alemanes, la realidad fue distinta. En pocas horas, los tanquistas de Hube habían barrido a esta fuerza —reunida a la carrera—, destruido 37 cañones y matado a más de 500 efectivos. Las tripulaciones de los Panzer se sorprendieron al descubrir que sus contrincantes, que ahora estaban muertos, habían sido mujeres. Los vehículos de reconocimiento recorrieron los últimos kilómetros hasta el Volga y, al atardecer, llegaron a la localidad de Rynok, al norte de Stalingrado. Desde que había iniciado su avance, Hube solo había tardado 14 horas en recorrer los 70 kilómetros que lo separaban de la ciudad de Stalin.

A lo largo de todo el frente norte, unos desmoralizados rusos retrocedían hasta un nuevo perímetro defensivo; solo más adelante fueron conscientes de que esta nueva línea también corría peligro de quedar rodeada por la repentina aparición de todavía más tanques alemanes. Así pues, se emprendió entonces la evacuación de hombres y material hacia una nueva línea de defensa. Grossman, que ejercía de corresponsal soviético en el campo de batalla, describió la retirada del Ejército Rojo hacia Stalingrado:

> Los rostros de los hombres estaban sombríos. El polvo cubría sus ropas y armas; el polvo caía sobre los cañones de las armas, sobre la lona que cubría las cajas llenas de documentos del Cuartel General [...] y sobre los [...] sacos y fusiles caóticamente apilados en los carros. El polvo gris y seco se metía en la nariz y la garganta; resecaba y agrietaba los labios.
>
> Era la terrible polvareda de la retirada. Carcomió la fe de los hombres y apagó el calor de los corazones de la gente [...]. Las primeras unidades del ejército en retirada entraron en la ciudad. Camiones con heridos de rostro gris, vehículos

llegados del frente con los alerones arrugados, con agujeros de balas y proyectiles. [...] El aliento de la guerra entró en la ciudad y la abrasó.[5]

El de los alemanes fue un logro audaz, quizá temerario, pero digno de hacerse notar. Las unidades Panzer de vanguardia del general Von Wietersheim se encontraban ahora estacionadas en los altos acantilados que dominan el Volga, y sus hombres contemplaban boquiabiertos su amplia extensión y las espectaculares vistas de las salvajes tierras asiáticas que se perdían en el horizonte. Algunos de los jubilosos tanquistas se desnudaron, y reían mientras se zambullían en el agua fría para refrescarse del rutilante logro de aquel día y disfrutar del atardecer a más de 1500 kilómetros de la patria. Mientras se sacaban fotografías los unos a los otros, era comprensible que pensaran que el final de la guerra estaba ya a la vista.

Aunque tanto ellos como el 4.º Ejército Panzer, que venía del sur, habían disfrutado de un avance aparentemente victorioso y estaban haciendo retroceder a las fuerzas de Yeriómenko hacia el Volga y los confines de la ciudad, en el norte, los propios alemanes estaban ahora en una posición precaria. Para entonces, los cuerpos del general Von Wietersheim se encontraban dispersos a lo largo del corredor de 60 kilómetros que ellos mismos habían creado y carecían del apoyo necesario para ampliarlo o reforzarlo. Cada una de las tres divisiones estaba separada por unos quince kilómetros de territorio hostil y, además, tenían una gran necesidad de rehacerse para establecer una sólida cabeza de puente desde el Volga hacia el 6.º Ejército. Con el grueso de la infantería aún algo rezagada, necesitarían tiempo para ponerse al día, consolidar el avance y estabilizar el nuevo frente. Mientras tanto, un contraataque soviético en la retaguardia de las fuerzas de Hube lo aislaba del grueso del 6.º Ejército, que seguía avanzando por las polvorientas carreteras rusas, donde cientos de camiones y blindados se acumulaban en enormes columnas, todos impacientes por alcanzarlos. Los Panzer de Hube habían gastado la mayor parte de su precioso combustible solo en llegar al Volga y, ahora, estaban aparcados bajo el sol del atardecer. A pesar de eso, el oponente —supuestamente vencido— lanzaba contra ellos, desde todas direcciones, a sus blindados y a una infantería casi suicida.

Hube, que, hasta cierto punto, estaba tranquilizado por el hecho de que la Luftwaffe empezaba a dominar los cielos de la ciudad, ordenó a las unidades de infantería motorizada que probaran las defensas soviéticas para conocer su fortaleza real y un regimiento de granaderos se internó en la localidad de Rynok. Igual que había ocurrido a las puertas de Moscú el año anterior, los alemanes se encontraron, entonces, con los tranvías que transportaban cada día a los trabajadores hasta Stalingrado. Algunos de los vagones todavía tenían pasajeros, cuya sorpresa, al encontrarse con tropas vestidas con uniformes grises, se convirtió en pavor cuando se percataron de quiénes eran. Entretanto, algunos elementos del 6.º Ejército avanzaron por el corredor; a su alrededor, los restos de la feroz batalla que seguía librándose eran visibles, tal como relató un testigo de la 71.ª División:

> Durante la noche, avanzamos por un estrecho corredor abierto por nuestras divisiones Panzer en dirección a Stalingrado. A lo largo del camino, observamos varias columnas alemanas que habían sido despedazadas a tiros, todavía con muchos cadáveres sin enterrar. A nuestra izquierda y derecha, los fogonazos de los cañones mostraban que el corredor no podía ser muy ancho. Los proyectiles enemigos nunca nos amenazaron de cerca.[6]

Las unidades alemanas estaban ahora a poco más de tres kilómetros de la fábrica de tractores, y K. A. Zadorozhni, su director, llamó al cuartel general del Partido de la ciudad para informarlos.[7] Las noticias, que alertaban de la presencia de alemanes muy cerca de la urbe, hicieron que el mando de Yeriómenko (al que ahora se unía Jrushchov en calidad de comisario del frente) entrara en un pánico controlado. El comandante del frente, desprovisto de inteligencia aérea, no estaba preparado para una ofensiva alemana tan al este y, en ese momento —tal vez presa del pánico, pero, sin duda, de manera precipitada—, dio la fatídica orden de volar el puente de pontones que sus ingenieros habían erigido laboriosamente sobre el Volga. A pesar de que podía entenderse su dilema, cualquier puente habría tenido un valor inestimable en las siguientes semanas y meses de lucha debido a la precariedad de la ruta de suministro del 62.º Ejército a sus tropas a través del Volga. Ahora, el puente había desaparecido y sus restos flotaban carbonizados río abajo; sin embargo, para Yeriómenko, el miedo a regalar al avance de los Panzer una forma tan sencilla de atravesar el Volga había vuelto imposible contemplar otra opción.[8]

Conmocionado por los éxitos de los alemanes, Stalin espetó gélidas palabras de cólera a Jrushchov y Yeriómenko por permitir que el enemigo alcanzara finalmente el Volga y, después, bombardeara el tráfico fluvial y la ciudad. ¡Su ciudad! Exigió una respuesta inmediata: el comandante del frente congregó las unidades que tenía para contraatacar desde el norte y el sur del corredor, y destruir la vanguardia de Von Wietersheim. En el interior de la propia Stalingrado, Yeriómenko se apresuró a reunir un grupo dispar de unidades de la milicia obrera, dos docenas de tanques T-34 recién salidos de la cadena de producción y dos regimientos del NKVD para salir corriendo hacia los suburbios occidentales y bloquear el avance de Hube. Tanto esa noche como entrado el día siguiente, los ataques contra el corredor de cincuenta kilómetros que había abierto Hube fueron rechazados. A pesar de la ventaja numérica de los rusos frente a un enemigo desbordado, la precisión de los artilleros antitanque alemanes y los ataques aéreos de apoyo pasaron factura. Las pérdidas rusas en blindados fueron significativas: en el ataque desde el norte, 224 tanques de un total de 340 quedaron destruidos, y los de su avance hacia el sur corrieron una suerte similar.[9] Para empeorar las cosas, con el apoyo de la Luftwaffe, los Panzer posicionados fuera de la ciudad empezaron a atacar la navegación civil y militar a lo largo del Volga, hecho que sembró el caos entre quienes intentaban escapar de la ciudad. En el interior de la propia urbe, más de 150 000 personas —militares en retirada y refugiados llenos de miedo y desesperados por escapar— abarrotaban tanto la principal estación de tren (Stalingrado 1) como las calles que la rodeaban.

Sin que Yeriómenko o Jrushchov lo supieran, Hube había detenido su avance a menos de tres kilómetros del Distrito Fabril. En realidad, podría haber aprovechado la oportunidad para asaltar la ciudad y tomarlo en aquel preciso instante, pues solo un escaso ejército ruso defendía su frente. Sin embargo, aunque le gustaba correr riesgos por naturaleza, era consciente de lo precaria que era la posición de su división en la punta del avance del 6.º Ejército; además, los temerarios contraataques blindados soviéticos y las incesantes descargas de artillería lo habían asustado. Puede que el enemigo hubiera retrocedido hacia la ciudad, pero era muy consciente de que un contraataque soviético estaba teniendo éxito en el sur y el norte, y, sin suficientes suministros de combustible ni municiones, su división sería un blanco fácil. Conforme pasaban los días sin señales de refuerzos que siguieran su estela, Hube empezó a cuestionarse qué sentido tenía que su división permaneciera en su posición, por mucho que hubieran sido las primeras tropas alemanas en llegar al Volga. En la suya propia, podía haber 500 bajas diarias, así que discutió con sus oficiales superiores la posibilidad de romper las líneas hacia el oeste, de vuelta a las del 6.º Ejército. En Vínnitsa, estos rechazaron de plano la propuesta, siguiendo las órdenes explícitas de Hitler de mantener la posición que tanto les había costado ganar.

El aumento de la actividad de la Luftwaffe en los cielos reavivó lo suficiente la confianza de Hube como para que, por fin, decidiera permanecer allí y esperar el reabastecimiento. Así las cosas, ordenó a sus hombres que se atrincheraran, y a sus unidades blindadas, que establecieran una defensa en «erizo»; aguantarían el chaparrón y esperarían el rescate. Hube, siempre pragmático, ocupó su tiempo en la construcción de su dormitorio con paja en un foso bajo su propio tanque. Entonces, comenzaría de veras el bombardeo de Stalingrado, el más feroz de todo el frente oriental.

El generaloberst Wolfram von Richthofen, comandante de la Luftwaffe, honró con creces la reputación de su famoso primo

Stukas de la VIII Flota Aérea dan apoyo terrestre al avance de las unidades del 6.º Ejército en su intento de capturar el distrito central y alcanzar el Volga. A lo lejos, se distingue una lancha blindada soviética.

de la Gran Guerra. Fue exoficial de infantería de la Primera Guerra Mundial, acabó convirtiéndose en piloto y, en la década de 1930, Hermann Wilhelm Göring lo incorporó a las filas de la Luftwaffe. Despiadado, impulsivo y brillante en la táctica, fue, sin duda, uno de los líderes más hábiles del frente oriental, así como el mejor comandante de fuerzas aéreas de la Segunda Guerra Mundial. Asimismo, perfeccionó las habilidades de apoyo aéreo cercano que había impulsado durante la guerra civil española en la conquista de Francia y los Países Bajos. En 1942, se le otorgó la consideración de principal líder de combate responsable de aumentar la ofensiva del sur con la fuerza aérea combinada de un reforzado VIII Cuerpo Aéreo. Hasta entonces, esta unidad había dominado los cielos mientras el Grupo de Ejércitos B avanzaba sobre la ciudad, y sus Stukas, el terror de los tanques, habían gozado de un éxito sin precedentes contra las agrupaciones blindadas soviéticas, que se encontraban varadas donde se habían detenido por falta de combustible o intentaban, con desesperación, frustrar el avance de la lanza blindada de Paulus. En cualquier caso, eran blancos fáciles y se encontraban fuera de combate. Un piloto de Stuka registró lo siguiente: «Desde primera hora de la mañana, nos encontrábamos siempre sobre las puntas de lanza, ayudándolas a avanzar con nuestras bombas y ametralladoras».[10] El 23 de agosto, Von Richthofen había reunido la fuerza que deseaba para el próximo ataque a Stalingrado. Aunque no han sobrevivido comunicados oficiales ni entradas del diario de guerra del Cuartel General Supremo, cabe imaginar que esta operación, ingente en hombres y máquinas, debió recibir la autorización de Hitler o, al menos, el visto bueno de palabra. El ataque aéreo era, sencillamente, la primera fase del protocolo del Grupo de Ejércitos B para capturar una gran ciudad, táctica mejorada desde el bombardeo a Guernica durante la guerra civil española. A este lo seguían descargas de artillería que silenciaban toda oposición, lo que permitía a la Wehrmacht avanzar y ocupar el resto sin incurrir en pérdidas significativas. Allá por 1937, Von Richthofen lo probó por primera vez en España; se había servido de él en las posteriores campañas de los Países Bajos y los Balcanes y, en el transcurso de Barbarroja, había perfeccionado sus tácticas para reducir con rapidez la fortaleza de Sebastopol.[11] Ahora, Stalingrado superaría todo lo que su cuerpo aéreo había logrado hasta entonces y, también, escribiría su nombre en la historia del oprobio.

En junio y julio, los planificadores del VIII Cuerpo Aéreo habían estado ocupados peinando todo el frente oriental en busca de suficientes aviones y pilotos experimentados para acometer semejante tarea: la reducción de la capacidad defensiva de Stalingrado. Aproximadamente, encontraron 400 Junkers Ju 88 y bombarderos Heinkel He 111 disponibles. En aquella primera tarde, harían más de 1700 incursiones y lanzarían más de 1000 toneladas de bombas de alto poder explosivo e incendiarias en lo que más tarde Von Richthofen describió en su diario de guerra como su «segundo gran ataque del día».

Por su parte, las defensas aéreas de Stalingrado no contaban ni en tierra ni en aire con la potencia de fuego necesaria para impedir el ataque. Por lo demás, la 8.ª Flota Aérea Soviética estaba ocupada en el norte, haciendo frente a las incursiones de los blindados alemanes. Aunque eran conscientes de la inminencia del ataque aéreo, las autoridades del Partido y los líderes de seguridad del NKVD se vieron sorprendidos por su tamaño y ferocidad.

La población de la urbe ya había pasado por simulacros y advertencias de este tipo de ataques: incluso la Luftwaffe la había atacado antes, en octubre de 1941, aunque sus misiones habían sido, ante todo, de reconocimiento y los bombardeos fueron únicamente esporádicos. Aun así, durante muchos días de agosto, conforme el temor a un ataque se hacía cada vez más inminente, las autoridades organizaron numerosos actos de advertencia y establecieron puestos de control. Como no pocos habitantes de Stalingrado estaban hastiados de falsas alarmas, cuando sonaron las sirenas y los altavoces volvieron a anunciar «Atención. Atención. Ciudadanos, ¡ataque aéreo! ¡Ataque aéreo!», muchos ignoraron el mensaje o permanecieron tranquilos.[12] Tan solo el sonido, nuevo hasta entonces, de los disparos de las unidades antiaéreas de la urbe rompió el hechizo de la incredulidad, mientras la gente protegía sus ojos del sol de la tarde para ver, en la lejanía, unos puntos negros cada vez más grandes conforme el enemigo se acercaba por el oeste.

Los niños y adolescentes atrapados por el terror y la emoción de ver la gran flota invasora volando hacia su ciudad pronto fueron testigos de una vorágine de metal y carne despezada, tal como recordó Albert Burkovski, de catorce años:

> Cuando empezaron los bombardeos, fue realmente horrible. Aún recuerdo los aviones, el ruido que hacían; se convirtió en un auténtico infierno. No sé cómo la gente se las arreglaba para soportarlo. Era un enorme incendio. Subimos al tejado y oíamos los gemidos de quienes estaban en la calle.[13]

Los bombarderos alemanes llegaron en oleadas, algunas de treinta a cuarenta aviones; otras, de entre setenta y noventa. Los más pesados volaban a baja altitud, de en torno a 1800 metros, para dejar caer su carga. Por el contrario, los Stukas despegaban a gran velocidad hacia sus objetivos y garantizaban una precisión milimétrica. Mientras sobrevolaban la ciudad, los pilotos alemanes se guiaban por los detallados mapas que les había proporcionado la inteligencia aérea de la Luftwaffe, en los que se hacía referencia específica a los principales emplazamientos industriales de Stalingrado en el sector norte, así como a las instalaciones militares y navales a lo largo del Volga.

Tanto los civiles de la ciudad como los refugiados que abarrotaban las calles trataron de encontrar alguna protección contra la tormenta que descendía de lo alto. «La gente se retorcía en el suelo, sangrando abundantemente o ya calcinada. Otros se asfixiaban por el humo mientras intentaban huir del fuego a través de las alcantarillas. Quienes lograron salir, algunos con niños en brazos, se despojaron de sus ropas humeantes hasta quedar semidesnudos y corrieron hacia otros incendios en el Volga. Allí también ardía todo. Los muelles, los vapores, los almacenes y las barcazas estaban en llamas».[14]

En concreto, el distrito industrial fue duramente golpeado y las tres principales plantas padecieron un severo castigo en los días y las semanas siguientes. Por su parte, la refinería de petróleo enseguida ardió con los ataques directos, y negras nubes de un humo espeso y asfixiante se elevaron más de 3000 metros hacia lo alto. Las escenas de destrucción se extendían a lo largo del Volga e incluso el propio río ardía con el petróleo quemado. Los cientos de casas de madera de los antiguos distritos del sur también eran pasto de las llamas y, pronto, se convertirían en ruinas carbonizadas; solo las chimeneas de piedra podían dar una pista de lo que hubo allí antes. Con todo y con eso, desde el aire los pilotos alemanes únicamente eran capaces de ver vastas extensiones cuadradas de tierra desnuda rodeadas de calles. También se había golpeado con dureza los distritos centrales: sus grandes bloques de apartamentos, edificios administrativos, teatros y escuelas eran excelentes blancos, y permitían una mayor precisión.

Hora tras hora, la Luftwaffe ejercía su tiranía sobre los asediados habitantes, dejando caer sus cargas con impunidad, llevando a los líderes cívicos a la clandestinidad en busca de protección y a fin de intentar reafirmar algún vestigio de control sobre quién y qué quedaba. Las unidades de la milicia aún tenían la entereza para mantenerse en sus puestos entre las ruinas humeantes y las masas de gente que corrían ciegas presas del pánico. Por su parte, las órdenes del Cuartel General de Yeriómenko eran que el personal del Ejército Rojo que todavía estaba con vida ayudara a la milicia a atrincherarse a la espera de un esperado ataque desde el norte y el sur. Aquella noche, mientras Von Richthofen se congratulaba en su diario de guerra («Sencillamente, hemos paralizado a los rusos»), Jrushchov y Yeriómenko —hacinados en su sótano, donde las ondas de las explosiones sacudían los cimientos —, recibían órdenes de Stalin. A pesar de que los integrantes del Partido en Stalingrado consensuaron el abandono de la ciudad, se les prohibió llevarlo a cabo: «La evacuación y el minado de las plantas se interpretarán como una decisión de rendir Stalingrado». El líder soviético ordenó, entonces, que se defendiera la urbe: los soldados lucharían por una ciudad viva, no por una ciudad desierta Así pues, el Comité de Defensa de Stalingrado emitió la siguiente proclama: «¡No abandonaremos nuestra ciudad a los alemanes! Todos vosotros, organizad brigadas, id a construir barricadas. ¡Levantad barricadas en todas las calles […] rápidamente, de modo que los soldados que defienden Stalingrado destruyan al enemigo sin piedad!».

En aquel momento, todos los esfuerzos debían concentrarse en preparar el ataque contra los blindados de Hube en el norte y organizar las obras defensivas para recibir al 4.º Ejército Panzer, que venía del sur. Estaba claro que los alemanes intentaban otra clásica estrategia de pinza a fin de cortar el posible apoyo que los defensores de la ciudad pudieran recibir desde posiciones más orientales. Todos eran conscientes de que el bombardeo aéreo se reanudaría al día siguiente. El 24 de agosto, el ataque de los bombarderos alemanes resultó menos aleatorio y, de nuevo, apuntaron a las plantas industriales, la zona del Muelle Central y el tráfico fluvial que intentaba transportar hasta allí suministros mientras se evacuaba a los heridos. Los distritos del sur y los suburbios periféricos eran, ahora, montones de ceniza, cosa que obligó a los defensores a retroceder hacia el interior de la ciudad, donde los edificios de piedra y las ruinas ofrecían una mayor protección contra el avance que sabían que se avecinaba. Además, el sistema central de abastecimiento de agua había quedado destruido, hecho que impidió a los bomberos hacer su trabajo, pues, a su alrededor, los edificios del distrito central volaban en pedazos.

La cifra total de muertos del 23 y 24 de agosto de 1942 ha sido objeto de debate durante muchos años. Por lo general, se aceptan cuarenta mil fallecidos: el día de ataque aéreo más mortífero de la historia antes del lanzamiento de la bomba atómica sobre Hiroshima el 6 de agosto de 1945.[15] El informe de las autoridades locales de defensa aérea soviética para agosto afirmaba de manera prosaica: «A partir de mediados de agosto, la ciudad experimentó un bombardeo aéreo ininterrumpido por parte de grandes grupos de aviones enemigos».

Es probable que nunca se conozca la verdadera cifra de fallecidos de ese primer día de bombardeo, porque este se produjo justo cuando la ciudad estaba repleta de refugiados que esperaban un transporte que los llevara hacia el este, ya fuera en tren o en vehículo. La población de la ciudad, de más de 400 000 habitantes, había aumentado a casi el doble y, debido a la escasez de refugios antiaéreos, los refugiados se convirtieron en dianas perfectas para los bombarderos de la Luftwaffe. Aunque el ataque careció de la envergadura de los bombardeos aliados sobre Dresde o Colonia, resulta difícil no creer que muchos miles de personas perecieron como daños colaterales de algunos bombardeos, así como en ataques deliberados mientras huían a través del Volga.[16]

Para Anatoli Grigórievich Merezhko, un joven teniente nacido en Novocherkask, dentro de la región de Rostov, su bautismo de guerra aquel verano fue infernal. En 1939, antes de la guerra, lo llamaron a las filas del Ejército Rojo y su período de estudios en la escuela de oficiales resultó interrumpido por la crisis del frente sur en Crimea. Trasladado a este lugar, su unidad fue evacuada antes de la caída de Sebastopol, y ahora, al igual que miles de tropas que retrocedían ante el ataque alemán, se encontraba en el camino hacia el este, con destino Stalingrado, donde serían fusionados en un regimiento de cadetes.[17] Merezhko y sus camaradas habían sufrido el calor del verano mientras viajaban por la estepa reseca, ahogándose en el polvo de los innumerables vehículos que llevaban a los heridos y a los civiles que huían hacia la seguridad de Stalingrado. Los aviones de reconocimiento de la Luftwaffe los habían bombardeado en varias ocasiones y, en algunos casos, se habían visto obligados a buscar refugio mientras algún Messerschmitt ametrallaba una columna.

Su columna todavía estaba lejos de su destino, incluso cuando el cielo pareció llenarse de puntos negros, oleadas de bombarderos enemigos que entonces se dirigían a Stalingrado. Al cabo de una hora, los penachos de humo llenaban el horizonte hacia el este. Un aire de consternación y rabia se extendió entre los soldados y los civiles por igual mientras observaban el impresionante despliegue de potencia de fuego que continuó hasta el atardecer:

> Cuando oscureció […] vimos un interminable muro de llamas. Era un incendio de tal magnitud que los fuegos podían verse desde cuarenta kilómetros y todo el cielo estaba iluminado por él. Los aviones […] bajaban para bombardear Stalingrado y volvían a lo alto. Esos pilotos hicieron tres o cuatro misiones de bombardeo. Por eso, el 23 de agosto, fue el día en que nuestro odio hacia los invasores alcanzó su punto álgido.[18]

Tras el ataque del primer día, los servicios de emergencia intentaron atajar como pudieron la conflagración en el Distrito Fabril, así como la destrucción causada en el centro de la ciudad. Cientos de casas, docenas de bloques de apartamentos y multitud de edificios gubernamentales y negocios habían resultado gravemente dañados. Las posteriores incursiones de los días siguientes destruirían por completo muchos más lugares. Los espacios abiertos y parques de la ciudad parecían ahora paisajes lunares, sembrados de escombros, muertos y cráteres de bombas. Stalingrado estaba envuelta en humo y los incendios hacían estragos, sobre todo en el Distrito Fabril, donde las instalaciones químicas y petrolíferas —que habían sido el blanco deliberado de los bombarderos alemanes— vomitaban sus líquidos y materiales inflamables.

A medianoche, el Comité de Defensa de la Ciudad declaró el estado de sitio. Los trabajadores del Partido, milicianos y policías del NKVD pegaron carteles en todos los distritos: «Cualquiera que resulte sorprendido perturbando el orden y la paz social será fusilado en la escena del crimen sin investigación ni juicio, y cualquier otra persona malintencionada que viole el orden público y la seguridad de la ciudad será conducida ante el tribunal militar». Para entonces, la Policía y la milicia ya habían cerrado los pasos del río hacía algunas horas y establecido puestos de control que únicamente permitían desplazarse a la relativa seguridad de la orilla oriental a los trabajadores esenciales. Al final, cuando el lunes se produjo el segundo ataque, el Comité de Defensa de la Ciudad cedió y permitió que todas las mujeres y los niños abandonaran la ciudad incendiada mientras las autoridades se esforzaban por controlar a unas multitudes presas del pánico que se dirigían al Muelle Central.[19]

Rememorando el éxito de la defensa de la ciudad durante la revolución de 1917 y la propia guerra civil, el citado órgano continuó llamando a voluntarios para reparar los servicios públicos dañados y contribuir al proceso de construcción de las defensas mediante emisiones radiadas, carteles y panfletos. Tanto la red de abastecimiento de agua como el suministro eléctrico se restablecieron de manera parcial, se enviaron partidas de control de daños a fin de controlar algunos de los mayores incendios y se prosiguió la ardua tarea de recoger a los muertos para darles sepultura. Por su parte, Yeriómenko siguió armando y organizando el mayor número posible de brigadas de trabajadores para transformar los edificios y las ruinas del Distrito Fabril en fortalezas: los equipos se pusieron manos a la obra, y bloquearon las principales carreteras y calles a través de la colocación de trampas para tanques improvisadas y la construcción de barricadas con la esperanza de frenar a los alemanes. Aunque muy pocos contaban con formación militar, y mucho menos armas, miles de personas se dirigieron hacia el frente. Entretanto, la Luftwaffe continuaba sembrando la destrucción entre los supervivientes. El Mamáyev Kurgán, la gran colina que dominaba el centro de la ciudad, estaba ahora fortificado y albergaba el puesto de mando del 62.º Ejército. La maltrecha agrupación solo disponía de 25 000 supervivientes con los que Yeriómenko debía construir un perímetro defensivo viable para contener el avance principal de Paulus, que pronto llegaría.

Aunque la decisión llegaba tarde, el 25 de agosto, cuando el grueso de la infantería de Paulus cruzó el Don y comenzó su marcha hacia Stalingrado, se evacuó a través del Volga a las mujeres y los niños de la ciudad (en total, entre 200 000 y 280 000 civiles) a pesar de los ataques de la aviación alemana contra los vapores.[20] Un testigo de los ataques a dichas embarcaciones fluviales fue Vladímir Konstantínovich Shústov, estalingradés de nacimiento que, tras venir al mundo en 1929, había crecido en los nuevos distritos industriales. Cuando el 6.º Ejército se aproximó allí, tenía doce años y recordaba el silencio atónito de sus compañeros de clase al escuchar, el 15 de julio, el anuncio radiado del camarada Chuyanov, secretario del comité regional, en el que informaba a los habitantes de la ciudad del inminente ataque y de la necesidad de contribuir, desde entonces, a los trabajos defensivos.[21]

> Los estudiantes nos reuníamos en la escuela y acudíamos a la construcción de líneas defensivas en la milicia popular. Al principio, me incorporé al 327.º Batallón de Ingenieros del 62.º Ejército, que estaba a cargo de los pontones cercanos a la estación de bombeo de agua. Los soldados de camino a la línea de frente paraban para aprovisionarse: bajaban del terraplén a la orilla, donde teníamos nuestra cocina comunal. Les dábamos termos de comida cocinada o té, y también repartíamos comida en lata.

Shústov y otros jóvenes voluntarios —organizados en una célula del Komsomol (un grupo leninista de jóvenes comunistas)— estaban dirigidos por uno de sus amigos de la escuela y apoyaban uno de los batallones médicos del 62.º Ejército, formado principalmente por médicas del Ejército Rojo.[22] El batallón de Shústov se encontraba cerca de la fábrica de tractores mientras ayudaba a transportar a los numerosos soldados heridos que regresaban de los combates en las afueras de la ciudad y los conducía a las desbordadas instalaciones médicas de la orilla oriental del Volga. En aquel momento, atravesar el gran río en barco no era una tarea tan sencilla como lo había sido solo unas semanas antes: las autoridades de la ciudad habían alertado del peligro que suponía el enemigo, cada vez más cerca, y de los posibles bombardeos aéreos hacia finales de agosto. Shústov, de doce años, pronto sabría en sus propias carnes lo que esto quería decir. «Llevaba a la orilla oriental a varios soldados heridos, a un comandante y a algunos trabajadores políticos, y me acompañaban Raya y Nina, dos enfermeras, ambas cerca de los veinte».

Los jóvenes médicos se percataron de la necesidad de poner a salvo al oficial malherido y le gritaron que remara tan rápido como pudiese hacia la orilla más lejana. «Surgían columnas de agua de donde habían caído los proyectiles, la barca se zarandeaba, costaba remar, no se veía nada. Nina, que se inclinó hacia el comandante, que gemía, se dio cuenta de que estaba empeorando y tuvimos que avanzar».

Shústov se ató una cuerda a la cintura y conectó el otro extremo a la proa de la embarcación. Se zambulló en el agua, nadando con desesperación para salvar su vida y remolcar al herido a un lugar seguro mientras los proyectiles aterrizaban a metros de distancia. Por suerte para todos, la corriente del Volga estaba a su favor y los empujó hacia su destino. Mientras se dirigían a la orilla, Shústov se estremeció al encontrarse con los cadáveres y las partes de los cuerpos que flotaban en el agua. Con su barco ya en la zona más resguardada de la orilla, descargaron a sus heridos y aparecieron más soldados con cajas de munición, quienes le ordenaron que las llevara de vuelta al combate. Para cuando cesaron de empaquetarlas, la embarcación estaba apenas veinte centímetros por encima de la línea de flotación.

Mientras se procedía a la evacuación de decenas de miles de habitantes de la ciudad, Shústov presenció cómo el vapor

Iósif Stalin cargaba a mujeres, niños y ancianos en la orilla derecha del Volga y, al anochecer, se creyó que era más seguro soltar amarras e intentar remontar río arriba hasta Latoshinka (Jardín de Latoshinski). En pocos minutos, las velas fosfóricas alemanas iluminaron el Volga, las orillas derecha e izquierda, así como la isla. Los ocupantes del barco podían verlo todo; la noche se convirtió en día. De repente, aparecieron tres Stukas y se sumergieron con el objetivo de ametrallar a los aterrorizados pasajeros. «Recuerdo los gritos de las mujeres saltando al agua y agarrándose las unas a las otras para formar cadenas. Se oían gritos al otro lado del agua: "Mamá, sálvate; mamá, salta; mamá, mamá" y, entonces, el barco se incendió y se dio la vuelta».

El hecho de presenciar la destrucción de la ciudad dejó la misma impresión en los dos bandos: Stalingrado parecía acabada. Konstantín Duvánov, un recluta de diecinueve años, se había retirado con el Ejército Rojo desde Ucrania hasta su ciudad natal. Uno de sus recuerdos más nítidos de aquellos primeros días fue el momento en el que se acercó a los suburbios y vio el Volga: «Todo ardía», pero, al inspeccionarlo más de cerca, el río contenía unos restos más terribles: «La orilla estaba cubierta de peces muertos mezclados con cabezas, brazos y piernas humanos, todos tirados en la playa. Eran los restos de las personas que fueron bombardeadas cuando se las evacuaba a través del Volga».[23]

Un oficial del Cuartel General de Paulus, situado en la estepa, salió de su sala de mapas para fumar un cigarrillo. Mirando hacia el cielo, se maravilló ante el vuelo de los aviones alemanes que se dirigían hacia sus objetivos o regresaban de ellos: «Todo el paisaje estaba bañado por la luz del sol de aquel hermoso día de finales de verano. Sin embargo, desde el oeste, flanqueados por cazas, llegaban los escuadrones de bombarderos para dejar caer sus cargas sobre la ciudad con un ruido ensordecedor mientras levantaban prominentes hongos de humo. Así se pasan todo el día», observó un oficial de ingenieros. «No se ve gran cosa de la ciudad. Uno asume que la lluvia de bombas está aniquilando todo lo que se mueve».[24]

El general Chuikov, a la sazón subcomandante del gravemente maltrecho 64.º Ejército fue más sucinto en su valoración del estado de la ciudad tras el bombardeo:

> Las calles de la ciudad están muertas. No queda ni una ramita verde en los árboles: todo ha perecido en las llamas. De las casas de madera solo queda un montón de cenizas y las chimeneas de las estufas que sobresalen de ellas. Las numerosas casas de piedra están calcinadas, les faltan las ventanas y las puertas, y sus tejados se han derrumbado, arrancando bultos, samovares y vajillas, y llevándoselo todo al embarcadero.[25]

Para entonces, el corresponsal de guerra Grossman fue el primero de un flujo constante de escritores soviéticos que trabajaron para el *Krásnaya zvezdá (Estrella Roja)*, el periódico del Ejército Rojo, y que fueron enviados a la batalla. Su primer relato corto, «En el Volga», fue la primera obra escrita que daría a conocer Stalingrado al gran público:[26]

> ¿Qué presagiaba la extraña llamarada en la lejanía? ¿La derrota de quién? ¿El triunfo de quién? La radio, el telégrafo y los cables marítimos promulgaban ya la noticia del masivo ataque de los alemanes. Los políticos de Londres, Washington, Tokio y Ankara trabajaban durante toda la noche. Los obreros corrientes de todas las razas escudriñaban los periódicos. En las portadas aparecía un nuevo nombre: Stalingrado.

Las próximas semanas determinarían entonces si la ciudad se podría tomar rápidamente.

Parte III

«Hormigón vivo»: los enfrentamientos de septiembre

Los alemanes han llegado al Volga; los alemanes quieren agarrarnos por el cuello. No obstante, para nosotros no hay «situación desesperada». Tenemos una salida. Solo hay una salida, pero es segura: debemos repeler a los alemanes. Y así lo haremos.

Iliá Grigórievich Ehrenburg[27]

Capítulo siete

¡El rey de Stalingrado!

Nos dijeron: «¡Otros 100 metros y habréis llegado!», pero ¿cómo hacerlo si no te quedan fuerzas?

Joachim Stempel, 14.ª División Panzer[1]

El generaloberst Von Richthofen podía tal vez estar exultante por la abrumadora destrucción que sus tripulaciones aéreas habían infligido a la ciudad, pero una sensación de pesimismo dominaba el pensamiento de Paulus, quien ahora se dirigía hacia su destino en Stalingrado. Además, Maximilian von Weichs, comandante del Grupo de Ejércitos B, lo presionaba para que contribuyese a aliviar la crisis que afectaba a la división de Hube en el norte. El Alto Mando del Ejército estaba obcecado con que, ahora que las fuerzas alemanas se encontraban en el Volga, debían permanecer allí. Los avances del Grupo de Ejércitos A en el sur dieron nuevo impulso a los objetivos del Grupo de Ejércitos B.

Los contraataques desde el norte y los feroces enfrentamientos contra las improvisadas defensas rusas en el Distrito Fabril sometían la división de Hube a cada vez mayores presiones. La crisis solo pudo evitarse gracias a que la Luftwaffe desvió algunos escuadrones del bombardeo de la ciudad a fin de ofrecer fuego de cobertura terrestre y lanzar en paracaídas los escasos suministros que pudieron hacerles llegar con precisión. El 25 de agosto, cuando una columna de Panzer de la 60.ª División Motorizada de apoyo se abrió paso hasta la posición de Hube, sus hombres saludaron con júbilo a una columna de 250 camiones que seguían la estela de los Panzer, rebosantes de suministros y de los preciados combustible y munición.

El corredor de acero que el XVI Cuerpo Panzer ahora aseguraba era vital para bloquear la urbe y evitar refuerzos, además de que permitía a Paulus avanzar con el grueso de su ejército contra los supervivientes de los 62.º y 64.º Ejércitos rusos, que retrocedían hacia los suburbios. Poco a poco, los dos ejércitos alemanes atacantes estrangularían a los defensores de la ciudad. Sin embargo, lo que Paulus no había planeado fue la feroz defensa que la milicia de Yeriómenko, la policía de seguridad del NKVD y las tropas del Ejército Rojo llevarían a cabo para bloquear ambos asaltos. Su defensa suicida hizo ganar tiempo a Yeriómenko: las unidades frescas empezaron a cruzar el Volga y a entrar directamente en combate, una operación que se repetiría sin cesar a lo largo de los meses siguientes. Quizá los alemanes perdieron una gran ocasión de hacerse con el control de Stalingrado mientras su defensa era un caos.

Al norte de la ciudad, los hombres de Hube enseguida se dieron cuenta de que el enemigo no se encontraba tan desmoralizado por los bombardeos y estaba decidido a librar una feroz batalla por las ruinas de los suburbios y el Distrito Fabril que yacían a sus espaldas. Al igual que en su aproximación a la urbe en sí, las tropas alemanas lucharon por superar la tenaz defensa soviética que las autoridades habían dispuesto semanas antes de su llegada. La alegría que sentía Von Richthofen cuando reducía Stalingrado a escombros desde el aire se estaba volviendo amarga para las tropas y los blindados alemanes desplegados sobre el terreno. Sorprendido por el grado de potencia de fuego que seguían lanzando contra sus unidades, el general Von Wietersheim envió un telegrama a Paulus en el que le informaba de que las posiciones del Volga serían, tal vez, abandonadas de nuevo. No creía que pudiera capturarse esta inmensa ciudad. Paulus se negó y repitió sus órdenes: el ataque continuaría y Stalingrado sería tomada.

En el Alto Mando del Ejército alemán, confiado por la devastación que la Luftwaffe había causado en las defensas de Stalingrado, Hitler anunció a Von Weichs —el comandante del Grupo de Ejércitos B— que, una vez capturada y ocupada por el 6.º Ejército de Paulus, la ciudad debía ser destruida, y su población masculina, exterminada. Se borraría del mapa aquel nido de víboras del comunismo a pesar de los constantes recelos de Halder, su jefe del Estado Mayor, acerca de la difícil situación con la que se topaba el ejército en su avance hacia el este. Aquella era la batalla crucial que rescataría toda la campaña de verano de Hitler. Al atacar Stalingrado desde el sur, el 4.º Ejército Panzer del general Hoth se encontró con dificultades parecidas. Los asaltos frontales con unidades combinadas de blindados e infantería fueron rechazados con un gran coste, pues los artilleros antitanque soviéticos, bien atrincherados, hicieron estragos en el avance de los Panzer; mientras, los T-34 emprendían cargas suicidas contra las columnas blindadas alemanas. Tal como describió un comandante de Panzer:

Cuando luchaba en un tanque contra otros tanques, mi propia muerte no me importaba, pero cada uno lo procesa de forma distinta. Durante nuestras primeras escaramuzas mientras avanzábamos, mi tanque se paró de repente. Mi conductor tuvo un ataque de pánico y quiso salir. Había visto cómo el cañón principal de los T-34 rusos podía derribar nuestros Panzer III y IV. Yo estaba situado más alto que él y conseguí hacerle volver en sí dándole una patada en el cuello. Ese fue nuestro primer encuentro con los tanques T-34, hasta entonces, jamás los habíamos visto. Al anochecer, íbamos en columna hacia Stalingrado por la llamada «carretera rusa». De repente, aparecieron los tanques soviéticos delante de nosotros en un amplio frente. Comenzamos a disparar, pero nuestros proyectiles rebotaron y volaron en vertical hacia el cielo nocturno. Dos de nosotros les dimos y se incendiaron. Mediante mi laringófono, ordené a mi tropa que se abriera en abanico, y rodeamos a los T-34 por la izquierda y la derecha, para poder dispararles desde el costado. Los destruimos a todos. A pesar de nuestra victoria, todos estábamos conmocionados. Nuestra munición no era suficiente para destruir esos tanques desde una distancia en la que, al menos en comparación directa, estuviéramos protegidos.[2]

A medida que las fuerzas alemanas, en su avance desde el sur y el oeste, se encontraban con un punto topográfico, las fuerzas de Yeriómenko —o lo que quedaba de ellas— intentaban con valentía, de forma un tanto suicida, frenar el avance enemigo hacia la propia Stalingrado. En algunos casos, su aprovechamiento del terreno compensó su falta de hombres y blindados para asestar algún golpe contundente al avance del enemigo. En cualquier caso, las bajas de los alemanes eran demasiado numerosas como para ignorarlas, tal como observó un comandante de Panzer: «Los rusos utilizan cada pliegue del terreno y no ceden ni un metro sin lucha. Nuestras pérdidas aumentan a cada paso que damos hacia la ciudad».[3]

Los continuos ataques aéreos de la Luftwaffe eran el conejo que Paulus siempre podía confiar en sacarse de la chistera a fin de garantizar el avance en medio de encarnizados combates. El 10 de septiembre, varias unidades de la 29.ª División de Infantería Motorizada alcanzaron el Volga a la altura de Kuporossnoye y, ahora, la ciudad estaba aislada en todas las direcciones excepto hacia el este, en la otra orilla del Volga. Los restos del Frente Sur de Yeriómenko retrocedieron hacia la urbe: el 62.º Ejército, al mando de un cada vez más errático teniente general Lopatin, ocupó el centro de esta y el Distrito Fabril del norte, mientras que el 64.º Ejército del general de división Shumílov se mantuvo en los suburbios meridionales. Por el momento, tanto Paulus como Hoth habían conseguido dividir a los ejércitos rusos, pero aún tenían que destruirlos por completo o, incluso, detener su reabastecimiento desde el otro lado del río en Krásnaya Slobodá. Para emprender un arriesgado transporte de hombres y material que le permitiese intentar lo imposible y aferrarse al lado occidental de la ciudad, Yeriómenko aún podía confiar en las distintas lanchas rápidas blindadas, los remolcadores y las barcazas que componían la Flotilla del Volga.

El 12 de septiembre, mientras el Cuartel General de Yeriómenko se retiraba a la orilla opuesta del Volga, los alemanes se preparaban para lo que sería la primera batalla por la ciu-

Casco dañado de una lancha blindada soviética BK-13 de la Flotilla
del Volga, que transportó innumerables refuerzos.

dad. A estas alturas, los nervios de Lopatin, el comandante del
62.º Ejército, acabaron por quebrarse y solicitó, preocupado, la
retirada de su ejército. Más que consciente de las órdenes ex-
presas de Stalin, Yeriómenko y Jrushchov se aprestaron a desti-
tuirlo. Ahora, los defensores de la ciudad contaban con el líder
que necesitaban a fin de intentar mantener Stalingrado contra el
monstruo que se acercaba: el general Chuikov estaba a punto de
dar su primer paso en la contienda que lo haría famoso.

Chuikov, convocado a comparecer ante el Consejo Militar del
Frente Sur la mañana del 11 de septiembre para recibir su nuevo mando y sus órdenes, recordó en sus memorias la reunión
informativa de crisis con Yeriómenko y Jrushchov en la que se
le ofreció el mando:

> «¿Cómo entiende usted, camarada Chuikov, la misión?». No
> esperaba tener que responder a esa pregunta, pero no debí
> pensar mucho. Todo estaba claro, se explicaba por sí mismo.
> De inmediato, respondí: «No podemos rendir la ciudad. No-
> sotros, todo el pueblo soviético, la queremos mucho [...]. Se
> hará todo lo posible para no rendirla. [...] Tomaré todas las

medidas necesarias para mantener la ciudad y juro que no la abandonaré. Mantendremos la ciudad o moriremos allí».[4]

Pasó el resto del día reflexionando, valorando y escribiendo sobre la importancia de su cometido, así como enviando mensajes a su nuevo Estado Mayor y a los comandantes de las unidades. Al caer la noche, Chuikov cruzó rápidamente el Volga en dirección a las ruinas de la ciudad incendiada y desembarcó en el Muelle Central. Desde allí, mientras se abría paso entre los cientos de civiles y soldados heridos que intentaban, con desesperación, subir al transbordador del que había bajado, «se sacaban los heridos de trincheras, cráteres y refugios. Aparecieron personas con fardos y maletas. Antes de la llegada del transbordador, todos se habían refugiado de los bombardeos en agujeros y cráteres de bombas».

El comandante del 62.º Ejército se escabulló, se agachó y se alejó presto de la artillería alemana y del fuego de mortero, y se adentró en las entrañas del centro de la ciudad en busca de su nuevo Cuartel General, situado en el desfiladero del Tsaritsa. Al verse incapaz de localizar a nadie de su nuevo personal, el grupo de Chuikov fue redirigido por un comisario del Ejército Rojo a la nueva ubicación en el Mamáyev Kurgán.

> Detuvimos el coche y subimos al Kurgán a pie, agarrándonos a los arbustos y en una especie de espinos. Por fin, oímos el tan esperado grito del centinela. «¡Alto! ¿Quién va?». Era el puesto de mando: un barranco, terrones de tierra recién cavada, trincheras.

Su Cuartel General estaba bien atrincherado, aunque, por el momento, la artillería enemiga no apuntaba a la zona y se limitaba a descargar andanadas aleatorias. Por lo pronto y dadas las circunstancias, tanto Chuikov como sus hombres se encontraban lo más seguros que podían estar, así que se reunió de inmediato con su nuevo equipo. El general Nikolái Ivánovich Krylov, su jefe de Estado Mayor, era un veterano del asedio de Sebastopol de aquella primavera y alguien a quien Chuikov conocía gracias a su reputación de extraordinario administrador. Sirviendo de apoyo a ambos hombres, estaría el comisario del ejército Kuzma Akímovich Gúrov, famoso por su cabeza rapada y sus cejas oscuras y pobladas, muy acordes con su reputación de infundir terror y disciplina en las unidades que supervisaba. Chuikov estaría siempre agradecido tanto por la habilidad como la determinación que ambos mostrarían durante los próximos meses.

El mismo día en el que Chuikov desembarcó en la ciudad, Hitler se dirigió en persona a sus propios mandos y líderes, puesto que esperaba que se hiciesen con la ciudad por él. Por su parte, Von Weichs —comandante del Grupo de Ejércitos B— y el general Paulus se encontraban en la mesa de situación del Führer en el Cuartel General Werwolf.* Ante la mirada de Halder, su jefe de Estado Mayor, el Führer dejó de lado todo recelo que cualquiera de los dos pudiera tener sobre el débil flanco del ejército, la capacidad de sus aliados del Eje para protegerlo y el debilitado estado de su 6.º Ejército, que debía ahora tomar una ciudad tan grande como Stalingrado. Sea como fuere, Hitler solo permitió a sus oficiales discutir sobre el plazo en el que la urbe caería: ¿cuándo podía esperar que la esvástica sobrevolara la ciudad de Stalin para, después, consolidar el frente y preparar sus fuerzas para los cuarteles de invierno? Paulus repitió entonces el calendario que inicialmente había remitido a Halder a su llegada a Vínnitsa el día anterior: el 6.º Ejército necesitaría diez días de combate a fin de tomar la ciudad, seguidos de dos semanas de operaciones de limpieza para reagruparse y prepararse para el invierno. El asalto a la ciudad comenzaría al día siguiente.

Aunque sobre el papel eran fuertes, para el 12 de septiembre, las divisiones del 6.º Ejército operaban con muy pocos efectivos; junto con el 4.º Ejército Panzer de Hoth, Paulus contaba con

* Werwolf es el nombre que Hitler dio al conjunto de los cuarteles generales de campaña del Oberkommando der Wehrmacht ('Alto Mando de la Fuerza de Defensa' [OKW]) y el Oberkommando des Heeres ('Alto Mando del Ejército [OKH]) en Vínnitsa (Ucrania). *(N. del T.)*

veinticuatro divisiones en total. Debido a su preocupación por
el estado de los flancos del Grupo de Ejércitos B, únicamente
se sustrajeron trece (170 000 hombres y, si bien a menudo se
habla de 500 tanques y 3000 piezas de artillería, en realidad
no estaban ni cerca de este número a causa de reparaciones y
averías) con el objetivo de atacar la ciudad a lo largo de su frente
de sesenta y cinco kilómetros. No obstante, *in situ,* el empleo de
solo estas fuerzas no era realista y el panorama se vislumbraba
más preocupante. Los combates que habían tenido lugar desde
el inicio de la campaña hasta las puertas de Stalingrado le cos-
taron 40 000 bajas a Paulus y tan solo había recibido quince
reemplazos. En muchos casos, los tanques, cañones de asalto
y vehículos motorizados alemanes estaban llegando al final de
su vida útil, pero los depósitos donde poder repararlos y obtener piezas de repuesto se encontraban a muchos kilómetros
de distancia de la nueva línea de frente. En cambio, el apoyo
aéreo que proporcionaba el VIII Cuerpo Aéreo de la Luftwaffe
(casi 1000 aviones) continuaba siendo fuerte. En el otro bando,
90 000 soldados del Ejército Rojo —los efectivos combinados
de los 62.º y 64.º Ejércitos— se enfrentaban a los alemanes y
estaban respaldados por 2000 piezas de artillería, 120 tanques
y algo menos de 400 aviones. Sobre el papel, Chuikov contaba
con 54 000 hombres, 900 piezas de artillería y 110 tanques para
defender el frente de cuarenta kilómetros de la ciudad. Sin embargo, lo que no resultaba obvio era el desequilibrio en cuanto
a efectivos del que los soviéticos disfrutaban en toda la región.
En el conjunto del Frente de Stalingrado, Yeriómenko comandaba tres ejércitos de 130 000 hombres dedicados a la defensa
de la ciudad y la protección de su flanco sur, mientras que, al
norte, una fuerza mucho mayor, compuesta por más de 335 000
hombres, atacaba continuamente el flanco del Grupo de Ejércitos B. Además de esta proporción de tres a uno a favor de su
ejército, Stalin comenzaría en aquel momento a liberar, a un
ritmo constante, decenas de miles de tropas frescas de la reserva
de la Stavka, retenidas para frenar cualquier asalto sobre Moscú.

Incluso antes de que la batalla llegase a su punto central,
la pugna por los alrededores de Stalingrado había resultado te-

rrible para el 6.º Ejército alemán. La guerra móvil, exitosa en Europa Occidental, había permitido a los Grupos de Ejércitos A y B avanzar rápidamente en dirección al Cáucaso y forjar el camino hacia Stalingrado. Los bombardeos aéreos condujeron a otros de artillería concentrados a los que seguía la ofensiva de divisiones Panzer, que se abrían paso a través de defensas destrozadas y desmoralizadas; en este enfoque, la infantería iba a la cola del pelotón y se dedicaba a operaciones de limpieza. Sin embargo, tal como el 6.º Ejército desde el norte y el 4.º Ejército Panzer desde el sur se dieron cuenta una vez que alcanzaron los suburbios de Stalingrado, en torno a la ciudad se desarrollaba una lucha diferente, más íntima, y los soviéticos utilizaron esta circunstancia a su favor. Así lo recordaba el teniente Merezhko de la dotación del Cuartel General de Chuikov:

> Tuvieron que enfrentarse a edificios altos, de ladrillo macizo
> [...]. [Ante esto, toda su fuerza blindada,] poderosa como
> era, se dispersó igual que las aguas de un río que se dividiera
> en arroyos. Los edificios eran como rompeolas, quebraban
> sus fuerzas; tenían que tomar las calles donde les disparaban
> desde todos los edificios. Y, lo que es importante, los tanques
> tenían miedo de adentrarse mucho y la infantería no avan-
> zaba sin ellos.[5]

En medio del paisaje sembrado de escombros, los combates urbanos que ahora se libraban no solo habían causado un reguero de bajas en la infantería de Paulus, sino que también habían afectado de manera evidente a la confianza de los soldados a la hora de coordinar movimientos para luchar junto a sus blindados. Los tanques alemanes y los cañones de asalto móviles se encontraron con dificultades en medio del erial de ladrillos, escombros, madera quemada y acero retorcido que cubría lo que antes habían sido las calles de la ciudad. Conforme se infligían más bajas a las puntas de lanza del LI Cuerpo que avanzaban hacia Stalingrado, así como desde el norte, los comandantes de Paulus se volvieron más dependientes de cualquier infantería que pudieran reunir con el fin de rellenar los huecos de sus agotadas agrupaciones. Esto llevó a sus unidades blindadas a luchar junto a tropas sin experiencia en el trabajo con apoyo mecanizado, lo que dio lugar a asaltos fallidos y descoordinados. Su habilidad en campo abierto dejó de ser un factor que tener en cuenta en los confines de las calles de la ciudad, donde el enemigo podía estar encima o detrás de uno, o salir de las alcantarillas. Además, los refuerzos que se enviaron para reemplazar a estas unidades devastadas habían tenido poco entrenamiento con blindados, lo que volvió aún más lento el progreso.

De igual manera, con el enemigo desplegando ahora más métodos antitanque (bombas *satchel,* minas, cócteles molotov y fusiles perforantes anticarro) para derribar a los inmanejables Panzer, Paulus depositó mayor confianza en su infantería a fin de allanar el camino hacia el Volga. El hauptfeldwebel Friedrich Hundertmark recordaba el trauma al que se enfrentaba la tripulación de un tanque cuando se abría camino por el terreno:

> Aquí, en Stalingrado, era diferente. Apenas luchábamos contra tanques, las unidades de combate rusas tenían unos PAK [cañones antitanque] tan pequeños que eran muy ligeros y maniobrables; eso fue casi nuestra perdición. A través del espejo del blindado, vi cómo disparaban un cañón antitanque y el impacto caía directamente sobre mi conductor. El proyectil impactó en la torreta, y mi trasero y espalda se llenaron de astillas. A mi conductor no le pasó nada, pero todos los demás estaban muertos o heridos.[6]

En el asalto inicial de Paulus a la ciudad en sí dispuesto el 13 de septiembre, al LI Cuerpo del general Walther von Seydlitz-Kurzbach se le asignó la tarea de capturar rápidamente los distritos centrales, dividir en dos el frente de Yeriómenko, así como rodear y destruir sus tropas. Para ello, dispondría de una fuerza considerable (compuesta por unidades de las 389.ª, 295.ª y 71.ª Divisiones de Infantería): todas ellas operaban con no más del sesenta por ciento de sus efectivos reales y habían sufrido pérdidas significativas, y los regimientos estaban ahora compuestos por seis batallones en lugar de los nueve estipulados.

Además, para agravar más si cabe esta escasez de efectivos, todas las unidades carecían entonces de líderes y suboficiales de combate experimentados, que habían fallecido o resultado heridos a lo largo de la campaña. Con el objetivo de apoyar al LI Cuerpo desde el sur, estaban los cincuenta mil soldados y tanques del 4.º Ejército Panzer de Hoth que, al igual que las unidades de Paulus, fueron objeto de grandes bajas tanto en hombres como en máquinas en su camino hacia la ciudad.[7]

A la vanguardia del LI Cuerpo, marcharía la 71.ª División de Infantería al mando del general de división Von Hartmann. Paulus consideraba que su ruta de ataque a la urbe era la más corta y rápida para perforar el anillo defensivo interior de Stalingrado. Como parte de un asalto general, la división se hizo previamente con el aeródromo de Gumrak el 3 de septiembre e inició una potente ofensiva a fin de establecerse a lo largo de las colinas del Mamáyev Kurgán antes de avanzar hacia el río Tsaritsa y por la carretera principal (dominada por un terreno montañoso que ofrecía excelentes vistas de la ciudad y más allá del Volga) que conducía de Gumrak a los suburbios de Stalin-

El comandante del 6.º Ejército, el general Friedrich Paulus, estudia la ciudad con su comandante de cuerpo Walther von Seydlitz-Kurzbach, cuyas divisiones de infantería sufrirían las mayores bajas durante los primeros meses de lucha por tomar la ciudad.

grado. Esto había conferido a Paulus una ventaja táctica cuando las fuerzas rusas huyeron hacia allí para situarse tras el último anillo de defensas de la ciudad y precipitó el colapso mental del general Lopatin, que fue sustituido por Chuikov.

Junto con otras unidades, la 71.ª División de Von Hartmann tenía ahora la misión de asaltar y capturar la sección central de la urbe —defendida por los restos del 62.º Ejército embotellados en la Estación de Ferrocarril número 1 y el complejo del NKVD, los centros administrativos clave—, además de proteger el Mamáyev Kurgán —estratégicamente vital— y el Cruce Central de Transbordadores, que daba al Volga. Las exhaustas divisiones alemanas designadas para el asalto contarían con el apoyo de intensos bombardeos aéreos para despejar su ruta hacia sus correspondientes objetivos. El 13 de septiembre, el LI Cuerpo inició su ataque principal contra Stalingrado y sufrió bajas a cada paso, ya que los rusos, carentes de infan-

Lanzado al combate a principios de septiembre de 1942, el teniente coronel Friedrich Roske conduciría a su regimiento (el IR 194 de la 71.ª División) a tomar varias secciones del terraplén del Volga con gran dramatismo.

tería, recurrieron a los lanzacohetes Katiusha móviles y a la artillería pesada con la intención de intentar frenar el impulso alemán.

> Tras una breve descarga de artillería, apoyada por salvas de Nebelwerfer [lanzacohetes alemanes de varios cañones] de distintos calibres, nuestra infantería, escoltada por numerosos cañones de asalto, pasó a la ofensiva. Cuando las tropas llegaron a las afueras de la ciudad y desaparecieron entre las casas de madera y los jardines, un verdadero infierno de salvas de cohetes proveniente de los «Órganos de Stalin» hizo desaparecer todo el asentamiento suburbano en un muro de fuego y humo.[8]

Entonces, el general de división Von Hartmann con el 194.º Regimiento de Infantería a la cabeza intentaría avanzar hacia los distritos centrales. Junto con el resto de la 71.ª División, se situó en la pendiente que dominaba la Estación de Ferrocarril número 1 desde la distancia. El objetivo era que este asalto central se produjera al mismo tiempo que el XXXXVI-II Cuerpo Panzer avanzaba desde el sur. Mediante un estrecho contacto por radio, ambos se encontrarían y, así, atraparían a las fuerzas soviéticas que todavía quedaban en la ciudad. Puesto que aquella era una operación muy dura en un terreno temible, Von Hartmann se sintió aliviado de tener al hombre adecuado para dirigir su principal regimiento. Al igual que su comandante de división, el coronel Roske era un veterano de combate de la Gran Guerra, formado como ingeniero civil en los años veinte y había trabajado un tiempo para una empresa de arquitectura con sede en la Madison Avenue de Nueva York. Volvió a alistarse en 1934, fue ascendido a comandante al estallar los combates en 1939 y luchó en la campaña de Francia en 1940. Allá por junio de 1941, con el aumento de las bajas de oficiales de infantería en todo el frente oriental, se ordenó que Roske —ahora teniente coronel— abandonara la reserva de oficiales para servir allí donde se le necesitara en el frente, dirigiendo batallones. Al llegar el invierno, volvió a la reserva de oficiales y, en diciembre, se le reasignó a la Escuela de Oficiales del Ejército (OSH) en Dresde, donde impartía clases de táctica. Por un capricho del destino, fue él quien había enseñado a los propios comandantes de batallón de Von Hartmann cuando la 71.ª División de Infantería había sido retirada del frente; el general se acordaría de él. En agosto de 1942, Roske, que había nacido para dirigir tropas, se presentó voluntario para un nuevo mando de combate en un verano en el que la necesidad de reemplazos del 6.º Ejército se volvió más acuciante.

La fortuna de un hombre puede girar en torno a una conversación o una llamada telefónica, y este fue el caso de Roske. Estaba en la Oficina de Personal Militar hablando de un nombramiento futuro cuando entró una llamada, según contó él mismo:

> Por lo que decía el coronel Marx, entendí que la persona al otro lado de la línea era el ayudante del 6.º Ejército, el teniente coronel Adam, del Cuartel General del Ejército en Poltava. Adam pedía un sustituto para el anterior comandante, que

Con el apoyo de cañones de asalto móviles (Stug III), las tropas del Regimiento de Infantería 194 del teniente coronel Friedrich Roske avanzan hacia el corazón de la ciudad en dirección al Volga el 13 de septiembre de 1942.

había sido ascendido a general de división. Yo había enseñado tácticas a aquellas tropas; era un regimiento de primera clase que me conocía como instructor táctico. Después del final de la llamada telefónica, el coronel Marx me preguntó:

—Bueno, ¿qué le parecería tener el IR 194?*

—No elegiría otro regimiento si estuviera en mi mano —respondí.

Marx estudió el mapa de situación de la pared.

—Pero creo —dijo el coronel Marx— que han enviado a Stalingrado a la 71.ª, que originalmente iba a ir al Cáucaso.

—No me importa. Si otros mil se están jugando el pellejo en aquella ciudad, yo también iré. Acepto el mando del IR 194.

En cualquier caso, los documentos personales de Roske revelaban que, a pesar de su voluntad de entrar en combate en primera línea, en un principio había cuestionado, en conversaciones privadas con su mujer, el sentido de lanzar Barbarroja, así como, en general, las posibilidades de victoria de los alemanes. Con todo y con eso, seguía empeñado en alcanzar su objetivo final: dirigir una nueva agrupación de combate allí donde la lucha era más encarnizada. Tras pasar por Breslavia, el 4 de septiembre llegó, desde Dresde, al Cuartel General de Von Hartmann con su ordenanza (el soldado Berndl) y el general en persona bajó de su carruaje de mando para saludarlo: «¡Gracias a Dios, justo la persona adecuada!».[9]

La 71.ª División de Infantería procedía de Baja Sajonia y estaba compuesta por tres regimientos de infantería (el 191.º, el 194.º y el 211.º), un arma de artillería y varios elementos de apoyo. En total, contaba con unos 15 000 oficiales y otros rangos. Se había ganado el sobrenombre de «División Afortunada» por sus éxitos en Verdún durante la campaña francesa de 1940. Von Hartmann —su comandante por aquel entonces— era prusiano, un líder de combate muy experimentado y duro que había

---

* Siglas de Infanterie-Regiment 194, uno de los componentes de la 71.ª División de Infantería. (N. del T.)

dirigido un regimiento en la campaña francesa y, ahora, tras un ascenso, estaba al mando de una división. Este cojeaba a causa de su servicio en la Gran Guerra, pues, en 1916 en Verdún, había sido herido de gravedad en la pierna, pero dirigía a sus hombres con dureza y justicia, y predicaba con el ejemplo; así, al recordar sus primeros años como líder, Ernst-August Deppe, el capitán y uno de sus oficiales, señaló que:

> Como comandante de regimiento, el coronel Von Hartmann fomentaba de manera incansable la formación continua de sus oficiales, sobre todo en tiempos de paz. Consideraba importante ampliar el estrecho horizonte militar de uno a través de discursos o conferencias, interpretaciones musicales y discusiones sobre arte. Era el típico ejemplo de oficial prusiano polifacético, bien educado y amante de la música. En la movilización de 1939, Von Hartmann pronunció un discurso para despedir a los oficiales que tenían como destino regimientos de nueva creación. Sin hacerse ilusiones, vio acercarse la tragedia de la guerra y, como si presagiara su propia muerte, pidió que, en el futuro, se erigiera un monumento a los caídos del IR 37 en el muro del cuartel de Osnabrück-Haste. Cuando daba órdenes, era preciso, exacto y prudente. Dirigió al IR 37 desde la primera línea en los enfrentamientos nocturnos después de cruzar el Sena, al sur de Ruan.[10]

Tras un ascenso, el general de división Von Hartmann asumió el mando de la 71.ª División una vez que esta fue reabastecida en Alemania y, en junio de 1941, ya tomaba parte en la invasión de Rusia, donde dirigía los encarnizados combates en Ucrania con el Grupo de Ejércitos Sur. La división había soportado las condiciones y privaciones de las duras contiendas invernales antes de que la trasladasen de vuelta a Francia para descansar y reabastecerse. Igual que muchos de sus oficiales, Von Hartmann se tomó un valiosísimo permiso durante el cual el capitán Deppe se reunió con él por última vez:

En 1942, estaba disfrutando de unas vacaciones cuando me invitó a la boda de su hija. Fue una ceremonia muy pequeña en Osnabrück. Pude hacerle llegar noticias sobre su antiguo regimiento, que estaba en Rusia. Entonces, me habló de manera muy personal sobre la situación militar. Su mente, siempre aguda y sobria, le impedía sucumbir a la propaganda. Previó la desesperada tragedia de las tropas atrapadas en Rusia y sabía que, desde que Estados Unidos había entrado en la guerra, la situación militar de Alemania era, a largo plazo, desesperada. Por otra parte, estaba convencido de que Occidente no aceptaría una Alemania bolchevique —ni, por ende, una Europa de este cariz—, lo que para él significaba que, aunque pequeña, había una posibilidad de alto el fuego. Esperaba que, gracias a ello, se produjera un cambio de liderazgo político.[11]

A pesar de sus recelos privados, en abril de 1942, Von Hartmann regresó al este para tomar parte junto a su división en los enfrentamientos en torno a Járkov antes de que el 6.º Ejército de Paulus marchara en la misma dirección aquel verano. Como muchas de sus divisiones hermanas del LI Cuerpo, la de Von Hartmann había sufrido sobremanera en las siete semanas de combate que les habían llevado los 600 kilómetros desde la curva del Don hasta las puertas de Stalingrado.[12]

Por su parte, el teniente coronel Roske se puso al corriente de los puntos fuertes y débiles de su nuevo comando, y se dispuso a reorganizar con rapidez un regimiento muy maltrecho, reconfigurándolo lo mejor que pudo para reconstruir su fuerza de combate. Sin embargo, muchos de los nuevos reclutas no se mostraban contentos, tal como recordaba uno de los oficiales de artillería de la división:

La infantería tenía que reorganizarse. Necesitaba desesperadamente un descanso [...]. El teniente coronel Roske, recién llegado a la división, fue el único que sacó la conclusión lógica: disolvió un batallón y varias compañías, y formó otros dos nuevos casi completos a los que incorporó la sección montada, los telefonistas y los zapadores. Antes de la reorganización, las compañías se encontraban ya por debajo de la fuerza que se supone para una sección; solo los trenes de suministros habían alcanzado su fuerza original. Estaban sobredimensionados en proporción y, por lo tanto, se podían obtener refuerzos de ellos para el frente. No todos los afectados estaban entusiasmados […]. Lo mejor que les podía pasar era conseguir una *Heimatschuss* [que significa, literalmente, 'herida en casa'].[13]

Ahora, tras una semana de lucha abriéndose paso por el último anillo exterior de las defensas de la ciudad, después de tomar el aeródromo de Gumrak e internarse en los suburbios, Roske estaba con Von Hartmann junto a una fábrica de ladrillos semiderruida, mirando hacia el centro de la ciudad y la Estación de Ferrocarril número 1, el nuevo objetivo de su regimiento. Allí donde la Luftwaffe había bombardeado algún blanco, se erigían montones de columnas de humo negro. Roske cogió sus prismáticos y estudió el caos de trenes abandonados, locomotoras destrozadas y tanques T-34 semidestruidos que, ahora, estaban abandonados tanto dentro como fuera del enorme complejo de la estación; parecía como si un gigante hubiera atravesado la plaza que rodeaba la instalación y hubiese destruido todo a su paso. Roske informó a Von Hartmann de que no enviaría a sus hombres en un ataque frontal: ya había visto de lo que eran capaces la artillería y los francotiradores rusos. En su lugar, utilizaría las fuerzas que aún quedaban en el IR 194 y enviaría dos columnas «de choque» separadas por una manzana y apoyadas con artillería pesada. Aunque Von Hartmann se mostró preocupado por la debilidad de la división en el flanco, Roske insistió en que podían tomar la estación y avanzar hasta el río, pero debían actuar con decisión y recibir el estrecho apoyo de la Luftwaffe.

Con resolución, Roske se dirigió a las posiciones de su regimiento y reunió a los comandantes de batallón y compañía seleccionados para el ataque: el doctor Fritz Dobberkau, comandante, dirigiría el II Batallón por la derecha, mientras que

Gerhard Münch, capitán del III Batallón, lo haría por la izquierda. Ambos avanzarían por el empinado terraplén hacia la maraña de vagones que había debajo y se adentrarían en las calles urbanizadas en dirección al río. Además, dispondrían de artillería antiaérea de 88 mm y de cañones de asalto Sturmgeschütz III por si se encontraban con algún KV-1 o T-34 aún activo en los alrededores de la ciudad.[14] Por otro lado, las unidades de la 295.ª División se encontraban a cierta distancia, a la izquierda del flanco norte de Roske, y se dirigían hacia su propio objetivo en lo alto del Mamáyev Kurgán, aunque una unidad (el IR 518) avanzaría en paralelo a los batallones de Roske. La velocidad sería la clave del éxito. Aunque exasperado por la escasa cantidad de tropas con las que contaría su coronel para un asalto tan crucial, el general de división Von Hartmann le deseó buena suerte y se subió a su coche de Estado Mayor para regresar a toda velocidad al cuartel general de la división.

Ambas divisiones avanzarían en oleadas concéntricas, asaltando las posiciones soviéticas en formación de cuña para perforar la última línea defensiva del 62.º Ejército y partirlo en dos al borde del río, arrollando ambos flancos y provocando su destrucción definitiva. Los dos batallones de Roske contarían con el apoyo de la artillería para acabar con cualquier resistencia que pudieran encontrarse en las casas alineadas a lo largo de sus rutas hacia el terraplén. Tanto Roske, su Estado Mayor como los servicios de comunicaciones los seguirían de cerca para coordinar el fuego de cobertura. Aunque le inquietaban los ataques aéreos esporádicos, lo que más le preocupaba era la fuerza a la que se enfrentaban sus hombres y la intensidad de los combates que se avecinaban.

Antes de que comenzara el ataque, Roske volvió a inculcar a sus oficiales la necesidad de que los hombres siguieran adelante sin esperar a los heridos, así como que los batallones y el propio regimiento aprovecharan la oportunidad que les brindaban las débiles líneas de defensa del enemigo debidas a la velocidad del avance alemán. La iniciativa podría allanar el camino para una victoria final sobre el Ejército Rojo y, en la memoria que leyó a sus oficiales, decía que:

Nos encontramos en esta fase de la lucha, que tiene una importancia excepcional para la guerra y, sobre todo, para la campaña del este. El mundo entero mira a las tropas de Stalingrado; además, la rápida y victoriosa conclusión de la batalla con la llegada al Volga pone también fin a este regimiento. Las tropas deben saberlo. Espero que todo el regimiento ejerza una gran fuerza, será digna de los logros del IR 194 hasta ahora.[15]

A medida que caía la tarde, el regimiento observaba cómo los ataques aéreos ejecutados en oleadas por, al menos, sesenta Stukas bombardeaban las presuntas posiciones del Ejército Rojo. Esa mañana, los exploradores del regimiento habían informado de que varios francotiradores actuaban desde los vagones estacionados (que se estaban destruyendo sistemáticamente desde el aire) y ya habían causado algunas bajas. Desde su posición elevada, mirando hacia el centro de la ciudad, el panorama a los pies de Roske era entonces una escena de fuego, humo, vagones ardiendo y calles sembradas de escombros. El cielo estaba ahora desprovisto de aviones amigos y, ante ellos, el objetivo parecía desolado y no se divisaba a los rusos por ninguna parte. El capitán Münch aprovechó su oportunidad y ordenó al III Batallón que avanzara:

Decidí que, si queríamos algo, teníamos que hacerlo nosotros mismos. No había mucha distancia entre la estación de tren y el agua, apenas 600 o 700 metros. Si queríamos hacerlo, tenía que ser ahora.[16]

Roske ordenó presto a su equipo de regimiento y a los operarios de radio que lo siguieran mientras se colocaban detrás de los batallones que bajaban ahora en doble fila por la pendiente con sus cañones antiaéreos remolcados detrás.

Todavía me veo en el preciso momento de acercarme a las laderas del frente, acompañando a nuestros soldados [...] y dándoles ánimos, diciéndoles que hoy, cuando lleguemos al Volga, ganaremos la guerra.[17]

Entonces, sobrevino el desastre: cuando el batallón de Münch llegó a los vagones incendiados frente a la estación de tren, sus unidades de vanguardia se pusieron a rebuscar con urgencia en sus mochilas para encontrar y encender los cartuchos de reconocimiento por humo, cuyo rastro púrpura se hizo visible mientras flotaban sobre la humareda negra de los incendios. Sin embargo, las sirenas ululaban sobre ellos y Münch supo por instinto que estaban a punto de ser atacados. Unos cientos de metros detrás de ellos, Roske se estremeció al reconocer la sirena ululante de un Stuka que se aproximaba: el racimo de bombas aterrizó directamente sobre una compañía del III Batallón, fue una carnicería. El suelo tembló de manera violenta cuando la fuerza del impacto arrojó a los atacantes alemanes al suelo, y un polvo cegador y nubes de humo púrpura cubrieron los gritos de los heridos que ahora rompían el silencio inicial del choque.

Münch sobrevivió, pero una de sus compañías cercanas quedó prácticamente aniquilada con solo cuatro hombres aptos para el combate, y estaban ocupados administrando los primeros auxilios a sus compañeros heridos o moribundos, que yacían alrededor de la zona de impacto calcinada. Los cadáveres, las armas y los escombros cubrían la calle mientras la siguiente compañía de Münch avanzaba a través de la escena y se dirigía a la estación; todavía había que localizar y destruir al enemigo. Fue entonces cuando los alemanes tuvieron suerte: a pesar de sus pérdidas y de la falta de apoyo blindado, pudieron capturar los patios de maniobras del norte de la Estación de Ferrocarril número 1. Durante horas, los bombardeos aéreos y de artillería alemanes castigaron con tanta intensidad a los defensores soviéticos que los supervivientes, hacinados en los sótanos, se rindieron con gusto a los restos del III Batallón en el momento en el que estos entraron en los edificios en ruinas.

Con tan pocos hombres bajo su mando y con el II Batallón de Dobberkau avanzando hacia el río por su flanco derecho, Roske les instó a seguir adelante y a ignorar la ocupación de los edificios que seguían en pie a lo largo de las calles por las que avanzaban. Ahora, carecía de los efectivos necesarios para asaltar los edificios y acabar con los defensores planta por planta; ya se encargarían de ello otras unidades detrás de él. Por el momento, se arriesgarían y avanzarían hasta la orilla del río, que estaba solo a unos cientos de metros; podía ver el Volga brillando en la distancia. Los supervivientes del asalto del batallón ocupaban en ese momento tres grandes edificios cercanos al embarcadero del Muelle Central: el Banco Estatal, la Casa de los Especialistas y la Cervecería. Estos, en un tira y afloja, serían escenario de salvajes enfrentamientos durante los tres meses siguientes. Por ahora, al creer que la victoria podía estar a la vista, Roske estaba admirado de la actuación de su regimiento:

> El hecho de que ambos batallones lograran este éxito a pesar de ser bombardeados por nuestro propio bando [la Luftwa-ffe] y de enfrentar a un oponente decidido fue una soberbia actuación por su parte. Solo los supervivientes que vivieron semejante tormenta de fuego pueden apreciar lo que hicieron hombres como los viejos guerreros Dobberkau, Münch y sus extraordinarios hombres.

Roske, consciente de que su ofensiva había llegado más lejos que cualquier otra unidad alemana, estableció un puesto de mando del regimiento, pues necesitaba evaluar con urgencia la amenaza a sus flancos. ¿Qué había pasado con la 295.ª División que protegía su flanco izquierdo? ¿Habían tenido el mismo éxito en Mamáyev Kurgán? No podía permitirse que las posiciones de Dobberkau y Münch quedaran en tierra de nadie si los soviéticos contraatacaban. Esta inquietud se debía a que, según los informes, el personal superviviente del Ejército Rojo y del NKVD —los elementos que el IR 194 había evitado en su avance hasta el río— había incrementado la actividad en la retaguardia de su unidad. De pronto, a las 15:15, mientras estaba ocupado dictando órdenes a fin de aumentar el apoyo de la artillería e infantería, llegó un mensaje oficial de parte del

III Batallón de Münch a través del teléfono de campo: «¡He llegado al Volga!». Roske llamó de inmediato al cuartel general de
la división: «¡El Regimiento de Granaderos 194 ha llegado al
Volga a las 15:15!».

Al otro lado de la línea telefónica, en la sala de operaciones
de la división, el teniente coronel Von Below, su jefe de Estado
Mayor, respondió con incredulidad: «¿Qué? ¿Cómo dice? Por
favor, teniente coronel, repítalo».

Roske repitió su mensaje, devolvió el teléfono al operador
arrodillado junto a él y empezó a garabatear rápidamente órdenes para que los comandantes de su batallón establecieran
un perímetro defensivo. Los hombres restantes del IR 194 em-
pezarían a fortificar la Casa de los Especialistas y el formidable
complejo del Banco Estatal: ambos ofrecían una sólida protección y excelentes vistas sobre el centro de la ciudad y el Volga.
Roske colocó observadores de artillería en lo alto de cada edificio para empezar a dirigir el fuego hacia el tráfico fluvial y la
orilla opuesta, donde los lanzacohetes Katiusha seguían enviando salvas hacia su posición y a la 295.ª División de su flanco.
Enseguida, en los niveles inferiores de ambas construcciones,
sus hombres se aprestaron a crear emplazamientos de tiro y a
fortificar las posiciones atrincheradas de ametralladoras.[18]

Aún tuvo el aplomo de enviar al teniente primero Gerhard
Hindenlang, su ayudante, de vuelta al puesto de mando de la
división, situado en la iglesia de la colina, con una botella de
agua fresca del Volga: el trofeo que tanto le había costado conseguir. Hindenlang regresó con cautela por las calles secundarias,
por si se encontraba con rusos en retirada, y pasó sigilosamen-
te por delante de la semidestruida Estación de Ferrocarril número 1, sorteando los restos calcinados de vehículos y tanques
soviéticos destruidos. Además, esquivó a los equipos médicos
que atendían a los heridos e ignoró los cadáveres esparcidos por
doquier tras los enfrentamientos de unas horas antes. Tanto los
Stukas como los Katiushas rusos habían hecho cuanto podían
por convertir aquello en un horror: más que una zona de guerra,
aquello parecía un matadero, peor que cualquier otra cosa que
hubiera presenciado hasta ahora en el frente oriental.

Por fin, llegó a la colina y se abrió paso entre los centinelas armados hacia el puesto de mando de la división. Triunfante por las noticias que traía, Hindenlang se sorprendió al ver que Von Hartmann tenía compañía: el general de artillería Von Seydlitz-Kurzbach, su comandante de cuerpo, estaba listo para recibirlo y ambos oficiales superiores estaban frente a él como dos padres expectantes. Hindenlang se puso en guardia e informó de la nueva posición del regimiento en el río, metió una mano en su mochila y sacó la botella. Los generales, entusiasmados por haber recibido la noticia de la audacia de Roske, se turnaron para echar un trago, y brindaron por él y por el IR 194. Por su parte, el general Von Hartmann se burló de Hindenlang diciendo que la botella no tenía *Schnapps,* Von Seydlitz-Kurzbach se la devolvió y se rio del nerviosismo del joven ayudante: no había traído ranas dentro de ella, le dijo en broma. Sin embargo, mientras sonreía, Hindenlang continuaba sin poder sacarse de la cabeza la imagen de los cadáveres tendidos alrededor de la plaza.

El teniente primero Gerhard Hindenlang, ayudante del teniente coronel Friedrich Roske, le prestó un servicio magnífico y llevó las noticias de su éxito al cuartel general de la división.

Entretanto, en los reductos de Dobberkau y Münch que miraban al Volga, la actividad enemiga en su frente, junto al Muelle Central, aumentaba a medida que, sobre el terreno, los rusos se daban cuenta de que los alemanes habían llegado a la orilla del río y hacían preparativos para quedarse. La situación se volvió más apremiante cuando los observadores de artillería de ambos comandantes empezaron a disparar sobre el tráfico fluvial. Los soldados del Ejército Rojo que sobrevivieron a los bombardeos aéreos en la Estación de Ferrocarril y a la retirada a lo largo de las calles hacia el Muelle Central encontraron refugio bajo el escarpado terraplén del río, y, tras cavar trincheras, dispararon contra los dos fortines. Así, se desató un tiroteo esporádico que acribilló ambas posiciones alemanas con fuego de ametralladora. Roske escuchó las desesperadas solicitudes de auxilio procedentes del batallón de puesto de mando de Münch —escaso en hombres— y emitió una rápida llamada por radio para solicitar un ataque aéreo. La tragedia del fuego amigo que, unas horas antes, prácticamente acabó con una de sus compañías estuvo a punto de repetirse. Roske contó que:

> A pesar de mi [anterior] protesta en lo respectivo a que nuestras propias aeronaves no arrojaran bombas cerca de mi zona de operaciones, un piloto alemán descargó demasiado cerca del muelle, así, aunque alcanzó a los rusos, también nos infligió pérdidas. Un Stuka impactó sobre una gran casa de varias plantas, en cuyo sótano se encontraba el personal del batallón de Münch. La destruyó hasta el sótano y solo el cuartel general quedó más o menos intacto.[19]

El radiotelegrafista de Roske pidió a gritos que los ataques aéreos se alejasen de la zona y se concentraran en el terraplén. En cuestión de minutos, se escuchó por encima la acostumbrada sirena, mientras nuevos ataques se lanzaban en picado para desmantelar los terraplenes soviéticos a lo largo de la orilla del río. Estos provocaron el caos, golpeando sin piedad a los defensores, que morían allí donde luchaban, arañaban la tierra de sus trincheras o huían por la orilla hasta ponerse fuera de alcance a la vez que buscaban refugio en las ruinas aún no ocupadas por las tropas de Roske.

Roske ordenó a Dobberkau y Münch que reunieran a los hombres con los que contasen y que barrieran su frente de las tropas rusas supervivientes que encontraran, cosa que hicieron debidamente a través del establecimiento de posiciones defensivas a lo largo de la ribera y la ocupación de las ruinas del Banco Estatal, la Casa de los Especialistas y la estación de bombeo de agua, que dominaban el embarcadero del Muelle Central. Con el enemigo todavía en la orilla occidental y el inconfundible estruendo de los tanques soviéticos en la distancia, su mente se vio ocupada por el temor a un contraataque en el momento en el que el final de la tarde dio paso a la oscuridad nocturna que, como bien sabía, reduciría el escudo defensivo aéreo de sus hombres.

> Mi impulsiva decisión de avanzar hasta el Volga empezaba a preocuparme, pues, en cualquier momento, los rusos podían penetrar en nuestra retaguardia. Como estrategia defensiva, ordené el apoyo de la artillería divisional y coloqué un obús de campaña en cada una de las catorce carreteras que conectaban nuestra retaguardia, flanqueado por ametralladoras y los carabineros de la artillería. A partir de la puesta del sol, de vez en cuando, se oía un reconfortante disparo retumbando en la lejanía a nuestras espaldas.[20]

Para la artillería de apoyo de la 71.ª División, el sorprendente éxito de Roske fue un verdadero reconstituyente después de semanas de duros combates y grandes pérdidas. Mientras posicionaban sus cañones en los cruces que él mismo había ordenado, se podía oír a lo lejos el estruendo de los T-34. A pesar de que el flanco de la división seguía desprotegido del avance de los tanques y de la amenaza que suponían los remanentes del enemigo —que todavía acechaban en los edificios colindantes—, la moral estaba alta. Parecía que habían alcanzado su objetivo; el enemigo daba señales de mostrarse, si no vencido, desde luego incapaz de ofrecer una resistencia encarnizada. Además, allí estaba el Volga, brillando a la luz del atardecer, mientras las llamas de los edificios bombardeados se reflejaban en el agua entre el humo acre. El teniente Wigand Wuster captó el ambiente de aquella noche:

En la oscuridad fantasmal, iluminada por las llamas, nuestra moral se mantuvo alta. [...] Nuestras pérdidas habían sido relativamente escasas. Las divisiones vecinas se olvidaron de seguir a los rusos en retirada más allá de su objetivo diario. Las que se encontraban al sur debieron luchar con tanta dureza como pudieron antes de estar en situación de alcanzar por fin el Volga, mientras que nuestras divisiones vecinas del norte nunca llegaron al río a pesar de organizar unos ataques cada vez más feroces.[21]

Sin embargo, las preocupaciones de Roske en cuanto a la situación general del sur de la urbe estaban bien fundadas. La tenaz defensa de la 35.ª División de Fusileros de la Guardia de Chuikov había detenido eficazmente al XXXXVIII Cuerpo Panzer en su avance hacia el centro, hecho que impidió su planeado enlace. Ello supuso un fracaso que revistió la mayor importancia, tal como observó más tarde un oficial de Estado Mayor alemán:

La ocasión de llevar a cabo operaciones a gran escala se había acabado para siempre; de las amplias extensiones de la estepa, la guerra se trasladó a los dentados barrancos de las colinas del Volga, con sus bosquecillos y acantilados, y a la zona fabril de Stalingrado, asentada sobre un terreno accidentado, lleno de hoyos, cubierto de edificios de hierro, hormigón y piedra. Pasamos de medir las distancias en kilómetros a hacerlo en metros.[22]

De vuelta a su improvisado puesto de mando del regimiento, Roske se sentó en una caja puesta del revés, se quitó el *Stahlhelm* y estudió el mapa de situación fijado a una pared. Desde la orilla oriental del Volga, llegaba fuego de contrabatería, que buscaba objetivos, pero que apenas causaba molestias a sus hombres, ocupados en atrincherarse. Aunque cansado —todavía estaba calculando las pérdidas del regimiento por los combates— a la par que eufórico por el sorprendente éxito de sus hombres, envió medio en broma un mensaje al controlador aéreo de la Luftwaffe que coordinaba los ataques aéreos: «No quiero más bombas en un amplio radio en torno a mi zona, pero, si tienes que lanzar algo, ¡que sean salchichas y chocolate, por favor!».[23] Tal vez por haber estado sometido a días de presión constante coordinando múltiples ataques terrestres, el oficial de la Luftwaffe en cuestión reaccionó mal a la pretendida gracia: «¡Eso es todo lo que puedes decirme después de haber estado trabajando día y noche para conseguir las bombas, arrastrarlas hasta su lugar, volando a todas horas, constantemente, y defendiéndonos como hemos podido!».

Por su parte, el regimiento había superado un mortífero fuego aliado desde el aire, expulsado a un tenaz enemigo en un feroz combate casa por casa, y sufrido todavía más bajas por sus propios Stuka de apoyo justo cuando los hombres llegaban al Volga. Sin embargo, a pesar de tales contratiempos, se había conseguido el objetivo de la 71.ª División, y en el caso de los batallones de Dobberkau y Münch, incluso superado. Los hombres también habían capturado una pieza de artillería rusa de 76 mm y girado sus miras hacia el este: para entonces, ya habían alcanzado y hundido dos transbordadores del Volga. Así pues, Roske registró su alegría: «Conseguimos evitar un pánico en masa y los hombres conservaron su buen humor. [...] ¡Era el amo del centro de Stalingrado!».[24]

Ahora bien, su éxito provocó reacciones opuestas a más de 1500 kilómetros de la ciudad. Así, mientras los gritos de júbilo resonaban en las húmedas salas de operaciones del Cuartel General de Hitler en Vínnitsa, la consternación acechaba los pasillos de la Stavka a la vez que, en el Kremlin, Stalin se paseaba alrededor de su mesa de conferencias mirando a Zhúkov y Alexánder Mijáilovich Vasilevski conforme le ponían al día. A pesar de que Stalin estaba preocupado por el peligro que corría

la ciudad, fue lo bastante pragmático como para permitir a sus
dos estrategas militares trazar brevemente un plan que habían
venido discutiendo: un audaz contragolpe dirigido a los desbor-
dados flancos del enemigo, que podría cambiar la suerte de los
soviéticos no solo en la lucha por la ciudad, sino en el propio
teatro de operaciones del sur de Rusia. El líder soviético, intri-
gado, les ordenó que, al respecto, elaborasen planes detallados
que discutirían más a fondo una vez se estabilizara la crisis de
aquel momento. Entretanto, en la posición que miraba hacia el
Muelle Central del Volga, el éxito del teniente coronel Roske
no iba a durar mucho. Stalin ordenó a Zhúkov que tomara un
avión rumbo a Stalingrado a fin de evaluar la situación y supervisar qué contraataques se podían organizar en el flanco norte
alemán con el objeto de aliviar la presión sobre la propia ciudad.
Cuando Zhúkov partió hacia el sur, el líder soviético autorizó a
la Stavka a enviar una señal dirigida a Yeriómenko para que la
13.ª División de Fusileros de la Guardia del general de división
Rodímtsev cruzara el Volga en ayuda de Chuikov y retomara la
urbe a toda costa.

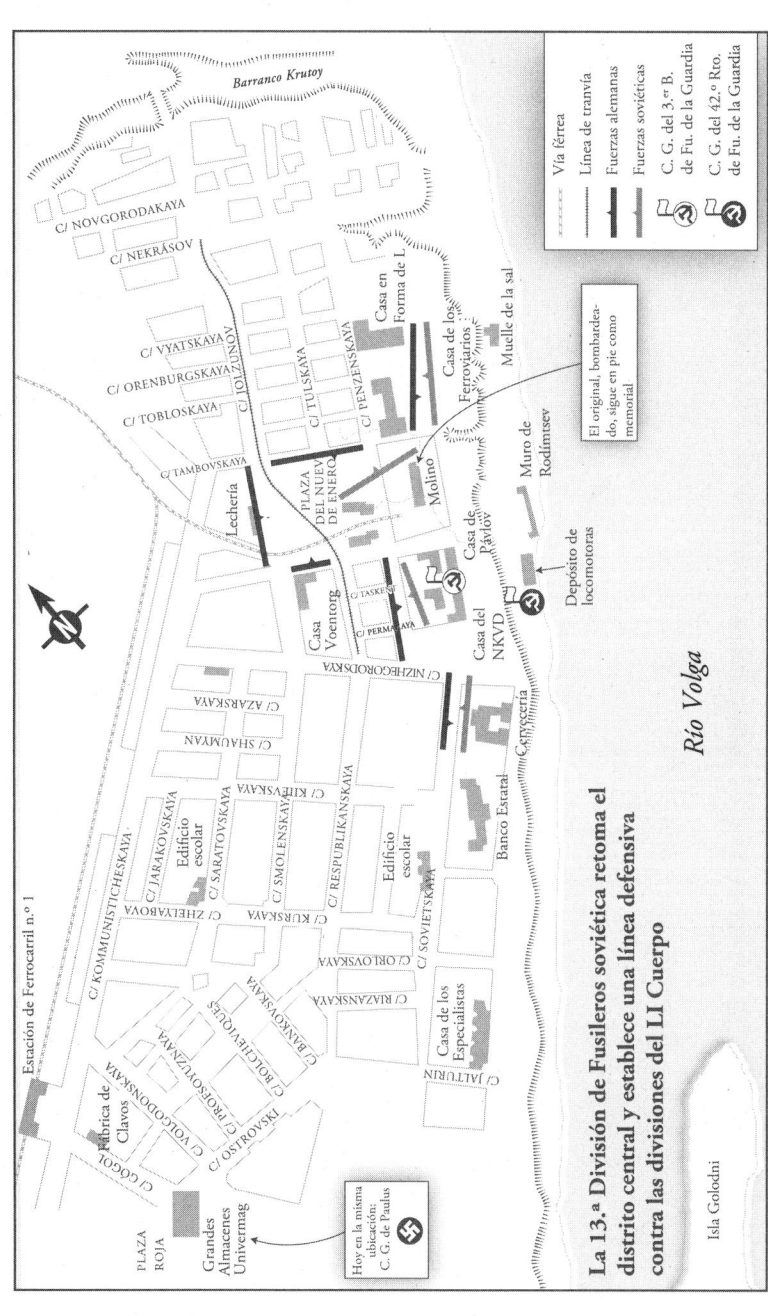

La 13.ª División de Fusileros soviética retoma el distrito central y establece una línea defensiva contra las divisiones del LI Cuerpo

Capítulo ocho

Haz venir a los guardias

No existen los milagros en el mundo. En el arte de la guerra, cada hora, e incluso cada minuto, son preciosos.

Coronel Iván Pávlovich Elin[1]

Un día antes de que los hombres del IR 194 de Roske salvasen de un tranco la distancia que los separaba del terraplén del Volga, el teniente general Chuikov del 62.º Ejército ya se había puesto a trabajar en una defensa adecuada, asegurándose de que sus fuerzas asediadas recibieran suministros a través del Volga. Para entonces, estos se encontraban paralizados debido a la precipitada decisión de Yeriómenko de volar el puente principal días antes:

Ordené a mi adjunto de logística que dispusiera de inmediato tres muelles y tres rutas fluviales: el primer muelle, cerca de Vérjniaya Ajtuba; el segundo, cerca de Skudri, y el tercero, cerca de Tumak. Desde esos muelles, se podía transportar carga por la noche a los muelles de la acería Krasni Oktiabr y Spartanovka en los buques de la Flotilla Militar del Volga y en otros barcos. Había un puente peatonal sobre barriles de hierro desde la zona de la Fábrica de Armas de Barrikady hasta la isla Zajtsevski. Desde la isla, se podía llegar en transbordador a la orilla oriental del Volga.

Todos los barcos del sector del ejército fueron rigurosamente contabilizados y repartidos entre las divisiones y brigadas, y se creó un embarcadero para cada división. Se utilizaban bajo el control estricto de los comandantes de división y de acuerdo con un calendario establecido por ellos. Las brigadas de fusileros que operaban al sur del río Tsaritsa se abastecían de manera independiente, a través de la isla Golodni, con la ayuda de lanchas.[2]

Lo que Chuikov aportó a la batalla fue la fe que tanto les faltaba a sus hombres, debido a los constantes golpes recibidos por parte del adversario. Siguiendo el espíritu de la orden número 227 de Stalin, él defendería Stalingrado hasta la muerte:

> No había pensado en trasladarme a la orilla oriental. Consideraba inconcebible incluso el hecho de retirarme a una de las islas. Eso habría tenido un efecto inmediato en la moral de los comandantes de unidad, su personal y todos los soldados. [...] Sentíamos y sabíamos que los oficiales de Estado Mayor de las divisiones y regimientos observaban con atención el comportamiento del Consejo del Ejército. Para asegurarse de que todos estábamos juntos en la orilla occidental, multitud de cuarteles generales subordinados enviaron oficiales y trabajadores políticos al Cuartel General del Ejército. [...] En aquel tiempo, era especialmente importante que los comandantes de unidad y los soldados supieran que no estaban solos, que el consejo militar del Ejército estaba con ellos.[3]

Con los alemanes en el terraplén de la ciudad, Chuikov disponía de un comandante divisional hecho a su imagen y semejanza que lo iba a ayudar a salvar la situación. Al igual que el resto del Ejército Rojo en el sur de Rusia durante el verano de 1942, la 13.ª División de Guardias había soportado una dura campaña de primavera. Desde su reasignación a partir de la 87.ª División de Fusileros a principios de año, había quedado destrozada en la desastrosa ofensiva de Járkov; había escapado del cerco alemán por los pelos y emprendido una retirada de combate al oeste del río Don. El Mando Supremo ordenó al general de división Rodímtsev, su comandante, que esta fuera relevada del frente, reabasteciera el equipo perdido y esperase a los reemplazos.[4]

A los treinta y siete años, Rodímtsev —que tenía aspecto de un académico y era un comunista entregado— pasaba por su mejor momento: era un hábil y experimentado comandante del Ejército Rojo, absolutamente intrépido, excepcional en la toma de decisiones en el fragor de la batalla, además de temido y amado a partes iguales por los hombres a quienes comandaba. Ya había recibido el título de héroe de la Unión Soviética por su servicio en la guerra civil española en 1937 y, conforme se acercaba la guerra, continuaba su ascenso.[5] Al principio, durante Barbarroja, estaba al frente de una brigada aerotransportada de élite, que luego se transformó en una agrupación de infantería (la 87.ª División de Fusileros), y participó en la fracasada lucha destinada a impedir que los alemanes tomaran Kiev.[6] A pesar de haber sido limitados, sus éxitos —que tuvieron lugar en medio de la serie de tremendas derrotas sufridas por el Ejército Rojo aquel verano— le valieron a la unidad ser reasignada, en enero de 1942, al estatus de élite como 13.ª División de Fusileros de la Guardia. En teoría, los mejores reclutas, salarios y el armamento más nuevo se asignaban a estas divisiones. Rodímtsev había dirigido bien la suya, garantizando su supervivencia, pero, en julio de 1942, fue del todo consciente de la batalla que se avecinaba en Stalingrado a medida que el ejército se retiraba al oeste del río Don. Aunque la ofensiva de Járkov había sido un desastre, la reputación de Rodímtsev había salido indemne y su actuación le valió el ascenso a coronel.

La división estaba muy escasa de efectivos, su debilidad quedaba manifiesta en lo referente a los oficiales subalternos y los suboficiales, y muchos de los nuevos reclutas procedían de las repúblicas situadas en la Transcaucasia y el Asia Central. Tal como recordaba el teniente Alekséi Efímovich Zhúkov, del 3.ᵉʳ Batallón del 42.º Regimiento:

> La división se reponía únicamente con personal militar: soldados de primera línea dados de alta de los hospitales después de reponerse y cadetes militares graduados en las academias de la ciudad de Astracán. Muchos procedían de los Urales y Siberia.[7]

El general de división Alexánder Rodímtsev con el Estado
Mayor de su división durante los combates.

Un problema que ningún entrenamiento físico fue capaz de
resolver era la barrera lingüística entre los muchos guardias que
no tenían el ruso como lengua materna.[8]

Sin embargo, el núcleo de la antigua disciplina y el espíritu de la maltrecha división se mantuvieron, y cada regimiento
seguía conteniendo docenas de veteranos de combate supervivientes listos para entrar de nuevo en acción una vez que los
nuevos reclutas se hubieran integrado a la mayor celeridad; el
Ejército Rojo hacía gala de esta política. Tal como el propio
Stalin había afirmado en frecuentes ocasiones, sus tropas eran
«engranajes de la historia»: como en un coche, un camión o un
tractor agrícola, el motor podía fallar o romperse la correa del
ventilador, pero también era posible sustituirlo para que volviera a funcionar con éxito. Así ocurrió con las agrupaciones del
Ejército Rojo que habían sufrido graves pérdidas durante aquel
verano. Mijaíl Ivánovich Kalinin, presidente del Presídium del
Sóviet Supremo de Stalin, era de la misma opinión y le dijo al
escritor Grossman que: «Un regimiento o una división puede
reconstituirse después de cualquier batalla, siempre que su co-

El teniente primero Alekséi Efímovich Zhúkov se distinguiría en los duros combates librados durante muchas semanas en el distrito central de la ciudad y supervisaría la defensa de la «Casa de Pávlov».

lumna vertebral, que encarna en sí misma las más evolucionadas tradiciones de batalla de la unidad, haya sobrevivido».[9]

Ahora, la 13.ª Guardia estaba compuesta por su unidad de Cuartel General, los 42.º, 39.º y 34.º Regimientos de Fusileros de la Guardia, el 4.º Regimiento Antitanque de la Guardia, el 32.º Regimiento de Artillería de la Guardia y varias unidades de apoyo. Apoyándose en la experiencia que los veteranos supervivientes de la 5.ª Brigada Aerotransportada (su antigua unidad) aportaron a la 13.ª Guardia, Rodímtsev se mostraba impaciente mientras sus nuevos soldados se entrenaban con el objetivo de dominar las técnicas necesarias para disparar con precisión y las tácticas de combate. Asimismo, puso gran énfasis en que sus hombres mostraran iniciativa en su adquisición de conocimientos de las estrategias defensivas y ofensivas. No obstante, este breve periodo de inactividad con el pretexto de reequiparse pronto se vería perturbado por un comunicado del Cuartel General del Mando Supremo:

Nuestro Partido Bolchevique, nuestro pueblo, nuestra Gran Patria ha ordenado impedir que el enemigo llegue al Volga y defender Stalingrado. La defensa de Stalingrado es apremiante. Sin escatimar esfuerzos, despreciando la muerte, no permitiremos que un alemán llegue al Volga, ¡no rendiremos Stalingrado!

Así, la 13.ª Guardia pasaría a estar bajo el mando del Distrito Militar de Stalingrado, comandado por el coronel general Yeriómenko, que había asumido el mando de todo el Frente del Sudeste el 7 de agosto y, dos semanas más tarde, el 23 de agosto, se le asignó el de Stalingrado. Fue exoficial del Ejército Imperial del zar durante la Gran Guerra y había cambiado de bando para luchar por el Ejército Rojo durante la guerra civil como comandante de caballería. Tras sobrevivir a las purgas de finales de los años treinta, lideró tropas en la campaña de Polonia de 1939 antes de asumir el mando de los ejércitos rusos del Lejano Oriente en Siberia. En 1941, ocho días después de la invasión alemana, se lo requirió de nuevo en el oeste para defender al país de la ofensiva del Grupo de Ejércitos Centro alemán en dirección a Moscú; opuso una férrea resistencia en Smolensk y resultó herido en tres ocasiones durante los doce meses siguientes de encarnizados combates. Por su parte, Stalin se mostró muy interesado en que defendiera la ciudad que llevaba el nombre del secretario general a pesar de que Yeriómenko llegó a su nuevo puesto apoyado en un bastón. Tal como es lógico, el 62.º Ejército de Chuikov cayó bajo su mando. Cuando la 13.ª Guardia llegó a la orilla oriental del Volga el 14 de septiembre, la división contaba con 9603 efectivos, incluidos todos los rangos, que acudieron en ayuda de Chuikov justo en el momento decisivo.[10]

El 10 de septiembre, la división llegó a Kamishin a marchas forzadas y esperó órdenes para el siguiente punto de formación designado antes de dirigirse a la vorágine de Stalingrado. Dos días después, se motorizaron todas las unidades y se desplazaron con destino a la ciudad de Srednyaya Ajtuba por caminos de tierra llenos de baches y polvo en camiones y coches fabricados en Estados Unidos y llegados a la Unión Soviética en virtud

Vista de Stalingrado desde la orilla oriental el 14 de septiembre mientras
la 13.ª Guardia se preparaba para asaltar el terraplén.

de la Ley de Préstamo y Arriendo rubricada por Roosevelt.[11]
Rodímtsev ordenó a sus comandantes de regimiento que se ase-
guraran de que los hombres viajasen en pequeños convoyes de
cuatro vehículos con una separación de entre 500 y 700 metros.
Con los cazas Messerschmitt de morro amarillo y los aviones
de reconocimiento Dornier dominando ya los cielos en torno
a Stalingrado, cualquier columna rusa que levantara una nube
de polvo a la luz del día sería presa fácil. Los batallones arri-
baron esporádicamente a lo largo de esa tarde; la densa niebla
que se deslizaba por el río protegió su llegada y les dio tiempo
para construir posiciones camufladas. Sin embargo, Rodímtsev
quedó horrorizado cuando el grupo de avanzada de su cuartel
general de división le informó de que el grueso de las armas que
le había prometido Vasilevski dos días antes no se encontraban
en su destino y solo había 600 fusiles que distribuir entre miles de hombres: más del cincuenta por ciento de la división no
disponía de ellas justo antes de ser enviada a una gran batalla.
Entonces, él mismo recordó en sus memorias:

> Nuestra división aún no estaba equipada, pero se suponía
> que pronto recibiríamos las armas. Me opuse y dije que no
> iría sin ellas. Con anterioridad, en alguna ocasión, mis hom-
> bres habían estado desarmados y habíamos tenido que qui-
> társelas a los desertores. Me llamaron a la línea directa y hablé
> con Vasilevski. Me ordenó ir allí primero, y luego, coger mis
> armas. Stalingrado, dijo, estaba en una situación difícil.[12]

Tras haber descansado y tomado las raciones que tanto necesitaban, los guardias, con las unidades del 42.º Regimiento a la cabeza, emprendieron una marcha forzada nocturna en su última etapa antes de Stalingrado, tal como rememoró el teniente primero Zhúkov del 3.ᵉʳ Batallón:[13]

> La marcha no fue fácil, pero los soldados estaban alegres. En la columna, se oían bromas y risas encendidas aquí y allá. Antes del amanecer, llegamos a Krásnaya Slobodá, a orillas del Volga.[14]

Se encontraron con una gran señal amarilla en forma de flecha, que apuntaba al oeste, y simplemente decía «Transbordador». El teniente primero Zhúkov continuó diciendo:

> Y, de inmediato, como si se lo hubieran ordenado, cesaron las bromas y las risas. Los soldados, conmocionados por lo que veían, hablaban incluso en un susurro: a lo largo de todo el Volga, flotaban islas ardientes de petróleo y, más allá [del río], todo estaba en ruinas: Stalingrado ardía. En los rostros de los soldados, se hizo patente un auténtico sobresalto: ¡qué será de ellos en aquel infierno ardiente![15]

Sin embargo, el estado de ánimo de los hombres mejoró con la entrega de raciones extra de pan, salchichas e incluso azúcar —una rareza por aquel entonces—, del que se sirvieron con avidez esa noche para endulzar el té negro hervido en el samovar de cada unidad.[16]

Al día siguiente, Yeriómenko y Rodímtsev hablaron por radio. Las maltrechas unidades del 62.º Ejército de Chuikov —una amalgama de la 112.ª División de Fusileros, los restos de la 10.ª División del NKVD y una mezcla de milicias de la ciudad— luchaban en el distrito central. Los combates del día anterior habían hecho mella en sus fuerzas después de que un contraataque fallido fuera duramente rechazado por los ataques aéreos de la Luftwaffe. Ahora, les tocaba a los alemanes avanzar: tras nuevos bombardeos aéreos, dos batallones de infantería pertenecientes al IR 194 de Roske se habían destacado en el avance por las calles de la ciudad y habían colocado cañones de asalto para controlar los edificios que daban al Cruce Central del Volga y comenzar a disparar a los barcos. Detrás de esta nueva posición enemiga, se encontraban elementos de un regimiento aislado de tropas del NKVD, que habían estado defendiendo la Estación Principal de Ferrocarril, así como los supervivientes de la milicia de la ciudad y de las tropas del 62.º Ejército. Por otra parte, los incesantes ataques de los Stukas y el avance de la 295.ª División de Infantería —que se había abierto paso junto a la 71.ª División de Roske— también había hecho desistir de sus trabajos defensivos en lo alto del Mamáyev Kurgán a la 112.ª División de Fusileros. Por tanto, a última hora de la tarde, la infantería alemana controlaba 1500 metros del terraplén central y estaba a solo 800 metros del Cuartel General de Chuikov —trasladado desde el Mamáyev Kurgán y, ahora, atrincherado en el barranco del Tsaritsa— mientras los ingenieros de combate alemanes cortaban sus comunicaciones. Toda la línea defensiva central del 62.º Ejército ruso estaba a punto de derrumbarse y, con ella, posiblemente, la propia ciudad.

Los azares de la guerra volverían a enfrentar a los hombres de Rodímtsev con las mismas agrupaciones alemanas contra las que habían luchado el año anterior. Yeriómenko informó a Rodímtsev de que el dominio germano del cruce del río significaba que el hecho de intentar llevar su propia artillería por barco sería extremadamente difícil. Si podía conseguir que sus soldados cruzasen con rapidez e intactos, ya contaría como una pequeña victoria, incluso antes de entrar en combate. En efecto, iban a atravesar el río muy pronto y se utilizarían todos los barcos que la Flotilla del Volga pudiera reunir. No obstante, Rodímtsev se comprometió a hacerlo en barcaza a plena luz del día con el teniente primero Voitsejovski (su ayudante), un oficial de reconocimiento y dos guardias de seguridad.[17] Tanto Chuikov como el Consejo Militar del Frente necesitaban informarle sobre el terreno en el que iban a luchar. Después de una espeluznante carrera a través del Volga, en la que el capitán fue de un lado a otro a fin de evitar el impacto de los proyectiles, el grupo llegó a la arenosa ribera y se dirigió al Cuartel General de Chuikov. En varias ocasiones, los hombres se vieron obligados a refugiarse en pozos de armas abandonados y agujeros de obús en medio del bombardeo alemán. Rodímtsev llegó y le mostraron una sucesión de pasillos; a medida que se adentraba en el complejo de túneles, el aire estaba cada vez más viciado. Para divertimento de Chuikov, Rodímtsev apareció desaliñado, con el uniforme cubierto de mugre, tosiendo, balbuceando y escupiendo tierra en el suelo de su despacho antes de presentarse ante su comandante.

Mientras el estruendo de otra descarga de artillería alemana caía alrededor de su posición, Chuikov ordenó que se entregara un batallón para asegurar su propio cuartel general y, luego, dio instrucciones a Rodímtsev con el objetivo de que informara a los comandantes de su regimiento acerca de sus objetivos en el sector central; todas las unidades combatientes lo mantendrían al tanto. Tras abandonar sus armas pesadas en la orilla oriental, y cruzando, después del anochecer, en oleadas de botes a remo, pequeños remolcadores y lanchas blindadas, los 42.º y 34.º Regimientos —comandados por los coroneles Elin y Dimitri I. Panijin, respectivamente— desalojarían al enemigo de sus posiciones fortificadas junto al Banco Estatal, la Casa de los Especialistas y la Estación de Ferrocarril número 1. Mientras tanto, el 39.º, dirigido por el comandante Semión S. Dolgov, avanzaría para reforzar al asediado 112.º y, así, recuperar la posición elevada clave del Mamáyev Kurgán. Chuikov señaló sus mapas de situación sobre la mesa para informar a su recién llegado de la manera en la que su enemigo se encontraba, en esos momentos, firmemente posicionado con el apoyo de artillería y morteros. Tal como acababa de experimentar, la artillería enemiga del Mamáyev Kurgán podía, ahora, dominar el Cruce Central de Transbordadores, así como el tráfico fluvial. Era de vital importancia que los hombres de Rodímtsev cruzaran lo antes posible, esa tarde, y expulsaran a los alemanes antes de que pudieran disponer la artillería en la orilla, hecho que causaría estragos en cualquier cruce futuro del Volga. Debían recuperarlo a cualquier precio; a las 21:00, saltarían con el 1.ᵉʳ Batallón del 42.º Regimiento en vanguardia para establecer una cabeza de puente. Desde allí, el área de mando de Rodímtsev se extendería desde el Mamáyev Kurgán en el norte hasta el río Tsaritsa en el sur.

—¿Qué te parece? —preguntó Chuikov y estudió el rostro de su comandante de división.

—Soy comunista —respondió Rodímtsev—. Estoy en el frente y no me retiraré.[18]

Tal como Chuikov recordaría más tarde aquella crítica reunión:

> Después de pensarlo un poco, [Rodímtsev] dijo que le daría vergüenza sentarse en un puesto de mando en la retaguardia del puesto de mando del ejército. Lo tranquilicé y le dije que, en cuanto su división hubiera completado su misión, le dejaríamos trasladar su puesto de mando hacia delante. Añadí con énfasis: «No tenemos derecho a esperar operaciones pasivas del enemigo, que está decidido a aniquilarnos y a tomar la ciudad. Por lo tanto, no podemos limitarnos a defendernos. Debemos aprovechar todas las oportunidades para contrarrestarlos. Debemos imponer nuestra voluntad al enemigo y desbaratar sus planes mediante operaciones activas».[19]

Rodímtsev volvió a dirigirse a Chuikov con el propósito de obtener más armas para su división. Consciente de que podría necesitarlo para cruzar el Volga en cuestión de horas, el incrédulo comandante consiguió mantener la calma mientras averiguaba qué era lo que podía enviarse a las tropas en el poco tiempo del que disponían. «Subfusiles», anunció Rodímtsev con toda naturalidad, «necesito subfusiles».[20] Por su parte, Chuikov le prometió que se pondría en contacto con el teniente general Filip Ivánovich Gólikov, su adjunto en la orilla oriental, a fin de asegurarse de que los guardias contaran con lo necesario aquella noche.

Recibidas sus instrucciones, este abandonó el búnker para regresar a la orilla del río, agachándose y buceando entre las ruinas igual que lo había hecho antes. A bordo de la barcaza, su equipo repitió la peligrosa ruta para atravesar la cortina de fuego alemana. Perdido en sus pensamientos sobre el ataque que se avecinaba, Rodímtsev parecía despreocupado por los gritos de sus compañeros de viaje mientras alrededor de su barco se alzaban columnas de agua. Tenía que informar pronto a los comandantes de su regimiento si realmente pretendía intentar cruzar esa noche. Bajaron con rapidez de la embarcación y, una vez más, los oficiales corrieron desde los bajíos para ponerse a cubierto mientras los Stukas aparecían, de repente, sobre sus cabezas, buscando al enemigo que sabían que debía estar entre los árboles. A su izquierda, 200 metros río abajo, otra barcaza de madera recibió un impacto directo: su proa se desintegró en una bola de llamas a la par que los supervivientes intentaban saltar para ponerse a salvo. En el agua, el petróleo quemado mostraba lo que había sido su carga.

Gólikov, comandante adjunto del frente, se acercó a Rodímtsev cuando este se encontraba al borde del agua y estudiaba la orilla opuesta. Este último, preocupado por la suerte que correrían los hombres que enviase a enfrentar posiciones tan inexpugnables, le dijo que necesitaba más tiempo a fin de prepararse a fondo. Gólikov lo escuchó atentamente, pero, luego, le dijo algo que Rodímtsev ya sabía que era cierto: costara lo que costase, los guardias habían de cruzar esa noche; de lo contrario, al día siguiente, no quedaría ciudad que salvar.[21] Sin embargo, su buena noticia era que habían localizado un suministro de subfusiles PPSh-41 (un arma feroz para la lucha callejera con una potente cadencia de fuego) recién salidos de fábrica, pero sin los cargadores estándar de dos tambores que, por lo general, venían con ellos. Gólikov le prometió a Rodímtsev que tenía hombres buscando más munición, la cual llegaría pronto. «Todo bien con la munición», pensó Rodímtsev, «pero no sirve de nada si tienes la ambición de recuperar una ciudad de manos de la Wehrmacht». En realidad, estas armas resultarían fundamentales.

Tras haber descansado en el bosque con sus tropas durante todo el día con la intención de evitar a los observadores enemigos, así como el intenso calor estival, el oscuro estado de ánimo del teniente Zhúkov, resultado de lo que le esperaba, se alivió cuando el ruido de los camiones rompió el silencio:

> Llegaron cocinas de campaña y camiones con armas y municiones. Después de la cena, que era a la vez el desayuno y el almuerzo, recibimos ametralladoras ligeras, granadas y munición para ametralladoras y fusiles. Trajeron tanta munición como era posible, por lo que, anticipándonos a la batalla que se avecinaba, cargamos cuanto nos ordenaron.[22]

El humor de Rodímtsev también mejoró con la inesperada entrega de dos docenas de ametralladoras pesadas y, al menos, cincuenta fusiles antitanque. El PTRD-41, que requería un equipo de dos hombres y disparaba una bala perforante de 14,5 mm de un solo tiro, había demostrado su eficacia al enfrentarse a los semiorugas alemanes y al Panzer III en caso de recibir un impacto de lado, donde su blindaje se tornaba más débil.[23] Por encima de todo, el hecho de toparse con blindados enemigos nada más desembarcar —su principal temor— seguía ocupando su mente; todavía podía recordar la masacre que ello había supuesto para la infantería en las afueras de Kiev el verano anterior y en Járkov unos meses antes. Aunque tanto las memorias de Chuikov como las de Rodímtsev no lo mencionan, tanto el diario de combate de la 13.ª Guardia como varios testimonios de veteranos de la guardia que sobrevivieron al encuentro afirmaban que una batería de cañones antitanque de 45 mm realizó el cruce en la segunda oleada. Ahora bien, no se ha podido averiguar lo que les ocurrió después del cruce.

Desde la protección que le confería la arboleda y observando, a lo lejos, cómo la Luftwaffe bombardeaba la humeante ciudad, el coronel Elin reunió a sus hombres en un claro del bosque. Para intentar inspirarlos, se situó de pie en el centro, bajo una bandera del Partido, e invocó apasionadamente sus propios recuerdos del tiempo en el que, durante la guerra civil, sirvió en la defensa roja de la antigua Tsaritsyn y habló de que ahora había llegado el turno de sus hombres. Angustiado, señaló la ciudad en llamas y declaró: «¡Entreguemos cada una de nuestras vidas, pero la ciudad ha de defenderse!».[24] En pie, de espaldas al río, su silueta resaltaba contra el humo negro del petróleo que, ardiendo, flotaba en el río. Era un espectáculo desconcertante para los jóvenes guardias, muchos de los cuales aún no habían experimentado un combate real.

Entonces, Oleg Iólevich Kokushkin, el comisario del batallón, se dirigió a ellos con un encendido discurso en el que les imploraba que lucharan, pues les iba la vida en ello. Miró a los individuos y gesticuló río arriba, hacia el Distrito Fabril, recordando su participación en la construcción de la fábrica de tractores de Stalingrado cuando él tenía la misma edad que ellos ahora y el orgullo que sintió al trabajar allí antes de la guerra. ¿Permitirían que los fascistas la capturasen? Los viejos veteranos del regimiento tomaron la palabra: el explorador Popov; el soldado Glushchenko; el comandante Andriyánov del 2.º Batallón de Fusileros y el camarada Vavílov, comisario de división. Todos ellos declararon su amor por la Madre Patria, pero, también, su

Coronel Iván Pávlovich Elin, oficial al mando del 42.º Regimiento de Fusileros de la Guardia;

devoción por el Ejército Rojo; al final de sus discursos, exigieron a los hombres pronunciar un juramento militar: «¡Defender Stalingrado y derrotar al enemigo!».[25]

Cuando se calmó el alboroto, la reunión se disolvió y los hombres comprobaron sus equipos por última vez. El coronel Elin ordenó a sus comandantes de batallón que lo siguieran hasta el río; abandonaron la cobertura que les proporcionaban los árboles y se acercaron con sigilo a la orilla para inspeccionar los botes que los llevarían al otro lado. Por su parte, la artillería alemana seguía aterrizando esporádicamente a pocos metros en busca de víctimas. A su derecha, salían nubes de humo negro de una refinería de petróleo y los proyectiles no cesaban de caer. A lo lejos, perfilados contra el cielo azul intenso, se veían los puntos negros de los aviones enemigos que se dirigían a sus próximos bombardeos. El sentimiento de impotencia entre el grupo de Elin era palpable; para sus camaradas, que aún se aferraban a las bolsas de territorio contra lo que solo podían sospechar que eran unas probabilidades del todo desfavorables, debía de ser un infierno.

Señalando la zona del Cruce Central de Transbordadores, Elin informó a sus comandantes sobre cuál tenía que ser su ángulo ideal de aproximación, dónde habían de colocar sus bengalas rojas para que la artillería soviética apuntara hacia ellas y les proporcionara fuego de cobertura, y qué unidades debían avanzar a fin de capturar los edificios estratégicos situados junto al Cruce Central de Transbordadores según las órdenes de Rodímtsev. Terminó insistiendo en la necesidad de seguir avanzando a toda costa a través del Volga y de no esperar a nadie. El número de bajas sería elevado. Los oficiales asintieron, nadie dijo una palabra; volvieron hacia los árboles en los que aguardaban sus hombres y esperaron a que oscureciera.

A las 21:00, Elin y Rodímtsev se encontraban en la orilla oriental, estudiando la orilla opuesta con sus prismáticos. La oscuridad que envolvía sus posiciones contrastaba con lo que podían ver más allá: la ciudad ardía en tonos naranjas y rojos intensos debido a las llamas que devoraban los distritos centrales. Rodímtsev, que se había puesto su negro abrigo cosaco de piel para camuflarse, se mostraba impaciente por ponerse en marcha. Aunque pensó para sus adentros que el movimiento del enemigo era esporádico, estaba seguro de que los alemanes andaban por allí y podían someter a un fuego letal a los 600 hombres del 1.ᵉʳ Batallón al mando del teniente primero Z. P. Cherviakov. Rodímtsev examinó a los hombres que estaba a punto de enviar a la vorágine:²⁶

> Todos los soldados y oficiales, con sus cascos y capas, parecen iguales, por lo que, en la oscuridad, apenas pude reconocer al teniente primero Fedoséyev, adjunto de Cherviakov, y a los comandantes de compañía de fusileros Dragan, Kolegánov, Kravtsov y otros. Tras los artilleros antitanque de Burlakov, con sus largos fusiles antitanque que parecían arcabuces de museo, se situaban las tripulaciones de los cañones anticarro de 45 mm. Los fusiles anticarro y los cañones de 45 mm son los únicos medios de fuego de los que dispone Cherviakov para hacer frente a los tanques. Sí, quizá también tenga granadas antitanque y cócteles molotov. ¡No es mucho!²⁷

En silencio, los hombres de Cherviakov subieron a las lanchas motoras tipo K y R que les había proporcionado la Flotilla del Volga. En la orilla, Rodímtsev había informado a Cherviakov de que la velocidad era esencial si querían tomar al enemigo por sorpresa, y de que, una vez en la orilla opuesta, debía marcar sus posiciones de desembarco y el lugar donde estaría su flanco a fin de que las siguientes oleadas desembarcaran con seguridad y que la artillería de apoyo proporcionara fuego de cobertura en caso de ser necesario. Cherviakov estaba nervioso por el recibimiento que la primera oleada podía esperar de los alemanes y no se atrevía a pensar que los blindados germanos aguardaran también cerca de la orilla; de ser así, ya estaban muertos. Confiaba en que apareciera el puñado de tanques T-34 que Chuikov había prometido que se desplazaría para apoyarlos. Los motores de la lancha comenzaron a chisporrotear y, por fin, rompieron el silencio. Cherviakov encabezó la marcha en la primera lancha blindada, a la que siguieron inmediatamente otras; todas desaparecieron pronto de la vista de su comandante en el momento en el que llegaron más junto a su posición para tomar parte en la siguiente oleada.

Ahora Rodímtsev tendría que sentarse nervioso a esperar a que los acontecimientos se desarrollaran.

Una brillante luz blanca bañaba el Volga cuando los barcos se encontraban a mitad de camino: desde la orilla opuesta, habían lanzado una salva de bengalas de paracaídas. El agudo oído de los piquetes alemanes ahora sentía con claridad aquello que habían sospechado. Sorprendido de que el enemigo estuviera atrincherado justo en el Volga, Rodímtsev pudo escuchar con nitidez gritos en el terraplén opuesto y se le heló la sangre al intentar enfocar con los prismáticos hacia donde creía que estaba el barco de Cherviakov. El silencio se hizo añicos cuando las trazadoras de las ametralladoras Maschinengewehr 34 penetraron en el agua. En cuestión de segundos, el Volga estalló en el momento en el que los proyectiles de mortero y artillería alemanes empezaron a caer entre los barcos.

La espuma de un impacto cercano empapó a los aterrorizados guardias, que rezaron por, cuanto menos, llegar a tierra firme. Un barco recibió un ataque directo y se hundió: de entre la docena de supervivientes, algunos nadaron de vuelta a la orilla y se ahogaron por el peso de sus mochilas; el siguiente barco recogió a quienes tuvieron más suerte. La primera oleada corrió hacia tierra, aunque al menos una embarcación dio media vuelta y trató de ponerse a salvo.

El fuego alcanzó el barco de Cherviakov y mató a dos de sus hombres. Por encima del estruendo, el teniente Fiódor Grigórievich Fedoséyev, su segundo al mando, gritó al capitán de la lancha que embistiera la costa a toda velocidad. Conforme se acercaban a los bajíos, el humo de las bengalas, aunado al bombardeo alemán, dificultó la visibilidad de los guardias, que se desorientaron. ¿Dónde quedaban los muelles del Cruce Central, el principal objetivo que debían asegurar para los siguientes batallones del regimiento de Elin? Muchos no esperaron a averiguarlo y saltaron al agua, desenfundaron los subfusiles y

Teniente Fiódor Fedoséyev

disparon en la dirección de la que procedían las trazadoras mientras vadeaban la arenosa orilla.

Una vez comenzado el tiroteo, la iniciativa inculcada a la 13.ª Guardia en las semanas de entrenamiento previas a Stalingrado se impuso al pánico de los primeros minutos del intenso intercambio de fuego. Cherviakov se dio cuenta de que el enemigo (los batallones de Roske) estaba fuertemente atrincherado justo delante de él, a 100 metros de distancia, y tomó la crucial decisión de no esperar refuerzos, sino bordearlos y avanzar rumbo al oeste, hacia el distrito central, en dirección a los grandes almacenes Univermag y la fábrica de clavos.[28] Mientras se dedicaban a la mentada tarea bajo un intenso fuego enemigo, los guardias despejaron las posiciones alemanas que encontraron con granadas y metralletas. La lucha fue encarnizada y el enemigo, que estaba aturdido, retrocedió sobresaltado. En este punto, los guardias se unieron a los tres tanques T-34 que Chuikov había prometido a Rodímtsev y se dirigieron hacia la Estación de Ferrocarril n.º 1. Los seguiría el regimiento del coronel Elin de la segunda oleada. De hecho, ahora, a Von Hartmann —el comandante de la 71.ª División de Infantería— le preocupaba el hecho de que los batallones de Roske estuviesen en una posición demasiado adelantada y pudieran quedar rodeados. La lancha donde iba el coronel Elin, que llegó en la segunda oleada, recibió varios impactos directos, que mataron a otros tantos guardias, y dirigió el fuego en la orilla contra el III Batallón de Roske que mantenía la Cervecería. Al final, llegaron más unidades de la guardia y abordaron a los hombres de Roske que también estaban atrincherados en el Banco Estatal.

A paso ligero por las oscuras calles en ruinas, los guardias se encontraron con algunos supervivientes del 10.º Regimiento del NKVD que habían estado defendiendo su propio complejo de edificios y luchando bajo el mando directo del 62.º Ejército de Chuikov. Fue una gran sorpresa el hecho de que el enemigo estuviese tan cerca de la orilla y aquello no hizo sino aumentar la impaciencia de Cherviakov por llegar al centro de la ciudad antes de que los alemanes pudieran contraatacar. Era entendible que pensara de aquel modo, ya que la situación sobre el terreno en Stalingrado cambiaba con el paso de las horas y los minutos: cada líder tenía que reaccionar en función de lo que se le presentaba.

Para cuando el 1.ᵉʳ Batallón de Elin empezó a cruzar el Volga, las fuerzas alemanas ya tenían en su poder la Estación de Ferrocarril número 1, el Banco Estatal, la Casa de los Especialistas y los grandes almacenes Univermag, así como las principales vías que los conectaban, muchas de las cuales atravesaban la gran extensión de la plaza Roja. Mientras los hombres de Cherviakov avanzaban alejándose de la orilla, Chuikov, en su cuartel general, era el encargado de informar de la pérdida de estos edificios y de la necesidad de reaccionar con rapidez. (En la orilla opuesta, Rodímtsev, que aún debía cruzar, no se percató de esto). El Estado Mayor de Chuikov consiguió encontrar a Cherviakov en la urbe y lo llevó al búnker del comandante del 62.º Ejército en el desfiladero del Tsaritsa. Chuikov le ordenó al teniente coronel que impulsara el ataque con la mayor velocidad con el objetivo de tomar posesión de la Estación de Ferrocarril número 1 y bloquear las carreteras y los edificios que bordeaban el perímetro de la plaza Roja. Se trataba de una medida extraordinaria, pues contradecía las órdenes originales de Rodímtsev de asegurar la cabeza de puente para toda la división. No obstante, ahora la situación era crítica, puesto que Chuikov se dio cuenta de que necesitaba hacerse con estos puntos estratégicos enseguida o correría el riesgo de verse obligado a retroceder hacia el Volga a consecuencia del enérgico contraataque de los germanos una vez que se percatasen de la magnitud del asalto soviético.

Una vez se hubo asentado su posición en la orilla, Chuikov se puso en contacto con el coronel Elin:

> Pocos minutos después, me esperaban tres oficiales del departamento de Operaciones del Cuartel General del 62.º Ejército con un mapa en el que se referían las órdenes del teniente general Chuikov, comandante del ejército. Estas establecían la misión del regimiento: dos batallones con los remanentes de la 112.ª División de Infantería debían capturar la cota 102.0 y mantenerla hasta la llegada del 39.º Regimiento de Infantería.[29]

Observando desde lejos, varado en la orilla oriental, e ignorando la situación de Chuikov, el comandante de la división estaba más preocupado por el fuego que caía sobre sus hombres que todavía estaban cruzando el Volga:

> Yo no tenía ni idea de que el enemigo ya había llegado a la ribera del Volga, pero, en las dos primeras oleadas, hubo que dejar que el 1.er y 2.º Batallones establecieran una cabeza de playa. Oímos que el enemigo estaba en la orilla, que el batallón ya se había enfrentado a ellos, luchando desde el momento en que llegaron a tierra firme. Me di cuenta de que debíamos movernos más rápido. En las barcazas, literalmente se nos estaba agotando la munición.

Este se sobresaltó más si cabe al oír, a lo lejos, los familiares disparos de los fusiles anticarro de sus hombres. «Sin duda, los blindados enemigos no podían estar tan cerca», pensó. Ahora, con la segunda y tercera oleadas, más lanchas desembarcaban en la orilla oeste y otras se dirigían hacia ellos cuando daban las doce de la noche. Por su parte, los 2.º y 3.er Batallones del 42.º Regimiento de Guardias habían desembarcado y se enfrentaban a los de Roske situados junto a la ribera. Río arriba, en la orilla contraria a las posiciones de Rodímtsev, el 39.º Regimiento se preparaba para la tarea de cruzar hacia la zona de la acería Octubre Rojo. Sus órdenes eran dirigirse a la base de la cota 102.0, lugar en el que esperaban encontrar a los supervivientes de la 10.ª División del NKVD y la 112.ª División de Fusileros, que ya habían perdido el contacto con el Cuartel General de Chuikov, y juntos asaltarían el Mamáyev Kurgán para recuperar las alturas. En la orilla oriental, se alineaban más unidades a fin de incorporarse a la batalla, tal como describió Rodímtsev:

> Durante toda la noche, siguieron llegando al Volga camiones y carros con distintos cargamentos. Las tropas cogieron de inmediato pan, galletas, conservas, paquetes con raciones condensadas, cajas de munición, granadas, cócteles molotov, tabaco y azúcar, y emplearon pasarelas hundidas para subirse en las lanchas de desembarco.[30]

Al amanecer del primer día de operaciones, Rodímtsev había logrado toda una hazaña: que cinco batallones cruzaran el Volga para enfrentarse al enemigo. Las bajas habían sido relativamente pequeñas, aunque, sin duda, no así las cifras de las que posteriormente informó la prensa soviética, fabricadas para enfatizar el heroico sacrificio realizado por la ciudad de Stalin.[31] Por otra parte, un barco había dado la vuelta y, en consecuencia, su capitán fue fusilado. Los registros de «Memorial», la base de datos del propio Ministerio de Defensa, muestran que, en esa primera travesía nocturna, fallecieron once guardias y ocho fueron dados por desaparecidos en combate.[32] Sin embargo, el número de bajas aumentaría de manera drástica una vez que los alemanes contraatacaran a la mañana siguiente.

A las 04:00, en medio de intensos combates, el 1.er Batallón ruso ya se había abierto camino hacia los grandes almacenes

Univermag, donde establecieron su Cuartel General y continuaron hacia la fábrica de clavos que bordeaba la extensión de la plaza Roja. Ahora, intentaban tomar la Estación de Ferrocarril número 1 y el teniente Antón Kuzmich Dragan fue el encargado de dirigir a la 1.ª Compañía hacia este lugar. A su derecha y a su izquierda, se encontraban la 2.ª y la 3.ª Compañías, que ocupaban el Univermag y los edificios colindantes. Al ver el fuego de ametralladora enemigo procedente de la parte delantera de la estación, el teniente Dragan preparó a sus pelotones para el ataque que se avecinaba:

> En cuanto nos acercamos a la estación por la parte trasera, la compañía adoptó formación de combate y las ametralladoras pesadas ocuparon sus puestos en las esquinas de todos los costados del edificio de la estación. Cuando se dio la señal acordada, la compañía pasó al ataque, lanzando granadas mientras las ametralladoras desataron una tormenta de fuego, matando a los alemanes que huían y a los que intentaban acudir en su ayuda.[33]

Teniente Antón Dragan.

En Berlín, la radio alemana había anunciado al mundo, el día anterior, la toma de la Estación de Ferrocarril número 1, proclamando con arrogancia que el servicio expreso Berlín-Tsaritsyn pronto estaría en funcionamiento. Así pues, pese a que Rodímtsev recibió con una enorme sonrisa la noticia de su reconquista a manos del 1.er Batallón, sabía que pagarían un alto precio por conservarla:

> Fue una gran victoria para nosotros. Después del Mamáyev Kurgán, la estación se consideraba prácticamente el segundo activo táctico más importante de la ciudad. Me di cuenta de lo que ahora costaría mantenerla.[34]

Sin embargo, una vez desaparecido el factor sorpresa, el comandante de la división también se percató de que se enfrentaban a un grave asalto contra sus recién ganadas posiciones y los batallones de Roske —situados más adelante en el terraplén del Volga— también corrían el peligro de quedar aislados y destruidos. Así las cosas, los refuerzos de infantería se apresuraron a detener la marea y eliminar la amenaza soviética. Pronto, el 1.er Batallón de Elin se encontró con varias compañías de infantería alemana, apoyadas por cañones de asalto Sturmgeschütz, que llegaban desde el sur de la ciudad. La pugna fue feroz e implacable; los hombres lucharon y murieron en la oscuridad, atravesando los andenes de la estación, en los vagones de tren y mientras corrían por las salas de los grandes almacenes Univermag, avanzando y retrocediendo planta por planta. Tanto la plaza Roja como las calles circundantes estaban llenas de vehículos ardiendo; en los pasillos, por el vestíbulo de la estación y por la plaza, se esparcían los cuerpos de los caídos y de los heridos que gritaban. Montones de armas, cartuchos usados y casquillos de bala yacían entre los escombros, los agujeros de bala y los muertos.

En todo el distrito central, la artillería alemana y soviética competían, ahora, por hacerse con el dominio. Por su parte, el general Von Hartmann dio instrucciones a sus comandantes de recuperar el terreno perdido, rescatar a los batallones de Roske, hacer retroceder a la 13.ª Guardia hasta el río y enlazar con la división vecina, que venía del sudoeste de la ciudad y luchaba por el elevador de grano.[35] Además, ordenó que, aquella mañana, los cañones de asalto Sturmgeschütz III apoyasen una nueva ofensiva una vez que la Luftwaffe hubiera debilitado a los defensores soviéticos.

Multitud de relatos han descrito la defensa (que se prolongó durante días) de la Estación de Ferrocarril número 1 por parte de la 1.ª Compañía del 1.ᵉʳ Batallón, una hazaña similar a la de sus compañeros que defendieron el elevador de grano más al sur. En realidad, la mantuvieron en su poder durante menos de cuarenta y ocho horas. Por mucho que lo hicieran debido a su importancia, los días siguientes serían una serie de contraataques y tiroteos a pequeña escala para salvaguardar los vecinos grandes almacenes Univermag, la fábrica de clavos, así como las casas cercanas y los parques y jardines que bordeaban la zona donde se habían atrincherado los guardias. Tal como Rodímtsev concluyó más tarde en sus memorias, librar una guerra urbana como esta era igual de difícil para sus hombres como para el enemigo:

> Uno puede acostumbrarse al terreno de una ciudad y avanzar por una confusión de patios, por los cobertizos con enseres domésticos, a través de los garajes con rosas y dalias o, finalmente, por una zona pavimentada con asfalto donde los fusileros o ametralladores enemigos cortarían incluso la hierba si esta creciese allí. Sin embargo, es terriblemente difícil hacerlo en un laberinto de pisos, pasillos y escaleras; en la oscuridad total de sótanos y áticos negros como la noche, sin saber dónde está el enemigo y, a veces, confundiendo en la oscuridad al amigo y al enemigo.[36]

Tras la toma de una parte de la estación —una estructura formidable, construida con acero reforzado y hormigón, y con 150 metros de longitud—, los supervivientes de la compañía reforzaron sus defensas tapiando las ventanas y horadando troneras para disparar. En dos ocasiones, los alemanes intentaron hacerse con la posición a través de asaltos simultáneos en varios puntos, pero fueron rechazados por los contraataques que dirigió el propio comandante Cherviakov del 1.ᵉʳ Batallón. Aunque los rusos resistieron, sufrieron bajas considerables: en la mañana del 17, casi un tercio de los efectivos del 1.ᵉʳ Batallón había fallecido para entonces. La potencia de fuego alemana no podía resistirse eternamente sin tanques ni apoyo aéreo. Los vuelos de los Stukas castigaron a placer el objetivo designado con una precisión salvaje, lo que aseguró que la defensa de los guardias fuera endeble, tal como relató Dragan:

> Al amanecer, los alemanes acercaron la artillería a la estación y empezaron a disparar contra nuestras posiciones. Era imposible permanecer en la estación, pero, a pesar de ello, tras sufrir grandes pérdidas, continuamos resistiendo. La situación se estaba volviendo terriblemente difícil. Cuando las bombas empezaron a explotar en el edificio de la estación, nos vimos obligados a abandonarlo y a luchar en la plaza y las vías del tren. Los alemanes empezaron a rodear [nuestras posiciones] y se apoderaron del edificio de la esquina frente a la plaza de la estación [la fábrica de clavos].[37]

Donde en realidad tendría lugar la prolongada defensa sería en la fábrica de clavos de Krásnaya Zastava —construida en ladrillo y mortero y que contaba con un sótano en que resguardarse— una vez que los hombres de Dragan fueran reforzados con lo que quedaba de una compañía de ametralladoras enviada en su ayuda por el coronel Elin:

> La posición de nuestro batallón era calamitosa. Cherviakov resultó herido; luego, desorientado y con neurosis de guerra, lo llevaron como pudieron de vuelta al río. El mando del batallón pasó, entonces, al teniente Fedoséyev. El cuartel general del batallón se instaló en los grandes almacenes.[38]

Ahora, estaban rodeados por tres flancos:

Los alemanes presionaban por todas partes. La situación con las municiones era grave y no se podía comer ni dormir; lo peor era la sed. En nuestra búsqueda de agua, disparábamos a las tuberías para ver si goteaba algo. Los combates se acallaban y volvían a recrudecerse. En las breves escaramuzas, utilizábamos cuchillos, palas y las culatas de nuestros fusiles. [...] Pequeños grupos de francotiradores y ametralladores alemanes comenzaron a penetrar en nuestra retaguardia. Se escondieron en las ruinas y en las alcantarillas, y procedieron a dispararnos.[39]

A pesar de que las pausas en la lucha eran esporádicas, que coincidían con las ocasiones en las que los alemanes se reunían para lanzar otra ofensiva en medio de nuevos ataques aéreos de los Stukas, los hombres de Dragan resistieron. Todo el distrito central estaba irreconocible: había un montón de escombros y vehículos calcinados, pero, curiosamente, la Fuente Barmaley, situada fuera de la estación, permaneció intacta.[40] Con el objetivo de empeorar esta ofensiva local, la intensidad del fuego aumentó de manera significativa sobre los guardias transportados a través del río para apoyar la cabeza de puente, y diversas barcazas se vieron obligadas a dispersarse y buscar la ribera urbana, donde el fuego enemigo era menos letal. Otras unidades fueron víctimas de la confusión de la batalla y sus lanchas no lograron alcanzar la orilla. El ametrallador Iliá Vasílievich Vóronov, del 3.er Batallón, relató:

La barcaza estaba repleta de soldados y había orden de alejarse de la orilla. Estábamos ya a quince metros de la ribera cuando, de repente, el motor se averió. El NKVD que vigilaba la barcaza quiso disparar al mecánico, pero resultó ser inocente. El comandante dio la orden de desembarcar de allí lo mejor que pudiéramos. Cuando subieron la pasarela, casi todos los soldados ya habían saltado al Volga. Los aviones enemigos se abalanzaron sobre nosotros para ametrallarnos; hirieron a nueve y mataron a tres soldados.[41]

En consecuencia, ahora, las unidades o los grupos de supervivientes que lograron cruzar el Volga se encontraban dispersos por la orilla, separados por varios centenares de metros a lo largo de tres bolsas del distrito central. En aquel momento, el 1.er Batallón estaba solo, sin ninguna posibilidad de recibir apoyo, pero seguía obstaculizando el avance del enemigo.

Por su parte, Rodímtsev había trasladado el día anterior su propio cuartel general de la división al otro lado del terraplén y dirigió más batallones al combate. Tal como recordaba:

> Pude ver que necesitábamos cruzar toda la división y llamé para obtener el permiso de Yeriómenko. Ese día, el personal de nuestro cuartel general cruzó a bordo de un cúter. Eso fue alrededor de las 10:00. Estuvimos bajo el fuego pesado enemigo y el coronel Uzki, el jefe de nuestro equipo de ingeniería, fue herido por un mortero. No obstante, conseguimos cruzar. El NKVD de la región de Stalingrado contaba allí con algunos hombres; tenían un túnel. Ubiqué mi puesto de mando en aquel lugar porque poseían línea directa con Yeriómenko. No tuvimos ningún tipo de contacto con Chuikov.[42]

El centro de mando de Rodímtsev había pertenecido al NKVD y, en realidad, era un gran túnel de pozo al que se entraba por una extensión de madera cubierta con planchas de hierro. Las paredes del túnel, reforzadas arriba y abajo con tablones de madera, recordaban a las trincheras de la Gran Guerra. Las amplias grietas entre las tablas se podían ver en el techo, de donde a ratos caía tierra. A los dos lados de la entrada, había literas de tres alturas, separadas por un pasillo demasiado estrecho como para que pudieran pasar dos personas. Todo era provisional y claustrofóbico, y el aire tenía siempre un olor viciado, pero se estaba a salvo de los bombardeos enemigos. La naturaleza caótica de la batalla hizo que esta adquiriese un carácter muy íntimo, tal como Rodímtsev observó más tarde en sus memorias:

El eje principal de ataque de nuestras propias tropas y del enemigo se modificaba varias veces al día en algunas ocasiones. Edificios y calles enteras cambiaban de manos con la misma frecuencia. Toda la profundidad de nuestras formaciones divisionales estaba expuesta al fuego de fusiles, ametralladoras y subfusiles. Muy a menudo, el límite entre nosotros y los alemanes estaba en un pasillo, en el piso de al lado, en el rellano de una escalera. En algunas ocasiones, solo una pared o un techo separaba a nuestras tropas del enemigo. A veces, a los oficiales de Estado Mayor les costaba marcar en los mapas el límite de la vanguardia, porque este se desplazaba de manera continua.[43]

Mientras la batalla se libraba en torno a la plaza Roja, la mayor hazaña armamentística del día 16 tuvo lugar a kilómetro y medio, en la posición topográfica clave de la propia Stalingrado, cuando la infantería soviética, apoyada por los últimos diez tanques KV-1 del 62.º Ejército, recibió el encargo de Chuikov de reconquistarla. Se reunieron cerca del lugar donde los supervivientes de un regimiento de fusileros del NKVD habían conseguido atrincherarse, irónicamente para todos, cerca de una planta procesadora de carne. El asalto debía destruir las dos compañías de la 295.ª División alemana que se encontraban en la cota 102.0.

Entretanto, los defensores alemanes estaban atrincherados con firmeza, contaban con líneas de fuego bien situadas y recibían el respaldo de artillería y apoyo aéreo. Sus observadores de artillería descargaron un preciso chaparrón de fuego sobre la 13.ª Guardia, que combatía en torno a la Estación de Ferrocarril número 1 y la plataforma del Muelle Central; estos últimos guardias estaban perdiendo la batalla de llevar a buen recaudo los suministros de Chuikov a través de la orilla oriental. Los hombres reunidos se enfrentaban a una dura misión: no se hacían ilusiones y sabían que debían lograr lo imposible.

Así, los soviéticos iniciaron la ofensiva a las tres de la tarde tras una breve descarga de artillería preliminar. Los guardias los siguieron, quienes tomaron la primera línea de las posiciones alemanas en la ladera sudeste antes de abrirse camino hacia lo alto a fin de hacerse con la cima. Al igual que ocurrió con la batalla en la Estación de Ferrocarril número 1 y, de hecho, en toda la ciudad, la lucha por el control del Mamáyev Kurgán oscilaría de manera crítica de un lado a otro en las siguientes horas, cambiando de manos varias veces. Antes de la guerra, la cota 102.0 había sido un lugar pintoresco popular entre los habitantes de Stalingrado; sus exuberantes campos cubiertos de hierba constituían un romántico escenario donde podían reunirse cientos de parejas. Ahora, después de tres semanas de combates, parecía un paisaje lunar calcinado, lleno de cráteres de obuses y de fragmentos de proyectiles, cartuchos usados y cadáveres. La lucha por ocuparlo fue salvaje y recordaba a los peores combates de trincheras de la Gran Guerra.

Los guardias de Rodímtsev utilizaron ametralladoras, fusiles, granadas y, cuando fue necesario y como último recurso, cócteles molotov. En el momento en el que se agotaron estos recursos, se las arreglaron a puñetazos, con bayonetas y con azadones de excavación de trincheras. Un regimiento de la 13.ª Guardia se abrió camino hasta tomar las posiciones alemanas en las laderas septentrionales, mientras que otra unidad de la 112.ª División ganó la cima asumiendo un gran coste —solo sobrevivieron seis integrantes de una sección de treinta hombres— y desalojó a los defensores germanos. Asimismo, se rechazaron los contraataques y los guardias derribaron dos Panzer. Por el momento, el Mamáyev Kurgán estaba en manos rusas, pero la batalla por este punto —estratégicamente vital— continuaría durante meses, ya que ambos bandos lanzaron repetidos ataques y removieron el terreno con incesantes descargas de artillería. El escritor Grossman describió su poder destructivo sobre el terreno: «Estas nubes de tierra pasaban, entonces, por el tamiz de la gravedad: los terrones más pesados caían directamente al suelo y el polvo se elevaba hacia las alturas».[44]

Mientras se libraba la batalla en el Mamáyev Kurgán, los combates se volvieron más intensos en los alrededores de la Estación de Ferrocarril número 1, la fábrica de clavos y los grandes almacenes Univermag. Dos compañías de fusileros llegaron para apuntalar el comando de Dragan en la fábrica de clavos y sus alrededores, así como a quienes aún se mantenían atrincherados fuera de la Estación de Ferrocarril número 1. Por su parte, los alemanes buscaban constantemente puntos débiles en ambos reductos de los guardias, apoyados por cañones de asalto. Para las unidades blindadas, este tipo de lucha en el interior de la ciudad era caótica y muy peligrosa en comparación con los buenos tiempos en los que rodaban por la estepa abierta. En las ruinas de Stalingrado, el simple hecho de conseguir manejar el tanque, el cañón de asalto o el vehículo blindado de transporte de tropas por las calles sembradas de escombros suponía un asunto letal. Las ruinas de los rascacielos eran el terreno perfecto para un ataque enemigo con fusiles de francotirador o una emboscada con granadas o cócteles molotov. Al final de la batalla, el 6.º Ejército perdió más de 1000 vehículos blindados en el intento de conquistar la ciudad. Alrededor de las posiciones de las tres compañías supervivientes del 42.º Regimiento ruso, yacían los restos de cañones de asalto y carros blindados alemanes, cuyas tripulaciones habían muerto calcinadas en el interior o eran cadáveres tirados en la calle. El hedor era indescriptible.

Entonces, los comandantes de Von Hartmann probaron con un enfoque distinto. Los zapadores de su 71.ª División abrieron un agujero en el muro de la fábrica de clavos y, luego, lanzaron granadas, lo que mató a cuatro guardias. Una vez más, la rapidez con la que los soviéticos reaccionaron salvó la situación, ya que se repelió a los atacantes mediante fuego automático. No obstante, la posición del 1.er Batallón ruso empeoraba a cada hora, ya que empezaban a escasear los víveres, los suministros médicos, la munición y las granadas. Los heridos tuvieron que arreglárselas donde estuvieran: los hombres, muertos de sed, buscaban agua para beber en habitaciones y sótanos. Dragan había comenzado la lucha con casi una compañía al completo; ahora, solo le quedaban menos de treinta y cinco combatientes activos.

Los supervivientes todavía mantenían un taller en la fábrica de clavos y sus posiciones junto a la fuente con el objetivo de proteger su ruta de escape fuera del edificio y de vuelta hacia el río.[45] Dragan informó de su posición a Fedoséyev, el comandante en funciones del batallón, emplazado a unos 180 metros, en el Univermag. Consciente de que el fuego alemán de ametralladoras y morteros estaba barriendo las calles que los separaban, Fedoséyev envió lo que quedaba de la 3.ª Compañía de Fusileros del teniente Vasili Pavlovich Kolegánov a fin de apoyar a la guarnición. En medio del feroz fuego enemigo, solo veinte hombres lograron cruzar sanos y salvos, y un desaliñado, pero exultante, Kolegánov notificó lo siguiente: «He llegado a la fábrica de clavos. La situación es difícil, pero, mientras yo viva, ningún bastardo podrá entrar».[46]

Al anochecer del día 17 de septiembre, cuando la oscuridad empezaba a cernirse sobre la ciudad y la temperatura descendía bruscamente por primera vez aquel otoño, Chuikov se vio obligado de nuevo a tomar la decisión de abandonar su posición en el desfiladero del Tsaritsa. Esta estaba amenazada por una potencial invasión de la infantería alemana del XXXXVIII Cuerpo Panzer —que había eludido involucrarse en la lucha por la Estación de Ferrocarril número 1—, y su fuego de mortero y artillería se acercaba demasiado. Con el visto bueno de Jrushchov y Yeriómenko en el Cuartel General del Frente, tanto él como su personal tomaron un barco blindado de vuelta a la orilla oriental, condujeron a lo largo de ella hasta situarse casi enfrente del Distrito Fabril y, luego, volvieron a cruzar el Volga para establecerse al este de la Fábrica de Armas de Barrikady, cerca de lo que creían que eran depósitos de combustible vacíos.

Los combates se recrudecieron otra vez al día siguiente. El diario de combate de la 13.ª Guardia ofrece una visión de lo salvaje que fue la lucha y de lo precario que, en todo momento, podía ser la situación en la ciudad. Esta es la entrada del 18 de septiembre de 1942:

> Durante las batallas por las calles, nuestras unidades de guardias operaban en pequeños grupos. Estos grupos se infiltraron en la retaguardia del enemigo, donde destruyeron las

tripulaciones de los cañones de artillería y las ametralladoras. Por ejemplo, Dinkin, el sargento superior de la guardia, se dirigió a una calle ocupada por el enemigo y subió al desván de una casa, desde donde disparó y mató al equipo de dos ametralladoras. El pelotón de hombres al mando del sargento superior de la guardia Ustiúgov, al disparar desde las ventanas de las casas, destruyó un grupo enemigo de veintitrés soldados y oficiales. El equipo de morteros, formado por los guardias Kizlyakov, Kepin y Koróstishev, avanzó detrás de la infantería; un tanque alemán, acompañado por dieciséis ametralladores, apareció de repente por la esquina del edificio. Los equipos de morteros dejaron que el *Kampfgruppe* alemán se acercara a 100 metros y, con una rápida descarga, aniquilaron a todos los subfusileros y derribaron el tanque con granadas anticarro.

Ese mismo día, el principal depósito de municiones de la 13.ª Guardia explotó cerca de la orilla tras recibir el impacto de un proyectil alemán; la explosión mató a varios guardias y a docenas de civiles que esperaban escapar en una barcaza. Chuikov ordenó que todos los suministros futuros de municiones y raciones se enterraran en trincheras alejadas de la costa.

Por su parte, el informe del NKVD sobre los combates de esos días se centraba en la intensidad de la potencia de fuego enemiga y en las caóticas consecuencias que tenían para los hombres que intentaban mantener la cabeza de puente:

Hoy, el enemigo ha descargado un fuego de artillería especialmente intenso, bombardeando, desde el aire, el centro de la ciudad y el Cruce Central de Transbordadores. Dos muelles centrales han ardido y hay muchas víctimas. En el muelle de la orilla derecha del Volga, el caos persiste. Las municiones que transportan por la noche los representantes del mando del 62.º Ejército y las agrupaciones no se suministran a tiempo, por lo que se descargan en tierra y, durante el día, a menudo son destruidas por el fuego enemigo. Los heridos no son evacuados hasta la noche. Los heridos graves no reciben

ayuda: mueren. No se retiran sus cadáveres. [...] No hay médicos. Las mujeres de la ciudad están ayudando a los heridos.

Durante las siguientes veinticuatro horas, a medida que se
intensificaban los combates en el norte y el sur de la ciudad, los
comandos aislados de Dragan y Fedoséyev continuaron frus-
trando los asaltos alemanes que pretendían invadir sus posiciones. En ambos bandos, las pérdidas fueron cuantiosas, pero los
alemanes conservaron la iniciativa, consiguieron tomar la Estación de Ferrocarril número 1 y entrar en el Univermag. Además,
se enfrentaron a los hombres de Fedoséyev habitación por habitación, escaleras arriba y abajo, tal como describió un escritor:

> El Univermag no era más que una ruina vacía. Por todas
> partes, tendían maniquíes acribillados a balazos. Alemanes
> y rusos muertos, tal como habían caído, yacían unos junto a
> otros por los pasillos. Los grandes almacenes al completo se
> habían convertido en una morgue.[47]

Los supervivientes del 1.er Batallón estaban cada vez más
agotados de enfrentarse al enemigo. En la fábrica de clavos y
sus alrededores, la reducida guarnición de Dragan estaba casi en
las últimas y, entonces, pidió a una docena de voluntarios que
se pusieran a cubierto detrás de la retaguardia de las posiciones
alemanas para causar estragos desde allí. Dotados con víveres
para cinco días, esperaron hasta el anochecer para arrastrarse
entre los escombros y los cadáveres hacia las líneas alemanas.
Poco después, Dragan pudo oír, a lo lejos, el sonido de las explosiones y el fuego de las ametralladoras. Nunca volvió a ver a
los hombres y el asedio continuó.

Mientras proseguía la lucha por el Univermag y la fábrica
de clavos, los alemanes habían estado ocupados transformando
otros edificios clave de la zona en fortalezas, como el complejo
del NKVD, el Banco Estatal, la Casa de los Especialistas y la
Casa de los Ferroviarios. Al ser consciente de ello, Chuikov, en
su nuevo cuartel general junto a la Fábrica de Armas de Barrikady, ordenó a la 13.ª Guardia que se mostrase agresiva y tratara

de reconquistar esas posiciones con los limitados recursos de los que disponía. Asimismo, trasladó más tropas desde el Mamáyev Kurgán a fin de suplir las pérdidas de Rodímtsev. El 42.º Regimiento del coronel Elin (incluido el sargento inferior Pávlov) recibió la orden de capturar la Casa de los Trabajadores Ferroviarios y el edificio en forma de L, más grande y de seis plantas, dos fortificaciones alemanas clave que dominaban el flanco. Aquella fue la primera vez que los soviéticos intentaron utilizar pequeños grupos de asalto fuertemente armados para asaltar las defensas de una posición mediante el empleo de subfusiles y granadas. Se podría decir que se trató más de un plan elaborado «sobre la marcha», debido a sus pérdidas, que de un protocolo desarrollado por unos comandantes que, de forma consciente, sobre el terreno, hubieran dado con un método completamente nuevo de lucha urbana. Tal como veremos más adelante, estas dos operaciones pronto se convertirían en una doctrina de ataque.

El contraataque soviético masivo a lo largo de todo el frente de Stalingrado que ordenó el general Zhúkov el día 18 resultó ser un costoso fracaso en términos de tanques perdidos y numerosas víctimas. Desde Zhúkov, en la cima de la cadena de mando, hasta el comandante del frente Yeriómenko, pasando por Chuikov en la Fábrica de Armas de Barrikady y, finalmente, Rodímtsev, al mando de lo que quedaba de su división, los líderes del Frente de Stalingrado estaban bajo la presión de una impaciente Stavka que los instaba a no aposentarse de manera pasiva tras sus fortificaciones. Stalin dejó claro al general Zhúkov que la lucha por «su» ciudad implicaba contraatacar de manera continua siempre que esto fuera necesario, aunque el coste para los 62.º y 64.º Ejércitos fuera enorme.

En lo que respecta a Paulus y el 6.º Ejército alemán, estas operaciones locales podrían haber sido irritantes, pero su propósito —desgastar gradualmente la efectividad de las divisiones alemanas que intentaban capturar Stalingrado— también empezaba a cumplirse. Tal como observó un oficial de artillería de la 71.ª División alemana:

Los rusos se aferraron tenazmente a las ruinas de la ciudad con una obstinación superior a su ya impresionante espíritu de lucha y moral. Lo hicieron con tanta eficacia que apenas pudimos avanzar más. Su sistema de oficiales políticos no podía explicarlo. ¿Cómo podía esto afectar a su lucha cuerpo a cuerpo? Solo entonces nos dimos cuenta de lo afortunados que habíamos sido al penetrar profundamente en el centro de la ciudad en nuestro primer intento y al haber tomado una amplia franja de la orilla del Volga.[48]

El 20 de septiembre en la fábrica de clavos, Dragan recibió un mensaje de María Vedeneeva, una civil de la ciudad, quien, hasta entonces, había sobrevivido a la carnicería. Mientras compartía con los hombres la comida que había guardado para ella, les informó de lo que acababa de presenciar: que los alemanes estaban llevando artillería y tanques nuevos a su posición, y concentrándose para un ataque coordinado. Tras ello, Dragan dio la orden de retirarse a fin de establecer una nueva línea de defensa; sus bajas eran enormes y reflejaban el coste que habían sufrido todas las unidades del Ejército Rojo en las dos semanas de lucha por los distritos de la ciudad.

Desde que la división de Rodímtsev desembarcó el 14 de septiembre hasta el gran contraataque lanzado por los alemanes el día 22, el coste combinado para las 71.ª y 295.ª Divisiones atacantes había sido de 370 muertos, 1555 heridos y 29 desaparecidos en combate. Por su parte, las pérdidas de la 13.ª División de Guardias rusa se estimaron en 1896 muertos y desaparecidos en combate. Aunque en ese periodo de enfrentamientos las dos divisiones alemanas sufrieron más bajas que cualquier otra división del 6.º Ejército (un total de aproximadamente el veinte por ciento de su fuerza de combate), las de la 13.ª de Guardias fueron significativamente mayores (en una proporción de cuatro a uno) y, durante la primera oleada, el 1.er Batallón de Fedoséyev se llevó la peor parte.[49] Cuando se tienen en cuenta las otras unidades que lucharon junto a la 13.ª de Guardias en esta semana crucial, la proporción total de pérdidas respecto a sus oponentes aumenta hasta un asombroso dieciséis a uno.[50]

Este enorme sacrificio de sus «fortalezas individuales», tal como las llamaba Chuikov, le permitió ganar un tiempo valioso para diluir la potencia del asalto alemán, que avanzaba por el centro de Stalingrado, y evitar que el Cruce Central fuese capturado. Chuikov también había negado al enemigo la cima del Mamáyev Kurgán.[51] A pesar de los repetidos asaltos aéreos y de infantería, los intentos de la 295.ª División alemana por reconquistarlo se estaban quedando sin impulso y sin soldados: algunas de sus compañías contaban ahora con tan solo quince hombres. Además, los comandantes de batallón y de compañía más experimentados habían muerto a manos de francotiradores, hecho que mermó aún más la capacidad operacional de los alemanes; este sería un tema recurrente en toda la batalla a medida que avanzaban las semanas.[52] Para el 19 de septiembre, la 71.ª División de Infantería era la unidad del 6.º Ejército que mayores pérdidas había sufrido. El IR 211 había perdido 392 oficiales y a todos los demás rangos; el IR 191, 377, y, en el propio IR 194 del teniente coronel Roske, las bajas sumaban 304 hombres muertos o heridos. De las cuatro divisiones de infantería a las que Paulus había ordenado atacar la urbe, las que sufrieron las mayores bajas fueron sus compañías de combate.

Por otro lado, las dificultades de los blindados alemanes que intentaban apoyar a las tropas eran, de igual modo, preocupantes. Se necesitaba más protección para estas unidades, que se enfrentaban a equipos antitanque soviéticos ocultos, pelotones con fusiles perforantes y, por supuesto, a los soldados que simplemente les lanzaban cócteles molotov. La tasa de desgaste por los continuos y confusos enfrentamientos casa por casa estaba pasando factura a todos los elementos del avance alemán.[53]

Para los corresponsales soviéticos, las crecientes pérdidas de los alemanes y el fracaso de sus tácticas eran motivo para celebrar pequeñas victorias:

La batalla de Stalingrado se libra desde hace dos semanas y la lucha es brutal. Los alemanes han decidido intentar capturar la ciudad: quieren atravesar el Volga y asfixiar Rusia. Se han

arrojado docenas de divisiones alemanas a la batalla de Stalingrado. Toda Alemania se ensaña contra nosotros, contra
una ciudad indomable, en la calurosa estepa. Hay miembros
de las SS, prusianos y bávaros; sargentos, tanques y soldados
enviados desde Francia; gendarmes holandeses y pilotos egip-
cios, y veteranos y novatos. Sin embargo, aquí las prometidas
cruces de hierro se están convirtiendo en cruces de madera.[54]

El hecho de haber ocupado la cima de la cota 102.0 proporcionó cierta protección a la línea de suministros y soldados
que Rodímtsev transportaba a través del Volga desde la relativa
seguridad de la orilla oriental hasta el Muelle Central. Sus regimientos habían resultado destrozados —en especial, el 42.º—,
pero los supervivientes que todavía luchaban en sus bolsas, a un
kilómetro tierra adentro de la parte central de la orilla, estaban
dispuestos a continuar la pugna mientras este cordón umbili-
cal estuviera seguro. El 18 de septiembre, el general Zhúkov
presionó a Chuikov para que lanzara una nueva contraofensiva
en el centro con el fin de apaciguar a Stalin en Moscú y demos-
trarle que el Frente de Stalingrado luchaba y no permanecía
a la expectativa tras sus defensas. Aunque era consciente de la
potencia de fuego a la que se enfrentaban sus hombres, Chuikov
estaba dispuesto a enviarlos. Todos los ataques —ejecutados con
prisas, mal coordinados y carentes de potencia de fuego en las
zonas que había elegido Chuikov— fueron rechazados, incluido el asalto de la 13.ª Guardia de Rodímtsev al Banco Estatal,
que los alemanes habían convertido ya en una posición inexpugnable. No obstante, los alemanes también fracasaron en la
consecución de sus objetivos y, para los altos mandos soviéticos,
cada vez era más obvio que el 6.º Ejército afrontaba dificultades
a la hora de imponerse tanto a los ejércitos de Chuikov como
a los de Shumílov. A pesar de que las fuerzas del general Paulus
seguían dictando los acontecimientos, ya no eran lo bastante
fuertes como para superar a los rusos y tomar la ciudad en un
solo asalto; al menos, no mientras el Ejército Rojo pudiera seguir reabasteciendo a sus asediadas fuerzas, que se aferraban a su
franja de terreno en la orilla oeste.

En lo que respecta a este último asunto, la división de Rodímtsev recibió sus primeros refuerzos esa noche para compensar las pérdidas sufridas por los ataques fallidos: 900 reemplazos
se dispersaron entre los tres regimientos. Mientras tanto, frente
a sus posiciones, tanto la división del general Von Hartmann
como la vecina 295.ª del general Rolf Wuthmann —que seguían ocupando las laderas del Mamáyev Kurgán— se reforzaron en menor medida después de que Paulus rebañara las últimas migas y buscara reemplazos en sus unidades de retaguardia.
Muchos carecían de experiencia básica de combate y no tenían
ni idea de los peligros que entrañaba la lucha urbana casa por
casa; la esperanza de vida de las tropas alemanas estaba dismi-
nuyendo de forma considerable. En paralelo, Rodímtsev instó a
sus comandantes de regimiento a llevar la lucha al enemigo. En
la medida de lo posible, desde el otro lado del río recibirían el
apoyo de la artillería pesada y los Katiushas que Chuikov estaba
preparando para hacer frente al adversario. En realidad, era lo
único que podía ofrecerles, ya que la fuerza aérea soviética no
suponía todavía ninguna amenaza para los alemanes. En lo que
concierne al 6.º Ejército, la batalla por la ciudad entraría ahora
en una nueva fase conforme el LI Cuerpo de Paulus intentaba
decapitar las unidades soviéticas que se enfrentaban a ellos en la
orilla occidental. La 13.ª Guardia rusa se enfrentaba a otra lucha
desesperada por la supervivencia y, justo en la línea de frente, al
lado de la Estación de Ferrocarril número 1, los supervivientes
de la unidad del teniente Dragan lograrían huir con bastante
audacia de vuelta al Volga.

Capítulo nueve

El éxito se mide en metros y cuerpos

Cada bocanada de aire vale su peso en oro.

General de división Alexánder Ilich Rodímtsev[1]

El escritor Vladímir Guérmanovich Lidin, que había trabajado como reportero para *Izvestia* durante el primer año de guerra, escribió, en el *Pravda,* tal vez uno de los artículos de guerra más conmovedores que se hayan compuesto; en él, sintetizaba la lucha a vida o muerte a la que se enfrentaba cada soldado del Ejército Rojo en el frente. Era una lucha personal por el honor:

> No importa si tu hogar está cerca o lejos: allí siempre se enterarán de cómo luchas. Si no eres tú mismo quien escribe, lo harán tus camaradas o tu instructor político *[politruk].* Si la carta no les llega, se enterarán de ti por el periódico. Tu madre leerá el comunicado, sacudirá la cabeza y dirá: «Mi querido muchacho, deberías hacerlo mejor que esto». Estás muy equivocado si te imaginas que lo único que desean en casa es verte llegar vivo. Lo que quieren es que expulses al alemán. No quieren más vergüenza y terror. Si mueres impidiendo que los alemanes sigan avanzando, honrarán tu memoria para siempre. Tu heroica muerte alegrará y reconfortará la vida de tus hijos y nietos. Si dejas pasar a los alemanes, tu propia madre te maldecirá.[2]

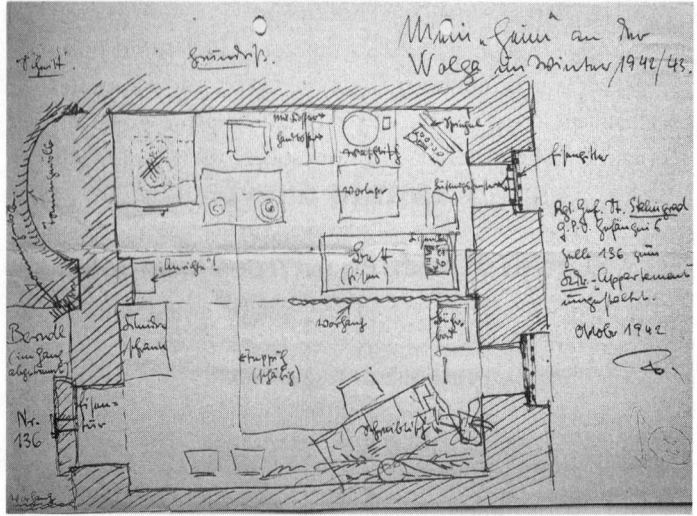

Roske, arquitecto de formación, dibujó el plano de su habitación (una celda) dentro de las dependencias del IR 194 en el complejo penitenciario del GPU. Su cama está en el centro a la derecha (con una «alfombra raída» a su alrededor en el suelo); en el sentido de las agujas del reloj se distinguen: una estantería, un escritorio en la parte inferior del dibujo (separado de la cama por una cortina), su ordenanza Berndl durmiendo en el pasillo separado por una puerta de hierro. Había una bóveda de cañón cerca del lugar donde Berndl vivía, fuera de la habitación. En el interior de la habitación había un armario, una cómoda y una zona inexplicable (que tal vez pudiera ser el horno), un espacio para una maleta pequeña («Handkoffer») y una maleta «militar» más grande, un lavabo, un espejo en la esquina superior derecha y barrotes de hierro en la ventana.

Tras dos semanas de combates, Stalingrado era un yermo con más del noventa por ciento de la ciudad en ruinas. Las cosas empeoraron para todos cuantos estaban acurrucados en refugios semidestruidos, trincheras improvisadas o cavadas a toda prisa cuando, al peligro de la bala de un francotirador o de un proyectil de artillería perdido, se le sumó el brusco descenso de las temperaturas. El 22 de septiembre, el termómetro marcó tres grados bajo cero; fue la primera vez que caía por debajo del punto de congelación en aquella temporada. Se acercaba el invierno, con todos los temores que ello significaba para buena parte del mando alemán y sus tropas en el frente, entre los escombros de la ciudad.

En cualquier caso, el teniente coronel Roske y sus hombres encontraron tiempo para hacer tan acogedora como pudieron su base en la prisión abandonada del GPU,* incluso cuando se hallaban tan cerca del enemigo: el comandante construyó su propia habitación en una celda del sótano y tenía un lecho de campaña, un armario, una alfombra y una estufa. Con el incesante estruendo de los morteros soviéticos cayendo en torno a su ubicación, aún tuvo tiempo de poner al día a su esposa sobre su posición en medio de los combates más encarnizados librados hasta entonces por la ciudad:

Rusia, prisión militar de Stalingrado, 22 de septiembre de 1942

Mi querida Bärbel:

Espero que recibas mi más cordial saludo y la noticia de que me encuentro muy bien. Estoy aquí sentado, en esta casa bastante destartalada. Hindenlang está al teléfono, otros están negociando, los muchachos van y vienen todo el tiempo, nuestros propios Stukas lanzan bombas que hacen vibrar todo, hay sol, fumo un cigarro (el último de una caja de primera que el comandante de división, el general Hartmann, trajo para mí).

¡Anoche me llegó un paquete del ejército por mensajería con la carta adjunta y una botella de champán! Qué amable es Adam. Por eso, ahora quiero escribir a su ayudante Hering y añadir esta nota para ti, cariño mío, a quien amo por encima de todo.

Siempre tuyo
Fritz

Con el avance del Grupo de Ejércitos A hacia el Cáucaso estancado de manera frustrante, ahora a Hitler lo consumía la creencia de que Stalingrado compensaría los costosos erro-

---

* GPU son las siglas de Gosudarstvennoe Politicheskoe Upravlenie ('Directorio Político del Estado'). *(N. del T.)*

res de sus generales que habían echado por tierra los objetivos originales de la operación Azul *(Fall Blau)*; así, la captura de la ciudad era esencial. El hecho de que Paulus dispusiera o no de suficientes hombres con los que lograrlo carecía de importancia para Hitler; todavía contaba con la Luftwaffe. Por su parte, Chuikov era el obstáculo que se interponía entre el 6.º Ejército y su objetivo, más aun cuando la 71.ª División de Von Hartmann continuaba perdiendo hombres a manos de la 13.ª Guardia de Rodímtsev, que resistía con obstinación. Los alemanes lanzarían ahora, con las miras puestas en el propio comandante, otro asalto para destruir finalmente el comando de Rodímtsev.

Mientras se libraba la batalla al norte de la ciudad, la línea de suministros soviética a través del Volga sufría un ataque cada vez más mortífero. Ahora, el LI Cuerpo de Paulus atacaba con bombardeos aéreos y de mortero, lo que obligaba a las unidades de Chuikov a replegarse a defensas improvisadas, en algunos lugares, a solo 400 metros del Volga. A lo largo del terraplén y del Mamáyev Kurgán, reinaba el caos. En medio de esta carnicería, la infantería alemana avanzaba detrás de blindados en masa hacia las posiciones fortificadas rusas, y las ruinas se convirtieron en un sangriento escenario donde ambos bandos luchaban habitación por habitación con lanzallamas, granadas y cuchillos, mientras, los rusos suicidas lanzaban cócteles molotov contra el avance de los Sturmgeschütz (cañones de asalto). Para recuperar el Banco Estatal y el Muelle Central, los equipos de cazacarros móviles del 42.º Regimiento del coronel Elin emboscaron a los blindados alemanes que avanzaban por sus posiciones desde tres direcciones. Tanto Elin como Rodímtsev tenían claro que el plan alemán consistía en quebrar la línea de la división, envolver a sus unidades y tomar el principal punto de cruce del río. Así, Elin ordenó a su 2.º Batallón contrarrestar la amenaza:

En la calle Sovetskaya apareció un alud de tanques alemanes. Algunos de mis hombres estaban nerviosos, solo los calmó el comandante de mi 2.º Batallón de Fusileros, el comandante Andriyánov. Inmediatamente, se envió el mensaje por radio:

«Dejen pasar a los tanques enemigos por la calle Sovetskaya hacia nuestras defensas a menos de 100 metros; entonces, a mi señal —el [cohete verde]—, la artillería abrirá fuego a los laterales de los tanques y los subfusileros dispararán a la infantería enemiga».

Los tanques enemigos avanzaron con cautela, disparando sobre la marcha. El tanque que lideraba la formación se detuvo. Fue un buen momento. Un cohete verde se elevó en el aire. Nuestros cañones y fusiles antitanque abrieron fuego rápido contra los laterales de los tanques enemigos. Varios resultaron destruidos y los demás retrocedieron con rapidez. La infantería los siguió tras haber sufrido multitud de bajas.

El primer asalto de los alemanes había fracasado, pero volvieron dos veces más antes de doblegar al 2.º Batallón de Elin, lo que obligó a los supervivientes a retirarse a través de la plaza y tomar posiciones en su lado oriental. La intensidad de los combates fue tal que los hombres de Elin se quedaron sin munición de mortero y de fusil antitanque, y recurrieron a granadas, cuchillos y azadones de atrincheramiento para defenderse. Por la tarde, la 71.ª División alemana controlaba varios edificios clave al norte de la plaza del Nueve de Enero y el flanco derecho de Rodímtsev había cedido, por lo que su división se encontraba ahora separada del resto del ejército de Chuikov. Sus unidades de vanguardia en la Estación de Ferrocarril número 1 y en los grandes almacenes Univermag estaban rodeadas y resistían a duras penas. Rodímtsev ordenó a Elin fusionar los remanentes del 2.º Batallón con otras unidades y el 39.º Regimiento de Fusileros de la Guardia apuntalaría el flanco izquierdo. Las unidades restantes de Elin ocuparían el centro con el objetivo de defender los edificios que daban a la plaza del Nueve de Enero —incluido el molino de Gerhardt— y que miraban hacia las nuevas posiciones enemigas. Separando las líneas de frente, se alzaban dos edificios de cuatro plantas —de diseño casi idéntico— que dominarían los acontecimientos de los meses siguientes, y uno de ellos se convertiría en legendario: la Casa de Pávlov.

Los alemanes habían estado a punto de eliminar el Cuartel General de Rodímtsev, situado en el barranco Dolgiy y alojado en una enorme tubería de alcantarillado que desaguaba en el Volga; la gruesa tubería ofrecía un excelente refugio contra los constantes bombardeos y ataques aéreos. Los ingenieros del Ejército Rojo habían construido un suelo de madera por debajo del cual podía fluir el agua y, luego, establecieron alojamientos para un pequeño séquito de los oficiales.

Los alemanes habían descubierto su ubicación y la Luftwaffe había intentado bombardear a Rodímtsev. Ahora, para este asalto sorpresa, los ingenieros de combate germanos decidieron represar la tubería río arriba y volarla el día de la ofensiva con el fin de inundar repentinamente la posición de Rodímtsev —entonces ocupada por su 34.º Regimiento de Fusileros— y, después, asaltarla. El plan era tan ingenioso como letal.

Los rusos solo pudieron salvar la situación gracias a la lucidez de Rodímtsev durante el ataque, que organizó una defensa con guardias de su propio cuartel general y contraatacó con una unidad de reserva para hacer retroceder a los atacantes. A ello siguió una escena de devastación, con los cuerpos de sus hombres esparcidos junto al adversario alrededor de la posición destruida y más atrás, hacia las líneas alemanas, a solo 300 metros de distancia. Algunos elementos del 295.º Regimiento alemán habían logrado sortear los combates y se habían establecido en el Volga, entre los 42.º y 34.º Regimientos rusos, situación que dividió las posiciones de Rodímtsev.

El 25 de septiembre, la 71.ª División de Infantería de Von Hartmann había frustrado todos los intentos del 42.º Regimiento de los Guardias de rescatar a su 1.er Batallón, aislado en los grandes almacenes Univermag. Por fin, la infantería blindada alemana llegó desde el extremo sur de la ciudad para enlazar con el IR 194 del teniente coronel Roske, cerrando así la brecha en las líneas alemanas y sellando el destino de los guardias rusos aislados. Fedoséyev, comandante adjunto del batallón, informó por radio al puesto de mando del regimiento de su situación en los grandes almacenes: dos de los tres comandantes de su compa-

ñía habían muerto, sus cañones antitanque de 45 mm estaban
inutilizados y su guarnición se había visto reducida a veintisiete
combatientes con munición y suministros limitados. La infantería enemiga los estaba atacando por todos lados y los Stukas
los bombardeaban sin descanso. Por su parte, Fedoséyev había
perdido el contacto con la 1.ª Compañía de Dragan, junto a la
fábrica de clavos. Este sería su último mensaje de radio, dijo, ya
que el aparato de radio de su batallón se estaba quedando sin
energía. Leyó el juramento de sus hombres: «¡Moriremos, pero
defenderemos la posición hasta la última gota de sangre!».

A partir de ese momento, el 1.ᵉʳ Batallón perdió contacto
con el 42.º Regimiento y la guarnición de Dragan actuó ahora
de manera autónoma. Las tres secciones supervivientes que defendían el Cuartel General del 1.ᵉʳ Batallón en el Univermag y
los guardias atrincherados junto a la fábrica de clavos se vieron
completamente rodeados.³ Según relató Dragan:

> Estaba claro que teníamos que resistir el mayor tiempo
> posible y no dejar que los fascistas se dirigieran al Volga a
> cualquier precio. Reuní a todos cuantos quedaban y tomé el
> mando del batallón. Los guardias, resignados a su destino,
> repelieron al adversario. Los guardias habían jurado morir.⁴

De esa manera, se reunió a los hombres supervivientes de
la guarnición, recogieron munición de los muertos y heridos, y
prepararon la ametralladora pesada Maxim para su transporte.
Junto con los demás supervivientes que pudieron recoger en su
huida, el grupo de combate de Dragan se retiró hacia el Volga
mientras el enemigo lo acosaba por tres flancos. Al final, este
pequeño grupo de supervivientes, reducido a cuarenta guardias,
ocupó una última casa de piedra de tres plantas en la calle Kras-
nopiterskaya, a tiro de piedra del Volga, que se convertiría en su
última línea de defensa:

> Montamos barricadas en el piso inferior de la casa y adapta-
> mos las ventanas para disparar con las armas que aún tenía-
> mos. Instalamos en el sótano la ametralladora pesada con la

última cartuchera. Golpeamos a los alemanes con ladrillos, tirándoselos a la cabeza. No pudieron entrar en nuestra casa.[5]

Los combates de los días siguientes redujeron la guarnición a solo diecinueve personas aptas para luchar. Dragan decidió transportar a los heridos a través del Volga en balsas improvisadas y ordenó al comisario político Sterlev, al subteniente Dilenko y a un guardia que fueran al río al amparo de la oscuridad con el objetivo de reunir material para su fortificación, pero nunca volvieron. Lo cierto es que habían abandonado a sus camaradas para ponerse a salvo en la orilla opuesta, aunque Dilenko había fallecido cuando una ametralladora alemana disparó contra la balsa. Por otra parte, el comisario Sterlev había resultado herido y más adelante encubrió su deserción a los oficiales del Cuartel General del 62.º Ejército, a quienes dijo que tanto Dragan como su comando estaban muertos y que él mismo había enterrado a su comandante. Para entonces, la posición de Dragan era insostenible: estaban rodeados de infantería blindada.

Los heridos graves fueron trasladados al sótano y los médicos improvisaron vendas con tiras de ropa de cama que hallaron en un dormitorio. El comando de Dragan rechazó varios asaltos más; cada vez más hombres morían o resultaban heridos, hasta que solo quedaron doce en condiciones de continuar la lucha. En la tarde del 28 de septiembre, las tropas alemanas se acercaron ondeando una bandera blanca y, junto a ellos, estaban los guardias capturados días antes en la retirada de su regimiento. Los alemanes se detuvieron frente a la casa y una voz rusa gritó desde un megáfono:

—¡Ruso, ríndete, morirás de todos modos!

—Te equivocas —dijo una voz anónima desde el interior de la casa—. ¡Viviremos mucho tiempo!

Después, lo que siguió fue una ráfaga de ametralladoras. Los alemanes atacaron a los pocos minutos y los defensores volvieron a recurrir a los ladrillos y a alguna granada para mantenerlos a raya. La limitada potencia de fuego de la guarnición animó a los alemanes a intentar una vez más el ataque. Pronto la calle se llenó de infantería y Dragan aprovechó su oportunidad: «Puse la última cartuchera en la Maxim y disparé sin previo aviso a lo largo de la calle».[6]

Había elegido el momento oportuno, ya que los muertos y heridos cubrían el suelo alrededor de la casa, y los supervivientes se reagruparon rápidamente para disparar fuego automático y de artillería. Los alemanes retrocedieron por la intensidad de la respuesta rusa y corrieron a refugiarse en la calle principal, resguardándose en portales y detrás de vehículos. Dragan, que había resultado herido en un brazo, ordenó de manera abrupta a sus hombres que cesaran el fuego y ahorrasen munición. Durante un rato, reinó el silencio.

Unas horas más tarde, se oyó el familiar sonido de los blindados pesados germanos que se dirigían hacia la posición de los rusos. Un vigía del tercer piso de la casa bajó corriendo a fin de avisar a su comandante de que los cañones de asalto blindados del enemigo se acercaban a su posición desde tres direcciones. El corazón de Dragan se detuvo: «Preferirán demoler el edificio y matarnos así», pensó.

> Nos dimos cuenta de que nuestra suerte estaba decidida. Mis soldados empezaron a despedirse unos de otros. En mi bolsa de campaña, metí un certificado, mi carné del Partido, el libro del Ejército Rojo, el carné del Komsomol [la rama juvenil del Partido Comunista] y algunas cartas. Todo esto lo enterré en la esquina izquierda de la casa.

En la pared, había varias notas garabateadas y el guardia Kozhushko, ordenanza de Dragan, sacó su bayoneta y grabó en la pared cercana: «Los guardias de Rodímtsev lucharon y murieron aquí por su Patria». Los cañones de asalto abrieron fuego en un *crescendo* de violencia. El mundo de los defensores implosionó en ruido, ladrillos y polvo, y la réplica succionó el aire de la habitación. La pared lateral de la casa se derrumbó al instante, lo que provocó que toda la estructura cayese sobre la acera en una gran nube de polvo. Por fortuna para los supervivientes, tanto los ladrillos como los escombros cubrieron la ventana del sótano, lo que sumió su mundo en la oscuridad. Asimismo, ahogaron cualquier ruido que pudiera delatar su posición. Los alemanes, satisfechos con el resultado, continuaron su avance hacia el río con la intención de establecer posiciones defensivas a lo largo de la orilla, donde plantaron minas y colocaron alambre de espino.

Por increíble que parezca, a pesar de la destrucción del edificio, seis de los defensores sobrevivieron, entre ellos, el teniente Dragan. Tras desenterrarse, permanecieron en el sótano durante dos días hasta que tuvieron la confianza suficiente como para probar suerte y escapar a la orilla opuesta del Volga. Apoyándose los unos a los otros, sus hombres se arrastraron hasta el río y se detuvieron en los bajíos para beber a grandes tragos. Con el trasfondo del sonido de disparos lejanos y el resplandor de las barcazas destruidas e incendiadas en el río de petróleo ardiendo, los supervivientes construyeron una balsa improvisada, la empujaron al río y subieron a ella. La corriente los llevaría hasta la cercana isla de Peschani, donde se encontraba estacionada una batería de cañones antiaéreos del Ejército Rojo. Allí les dieron de comer, les curaron las heridas y los trasladaron en barco a las instalaciones médicas de la orilla oriental.

Estos fueron los únicos supervivientes que regresaron de los 600 guardias originales del 1.er Batallón que Rodímtsev había enviado a cruzar el Volga en la primera oleada, poco más de dos semanas antes. Aunque solo habían pasado catorce días, a estos seis hombres les debió de parecer una eternidad. Las pérdidas de la 13.ª División no fueron distintas de las de otras unidades del Ejército Rojo, algunas de las cuales quedaron completamente destruidas, pero la posición que ocuparon en la ciudad en un momento tan crítico les valió la práctica inmortalidad después de la guerra. En cualquier caso, esta fama no dejó que los hombres que sirvieron en las filas de la división perdieran de vista el alto precio que tuvieron que pagar, tal como recordó un soldado:

> Antes de partir a la guerra, mi madre me entregó un papel
> con una oración para que me sirviera de talismán. Me lo

guardé en el bolsillo del pecho, pero nunca la había mirado: a fin de cuentas, yo era comunista. [...] Yo era ateo, pero ser ateo en Stalingrado era difícil. No podía explicarme cómo seguía vivo ni cómo nuestro ejército continuaba la lucha. Los alemanes deberían habernos destruido a todos aquel día. De mala gana, saqué la oración, la abrí y di gracias a Dios.[7]

A pesar de que las líneas de batalla se habían redibujado, la lucha por la ciudad estaba lejos de decidirse. Paulus centró entonces su atención en someter a los sectores industriales de la ciudad para dividir y destruir el comando de Chuikov a lo largo de todo el frente. Iba a ser una lucha a muerte.

Capítulo diez

Cambio en la cúspide

Permíteme agradecerte, querido Paulus, tu lealtad y amistad,
y desearte más éxitos como el líder que has demostrado ser.

Coronel general Franz Halder, jefe de Estado Mayor del
Alto Mando del Ejército (14 de septiembre de 1942)

A comienzos de la tercera semana de septiembre y con sus batallones de fusileros sufriendo pérdidas cada vez mayores, el Grupo de Ejércitos B atendió las repetidas solicitudes de Paulus pidiendo refuerzos frescos, y trasladó una división descansada al torbellino de la batalla para aumentar las opciones del 6.º Ejército en la siguiente ofensiva y mejorar los medios con que se pretendía empujar a Chuikov al Volga. A lo largo de toda la orilla, el propio comandante del 62.º Ejército ruso había estado a cargo de un importante reabastecimiento ese mismo día y, aquella tarde, una nueva división de fusileros comenzó a cruzar el río a fin de servir de refuerzo a Rodímtsev. Para entonces, la 71.ª División del general Von Hartmann, apoyada por continuos ataques aéreos, había hecho retroceder a la 13.ª Guardia y los alemanes habían recuperado el terreno perdido que ahora dividía a la división de Rodímtsev en bolsas. El diario de combate de la 71.ª División señaló con alegría: «A las 12:00, los comandantes de los IR 211 y 191 izaron la bandera nacional alemana sobre el teatro y el complejo de edificios del Partido».[1]

Para los observadores externos y los propagandistas nazis de Berlín, desesperados por recibir buenas noticias, parecía que se había tomado la ciudad. Aunque se mostraba satisfecho con el resultado, para el general Paulus el coste en hombres era preocupante, mientras que el gasto en material estaba originando una potencial crisis. En las batallas de septiembre, el 6.º Ejército gastaría una cantidad colosal de suministros y municiones: 25 millones de cartuchos de armas ligeras, 500 000 cartuchos antitanque, 752 000 proyectiles de artillería y 178 000 granadas de mano. Cada día, las fuerzas alemanas empleaban entre 300 y 500 toneladas de munición de artillería, un tercio del nivel aceptable para una agrupación de su tamaño. Una descarga divisional de tres minutos —vital para abrir las fortificaciones soviéticas antes de cualquier asalto urbano— hacía uso de cuarenta y dos toneladas de munición. Las raciones diarias de alimentos de las agotadas tropas ascendían a veinte toneladas, y las de su tren de caballos, a cincuenta toneladas de forraje, mientras que la flota de vehículos y blindados del 6.º Ejército consumía entre diez y cuarenta toneladas de combustible. Por otro lado, el agua ya era un problema importante, puesto que las necesidades

Adolf Hitler en el cuartel general del Grupo de Ejércitos Sur en Vínnitsa, en el sur de Ucrania, con personal del Alto Mando del Ejército trazando la ofensiva de verano en el Cáucaso.

diarias de cada división de línea ascendían a 150 toneladas, y las de las divisiones en combate, a 300 o 400 toneladas. La estación ferroviaria de suministro central más próxima estaba a ochenta kilómetros y la línea de abastecimiento logístico por camión se extendía más de 100 kilómetros hasta la propia ciudad. Los números de esta ruta diaria eran asombrosos: unas 4000 toneladas diarias suponían la llegada de 2000 vehículos cargados al depósito del 6.º Ejército. Tal cifra no tenía en cuenta los que estaban averiados y no podían entregar carga alguna, situación que originaba un embotellamiento de suministros y, por tanto, provocaba que las unidades de primera línea estuvieran mal abastecidas y contasen con raciones escasas. Tal como veremos, tales embotellamientos tendrían consecuencias catastróficas en cuestión de semanas.

Mientras Paulus y sus comandantes estudiaban las posiciones de Chuikov, y acordaban cambiar su eje de ataque hacia el norte, en el seno del Alto Mando alemán se abrieron grietas con respecto a la estrategia general y la dirección de toda la ofensiva de verano. El 24 de septiembre, al tiempo que los refuerzos de ambos bandos marchaban hacia Stalingrado, el coronel general Halder dimitió finalmente de su cargo como jefe de Estado Mayor del Alto Mando del Ejército. Desgastado por las incesantes discusiones con el Führer sobre los escasos avances del Grupo de Ejércitos A en el Cáucaso y el sangriento punto muerto al que Paulus había llegado en la ciudad de Stalin, poco consuelo pudo proporcionar a Hitler en la mesa de reuniones de Vínnitsa. Referirse al estancamiento del frente del Grupo de Ejércitos Centro y al fracaso del Grupo de Ejércitos Norte en sus continuos intentos de tomar Leningrado tan solo servía para volver más difícil mantener discusiones cordiales y coherentes; no merecía la pena exponer los hechos tal como eran ni arriesgar la propia carrera por ello. Hasta principios de 1942, Halder siempre había disfrutado de la ventaja de contar con el amparo de Von Brauchitsch, su predecesor, a la hora de lidiar con el carácter caprichoso de Hitler.[2] Puede que Halder supervisara los detalles de los planes del Alto Mando del Ejército, pero era Von

Brauchitsch quien se los había ido presentando cautelosamente al Führer. Ahora, hacía nueve meses que Halder ocupaba esta posición y debía batirse el cobre a diario en la mesa de reuniones mientras los objetivos de la ofensiva de verano poco a poco empezaban a mostrarse inasumibles y Hitler estorbaba más que ayudaba en su intento de rescatarla.

A estas alturas, la relación entre ambos se encontraba en fase terminal: Hitler apenas era capaz de escuchar las preocupaciones de Halder sobre las operaciones venideras o de prestar atención a sus advertencias sobre el poderío del Ejército Rojo. A veces, estas discusiones se desbordaban y Halder se veía sometido a diatribas verbales, explosiones de mal genio y el escarnio público. Como en una amenaza, Hitler envidiaba las propias purgas de Stalin en la cúpula del Ejército Rojo y reprendía a Halder por su falta de experiencia en primera línea durante la Gran Guerra, que contrastaban con las heridas de guerra que el Führer se había ganado entonces. La profesionalidad calmada y estratégica de Halder debía sortear la cada vez mayor ampulosidad de Hitler. La aparente determinación del Führer de no aceptar hacia dónde se dirigía la batalla y, en realidad, lo que los hechos decían de los objetivos estratégicos en conjunto, solo sirvió para aumentar la tensión entre los dos hombres. Se podría señalar que el plan que se estaba descarrilando con tanta rapidez era el que Halder había aceptado de manera complaciente, pero ahora Hitler lo veía como un portador de constantes malas noticias.

En el informe final que selló su destino, Halder presentó a su comandante en jefe los hechos tal como eran; en el Alto Mando del Ejército, muchos colegas sabían entonces que su contenido era cierto, pero no se atrevían a mostrarse públicamente de acuerdo con él:

> Los rusos han reunido un millón de tropas en la zona de Sarátov y otro medio millón al este del Cáucaso. El Alto Mando soviético pasará a la ofensiva cuando las fuerzas alemanas alcancen el Volga. Stalin lanzará un ataque en esta zona, exactamente igual al que lanzó contra Denikin durante la Revolución rusa.[3]

Aunque los informes de reconocimiento de la Luftwaffe no hablaban en absoluto de una mayor acumulación de fuerzas soviéticas en los flancos del Grupo de Ejércitos B, no se podía negar que, tal como mostraba la realidad, el Ejército Rojo tenía una constante capacidad de traer nuevas divisiones a los enfrentamientos de Stalingrado. Los operativos de inteligencia militar alemanes no podían detectar la fuerza de lo que podría haber en la estepa al este del Volga, pero sí proporcionaron a Halder los datos en bruto que empleó en sus informes sobre el aumento global de la fuerza blindada soviética, donde afirmaba que «los rusos producen 1500 tanques al mes, frente a los 600 alemanes».[4]

Halder se refirió a la línea de frente: allí, el incesante número de bajas en el centro y hacia el norte de la ciudad estaba minando el poder de las fuerzas de Paulus de manera gradual. Las constantes demandas de refuerzo de las mermadas divisiones alemanas desde el exterior de la ciudad alejaban cada vez más a las tropas que Paulus necesitaba para garantizar sus flancos, que ahora ocupaban sus aliados rumanos y húngaros, pero estas tropas del Eje carecían de apoyo antitanque y mecanizado. Así, Halder volvía a destacar la grave preocupación que suponía la línea de suministro del ejército en el este y en el sur, pues no había suficiente material rodante para locomotoras. Todos estos problemas agravaban, según Halder, los numerosos problemas de la línea logística alemana. En conclusión, la capacidad de la Wehrmacht para abastecer operaciones importantes en el sur de Rusia corría el riesgo de paralizarse justo cuando más se necesitaba; solo los suministros diarios del 6.º Ejército ascendían a más de 760 toneladas. A veces, una empresa de magnitudes tan épicas tenía prioridad sobre la llegada de tropas de refuerzo al frente. Igual que un profesor de colegio, Halder señaló todas las fuentes de preocupación en los frentes de Stalingrado y el Cáucaso, y refirió a Hitler una preocupante conclusión: «Le advierto de que se avecina una crisis, y con toda seguridad».

Tal como ya había hecho en varias ocasiones aquel verano, Hitler optó por desechar las opiniones de Halder, los informes de la inteligencia militar alemana y las conversaciones que había mantenido doce días antes con Paulus y Von Weichs —comandantes de primera línea del Grupo de Ejércitos B—, quienes habían corroborado la veracidad de las informaciones de Halder. Sin duda, el tiempo de este así como su utilidad para el Führer se había agotado y el comandante supremo lo dio de baja de su servicio:

> Tú y yo sufrimos de los nervios. La mitad de mi postración nerviosa se debe a ti. Ahora, necesitamos ardor nacionalista-socialista y capacidad para arreglar las cosas en el Este. No puedo esperar esto de ti.[5]

Desde su sombría reunión en el Cuartel General de Hitler el 12 de septiembre, que parecía haberse celebrado hacía una eternidad, Paulus había sido del todo consciente de que no recibiría los refuerzos necesarios para pacificar la ciudad y defenderla de una reconquista, y el 24 de septiembre ya sabía que su ejército pasaría el invierno en el Volga. Además, la noticia de la destitución de Halder le afectó mucho; había servido a sus órdenes antes de la guerra y durante los primeros años de esta, coordinando la planificación de Barbarroja. Su conexión con él se arraigaba en motivos más profundos que la cadena de mando: Halder se había convertido en un mentor y un amigo, alguien que le ofrecía consejo y apoyo con frecuencia, sobre todo, cuando ascendió y reemplazó a Von Reichenau como comandante del 6.º Ejército. En una carta que Halder le envió a principios de verano a fin de reforzar la confianza de su protegido en medio de la inesperada y encarnizada lucha por atravesar la curva del Don hacia la ciudad, este había animado a Paulus, recordándole «esa íntima amistad que, durante tanto tiempo, ha unido a estos dos viejos soldados».[6]

Por aquel entonces, se había quedado sin su mayor apoyo en el Alto Mando del Ejército y su lugar lo ocupaba un hombre al que solo conocía por su reputación. El coronel general Kurt

Zeitzler tenía un historial distinguido: era un oficial de Estado
Mayor muy competente que había servido en las campañas de
Francia, Polonia y los Balcanes, y luego, en el Grupo de Ejércitos Sur allá por 1941.[7] En septiembre de 1942, todavía un
ferviente creyente en la infalibilidad del juicio militar de Hitler,
había impresionado al Führer con su energía y habilidad para
mantener a las divisiones alemanas que protegían la costa del
Canal en el oeste de Francia y los Países Bajos. No obstante,
los colegas de Paulus en el Alto Mando del Ejército le habían
advertido que no debía esperar ninguna nueva estrategia para
sacar al Grupo de Ejércitos B de su actual apuro. De hecho, en
los pasillos de las Fuerzas Armadas en Berlín, corría el rumor de
que Hitler estaba dispuesto a situar ahora a Zeitzler por encima
de candidatos con más experiencia y edad tan solo porque era
un oficial «que no se marcha a meditar sobre mis órdenes, sino
que se ocupa enérgicamente de llevarlas a cabo».[8]

El 25 de septiembre, el antiguo jefe de Estado Mayor del Grupo
de Ejércitos Oeste se presentó ante el Führer. Al igual que Hitler, Zeitzler contaba con la experiencia de combate de la Gran
Guerra y era —así lo esperaba el Führer— un espíritu afín con
quien lograr lo imposible. La vieja escuela de pensamiento pru-
siana requería una poda, y se dejarían las manos libres a una
oleada de oficiales más jóvenes que, como Zeitzler, entendían la
guerra mecanizada. Ese otoño, Hitler hizo otro nombramiento
clave a fin de tener bajo su control la columna vertebral del Ejército alemán y puso a Rudolf Schmundt, su propio ayudante general, al frente de la Oficina de Personal del Ejército. Ahora, el
rendimiento sería el criterio empleado para aupar a oficiales de
combate capaces a puestos de poder prominentes e importantes
dentro de la Wehrmacht. El Führer repasó con Zeitzler las posiciones de los cuatro grupos de ejércitos en el frente oriental,
examinó los errores que había cometido su predecesor y profirió
algunas generalidades en referencia a que la rápida captura de
Stalingrado era ahora vital para situar en ella los cuarteles de
invierno del 6.º Ejército y proteger, así, la retaguardia del Grupo
de Ejércitos A. Hitler dejó de lado las discusiones relativas a las

batallas en curso por la ciudad, el debilitamiento de las unidades alemanas de los flancos que debían apoyar el próximo asalto de Paulus con el objetivo de tomar la ciudad y las preocupaciones sobre la calidad de las tropas del Eje a las que se les había asignado defender cientos de kilómetros de nuevo frente; el líder nazi dio por terminada la reunión diciendo que «por estas razones, he decidido destituir al coronel general Halder y nombrarlo a usted jefe de Estado Mayor del Ejército».[9]

La siguiente fase de las operaciones del 6.º Ejército estaba en marcha sobre el terreno de Stalingrado. Ahora, la división de Rodímtsev solo mantenía una estrecha franja de terreno que se extendía unos 1500 metros a lo largo del Volga y, en algunos lugares, a una profundidad de 1 a 300 metros. Por su parte, a los planificadores alemanes les parecía que estaban embotellados en las ruinas, sin embargo, su propia 71.ª División rozaba el agotamiento y también necesitaba reemplazos. Ello se debió a que los tres regimientos de Von Hartmann se encontraban gravemente mermados por los incesantes combates del último mes, momento en el que las tácticas habían pasado de basarse en el empleo de armas combinadas y velocidad a tener que enfrentarse a una batalla medieval en su naturaleza y ferocidad, tal como registró el diario de combate de la división el 19 de septiembre de 1942:

> El comandante de la División ha decidido continuar la batalla de forma que cada regimiento intente avanzar en su sector con tropas de asalto centralizadas localmente y apoyadas por lanzallamas, porque está demostrado que se debe luchar por cada casa de manera individual y hay que derribarlas: ¡es una batalla costosa![10]

Cuando se estudia más a fondo el diario de combate de la división, se comprueba el estrés que este tipo de combate estaba causando de manera recurrente en la división; en distintas ocasiones, se da cuenta de oficiales que abandonan el frente debido a disentería, neumonía, ictericia y pleuresía. Esta crisis médica se vio agravada por las pérdidas sufridas en los encarnizados combates, y el diario de la división afirmaba que «muchas compañías ya no tienen oficiales al mando y solo cuentan con entre ocho y doce hombres».[11]

Paulus era muy consciente de las bajas, que reflejaban el estado del grueso de las divisiones que había enviado a la ciudad, lo que contrastaba fuertemente con la creencia de Hitler de que el Ejército Rojo se encontraba en un estado similar, si no peor.

En lo que respecta a los regimientos de Rodímtsev que se enfrentaban a estas tropas, a pesar del continuo fuego alemán sobre el Volga, los refuerzos seguían llegando durante las horas nocturnas, ya fuera en barco o a través de la improvisada calzada construida con barriles flotantes. Los alemanes habían combatido hasta la extenuación contra su división, pero esta permanecía asentada en sólidas posiciones defensivas en el terraplén que tanto le había costado tomar. Aunque el grueso de los hombres que habían cruzado en los primeros días estaban ahora muertos, heridos o desaparecidos, sus reemplazos le permitieron seguir hostigando al enemigo. Tal como veremos en el próximo capítulo, la lucha por el corazón de la ciudad adquirió un nuevo cariz cuando Chuikov cambió de táctica para mantener su posición en la orilla occidental del Volga; se acercaba el momento de la llegada de los grupos de asalto.

Capítulo once

Los grupos de asalto y el arte de la defensa activa

En Stalingrado, era imposible realizar cualquier maniobra estratégica o táctica. Todo lo que podíamos hacer era sentarnos allí. No había oportunidad para ninguna genialidad napoleónica.

Teniente general Vasili Ivánovich Chuikov,
comandante del 62.º Ejército ruso[1]

El 28 de septiembre, las últimas veinticuatro horas de combate habían puesto a Chuikov frente al desastre: su propia contraofensiva, lanzada a las 05:00 del día anterior para aliviar la presión sobre la estrecha franja de tierra de Rodímtsev, había sido literalmente despedazada por la artillería del LI Cuerpo. Los supervivientes, derrotados con contundencia y obligados a retroceder en pocas horas a sus posiciones iniciales, se enfrentaron entonces a un nuevo ataque del LI Cuerpo. Este empezó con un bombardeo preparatorio que consumió más de 450 toneladas de munición antes de que los blindados alemanes y la infantería de apoyo atacaran a lo largo de toda la línea, desde las posiciones de Rodímtsev, en el centro, hasta la acería Octubre Rojo, al norte. Al final del día, las unidades del LI Cuerpo habían reconquistado el Mamáyev Kurgán y empujado al ejército de Chuikov hasta dividirse en bolsas mientras los alemanes ocupaban un largo tramo del terraplén del Volga. Una vez más, la Luftwaffe había sido el arma principal de Paulus; sin que ningún avión de combate soviético la molestara, había causado enormes daños a las fuerzas de Chuikov (más de 8000 muertos, heridos o capturados). En cuestión de horas, el 62.º Ejército había perdido una sexta parte de su fuerza de combate.

Por fortuna para Chuikov, el propio avance alemán empezó a perder fuelle cuando, con el objetivo de frenar los avances del enemigo, el comandante del 62.º Ejército ordenó que lanzaran contraataques casi suicidas a todas las fuerzas que pudo reunir. A pesar de transferir unidades adicionales a la ciudad, la ofensiva continua de Paulus, que pretendía capturar la acería Octubre Rojo, se vio frustrada durante la semana siguiente. No obstante, Chuikov sobrevivió por los pelos; mientras, más refuerzos cruzaban el Volga para iniciar contraataques con francotiradores y descargas de artillería con la intención de distraer a Paulus. Este había retirado el XXXXVIII Cuerpo Panzer del sur, pues debía prepararse para la acción en el norte; ahora, pues, la 71.ª División ocupaba en solitario una extensa línea que, por entonces, se extendía desde sus posiciones frente a la 13.ª Guardia hasta Kuporossnoye en el sur. En el centro de la ciudad, hubo un momento de calma.

Chuikov había venido estudiando la estrategia de combate de los alemanes y se dio cuenta de que necesitaba una solución para la dispar potencia de fuego de los soviéticos frente a los alemanes, que anulaba cualquier ataque que planeara. Por su parte, el 6.º Ejército alemán siguió empleando armas combinadas con el fin de conquistar la ciudad, incluso después de un mes de intensos combates. Por lo que tanto Chuikov como sus comandantes pudieron averiguar, estos ataques los emprendían unidades grandes —casi batallones— a fin de capturar, de la mano de apoyo aéreo y blindado, una manzana entera cada vez, propósito que la 71.ª División de Von Hartmann logró al principio de los combates. El objetivo estratégico alemán de tomar Stalingrado y controlar el Volga estaba en absoluto en conflicto con la ambición de Chuikov, más localizada y que tan solo pretendía negar al enemigo la consecución de su propósito mediante contraataques y una aguerrida defensa. En septiembre, la cuestión había sido sobrevivir y asegurar que la ofensiva alemana no pudiera actuar con equilibrio para que los rusos pudieran conservar su porción de la orilla oeste de la ciudad. Ambos bandos estaban aturdidos de tantos enfrentamientos; los alemanes sufrieron más de 40 000 bajas, y el Ejército Rojo, casi el doble.

Entre las víctimas rusas, se contaban las de la división de Rodímtsev, que había perdido más de 4000 hombres solo en la primera semana de combate y necesitaba refuerzos para mantener su frágil posición. Chuikov hizo todo lo posible por enviar lo que pudo reunir, pero, con todo y con eso, los reemplazos llegaron a cuentagotas, ya que la lucha se centraba ahora en el norte, donde ambos bandos mandaban sus tropas para la tercera ofensiva que los alemanes planeaban con la intención de tomar el Distrito Fabril. En medio de este panorama, las unidades de la 71.ª División expulsaron a la 13.ª Guardia rusa de sus ganancias iniciales en torno a la Estación de Ferrocarril número 1 y la plaza Roja. En una de esas acciones, el propio teniente coronel

Un regimiento de la 71.ª División de Infantería iza la bandera del Tercer Reich en los almacenes Univermag, con vistas a la plaza del Nueve de Enero, el 1 de octubre de 1942. Hitler se jactaba de que el 6.º Ejército pronto ocuparía la ciudad, lo que daría el control del Volga a los alemanes.

Roske resultó gravemente herido mientras lideraba el IR 194, pues la metralla de un proyectil de mortero le alcanzó en la espalda. A pesar de ello, se negó a que se lo llevaran de su posición y, en su lugar, dirigió los acontecimientos desde el cuartel general de la división durante los días siguientes hasta que pudo volver a moverse con total libertad. Por su parte, Chuikov aceptó con amargura el hecho de que el sector sur de Stalingrado estaba, por el momento, bajo control del enemigo, pero la lucha por el distrito central continuó. Necesitaba desangrar al enemigo, distraerlo y demostrar que su ejército estaba luchando contra el enemigo, pero ¿cómo?

Según parece, la lucha urbana —que consistía en avanzar casa por casa y defender estos edificios y zonas edificadas— nació en Stalingrado durante el invierno de 1942. Hasta el comienzo de Barbarroja, los manuales militares soviéticos de campo de 1929 y, más tarde en 1936 —conforme el Ejército Rojo se mecanizaba—, se habían centrado en tácticas ofensivas, y más que en cómo defenderlos, hacían hincapié en las maneras en las que los comandantes podían tomar pueblos y ciudades. Esto se debía a que el Ejército Rojo pensaba que, en un futuro, libraría una guerra de maniobras en suelo extranjero, ya fuera en Finlandia, Alemania o Japón.[2] Los combates de los años anteriores contra los grupos de ejército alemanes en el oeste de Rusia habían dado origen a batallas urbanas cuando los alemanes pretendieron ocupar las ciudades estratégicas clave de Smolensk y Kiev, pero, en ambos casos, los defensores soviéticos luchaban, sobre todo, alrededor de las ciudades, y no defendiéndolas calle por calle y casa por casa, tal como hacían ahora en Stalingrado.[3] De igual modo, los combates en Crimea y la exitosa captura de Sebastopol por el 11.º Ejército de Von Manstein habían dependido, antes que nada, de la supremacía aérea y artillera: los defensores de la ciudad, que se veían constantemente bombardeados, acabaron rindiendo la ciudad. Aunque la infantería de Von Manstein había sufrido pérdidas en el asalto a los cinturones defensivos, no fue el caso de la toma del puerto de la urbe. Sin embargo, ahora, en la lucha por el dominio en el Volga durante aquel invierno, las tácticas de la guerra en el paisaje de la ciudad en ruinas ofrecían potenciales beneficios a un bando, y una trampa mortal, al otro. Muy pronto, Chuikov se dio cuenta de ello, tal como recordó en una entrevista:

> Las peculiaridades de los combates en Stalingrado, en cuanto a defensa urbana y ataque a ciudades enteras, pueden aplicarse a todas las situaciones de combate. Cualquier zona poblada puede convertirse en una fortaleza y desgastar al enemigo diez veces mejor que una guarnición.[4]

Chuikov había aprendido algo nuevo; hasta entonces, la forma en la que los alemanes emprendían sus asaltos era predecible. Si el 62.º Ejército ruso quería sobrevivir, tendría que acercar sus tropas lo máximo posible a las unidades germanas a las que se enfrentaba en las calles y fábricas; si era necesario, tan cerca como unos pocos metros, o un piso o habitación de un edificio. «Abrazar al enemigo» iba a ser el nuevo mantra, que pondría a prueba los nervios de todo el personal del Ejército Rojo en los meses venideros. Además, Chuikov ordenó a sus comandantes que pusieran en práctica una nueva táctica para combatir en la ciudad, una que los hombres de Rodímtsev habían iniciado sin pretenderlo mientras defendían el centro de Stalingrado, cuando pequeñas unidades aisladas de la 13.ª Guardia lucharon contra las unidades alemanas vecinas de la 71.ª División de manera independiente por los edificios clave y los nudos de transporte. Por su parte, el 42.º Regimiento de Guardias del coronel Elin había intentado asaltar el Banco Estatal de la mano de pequeños equipos de tropas de asalto armados con subfusiles, granadas y cargas *satchel*. Aunque al principio lograron expulsar al enemigo, finalmente se vieron obligados a retirarse debido a los duros contraataques, pero habían aprendido la lección. Ahora, los regimientos del general de división Rodímtsev pasarían a la ofensiva para recuperar el terreno perdido e intentar establecer una línea de frente unificada a fin de mantener las ganancias del 62.º Ejército. Los tres meses siguientes serían una salvaje y sangrienta campaña de idas y venidas.

El desarrollo por parte del 62.º Ejército de la táctica del «grupo de asalto» resultó ser una decisión fundamental en la batalla por la ciudad. «Abrazar al enemigo» permitió a los defensores soviéticos maximizar las bajas alemanas mediante una «defensa activa», así como anular la superioridad que proporcionaba en tierra el apoyo de la Luftwaffe.

Así, Chuikov dio instrucciones a sus comandantes de que los asaltos soviéticos fueran ahora emprendidos por pequeños grupos o lo que más tarde se denominaría «grupos de asalto» *(shturmovye ottriady* o *schturmoye gruppy)*, que utilizarían las ventajas de las armas combinadas para conducir patrullas, buscar las líneas de frente enemigas y utilizar el terreno con la intención de enmascarar sus asaltos.[5] Su orden 166, del 26 de septiembre, precisaba:

> Vuelvo a advertir a los comandantes de todas las unidades y agrupaciones que las unidades enteras, como compañías y batallones, no deben emprender operaciones en batalla. La ofensiva debe organizarse principalmente a partir de pequeños grupos, con ametralladoras, granadas de mano, botellas de mezcla incendiaria y fusiles antitanque.[6]

Así, todas las unidades de primera línea del 62.º Ejército formaron entonces grupos especiales de incursión. Para estas operaciones especiales, se escogió a los veteranos de cada compañía y batallón en razón de tanto su experiencia en combate como su rendimiento bajo el fuego enemigo; a menos que fuera absolutamente necesario debido a las bajas, no se animaba a los recién llegados a desempeñar tales funciones. Los grupos de exploración podían ser tan pequeños como de cuatro a seis hombres, mientras que era posible que una incursión significativa en territorio alemán requiriese de cincuenta a cien soldados. Los grupos estaban dirigidos por oficiales inferiores a los que, por primera vez durante la guerra —quizá por vez primera en tiempos de Stalin—, se les permitió un mínimo de iniciativa a la hora de tomar sus propias decisiones sobre el terreno a partir de la situación que presentaba el enemigo.

Los hombres cambiarían su fusil estándar Mosin-Nagant M1891/30[7] por el más ligero subfusil PPSh-41, un arma excelente y robusta con su famoso cargador circular de setenta y una balas.[8] Su potencia de fuego superaba las treinta y una balas del MP-40 alemán, lo que era decisivo para obtener la superioridad de fuego en la lucha urbana. No obstante, el PPSh-41 no estaba diseñado para acoplar una bayoneta (herramienta esencial en el combate cuerpo a cuerpo), pero los hombres de Chuikov transformaron el «fiel amigo» del soldado (la pala acortada) en una herramienta asesina.[9] Como en una reminiscencia de la guerra de trincheras de la Primera Guerra Mundial, todos los asaltantes soviéticos llevaban ahora al combate estas palas afiladas, que resultaban particularmente útiles en la lucha tanto cara a cara como cuerpo a cuerpo. Tal fue su éxito que la propaganda soviética afirmó que: «En el combate, cada golpe asestado con una pala equivale a un disparo certero. La pala hace invulnerable al soldado y aterroriza, así, al enemigo».[10]

Junto con el subfusil, la granada de mano —esa «artillería de bolsillo»— era muy apreciada entre los pelotones de asalto de primera línea; resultó esencial a la hora de desalojar al enemigo de búnkeres, habitaciones y trincheras, y cada hombre llevaba al menos media docena para el trabajo sucio. Por otro lado, las ametralladoras ligeras y pesadas (la Maxim PM M1910, alimentada por cinta, y el más ligero fusil automático de mano DP-28 con su famoso disco de cuarenta y siete balas) servían como apoyo a las armas ligeras de bajo calibre. Una vez tomado un edificio, la unidad recibía de inmediato el apoyo de refuerzos, que traían las armas y el equipo necesarios para fortificarlo y defenderlo: sembraban minas, colocaban alambre de espino, y excavaban trincheras de suministro y comunicación.

Si era necesario o la situación lo exigía, las unidades de asalto podían reforzarse con artillería ligera, así como solicitar una descarga de artillería desde la orilla oriental. Muchas de las operaciones alemanas de los meses siguientes se desbaratarían antes de su inicio, ya que los observadores del Ejército Rojo en el interior de la ciudad comunicarían la concentración enemiga al Cuartel General del 62.º Ejército. Tal como veremos en el próximo capítulo, una acción de este tipo dio lugar a la toma y defensa de la Casa de Pávlov. Así las cosas, los grupos de asalto fueron la innovadora decisión de un comandante desesperado por mantener las posiciones que aún ocupaban sus hombres.

El 14 de octubre, Hitler emitió la orden operacional número 1 por la que suspendía cualquier operación a lo largo de todo el frente oriental, excepto en Stalingrado. El éxito de la operación Azul dependía ahora de la lucha por la ciudad. Ese día, comenzó la siguiente fase de las ofensivas alemanas para capturar el Distrito Fabril cuando los defensores de Chuikov fueron sometidos al bombardeo de artillería más intenso de toda la batalla (unas 872 toneladas), así como a un poderoso asalto aéreo de la Luftwaffe. Incluso la fábrica de tractores cayó en manos de los alemanes después de encarnizados enfrentamientos, lo que les proporcionó otra porción de la ribera del Volga. Al igual que las ruinas del distrito central, los complejos industriales del norte eran ahora un yermo de metal retorcido y enredado, ladrillos calcinados, tanques hechos trizas y miles de cadáveres. Tal como describió un reportero soviético:

> Los patios de las fábricas están vacíos. El viento silba a través de las ventanas rotas. Cuando explota un proyectil en las proximidades, caen esquirlas de vidrio sobre el asfalto. No obstante, la fábrica, como el resto de la ciudad, sigue luchan-

do. Si es posible acostumbrarse a las bombas, los morteros, las balas y el peligro, aquí ya se han acostumbrado. Se han acostumbrado como en ningún otro sitio.[11]

A medida que el otoño avanzaba hacia el invierno y, con él, se reducían las horas de luz en las que llevar a cabo las operaciones alemanas por tierra y aire, los soldados de Paulus sabían demasiado bien que los rusos se movían por la ciudad (incluso a través de sus alcantarillas): era la clase de pensamiento y el miedo irracional que Chuikov deseaba instilar en su enemigo. Para aumentar el estrés de la lucha en las casas, los escombros de la batalla hacían más confusa la identificación tanto a amigos como a enemigos, hecho que, a menudo, jugaba a favor de los grupos de asalto cuando estos se aventuraban por tierra de nadie, normalmente arrastrándose en silencio al principio hacia las fortificaciones enemigas señaladas.[12] Cada hombre tenía cuidado de mantenerse separado de los demás en caso de que el apiñamiento delatara su posición y, por tanto, de llevar la lucha a los alemanes, tal como resumió Chuikov:

> La gente cree que la guerra urbana es cuestión de caminar por una calle y disparar. Eso es absurdo. Las calles están vacías, y la lucha tiene lugar en los edificios, en estructuras y patios de donde tienes que arrancar al enemigo con bayonetas y granadas. [...] En el combate urbano, utilizas granadas, metralletas, bayonetas, cuchillos y azadas de atrincheramiento. Te enfrentas cara a cara con el enemigo y lo acuchillas.[13]

Igual que en muchas unidades especiales y operaciones de exploración, los hombres solo llevaban lo que necesitaban, vestían de manera apropiada —sin accesorios que hicieran ruido— y, a veces, las gorras de campaña *(pilotki)* o el *ushanka* forrado de piel —el gorro por excelencia (muchos soldados tenían uno favorito que creían que actuaba como amuleto de la suerte)— ocupaban el lugar de los cascos de acero. Los cañones de las armas se ennegrecían y, cuando llegaba el frío, un gran número de hombres prescindían de sus abrigos normales de botonadura única (*shineli*) y optaban por llevar solo el chaleco acolchado (*vatnik*) junto con la omnipresente *plash palatka*, una ligera capa para la lluvia que también podía proteger al portador de otras inclemencias climatológicas. Para mantener la coordinación y que cada hombre comprendiera plenamente su propio papel en cada minioperación, ahora el 62.º Ejército repartía «tarjetas de fuego», donde se trazaba un croquis del terreno que atravesarían y se señalaba el edificio que debían tomar, con cada emplazamiento de tiro enemigo. Tal como resumió Schecter en *The stuff of soldiers*:

> Mediante tarjetas de fuego, soldados y comandantes redujeron un paisaje de una complejidad imposible de manejar a un conjunto de vectores claros y racionalizados con el objetivo de matar al oponente.

Con la estrategia ofensiva principalmente en manos de los pocos hombres que enviaron en la oscuridad de la noche, los restos de la 64.ª División de Shumílov y el 62.ª Ejército de Chuikov en la ciudad tuvieron que prepararse para la esperada ofensiva del enemigo, que pretendía expulsarlos por completo de la orilla oeste. Aunque ya en los combates por la ciudad a finales de septiembre el 6.º Ejército había sufrido terribles pérdidas en materia de hombres y vehículos blindados, Paulus aún tenía ventaja, por lo menos en un futuro previsible, en términos de potencia de fuego, blindados y dominio de la Luftwaffe sobre el horizonte de Stalingrado. Por su parte, un cada vez más insistente Hitler apremió al Grupo de Ejércitos B a capturar los restos de la ciudad, centrar la batalla que se avecinaba en el distrito industrial y enlazar con las divisiones Panzer y motorizadas de Hube que presionaban a Chuikov desde el norte. El Frente de Stalingrado había recibido ya la orden de Stalin de «convertir cada edificio y cada calle de Stalingrado en una fortaleza».[14]

De nuevo, el manual de campo soviético de 1936 no parecía del todo adecuado para la lucha en la ciudad. Aunque los puestos fortificados defensivos habían sido un pilar de la estrategia defensiva soviética durante muchos años, Chuikov exigió que este concepto se perfeccionara a fin de adaptarlo a sus propósitos de mantener una estrecha y precaria posición frente a un atacante decidido que deseaba empujarlo hacia el Volga. Sus unidades necesitaban un sistema más coherente, interconectado y unificado con el que rechazar los asaltos con armas combinadas de un enemigo que estaba aprendiendo con rapidez a tomar un edificio. En los reveses del año anterior, algunas formidables plazas fuertes del Ejército Rojo habían sido flanqueadas, superadas, aisladas y destruidas de inmediato: esto no podía volver a ocurrir con tanto en juego.[15] Así, el 62.º Ejército establecería enseguida un sistema defensivo totalmente integrado: los fuertes separados estarían ahora unidos por campos de fuego entrelazados y los sistemas de trincheras proporcionarían tanto líneas protegidas de suministro como de comunicación. La Stavka proporcionó informaciones algo más detalladas sobre la entidad que tendrían tales fortificaciones:

> Cubiertos por obstáculos antitanque y antipersona, situados bajo el fuego efectivo de ametralladoras, morteros y artillería. [...] Todos los edificios y todas las entradas a los patios y las calles debían tomarse en la zona de fuego mediante un sistema de fuego de flanco. Debían unirse todos los edificios de piedra, convertidos en centros de resistencia, y adaptarse para la defensa abriendo agujeros en los muros adyacentes e instalando trincheras de comunicaciones.[16]

Esta nueva estrategia, originada de manera oportunista, tendría impresionantes efectos en las siguientes semanas de conflicto. Aunque tras dieciocho meses de guerra los mandos alemanes en el este habían llegado a respetar la tenacidad de las capacidades defensivas del Ejército Rojo, los germanos continuaban instalados en la creencia de que el Ejército Rojo era incapaz de pasar a la ofensiva con éxito, pensamiento reforzado por los prejuicios previos a la guerra que alimentaban el racismo de Hitler y los errores de Stalin al comienzo. Tal como veremos en los capítulos siguientes, durante los próximos meses los soviéticos demostrarían lo eficaces que podían ser estratégicamente y conseguirían lanzar ofensivas coordinadas que pillarían por sorpresa al 6.º Ejército, al Grupo de Ejércitos B y al Estado Mayor germano. A un nivel más local, los alemanes se darían cuenta de que aquella no sería una victoria inminente y la Wehrmacht se enfrentaría a un nivel de derramamiento de sangre no visto desde Verdún en 1916. Los soviéticos, que, a menudo, se vieron al borde de la derrota en Stalingrado, emplearían la propaganda para celebrar pequeñas victorias, algo que alcanzaría un nuevo nivel con la exitosa captura de un edificio.

Parte IV

Mantén cerca a tu enemigo

Por cada casa, taller, torre de agua, terraplén ferroviario, muro, sótano y montón de ruinas, se libraba un encarnizado combate. [...] La distancia entre el ejército enemigo y el nuestro era mínima. A pesar de la actividad concentrada de la aviación y la artillería, era imposible salir de la zona de combate cuerpo a cuerpo.

Teniente general Vasili Ivánovich Chuikov [17]

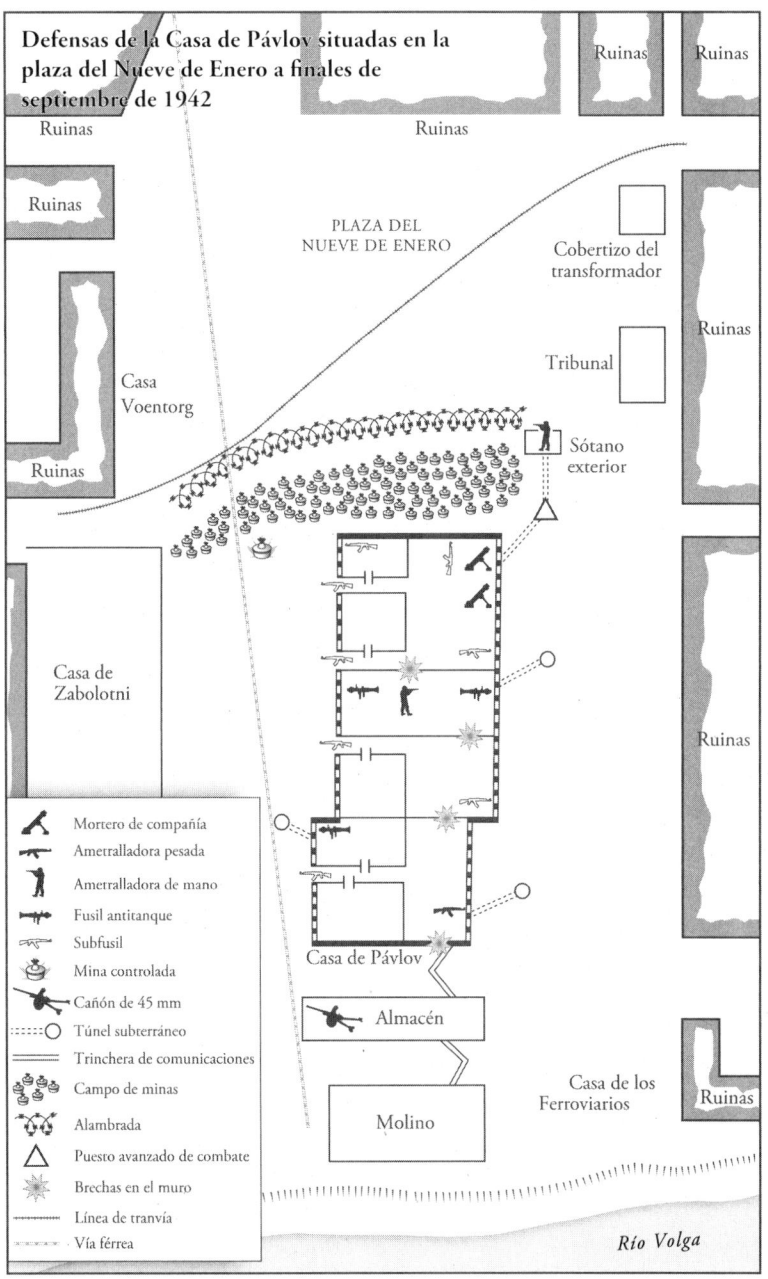

Defensas de la Casa de Pávlov situadas en la plaza del Nueve de Enero a finales de septiembre de 1942

Ruinas

Ruinas

Ruinas

Ruinas

Ruinas

PLAZA DEL NUEVE DE ENERO

Cobertizo del transformador

Ruinas

Casa Voentorg

Tribunal

Ruinas

Sótano exterior

Casa de Zabolotni

Ruinas

Mortero de compañía
Ametralladora pesada
Ametralladora de mano
Fusil antitanque
Subfusil
Mina controlada
Cañón de 45 mm
Túnel subterráneo
Trinchera de comunicaciones
Campo de minas
Alambrada
Puesto avanzado de combate
Brechas en el muro
Línea de tranvía
Vía férrea

Casa de Pávlov

Almacén

Casa de los Ferroviarios

Ruinas

Molino

Río Volga

Capítulo doce

El origen de la leyenda: la captura del «Faro»

En la guerra, haz lo que el enemigo considera imposible.

Alexánder Vasílevich Suvórov[1]

En el centro de las defensas de Rodímtsev, ocupado por el 42.º Regimiento del coronel Elin, se encontraba el enorme complejo de edificios departamentales y residenciales del NKVD, que, a estas alturas, había quedado reducido a un laberinto de ruinas, apuntalado por fuertes muros, perfectos para el combate urbano. La mayor parte de estos edificios en ruinas aún proporcionaba cierta protección, ya que sus sótanos, en su mayoría, permanecían intactos y estaban construidos con hormigón armado, que podía soportar los continuos bombardeos. Frente al flanco izquierdo soviético del 39.º Regimiento y separados por una ancha calle repleta de escombros, se alzaban dos baluartes alemanes: la Escuela número 6, de cuatro pisos, y otro edificio de cinco plantas. Estos habían cambiado de manos varias veces en feroces combates cuerpo a cuerpo, pero, el 22 de septiembre, los alemanes los asaltaron nuevamente y se los arrebataron a las fuerzas defensoras rusas; ambos se habían convertido en fortalezas en miniatura.

Al norte de los edificios del NKVD, el molino de Gerhardt, una imponente estructura de ladrillo rojo de cuatro plantas con sótanos reforzados, amarraba el flanco derecho del 34.º Regimiento de Guardias. No obstante, la debilidad de este flanco se encontraba en dos profundos barrancos que lo atravesaban y se adentraban en el Volga, que rompían las líneas del 34.º Regimiento y dificultaban la realización de una defensa sostenida y coordinada. Frente a las líneas del regimiento, se encontraban dos impresionantes edificios: la Casa de los Trabajadores Ferroviarios y la «Casa en forma de L», todavía ocupada por la 295.ª División de Infantería. A estas alturas, al igual que otras unidades alemanas en el centro de la ciudad, los efectivos de la «División Afortunada» de Von Hartmann estaban gravemente mermados, pues había perdido en torno al sesenta por ciento de sus tropas aptas para el combate, aunque su principal ventaja seguía siendo la superior presencia aérea de la Luftwaffe sobre la ciudad. Estos dos emplazamientos clave dominaban la zona circundante, por lo que ofrecían a los observadores de artillería una buena visión de las posiciones generales de Rodímtsev y del cruce del río en el Muelle Central detrás de ellos, adonde los rusos continuaban llevando suministros cruciales y tropas frescas.

Por su parte, los alemanes habían convertido estas edificaciones en ambos flancos en fortalezas con el potencial para cerrarse como una trampilla y, así, rodear a todo el comando de Rodímtsev, tal como recordó este más tarde en sus memorias:

> Todo el sistema defensivo enemigo estaba organizado de tal forma que los accesos a los bastiones se encontraban expuestos a fuego frontal y oblicuo de fusil y ametralladora, de dos a tres capas, así como a bombardeos de artillería y mortero; también estaban defendidos con obras de campo como alambradas, caballos de Frisia y campos de minas.[2] En sus puntos de observación, los nazis tenían una visión de tres o cuatro kilómetros, incluida la orilla oriental del Volga. Podían controlar y mantener bajo fuego todos los accesos a nuestros cruces, y los cruces mismos.[3]

El destino de la división y de la capacidad del 62.º Ejército de Chuikov para mantenerse en la orilla occidental del Volga pendía de un hilo; cada bando intentaba ahora localizar tanto los puntos fuertes como los débiles del otro. Por su parte, Chuikov entendió que se debía neutralizar el peso de la potencia de fuego alemana. La Luftwaffe era el escudo protector que permitía a Paulus avanzar por los distritos de la ciudad en el centro y en el norte sin aumentar de forma considerable el uso de tropas de infantería. No obstante, si bien los ataques aéreos y de artillería hacían patente la ventaja de los alemanes, por cada metro de terreno que estos tomaban debían enfrentar un constante castigo; Chuikov era consciente de ello. Fue entonces cuando desarrolló las tácticas con las que se identificaría a la batalla de Stalingrado, y más tarde, la de Berlín. La estrategia del 62.º Ejército consistiría en posicionarse lo más cerca posible del enemigo para hacer que la Luftwaffe y la artillería de Paulus desistiesen de golpear la primera línea de frente, donde sus propias tropas luchaban con sus enemigos rusos.

Una vez establecido esto, sus comandantes estudiarían la forma de enfrentarse al enemigo. Los asaltos frontales masivos con batallones y regimientos enteros dieron paso entonces a asaltos más pequeños, localizados y en un contacto más estrecho con el enemigo. El memorando de Chuikov del 26 de septiembre a todos los comandantes estipulaba que:

Una vez más, quiero que todos los comandantes de todas las unidades y agrupaciones no emprendan operaciones con unidades enteras, como compañías y batallones. La ofensiva debe cimentarse principalmente en pequeños grupos, con ametralladoras, granadas de mano, botellas de mezcla incendiaria [es decir, cócteles molotov] y fusiles antitanque.[4]

Tras haber sufrido grandes bajas por los ataques aéreos enemigos y haber repelido numerosas incursiones de la infantería alemana apoyada por blindados, el grueso del 42.º Regimiento de Fusileros del coronel Elin estaba ahora atrincherado justo enfrente de la plaza del Nueve de Enero. La lucha por cada habitación de cada casa y sótano era caótica y letal. Elin sabía que el enemigo buscaba un nuevo punto débil con el que empujarlo al río y romper toda la línea, y necesitaba averiguar a qué se enfrentaba ahora la división y referírselo a Rodímtsev: ¿los alemanes habían recibido refuerzos y se aprestaban para un nuevo ataque?

En la noche del 23 de septiembre, convoqué al puesto de mando del regimiento: al comandante del 2.º Batallón de Fusileros, Andriyánov; al comandante en funciones del 3.ᵉʳ Batallón de Fusileros, el teniente primero Zhúkov —el capitán Drónov estaba herido—; a mi jefe de Estado Mayor, el comandante Tsvigun, y al jefe de reconocimiento del regimiento, el teniente primero Róselman. Era necesario dejar claras las posiciones de mis batallones y establecer de inmediato la tarea de llevar a cabo el reconocimiento para clarificar la posición del enemigo.

El comandante Andriyánov realizaría un reconocimiento en dirección a la Casa de los Ferroviarios. El teniente primero Zhúkov saldría del Almacén del Molino y se dirigiría en dirección a la casa situada en la plaza del Nueve de Enero con la tarea de averiguar si estaba ocupada por el enemigo o no. En caso afirmativo, ¿cuántos eran?

Los hombres del teniente Róselman realizarían varias misiones de reconocimiento a lo largo de la calle Solnechnaya, en dirección a la lechería. Averiguarían dónde estaba la línea de frente del enemigo, su sistema de fuego en la zona y tomarían un prisionero si era posible.[5]

El coronel Elin tenía mucho interés en que se investigara y, a ser posible, se tomase la casa grande y alargada que se erigía solitaria en la plaza —tal como indicó en su mapa al teniente primero Zhúkov—, y que estaba algo apartada de otros edificios situados en tierra de nadie, pero junto a otro similar de cuatro plantas. La noche previa, un pelotón dirigido por Nikolái E. Zabolotni, subteniente de la Guardia, fue en busca de este objetivo y lo ocupó; en aquellos meses de combates, los mapas de operaciones la nombrarían como la «Casa de Zabolotni». El siguiente paso era tomar el edificio vecino: si se lograba capturar esta casa, el regimiento de Elin podría disponer de múltiples emplazamientos de tiro para dominar los movimientos del adversario. La amplia extensión frente a esta ofrecía un espacio en el que las fuerzas alemanas podrían reunirse antes de cualquier nueva ofensiva importante, ya que el edificio las protegía de los observadores del 42.º Regimiento. Si se hacían con ella, el teniente primero Zhúkov podría evitar que los alemanes trajeran artillería pesada para bombardear las posiciones del regimiento en el molino de Gerhardt; posiblemente los germanos aún no se habían establecido en la casa, pero Elin necesitaba saberlo. Así, dejó que Zhúkov hiciera los planes y eligiese a qué hombres de la 7.ª Compañía de Fusileros de su batallón enviaría, ya que esta se encontraba posicionada justo enfrente. Como todas las demás unidades de la 13.ª División, la 7.ª Compañía había quedado muy mermada desde que cruzó el Volga dos semanas antes. Zhúkov era consciente de que necesitaba un jefe de patrulla de combate experimentado:

> De vuelta al batallón, creé un grupo de asalto dirigido por el sargento Yákov Pávlov. El grupo estaba armado solo con ametralladoras. Además, cada uno tenía una bayoneta-cuchillo y tres granadas. ¿Por qué elegí a Pávlov? Porque era un sargento enérgico, valiente, ejecutivo a la par que ingenioso.[6]

En efecto, el sargento inferior Pávlov, natural de Nóvgorod, era un hombre con iniciativa: en 1938, se alistó en el Ejército Rojo regular y luchó contra el Grupo de Ejércitos Sur alemán desde el comienzo de Barbarroja en el verano de 1941. Había cruzado el Volga con la 13.ª División y había logrado sobrevivir hasta el momento a pesar de su destacada participación en los combates casa por casa. Zhúkov le informó al respecto y le confirmó que habría una descarga de artillería de distracción para enmascarar sus movimientos. Entonces, Pávlov fue a elegir a los cuatro hombres que lo acompañarían mientras Zhúkov esperaba la hora cero.

> A las 22:00, por orden mía, dimos la señal acordada y lanzamos bengalas rojas, y luego, verdes hacia el Volga. Segundos después, la artillería del batallón abrió fuego sobre la casa. Todo el batallón abrió fuego también sobre las posiciones alemanas. Para entonces, había ya una tradición en Stalingrado,

[que consistía en que] en cuanto comenzaba un asalto en el sector de un batallón, regimiento o división, nuestras tropas abrían fuego a lo largo de todo el frente para ocultar la verdadera dirección del ataque. Y esta vez no fue distinta. En cuanto sonaron los primeros disparos del batallón de artillería, todo nuestro frente en la ciudad retumbó de inmediato.

El fuego de la artillería de nuestro batallón se detuvo y di la orden al grupo de Pávlov: «¡Adelante!». Se precipitaron hacia la casa entre la oscuridad de las sombras y desaparecieron por el hueco del muro.[7]

La historia oficial fue que Pávlov y sus hombres asaltaron el edificio, se encontraron con civiles en los sótanos, que les informaron del paradero de hasta diecisiete soldados alemanes que ocupaban el piso superior, y que, entonces, Pávlov sorprendió a los germanos mientras jugaban a las cartas. Los remató con un subfusil y granadas antes de enviar a un ordenanza de vuelta al puesto de mando de la 7.ª Compañía detrás de la posición, en el molino de Gerhardt, con este mensaje:

```
Al comandante del batallón de la guardia,
teniente primero Zhúkov. Se ha tomado la
casa. Estoy esperando nuevas instrucciones.
28.9.42. Pávlov.
```

Por su parte, el coronel Elin esperó al menos veinticuatro horas antes de reforzar el edificio con un grupo de apoyo más grande.

El teniente Iván Filíppovich Afanásiev, de la 7.ª Compañía de Fusileros del batallón de Zhúkov, examinaba el paisaje lunar de la plaza del Nueve de Enero y los resquicios de los fuegos, provocados por los artefactos incendiarios caídos en tierra, que iluminaban los armazones de unos edificios ya calcinados. Se estremeció cuando el ruido sordo de los morteros y los proyectiles de artillería de gran potencia cayeron al este de la plaza, frente a él, lo que indicaba de nuevo lo cerca que estaban los alemanes de su posición. Apretó con fuerza el subfusil PPSh-41 contra su pecho. A la luz mortecina, observó cómo Mujin, el sargento de la compañía de fusileros, avanzaba cautelosamente, poniéndose tenso cada vez que caía un proyectil, y solo miraba atrás para hacer silenciosas señales con la mano sobre la mejor ruta para acceder con seguridad a la casa.

Detrás de Afanásiev, llegaron los refuerzos, incluida la dotación de su ametralladora Maxim PM M1910, que, en lugar de arrastrar el arma pesada sobre sus ruedas, le habían quitado el pesado blindaje y, a fin de hacer el menor ruido posible, la habían cogido para cargarla ellos mismos; Afanásiev agradeció sus esfuerzos. A continuación, vinieron dos grupos de morteros y, en la retaguardia de la columna de socorro, media docena de artilleros antitanque se afanaban en llevar al hombro sus pesados fusiles perforantes. Este se sintió aliviado de haber ordenado a sus hombres que guardaran sus cascos de acero de combate y lucieran, en su lugar, sus distintivos *pilotka* (gorros de cuartel), lo cual facilitaba distinguir a los amigos de los enemigos en la mortecina luz, y evitaba que los incendios se reflejaran de pronto sobre su superficie. En esta feroz lucha callejera, el más mínimo gesto podía valerles la letal respuesta del puesto fortificado de ametralladoras MG-34 alemanas que sus exploradores habían detectado a 180 metros, al otro lado de la plaza.

Afanásiev inspeccionó los aproximadamente sesenta y cinco metros de terreno abierto desde sus posiciones a la entrada lateral que conducía al nuevo puesto de avanzada de la 7.ª Compañía; tenía la corazonada de que sería blanco del fuego enemigo. Así, hizo que los hombres cruzaran uno a uno corriendo, moviéndose a pasos cortos y silenciosos. De repente, se disparó una bengala verde: Afanásiev maldijo en silencio cuando uno tropezó con unos escombros, su caja de munición cayó al suelo y provocó una salva esporádica y ensordecedora de disparos enemigos. Todos los guardias se abrazaron al suelo, negándose a moverse mientras las balas alemanas levantaban la tierra a su alrededor. Este no era un lugar en que refugiarse.

Con las balas trazadoras restallando sobre su cabeza, Afanásiev se acercó al sargento Mujin y le gritó al oído que se pusiera en movimiento y gatease hasta la casa. Mujin emprendió su

El teniente de la Guardia Iván Filíppovich Afanásiev, el oficial que dirigió la defensa del edificio, como señalan los testimonios de los veteranos, aunque la fama tradicionalmente haya recaído en Yákov Pávlov.

cometido al instante, arrastrando su bolsa de granadas, con el subfusil colgado a la espalda y haciendo gestos para que el grupo lo siguiera. Frustrados por no haber obtenido nada tangible, el fuego de los alemanes pareció redoblar su intensidad. Los hombres que yacían tendidos detrás de Afanásiev se desesperaron y, al ver que su sargento se ponía a salvo, uno de ellos no tardó en romper la cobertura, saltar por encima de su sorprendido oficial y lanzarse a las entrañas del edificio. Afanásiev reconoció en él al soldado Nurmatov, uno de sus artilleros antitanque, y, enfadado por su indisciplina, vio cómo este parecía conseguir llegar, pero, entonces, una bala alemana lo alcanzó en la rodilla y se desplomó retorciéndose de dolor. Sus gritos traspasaron el fuego enemigo mientras dos compañeros de la guardia, que se habían apostado cerca de la entrada esperando la llegada de la compañía, lo arrastraban hacia el interior de la casa. La guarnición estableció una base de fuego de cobertura mientras el grupo de socorro se lanzaba a través de los últimos metros y el sargento Mujin tiraba frenéticamente del brazo de cada hombre a medida que este se acercaba para que todo fuera más rápido. ¡Estaban dentro!

Con sus hombres jadeando en el hueco de la escalera, Afanásiev bajó las escaleras y, luego, caminó por un pasillo oscuro y estrecho hasta llegar a un agujero, horadado en la pared y del tamaño de un hombre, del que surgía una tenue luz procedente de un sótano contiguo, en el que entró. En la penumbra, dejó que los ojos se acostumbrasen a la oscuridad para ver la escena: la habitación, de techo bajo, tenía, en su centro, una gran mesa de madera construida de manera tosca. En una esquina, vio una litera de hierro y un colchón de plumas con una colección de mantas, almohadas y sábanas sucias esparcidas por encima. Sobre la mesa, había una docena de granadas de mano y una caja llena de munición para una ametralladora ligera. Mientras estudiaba la habitación, sus pies chocaron con casquillos gastados, cubertería vieja, cerámica rota y jirones de papel. Las paredes de cemento desnudo estaban moteadas de pintura y el sótano apestaba a humo acre y sudor rancio.

Según cuenta la leyenda, un sargento inferior bajito y delgado, que llevaba lo que parecía un gorro de piel marrón de Kubán, se acercó desde la oscuridad e hizo el saludo militar ante Afanásiev; el polvo cayó de su descolorida guerrera cuando su brazo retornó a su costado. Tenía el cabello moreno, los ojos marrones, el rostro hinchado por el cansancio y lo que parecía una incipiente barba de tres días. Miró fijamente al oficial: era el sargento Pávlov, de la 7.ª Compañía. Afanásiev le devolvió el saludo y se presentó a Pávlov con cortesía. Hoy en día, todavía existe controversia sobre si, efectivamente, el grupo de asalto de Pávlov encontró y mató a la guarnición alemana, o si la casa estaba desocupada cuando llegaron. Afanásiev puso al día al pelotón y anunció que se quedarían allí y fortificarían el edificio. Ahora, él era el líder *de facto* hasta que llegara el teniente Iván I. Náumov, comandante de su compañía.

Entretanto, Afanásiev presentó a Pávlov a sus hombres, ordenó al sargento de compañía Mujin que les diera de comer a todos y regresara a las trincheras de su compañía junto con el herido Nurmatov. Volviéndose hacia Pávlov, pidió al joven sargento que le mostrase la disposición del sótano y los pisos superiores. Inclinando la cabeza para salir de allí, caminaron hacia las ruinas del fondo del edificio, donde un joven soldado montaba guardia con un subfusil.

—Soldado Alexándrov —refirió claramente el guardia y, luego, contó de manera sucinta que había oído a unos nazis hablando en voz alta al otro lado de la plaza.

—Si ve algo, avísenos enseguida antes de abrir fuego —le advirtió Pávlov.

Afanásiev inspeccionó los pisos superiores y eligió los mejores lugares para colocar tanto su ametralladora pesada como sus fusiles antitanque. El sótano constaba de cuatro compartimentos aislados divididos por muros de carga. Sus ventanas funcionarían como aperturas para los cañones de las armas, con amplios campos de tiro. Además, el primer y el cuarto compartimento también tenían tabiques de madera. Las familias de los trabajadores especializados y funcionarios del Partido que habían vivido originalmente en este bloque de apartamentos antes de que la guerra llegase a Stalingrado habían almacenado allí sus posesiones; incluso ahora, había pertenencias civiles —como vajillas de metal y vidrio, y cajas de madera— esparcidas por los alrededores. Entre el segundo y el tercer hueco de la escalera, había una entrada especial al sótano desde la calle Solnechnaya y, allí, se encontraba una caldera de calefacción de la que salían tubos oxidados en distintas direcciones. Todas las secciones del sótano en el lado sur del edificio tenían pequeñas habitaciones aisladas, donde —según la leyenda y para sorpresa de Afanásiev— los ancianos, las mujeres y los niños se refugiaban de la tormenta de fuego.

Mientras que la pared del extremo oeste y la del norte miraban hacia la plaza, los cuatro accesos a la casa daban a la calle Solnechnaya. Por fuera, y también por dentro, esta ya se encontraba muy dañada —sobre todo, la parte occidental, que se había derrumbado— debido a los proyectiles de mortero y la artillería. No obstante, los forjados de las cuatro plantas permanecían intactos, cosa que garantizaba la solidez del edificio y hacía que Afanásiev confiase en que podría mantenerlo, incluso si los alemanes traían apoyo blindado. Desde el cuarto piso, no solo se podía ver la plaza, sino también las ruinas que había detrás. Cuando subió a la parte superior del edificio, Afanásiev comprendió, por fin, la razón por la cual el Cuartel General había concedido tanta importancia a la casa. Su posición estratégica en la línea de frente significaba que, ahora, era una cuña física en las posiciones alemanas y, como tal, un importante bastión táctico tanto dentro del sistema defensivo del regimiento como también de la división.

La visión elevada que ofrecía del Volga, con la orilla oriental en la lejanía y toda la ciudad rodeando la plaza, a unos cinco kilómetros en cualquier dirección, era una ventaja inestimable. Podían detectar con facilidad los movimientos alemanes y dirigir el fuego de los Katiusha y de la artillería con gran precisión. Al instante, Afanásiev se puso manos a la obra y estableció un equipo de observadores, uno de los cuales era el fusilero Terenti Illárionovich Gridin, de la 7.ª Compañía de Fusileros al mando de Zhúkov:

Desde el tejado de esta casa, era fácil observar las acciones enemigas en la ciudad y en el Mamáyev Kurgán. Por este motivo, el comando instaló un puesto de observación, [cuya señal de llamada era] «Faro», en el ático. Este mantendría comunicaciones con el molino número 4 [molino de Gerhardt] y el puesto de mando de las unidades de artillería del Transvolga.[8]

Satisfecho con su capacidad para defender su posición, Afanásiev regresó a la relativa seguridad del sótano con el objeto de informar a sus hombres, asignar sus posiciones y ordenarles rellenar las ventanas con ladrillos y cajas llenas de arena, establecer emplazamientos de tiro, tender cables de comunicación y preparar sus armas y municiones. A medianoche, el trabajo estaba terminado a su gusto y los hombres liberados del servicio se desplomaron para descansar.

El teniente primero Zhúkov había logrado adquirir un preciado bien en el nuevo sistema defensivo del regimiento y, ahora, necesitaba consolidarlo:

Ordené minar todos los accesos a la casa desde el lado enemigo con minas antipersona, y por donde pudieran pasar tanques, con minas antitanque. Cuando informé de las medidas tomadas al comandante del regimiento, el coronel Elin, este las aprobó de pleno, y, para concluir, señaló que la posición requería un jefe de mayor rango si se quería ampliar la guarnición y concederle una gran provisión de armas: «Con tu experiencia, Zhúkov, eres el responsable de esta casa».[9]

Zhúkov accedió, pero también convino en permanecer en el cuartel general de la 7.ª Compañía en el molino de Gerhardt para supervisar al batallón y asegurarse de que la nueva guarnición, que sobresalía del sistema defensivo existente, recibía apoyo. Al mando de esta, puso al teniente primero Náumov.

La historia aceptada de la Casa de Pávlov —la que he leído en las propias memorias de Pávlov y Afanásiev— describe la intensa batalla librada por el edificio. Conforme el tiempo se volvía más frío, la infantería alemana, a menudo apoyada por Panzer, asaltaba la casa a diario (en ocasiones, varias veces), intentando desalojar a los obstinados defensores. Se abalanzaban sin cesar sobre las ventanas inferiores y apartaban las barricadas, solo para ser recibidos por todo tipo de disparos —desde fulminantes ráfagas de ametralladora hasta escombros arrojados a mano— o eran repelidos con una pala afilada. En el aire, los Stukas ejecutaban bombardeos en picado que destruían la fachada y mataban a muchos de quienes integraban la guarnición; una vez, solicitaron fuego de artillería desde el otro lado del Volga para repeler un ataque en el último momento. Se dice que el propio Pávlov utilizó un fusil antitanque y disparó desde la azotea —a la que los Panzer no podían dirigir su cañón— contra el avance de los blindados y, así, destruyó hasta una docena durante el asedio. Resulta una pura película de acción, muy bien contada en las memorias de posguerra de Afanásiev; los testimonios y las cartas que leí en los archivos de la ciudad refieren lo mismo. ¿Es cierta esta historia? Nadie lo sabe con seguridad, pero, tras escudriñar los registros reales y diarios de combate de ambos bandos en liza, no he encontrado ninguna mención al asedio. Ni Paulus ni Chuikov lo mentaron en ninguna orden procedente de sus respectivos cuarteles generales y, desde luego, Paulus no tenía la casa señalada en ningún mapa operacional.

No obstante, lo que sí hicieron los defensores, junto con los de otras casas a lo largo del terraplén, fue amarrar la atención de una fuerza alemana bien atrincherada y aún muy activa, posicionada en torno al centro de la ciudad. Se produjeron continuos tiroteos y la guarnición se mantuvo ocupada, y estoy seguro de que Pávlov, veterano de combate como era, se halló en el centro de aquello. La ocupación por parte de la guarnición de un alto edificio que sobresalía de las líneas alemanas fue valiosa, ya que obligó al comando alemán a mantener una presencia más fuerte en una zona que pensaban casi sometida. Se excavaron en secreto túneles de comunicación y suministro que unían la casa con el molino de Gerhardt, donde se encontraba el cuartel general de la 7.ª Compañía, de modo que esta ofrecía una excelente posición estratégica al mando de la división para vigilar al enemigo y mantener a Chuikov informado de los movimientos contra el Mamáyev Kurgán. Se dice que tanto Rodímtsev como el coronel Elin, su comandante de regimiento, visitaron la Casa de Pávlov durante la batalla. Desde un punto de vista estratégico, ocupar la posición era importante para la estrategia operacional de la división, pero tal como veremos más adelante, el edificio asumiría una nueva identidad y desempeñaría un papel en una novedosa trama que, para las fuerzas soviéticas que luchaban por la supervivencia en toda la ciudad, fue mucho más significativo que la mera lucha por la casa en sí.

Capítulo trece

Problemas en el norte

Somos cazadores: venid a ver cómo trabajamos.

Lema de los tiradores del Ejército Rojo en Stalingrado

El temor y el sano respeto que las fuerzas del 6.º Ejército en la ciudad sentían por la habilidad del tirador soviético es una de las leyendas más famosas de la batalla de Stalingrado. A lo largo de la guerra, ambos ejércitos, tal como exigían sus reglamentos, contaron con excelentes francotiradores asignados a todos los comandos de infantería, pero, en Stalingrado, las ruinas bombardeadas crearon un paisaje perfecto donde tanto los fusileros alemanes como los soviéticos se camuflaron para ejercer su oficio. Más o menos igual que crearon la leyenda de los grupos de asalto, los soviéticos lograron que el aparato propagandístico del régimen mitificara a sus mejores tiradores. En algunos casos, su destreza para disparar desde grandes distancias o su número total de bajas se reinventaron para dar más fuerza a la historia. El efecto que esto tuvo en la moral alemana fue palpable y otorgó una ventaja psicológica a los rusos mientras la batalla seguía su curso en los meses de invierno. Con un 6.º Ejército que todavía dominaba la situación después de tres semanas de duros combates, Paulus buscaba ahora someter el sector norte de la ciudad, el último que aún no estaba bajo su control. En las próximas semanas, los últimos intentos de los alemanes por aplastar al 62.º Ejército verían nacer el culto al francotirador que se volvería una celebridad nacional. Tal como el escritor Ehrenburg exigió a sus lectores: «Si en un determinado día no has matado al menos a un alemán, tu día ha sido un desperdicio».[1]

Por su parte, el Gobierno no perdió mucho tiempo en fomentar este punto de vista; mientras, un creciente número de soldados del Ejército Rojo aceptó el reto de acumular bajas alemanas. Aunque se reconocieron los méritos de gente como Vasili Grigórievich Záitsev —el francotirador más famoso— y el tirador siberiano Alexánder Kaléntyev, su primer mentor, fueron muchos los hombres comunes del frente que decidieron poner a prueba sus habilidades con la esperanza no solo de matar al enemigo, sino de recibir un reconocimiento por ello. Esto tendría un efecto debilitante en el 6.º Ejército, precavido ya de los ataques nocturnos de los grupos de asalto rusos que comenzaban a operar en las ruinas. Ahora, los líderes de combate morían o resultaban heridos en mayor proporción que otros rangos, hecho que afectaba a la moral alemana no menos que al rendimiento en combate, tal como muestra el siguiente testimonio personal.

A finales de septiembre y tras sobrevivir a una infección palúdica contraída en Crimea, el unteroffizier Albert Wittenberg, que luchaba con la 50.ª División de Infantería, recibió órdenes de trasladarse a Stalingrado con tres compañías del Batallón de Zapadores 71. La unidad reforzaría la capacidad de combate de la 295.ª División, que había sufrido mucho en la lucha por el Mamáyev Kurgán. Estas tropas frescas serían bienvenidas, pues ayudarían a Paulus a penetrar en el Distrito Fabril y a tomar los asentamientos obreros junto a la acería Octubre Rojo.

La urgencia con la que se necesitaban más unidades de combate implicó que el batallón no viajase en vehículo ni en tren: esta vez, el transporte correría a cargo de la Luftwaffe. Aunque era un lujo comparado con la implacable marcha por las polvorientas carreteras sin asfaltar del avance durante el verano, a los hombres de la unidad de Wittenberg los invadía ahora una sensación de inquietud por lo que estaba por venir. Sabían que la lucha por la ciudad estaba siendo dura y sangrienta; claramente, se les necesitaba con urgencia en el frente. Wittenberg miró por la ventanilla de su Junkers Ju 52 de transporte:

Volar siempre ha sido mi sueño. Las circunstancias no eran muy agradables, pero, qué diablos, volaría, me dije. Incluso teníamos escolta, seis Messerschmitt Bf 109 volando a nuestro lado. El vuelo fue estupendo, se veía el mundo desde arriba. Los grandes bosques daban paso de manera gradual a interminables extensiones, la estepa rusa. [En comparación] con nuestra «Pequeña Alemania», qué insignificantes somos, pensé.[2]

El batallón llegó a una pista de tierra en Peskovatka, a unos cuarenta kilómetros al noreste de Kalach. La unidad desembarcó y entró en los camiones que la esperaban, y fue conducida a las afueras, al sudoeste, donde se encontraba el 4º Ejército Panzer. Los sonidos de combates esporádicos eran constantes, aunque los bombardeos solo se oían un tanto hacia el norte de la ciudad. Se alojaron en un antiguo edificio administrativo del Partido Comunista, uno de los pocos que quedaban en pie. No entrarían directamente en acción, sino que se aclimatarían a su entorno y esperarían las órdenes finales. Los días siguientes estuvieron repletos de charlas de veteranos de combate de Stalingrado —tanto de la 295.ª División de Infantería como de otras unidades de infantería—, que dieron consejos a los zapadores sobre los combates que iban a experimentar, y cuya seriedad magnificaba la importancia de las sesiones nocturnas donde los hombres se reunían para beber y distraerse de lo que se avecinaba. En particular, Wittenberg entabló amistad con un joven teniente que tocaba el piano y daba acompañamiento a los suboficiales, que cantaban una famosa canción de la época: «Deberías saber tocar el piano, así tendrías suerte con las mujeres».[3] Unas semanas más tarde, este oficial contribuiría a salvar la vida de Wittenberg.

Por el momento, con el sur de la ciudad barrido por una operación de limpieza, la 13.ª Guardia de Rodímtsev permanecía amarrada en el centro y Paulus miraba hacia el norte con la vista puesta en coger desprevenido a Chuikov y dividir al 62.º Ejército en dos en la orilla occidental, para luego aislar y destruir cada bolsa. Para ello, utilizaría los grupos de combate del LI Cuerpo en un ataque doble sobre la zona del Mamáyev

Kurgán y otro dirigido a la acería Octubre Rojo. Los recién llegados de Crimea se unirían a la 295.ª División para un ataque nocturno sobre la ciudad, planeado para el 1 de octubre. Después de tres semanas de intensos combates, tanto los mandos alemanes como sus hombres estaban aprendiendo a evitar convertirse en blancos fáciles de los francotiradores o de la artillería, posicionada al otro lado del Volga, gracias a su experiencia de lucha contra el Ejército Rojo en combate urbano. Tal como pronto aprendieron los neófitos de Crimea, hacía falta un nuevo método, según recordó Wittenberg:

Nos dieron algo así como un curso intensivo de lucha casa por casa; ya habíamos aprendido lo esencial en nuestra formación básica. Principalmente, se nos entrenó en el uso de explosivos, incluido toda clase de granadas de mano, minas, cargas concentradas de diferentes tamaños, cargas tubulares cargas estiradas, cargas cortantes y cartuchos explosivos. Lo hizo un sargento que nos dio trucos para sobrevivir mejor. Me aterrorizó por completo, no me podía imaginar aquello en absoluto.

El sargento dijo: «En la guerra casa por casa, no es la masa de soldados lo que cuenta para tomar una casa: necesito que la masa ofrezca protección contra el fuego. Para entrar por la puerta, solo necesito dos o tres hombres que tengan el valor suficiente para abrirla; entonces, saltan dentro. Y no penséis que allí podéis usar vuestras carabinas: solo se puede disparar una vez y, luego, ya solo sirve como palo si es que no estáis muertos para entonces. Los primeros en saltar allí tienen metralletas o granadas de mano, solo eso es útil. Si no disponéis de ninguna de estas armas, coged vuestra pala plegable e intentad golpear la arteria por debajo del borde del casco. Cualquier pequeña punta sirve para afilar los bordes».[4]

Así, el batallón se puso enseguida manos a la obra a fin de preparar el asalto; los hombres viajaban en pelotones para entrenarse al sur de Stalingrado, donde se dividían las casas en equipos de dos o tres hombres.

Hacia finales de septiembre, se los trasladó al norte y se instalaron en un almacén abandonado. Al cabo de cuarenta y ocho horas, se les informó de su objetivo y les ordenaron que preparasen el equipo. Luego, marcharon a su punto de partida, cerca de la línea de frente, con el Mamáyev Kurgán a lo lejos.

> Nuestra zona de agrupamiento era un barranco que descendía hacia el Volga. Habíamos llegado a nuestro destino y nos detuvimos. Había muchos soldados en el barranco. Nos dieron la orden de comer y luego pudimos descansar.[5]

Wittenberg se quedó estupefacto al ver a civiles rusos —que, obviamente, habían escapado de la batalla en la ciudad— que buscaban refugio en el desfiladero. Docenas de trozos de tela que ondeaban con la brisa revelaron varios agujeros artificiales excavados en la arcilla roja, uno o dos de los cuales dejó ver un rostro que miraba fijamente a la masa de soldados. La Luftwaffe sobrevolaba la zona con sus bombardeos y las explosiones rompieron el murmullo de los equipos de asalto que se preparaban para el ataque.

> Como siempre, caminábamos detrás del jefe de equipo, Emil, a mi lado, como era costumbre. Marchamos con cautela por el barranco y, al cabo de un rato, giramos a la izquierda y llegamos a las vías del tren. Estaba tan oscuro que apenas podías ver tu mano delante de tus ojos. A nuestra derecha, había un terraplén de ferrocarril que nos protegía; a la izquierda, la zona estaba cubierta de arbustos y arbolillos. De vez en cuando, se oían llamaradas detrás del terraplén y, luego, se veían los contornos sombríos de unos edificios que parecían viviendas.
>
> Continuamos por el terraplén y, poco a poco, nos acostumbramos a la oscuridad. Las bengalas seguían alzándose. El jefe de la tropa, un sargento mayor, dijo: «Los rusos hacen esto para interrumpir la comunicación entre las tropas. No miréis, porque después os quedaréis ciegos y no veréis nada».

Luego nos arrastramos por el terraplén y nos infiltramos en la ciudad. Algunas casas seguían del todo intactas, otras estaban completamente en ruinas, y muchas, a medio destruir. Había escombros por todas partes y estaba muy oscuro. Se encendió una bengala y a la luz vi una trampilla que se abría delante de mí, a menos de diez metros. Un soldado ruso lanzó algo en mi dirección y disparé por instinto. El soldado se metió de golpe en su agujero, al mismo tiempo que algo golpeaba mi casco y aterrizaba en algún lugar detrás de mí.

«¡Granada!», gritó alguien detrás de mí y, entonces, explotó. Un sargento saltó al agujero y lanzó una granada de mango dentro. Nuestro jefe de equipo volvió y dijo: «¿Hay algún herido? Cúbranse aquí y examínense unos a otros».[6]

Las esquirlas de la granada rusa habían alcanzado a Wittenberg, así como a otros tres miembros del grupo de asalto, no de gravedad, pero sí lo suficiente como para impedirles proseguir el avance, según explicó el jefe de equipo.

El jefe de equipo dijo: «Escuchad, no podemos quedarnos aquí mucho tiempo, los médicos os dejarán vendas y, luego, os curaréis los unos a los otros. Después, os quedaréis aquí en posición. Nosotros seguiremos adelante y, a la vuelta, os recogeremos. Hasta luego».[7]

Así las cosas, los cinco soldados heridos buscaron refugio en las cercanías. Wittenberg y su compañero descubrieron el sótano vacío de una casa en ruinas, donde pudieron evaluar sus heridas superficiales y permanecer ocultos a la espera del regreso de su equipo. Dos hombres tomaron posiciones en el sótano, mientras que los otros tres se refugiaron en un cráter de bomba cercano. Frente a su posición, había una pequeña plaza, y a cierta distancia, un edificio de varias plantas. Con la defensa razonablemente asegurada, pasaron el tiempo vigilando y escuchando el lejano sonido de la lucha, cada vez más intenso. A medida que transcurría la noche y sin señales de que su equipo de asalto regresara, se debatieron entre intentar volver a sus posiciones de partida o permanecer en sus agujeros. Si tenían que salir, debían hacerlo al amparo de la oscuridad.

¿Era aquella nuestra unidad? Pasaron las horas y nos turnamos en la guardia para que todos pudiéramos dormitar un poco.

—¿Dónde están? —dijo Emil—. Esperemos que no se olviden de nosotros. Antes de que amanezca, tenemos que salir de aquí. Sería mejor que huyéramos enseguida.

—No podemos hacer eso, ya oíste lo que dijo el jefe de sección —señaló el camarada del orificio lateral.

Al cabo de un rato, empezó a oscurecer. No venía nadie, todo estaba tranquilo, ya no se oía el ruido de la batalla.

—Eh, camarada, ¿cuánto más vamos a esperar? Vámonos, vámonos de aquí —dijo Emil.

El soldado de la trinchera contigua asomó la cabeza, pero, antes de que pudiera responder, sonó un disparo. Se oyó un ruido como de cacerola. Cayó hacia atrás, sin vida. Una bala le había rozado el borde del casco y, luego, le había impactado en la cabeza. Los otros dos soldados se agacharon, pero entraron en pánico.

—No os mováis —les dije.[8]

Presas del pánico por la repentina muerte de su camarada, los dos hombres que quedaban intentaron sacar su cuerpo del agujero y llevarlo al refugio del sótano. Dos nítidos disparos sonaron en rápida sucesión y abatieron a ambos hombres; demasiado rápido para un solo tirador. Wittenberg temió que entonces les disparasen desde dos posiciones distintas; ahora solo quedaban ellos dos. ¿Cuál debía ser su siguiente movimiento?

El camarada de Wittenberg intentó en ese momento evaluar el perímetro y ver por dónde podían moverse para intentar huir de la zona. Sonó otro disparo y cayó al sótano, con un tiro en el pecho, pero todavía respiraba. Wittenberg relató:

Le puse una venda sobre la herida y me arrastré hasta las escaleras del sótano. Respiré hondo unas cuantas veces y subí corriendo por ellas; una vez arriba, corrí de nuevo hacia el terraplén. Cuando casi lo había superado, noté un tremendo golpe en el muslo derecho. Sentí como si volara varios metros por el aire y aterrizase al otro lado del terraplén. «Ya está», pensé.[9]

Fue entonces cuando a Wittenberg se le unió un oficial, que había estado de patrulla y avanzado hacia el tiroteo, que se arrodilló a su lado. Aunque agonizante, Wittenberg le contó lo que había sucedido en las últimas horas, le habló de los francotiradores rusos y del compañero herido que seguía en el sótano. Wittenberg sangraba mucho por la herida y, a pesar de su objeción, el joven oficial ordenó a un integrante de su patrulla que atara el muslo del sargento con alambre para contener la hemorragia mientras lo recogían en una manta de lona. No sacrificarían a otro hombre volviendo a buscar al camarada herido de Wittenberg; necesitaban llevarle a un puesto de socorro. Tal como él mismo contó:

> No respondí: a pesar de todo, me alegraba de estar a salvo.
> Después de atarme la pierna con el alambre, me introdujeron
> en una sábana y me llevaron a un puesto de socorro. Fue un
> trabajo agotador y ayudé a mis salvadores tumbándome boca
> abajo y sosteniéndome con los brazos.[10]

Cuando llegó al puesto de socorro, recibió los cuidados básicos para evitar que se desangrara y una inyección de analgésico. Lo trasladaron a las líneas de retaguardia y lo colocaron en una ambulancia con destino al aeródromo más cercano. Wittenberg fue trasladado en un Junkers Ju 52 al hospital de campaña de Stálino, a 120 kilómetros de los combates. Una vez allí, hizo cola para que lo examinara un médico y, en función de la urgencia, lo eligieran para llevarlo al quirófano.

> Me llegó el turno enseguida y me empujaron a una antesala.
> Había sangre por todas partes, y en una esquina, miembros
> amputados. Separada de su poseedor, la pierna de un soldado

seguía dentro de una bota. Sentí náuseas y pánico. Un médico se acercó a mi camilla.

—¿Qué le pasa? —preguntó.

—Disparo en el muslo —respondió el paramédico—, ha perdido mucha sangre, debemos operarlo cuanto antes.

—Lo prepararán todo —me dijo el paramédico.

—Por favor, no me cortes la pierna —dije aterrado.

—Haremos lo que podamos, muchacho, no te preocupes —respondió el médico.

El hecho de que, en medio de todo este horror, alguien pudiera aún permanecer sereno y seguir siendo tan amable me impresiona incluso hoy en día. A partir de ahí, todo fue muy rápido, me anestesiaron con éter, luego, se volvió todo negro. Cuando abrí los ojos, lo primero que hice fue vomitar a causa del éter. No sabía dónde estaba. ¿Qué había pasado en realidad? ¿El francotirador? ¿Mi pierna? Estos pensamientos me pasaron por la cabeza. Mi mano se deslizó lentamente hacia el muslo. Todavía estaba allí, ¡qué suerte![11]

Unos días después, más hombres de su batallón llegaron al hospital. Wittenberg se acercó a ellos para pedirles noticias de su camarada y del oficial que lo había salvado, pero eran terribles. En el avance, su equipo de asalto había sufrido bajas: habían fallecido varios hombres, cuyos cadáveres se recuperaron unos días después. No obtuvo nuevas de su compañero herido de bala en el sótano y el oficial que, según dijo Wittenberg, lo había rescatado, había muerto en los continuos combates.[12]

Al igual que la destrucción de la unidad de Wittenberg en los días siguientes, los enfrentamientos por el distrito norte degenerarían en cruentos tiroteos localizados, ataques, contraataques y reyertas mano a mano que consumieron unidades enteras, pues los oficiales del Ejército Rojo eran muy conscientes de que no había otro lugar al que ir si no detenían el asalto alemán. Chuikov pronunció unas últimas palabras a sus comandantes para despedirse de ellos:

Hay que destruir al enemigo cueste lo que cueste. Como
enemigos de la Patria, fusilad en el acto a los soldados y comandantes que abandonen voluntariamente sus trincheras y
posiciones.[13]

Sin embargo, a pesar de las pérdidas y del implacable avance
de los alemanes en el Distrito Fabril, el 62.º Ejército consiguió
mantenerse en algo parecido a la orilla occidental, aunque, ahora, solo tenía unos cientos de metros de profundidad y el propio Cuartel General de Chuikov estaba sometido a constantes
bombardeos. A un nivel superior, la Stavka reorganizó, por fin,
la dirección de la campaña en una estructura más manejable,
dividiendo el Frente de Stalingrado en dos comandos: el Frente
del Don y el Frente de Stalingrado. Ambos se reforzarían con
las fuerzas de reserva preservadas más al este y, a este respecto,
Chuikov recibiría lo justo para seguir adelante. No obstante,
aquello contrastaba fuertemente con las apremiantes peticiones
de envío de tropas frescas para una ofensiva final que realizó
Paulus, rechazadas por el Alto Mando del Ejército. Se vio privado de medios con los que lograr un resultado positivo; entretanto, su artillería intentaba frustrar el flujo constante de tropas
frescas que llegaban a través del Volga a fin de bloquear todos
los avances de Paulus. Mientras ambos bandos contemplaban el
siguiente y, quizá, definitivo movimiento, se hizo un momento
de calma en el centro de la ciudad.

Capítulo catorce

El último asalto del 6.º Ejército: la operación Hubertus

Los bolcheviques atacan hasta la extenuación total y se defienden hasta el exterminio físico del último hombre y arma [...]. A veces, el individuo luchará más allá del punto considerado humanamente posible.

Das schwarze Korps (29 de octubre de 1942)[1]

En su discurso del 8 de noviembre dirigido a los viejos camaradas —leales al Partido, que habían estado con él desde el Putsch de la Cervecería en Múnich—, Hitler se jactó vilmente de que la caída de Stalingrado era ya inminente. Mientras celebraba el noveno aniversario de su llegada al poder, el Führer disfrutó de los aplausos y las risas. Parecía creer que su 6.º Ejército estaba a punto de asestar el golpe mortal al enemigo en Stalingrado y esto complació al público, escogido a dedo. Más adelante, en ese mismo discurso, llama la atención una frase en la que se refiere a las dudas que muchos en el país, y, posiblemente, en el Partido, sentían ante las pérdidas que se iban acumulando. El régimen podía manipular las noticias, pero no estaba en su mano ocultar el gran número de heridos que retornaban del este o los telegramas que llamaban a la puerta de las familias alemanas con la noticia del fallecimiento de un hijo o esposo. Para Hitler, tras el claro fracaso de la campaña estival, en aquel momento, el país necesitaba prepararse para la guerra prolongada que, tal como él sabía de sobra, les esperaba:

Tenemos adversarios. No podemos mostrar piedad hacia ellos. Al contrario, solo una cosa es posible: o caemos nosotros, o cae nuestro adversario. Somos conscientes de ello, así como lo bastante hombres como para mirar esta realidad a los ojos, fríos como el hielo. Y esto es lo que me distingue de esos caballeros de Londres y Estados Unidos; si exijo mucho del soldado alemán, no estoy exigiendo más de lo que yo mismo siempre he estado dispuesto a hacer.[2]

Lo cierto es que el ejército de Paulus estaba ya agotado por los continuos combates para tomar el Distrito Fabril, y los soviéticos no estaban en mejor forma: Chuikov alimentaba la bestia con todos los refuerzos que Yeriómenko podía darle sin trastornar la acumulación de fuerzas del general Zhúkov para la gran ofensiva que se estaba preparando en secreto. Desde principios de noviembre hasta el momento del discurso de Hitler, la ciudad en ruinas había permanecido en calma conforme los soviéticos trataban de predecir el siguiente movimiento y los alemanes preparaban su territorio recién ganado en el Distrito Fabril para la ofensiva final que, según esperaban, les daría la victoria. Paulus ocupaba ahora la mayor parte de los distritos sur y central de la ciudad, y tenía casi libertad de movimiento en la fábrica de tractores, la fábrica de armas de Barrikady y, al menos, la mitad de la acería Octubre Rojo; de ahí los alardes de Hitler. Los rusos aún se aferraban a los asentamientos obreros a lo largo del río y a la planta química. Ahora estaban tan cerca del río que Chuikov bromeaba diciendo que podía pender las piernas sobre el helado Volga. Ahora, la artillería concentrada en la ribera oriental era su as en la manga, que podía enviar andanadas letales y precisas sobre cualquier agrupación alemana que los observadores del 62.º Ejército detectasen en la ciudad. Los supervivientes que esperaban la ofensiva final estaban angustiados por los combates que se avecinaban, pero tanto Chuikov como su personal se aferraron a su creencia en la orden número 227 de Stalin: «¡Ni un paso atrás!».

Durante la batalla de Stalingrado, el deseo de matar parece haber llegado al paroxismo, tal como reveló Iván Vasíliev, jefe del Departamento Político del 62.º Ejército en Stalingrado: «Debo decir que no he visto ni oído ni me ha llegado información alguna de que los hombres del Ejército Rojo, en cualquier condición de batalla, mostraran cualquier piedad hacia los alemanes. Es más, aunque no hubiera nadie a quien clavar una bayoneta, apuñalaban a los muertos».[3]

Hasta cierto punto, las constantes peticiones del 6.º Ejército —que solicitaba el envío de tropas y blindados frescos— quedaron satisfechas cuando Hitler accedió a mandar cinco batallones de zapadores de asalto, expertos en combate urbano, armados con subfusiles, cargas y lanzallamas, a Stalingrado para la tarea que tenían por delante. Apoyándolos, estarían los ingenieros de combate, así como varias nuevas compañías de asalto fusionadas, que integraban tropas aptas para el combate procedentes de divisiones agotadas. Con la escasez de comandantes de batalla, el personal administrativo del 6.º Ejército mostró su preocupación por los pocos suboficiales que se presentaban como candidatos a la formación de oficiales: muchos de los hombres a los que se interrogó declararon que preferían no ir al frente como oficiales. También llegaron blindados de refresco: una docena de nuevos cañones autopropulsados muy potentes, perfectos para el asalto de casas, así como potentes obuses de 210 mm. Estos se complementarían con veintidós Sturmgeschütz III recién llegados con el objetivo de reemplazar las pérdidas del asalto anterior. En conjunto, se trataba de una fuerza dinámica, fuertemente armada y lista para el combate, lo bastante poderosa como para acabar con el 62.º Ejército.

El 11 de noviembre, la temperatura descendió todavía más y sopló un viento helado procedente del este. En pocas semanas, las aguas del Volga dejaron de ser aguanieve para convertirse en hielo flotante a la deriva; la fuerza de la corriente era tal que el río rara vez se congelaba. No obstante, por su propia naturaleza, la llegada de las condiciones invernales preocupaba a cualquier veterano del 6.º Ejército de 1941. Por su parte, Paulus había retrasado el ataque que se avecinaba con la esperanza de que el hielo fuera su aliado a la hora de impedir el reabastecimiento de Chuikov mientras el cruce se volvía peligrosamente inestable. Con todo y con eso, el Volga continuaba siendo una vía transitable a pesar de las operaciones de la Luftwaffe, que ahora eran contestadas por una resurgida fuerza aérea soviética. Conscientes de que las fuerzas alemanas se estaban concentrando para un nuevo asalto, las de Chuikov estuvieron ocupadas durante los últimos días en reconstruir sus líneas por la noche:

> En nuestra línea principal, había tomado forma una poderosa red de defensa fortificada. En un mes y medio —desde principios de octubre hasta mediados de noviembre—, se habían construido y equipado más de 150 blocaos y fortines, y más de 50 trincheras. Los zapadores habían colocado más de 10 000 minas antitanque y antipersona.[4]

Chuikov también ordenó a sus comisarios que acudieran a las posiciones de primera línea para mantener la disciplina: era consciente de que sus tropas estaban agotadas y se temían lo peor. Trajo entonces batallones de castigo (unidades formadas por soldados a quienes los tribunales del NKVD había declarado culpables de cobardía o mala conducta política) a los que dio las armas necesarias para cazar carros de combate.[5] Los defensores estaban muy necesitados tanto de alimentos como de suministros, y apenas les quedaba munición. Se enfrentarían al asalto de siete divisiones alemanas a través de un frente de cinco kilómetros con una defensa encarnizada.

Mientras ambos bandos hacían sus preparativos, los civiles que seguían atrapados en Stalingrado intentaban sobrevivir. La familia de Valentina Savélieva, de cinco años, había salido con vida de los bombardeos de agosto, de los múltiples ataques aéreos y de las descargas de artillería, hasta que su casa fue destruida en los combates de finales de octubre. Ahora, con la llegada del invierno, ella y su madre habían huido a un barranco cercano que daba al Volga. Así, recordaba:

Cuando cierro los ojos, veo que el Volga arde por el petróleo derramado. Cavamos agujeros en el barro para vivir; no trincheras, sino agujeros, como los de los animales de verdad. Pronto, se produjeron intensos combates en el interior del barranco. Los tanques alemanes iban de arriba abajo mientras las pilotos soviéticas lanzaban bombas sobre ellos y, por tanto, sobre nosotros. Todo ardía y oíamos el estruendo de los petardos y aviones. El momento más terrible fue hacia noviembre, cuando los alemanes irrumpieron por el barranco en dirección a la acería Octubre Rojo. Daba mucho miedo.

Al principio, nos quedábamos sentados en nuestros refugios, luego, nuestros padres salían a ayudar a los heridos, que tenían sus miembros descoyuntados. Vendaban las manos y las piernas, luego aparecía el personal médico y se los llevaba. Junto al Volga, había un hospital.

No había comida, solo el barro de la zona, que resultó tener un sabor ligeramente dulce. Comíamos barro y nada más que barro, y bebíamos agua del Volga. Mi madre descartaba los trozos de arcilla empapados en sangre, y después cogía el resto y lo filtraba con un trozo de tela.[6] (El azúcar de la arcilla la mantuvo con vida, pero no a su hermano pequeño, que murió de hambre y frío).

El 11 de noviembre, Valentina, junto con el resto de la ciudad, se vio sacudida por una sucesión de tremendas explosiones antes del amanecer, a las 3 a. m., cuando una repentina descarga preparatoria allanó el camino para la operación Hubertus: la nueva ofensiva alemana. La apuesta con la que Paulus pretendía destruir las últimas fuerzas del 62.º Ejército se convirtió en otra sangrienta lucha de toma y daca, en la que la resistencia soviética desgastó a los blindados y la infantería alemanes, a quienes infligieron importantes bajas. En la lucha por la que acabaría pasando a la historia como «isla de Liúdnikov» (en honor al coronel Iván Liúdnikov, comandante soviético), los supervivientes de su 138.ª División de Fusileros igualaron la actuación de cualquier unidad del Ejército Rojo en Stalingrado. La unidad se apresuró a cruzar el Volga a fin de impedir que Paulus tomara el asentamiento obrero de la Fábrica de Barrikady, defendiendo una franja de terreno de 700 por 400 metros rodeada en tres de sus lados, con solo el gélido Volga a sus espaldas. Todos los esfuerzos por socorrer a la división soviética atrapada fracasaron, pero mantuvieron su presencia mientras Chuikov embaucaba a los monitores de radio alemanes con llamadas falsas a Liúdnikov diciéndole que los refuerzos estaban en camino; en realidad, no tenía ninguno libre. En un momento del ataque, una unidad alemana se vio obligada a traer un cañón antiaéreo de 20 mm a fin de reprimir a los francotiradores soviéticos mientras la unidad realizaba múltiples asaltos para tomar una fortificación. Por su parte, los pelotones de zapadores alemanes condujeron a los defensores soviéticos a los sótanos, hicieron pedazos el suelo y vertieron gasolina sobre ellos antes de prenderles fuego. Una vez más, con el propósito de intentar cumplir los objetivos de la operación, los hombres quedaron empantanados en brutales tiroteos casa por casa, habitación por habitación y peleas a cuchillo. Para el 17 de noviembre, los remanentes de las destrozadas divisiones de Paulus se vieron obligados a detenerse una vez más, replicando en paralelo el fracaso en el Cáucaso del Grupo de Ejércitos A, que se había detenido a menos de 100 kilómetros de su objetivo: las instalaciones petrolíferas de Grozni.

Los 62.º y 64.º Ejércitos de Rusia habían cumplido con su deber y desangrado al Grupo de Ejércitos B hasta la extenuación a la par que se batían en retirada desde julio hasta el final de los combates en Stalingrado, el 18 de noviembre. Por cada baja en hombres y tanques sufrida por el Eje, el Ejército Rojo había tenido cinco.[7] Sin embargo, los rusos tenían la capacidad de soportar tales pérdidas y, además, se preparaban para asestar el mazazo que estaba a punto de golpear los debilitados flancos de su enemigo.

Parte V

La mayor victoria

Todo está cambiando. Y los alemanes, que se habían abierto camino hasta una calle en septiembre, que se habían instalado en bloques de apartamentos de la ciudad y bailaban al son de la ruidosa música de las armónicas, que habían caminado por la noche con antorchas y, durante el día, habían traído camiones cargados de munición, han tenido que esconderse en las ruinas de tierra y piedra.

Vasili Grossman, *Estrella Roja* (1 de enero de 1943)

Capítulo quince

«La Cannas del siglo XX»: la operación Urano

Los rusos ya no disponen de reservas dignas de mención y no son capaces de lanzar una ofensiva a gran escala.

Coronel general Kurt Zeitzler, jefe de Estado Mayor[1]

El 18 de noviembre, Chuikov recibió una llamada del Cuartel General de Yeriómenko en la que se le indicaba que esperase una orden especial a medianoche. Ni él ni su personal sabían nada de la nueva ofensiva, cuyo nombre en clave era operación Urano. Stalin, Vasilevski y Zhúkov se lo habían ocultado deliberadamente a los comandantes del Frente de Stalingrado para mantener el control de la operación y asegurarse de que los hombres seguirían luchando con intensidad. Más tarde, Chuikov declaró que tanto él como sus oficiales superiores tenían el «presentimiento» de que se avecinaba una nueva ofensiva:

Teníamos la sensación de que nuestro Alto Mando preparaba una gran ofensiva, pero no sabíamos exactamente dónde. Lo intuíamos desde principios de noviembre. Cada vez recibíamos menos ayuda. Antes, solíamos hablar con gente del Cuartel General de Frente todos los días, pero ahora todos habían desaparecido. Jrushchov no estaba aquí y Yeriómenko solo vino una vez.[2]

La Stavka seguía necesitando que los remanentes de los ejércitos de ambos hombres fueran el cebo en la trampa del general

Zhúkov para inmovilizar al grueso de las fuerzas alemanas en la ciudad y proporcionar mayores posibilidades de éxito a la contraofensiva. Chuikov ordenó a todas las unidades del 62.º Ejército que emprendieran ataques de sondeo a lo largo de su línea defensiva. La 13.ª División de Guardias de Rodímtsev realizó avances nocturnos desde sus fortificaciones en el distrito central con el objetivo de averiguar qué planeaban ahora los alemanes y si era posible recuperar algunos puntos estratégicos perdidos en los combates de las semanas anteriores.

Durante muchas semanas, Paulus y los oficiales de Estado Mayor del Grupo de Ejércitos B alemán habían observado, en ocasiones esporádicas, la acumulación de fuerzas soviéticas. Ya el 15 de octubre, se detectó un aumento de nuevas unidades contra el flanco norte del Grupo de Ejércitos B, pero se consideró una amenaza menor respecto de la que suponía el hecho de que, en otros lugares, los ejércitos soviéticos estuvieran convergiendo de manera notable. La inteligencia militar alemana indicó que era más probable que se llevase a cabo una ofensiva contra el 9.º Ejército del Grupo de Ejércitos Centro una vez pasadas las lluvias otoñales. No obstante, y a pesar de que estaba centrado en Stalingrado y se mostraba receloso sobre la verosimilitud de la amenaza, Hitler ordenó al coronel general Zeitzler que trasladara los refuerzos que custodiaban el canal de la Mancha y los reasignase para apuntalar el Grupo de Ejércitos B. En el momento en el que Paulus lanzaba la operación Hubertus en su ofensiva final para tomar la ciudad, todos los días llegaban informes al Alto Mando del Ejército que señalaban la presencia de nuevos ejércitos de tanques rusos frente a las posiciones del 3.ᵉʳ Ejército rumano y la repentina aparición de un nuevo Cuartel General de Frente (el Frente del Don), lo que indicaba una gran actividad, pero seguía sin haber atisbo de pánico. La inteligencia germana llegó entonces a la conclusión de que el panorama no era lo bastante claro como para evaluar de manera definitiva la posibilidad de un ataque inminente.

Desde su primera conversación con Stalin durante la crisis de mediados de septiembre, Zhúkov y Vasilevski ampliaron y perfeccionaron su operación. Mientras Paulus se abría camino a través de las defensas de Chuikov, los dos hombres rusos habían supervisado un incremento masivo de fuerzas blindadas y de infantería alrededor de Stalingrado. Desde las cabezas de ferrocarril soviéticas, situadas algunos kilómetros por detrás de la línea de frente, cientos de columnas tiradas por caballos apoyaban a 27 000 camiones —en su mayoría, de fabricación estadounidense— para crear los depósitos de combustible, munición y suministros necesarios destinados a sostener la nueva acumulación de fuerzas militares. Estas estaban compuestas por 4 ejércitos de tanques, 3 cuerpos mecanizados, 14 brigadas independientes de tanques y 3 regimientos de tanques, respaldados por 115 batallones Katiusha con más de 1 000 000 de hombres y una fuerza aérea soviética reconstruida de 100 000 aviones.[3]

Sería una fuerza abrumadora; los rusos habían aprendido por las malas de sus errores durante los dieciocho meses previos. El nivel de secretismo a la hora de organizar sus fuerzas y coordinar una ofensiva en dos frentes con infantería blindada en lo más profundo del territorio del Grupo de Ejércitos B fue de una concepción asombrosa. La noche en la que se informó a Chuikov de la ofensiva del día siguiente, un exasperado Paulus confiaba a un corresponsal de guerra en el cuartel general de la 389.ª División: «No sé qué me queda para luchar». El grito de socorro de Paulus casi resume cómo la relación del Alto Mando alemán con su comandante supremo había degenerado en paranoia y desconfianza; en comparación, la capacidad de Stalin para aprender de sus errores —que fueron unos muy costosos— había dado libertad a sus estrategas de más talento para aportar verdaderas soluciones que permitieran alcanzar la victoria estratégica.

Mientras tanto, en Moscú, el 13 de noviembre, Stalin ordenó finalmente a Zhúkov y Vasilevski que presentaran sus planes para la operación Urano a los atónitos, pero impresionados, miembros del Politburó y la Stavka, y que explicaran a todos los asistentes su plan de una ofensiva coordinada de todas las armas, así como la composición de cada unidad que la llevaría a cabo.

La operación Urano comenzó a las 7:20 de la mañana siguiente con la emisión de la palabra clave «sirena». El tiempo había empeorado y caía una intensa nevada sobre el suelo rocoso: eran las condiciones perfectas para los cientos de tanques T-34 que estaban a punto de lanzarse contra el flanco norte del 6.º Ejército alemán. Diez minutos más tarde, al norte de Stalingrado, las unidades de Chuikov, enterradas en las ruinas de la ciudad y que luchaban en lo alto del Mamáyev Kurgán, oyeron el lejano estruendo del comienzo de una ofensiva; era el poderío combinado de los 3500 cañones y morteros del 21.ᵉʳ Ejército y el 5.º Ejército de Tanques del general Nikolái Fiodórovich Vatutin. Mientras, las fuerzas del Frente del Don del teniente general Konstantín Konstantínovich Rokossovski lanzaron un feroz bombardeo de artillería de ochenta minutos contra el asediado 3.ᵉʳ Ejército Rumano. Tan pronto como los bombardeos terminaron de causar estragos en las precarias defensas del Eje —en muchos casos, simples trincheras excavadas en la helada estepa—, tanto la infantería como los tanques rusos entraron en una primera oleada a lo largo de un frente de 320 kilómetros para aprovechar los agujeros que hubieran podido abrirse. Al día siguiente, al sur de Stalingrado, los 51.ᵉʳ y 57.º Ejércitos soviéticos del Frente de Stalingrado del coronel general Yeriómenko lanzaron su propia ofensiva contra el IV Ejército rumano, que acababa de tomar el mando de los VI y VII Cuerpos rumanos. El asalto de Yeriómenko cubrió un frente de 200 kilómetros y, aunque no fue tan potente como la ofensiva del norte, tuvo el mismo efecto sobre las fuerzas del Eje a las que se enfrentó: terror absoluto, alguna defensa esporádica y, luego, una rápida retirada ante los blindados soviéticos.

El Ejército Rojo superaba a los rumanos en infantería por un factor de tres a uno, y estos últimos apenas disponían de capacidad antitanque adecuada para hacer frente a los T-34 que avanzaban a través de la niebla y la nieve hacia sus debilitadas posiciones. Al igual que en la anterior ofensiva de invierno ante las puertas de Moscú, los rusos utilizaron su caballería cosaca a fin de adentrarse en las líneas del Eje y capturar puntos estratégicos y depósitos de suministros, así como confundir y desconcertar al enemigo. A medida que avanzaban los ataques de flanco, el 64.º Ejército de Shumílov realizaba ataques locales alrededor de la propia ciudad para inmovilizar al IV Cuerpo alemán. Por su parte, el 62.º Ejército de Chuikov seguiría luchando tenazmente contra el grueso de las destrozadas fuerzas de Paulus por cada pedazo de terreno en los distritos central y norte.

Tal como temían Halder, Zeitzler, el comandante del Grupo de Ejércitos B Von Weichs y, ahora, el propio Paulus, había muy pocas reservas de infantería o blindados con los que poder evitar que los asaltos rusos se convirtieran en algo más serio. El peso de las fuerzas soviéticas rompió igual que una ola contra los ejércitos del Eje: aunque algunas unidades aisladas del Eje consiguieron mantener a raya al enemigo durante unas horas, la falta de defensas sólidas de los alemanes garantizó el avance final de los blindados de Zhúkov. La huida comenzó cuando los rumanos del norte abandonaron su posición: miles de personas huyeron hacia el oeste y el sur, en dirección a la ciudad. En medio de las gélidas condiciones atmosféricas, en las carreteras, se produjeron atascos con filas de rezagados asediados; cientos de vehículos abandonados; caballos muertos de un tiro, demasiado exhaustos para continuar, y cadáveres humanos por doquier. Durante todo ese tiempo, las fuerzas en retirada sufrían el constante pánico de que aparecieran más ataques enemigos de entre la niebla baja que envolvía los campos a su alrededor. En escenas que recordaban la desintegración del propio ejército imperial del zar Nicolás II de Rusia en la Gran Guerra, la disciplina de las fuerzas del Eje se desintegraba ahora bajo la presión y las propias reservas de Paulus no bastaban para contener la marea. El Ejército Rojo avanzaba a toda velocidad, encontrando de manera continua una feroz resistencia de unidades aisladas, a las que combatían y rodeaban si estaban blindadas, o solo eludían para que la segunda oleada se ocupara de ellas. Los cadáveres congelados se esparcían a su paso, tal como señaló un oficial del Ejército Rojo destinado en la ciudad:

Simplemente, sus ropas no eran apropiadas para el clima. [...] El invierno de 1942 en Stalingrado fue frío como ningún otro. Los lugareños decían que había sido el más frío en muchos años. También ventoso: cuando empezaban a soplar aquellos vientos de las estepas kazajas [...] esto es lo que nos poníamos: ropa interior normal, ropa interior térmica —de algodón, pero gruesa—; luego, una camisa-guerrera, después, unos pantalones normales, y encima, unos acolchados, una chaqueta acolchada de lana de algodón —los oficiales las tenían de lana de cabra o de oveja—, luego, un abrigo de piel de oveja y botas de fieltro sobre dos o tres capas de paños para los pies.[4]

Ahora, los dos bandos se encontraban en una carrera hacia el oeste: las fuerzas rusas para unirse, tal como estaba previsto, en la confluencia de los ríos Don y Chir, kilómetros por detrás de la línea de frente alemana original en el crucial nodo de transporte de Kalach; mientras, los alemanes intentaban movilizar las agrupaciones blindadas que podían a fin de intentar un contraataque local, todo ello microgestionado por Hitler. Semanas antes, se había excusado para regresar al Berghof, su casa en los Alpes bávaros donde —Guarida del Lobo aparte— pasaba la mayoría del tiempo. El 19 de noviembre, Paulus recibió la orden de cesar las operaciones contra Chuikov en la ciudad, y reunir las divisiones blindadas y de infantería de las que pudiera prescindir para salir de Stalingrado y salvar del colapso a su flanco izquierdo a medida que los ejércitos rusos se cerraban a su alrededor. Mientras esto ocurría, el resto del 6.º Ejército alemán adoptaría una postura defensiva. Sería una oportunidad perdida, ya que los Panzer alemanes se quedaron sin combustible antes de acercarse a su enemigo. La nueva ofensiva en el sur los cogió desprevenidos, ya que los VI y VII Cuerpos rumanos —que, supuestamente, apoyaban el flanco del 4.º Ejército Panzer— se dieron la vuelta y huyeron de los T-34 que se les echaban encima. En consecuencia, el 4.º Ejército quedó dividido en dos, y la mayor parte de él permaneció aislado en el cerco. No se trataba de una ofensiva local, sino de un terremoto estratégico por todo el sur de Rusia.

El hecho de recurrir a la *mashirovka* —el arte de la ocultación a través del camuflaje, el disfraz y el engaño— había protegido la escala y la ambición de los planes del Ejército Rojo. Durante la concentración, las tropas habían recibido órdenes estrictas de ser transportadas solo de noche y permanecer acampadas a cubierto durante el día para evitar llamar la atención de los aviones de reconocimiento de la Luftwaffe, comandados por Von Richthofen. Durante los últimos tres meses, perfeccionaron la técnica y, ahora, estaban haciendo pagar a los alemanes el precio por creer, de manera errónea, que los soviéticos seguían siendo incapaces de coordinar e implementar ofensivas múltiples. Los líderes alemanes se enfrentaban a una ofensiva de «tres frentes»: los rusos no solo pretendían rodear y destruir a Paulus en Stalingrado, así como envolver a todas las fuerzas del Eje extendidas en una delgada línea a lo largo de sus flancos, sino también cerrar la puerta al norte del Grupo de Ejércitos A, presionando para recuperar Rostov y controlar todo el Cáucaso. Se lanzarían, entonces, nuevas ofensivas contra el Grupo de Ejércitos Centro más al norte. Los sueños de Hitler de principios de verano yacían en ruinas, puesto que todo su ejército del sur parecía ahora abocado a quedar acorralado y destruido.

Así, los alemanes solo podían reaccionar con lo que tenían a su disposición. Desde un punto de vista local, el 6.º Ejército, atrapado en la helada estepa, se batió en amarga retirada hacia el este, de vuelta a la ciudad, apoyado por las unidades blindadas que Paulus pudo reunir. Hitler abandonó su refugio bávaro para llegar a su cuartel general en Prusia Oriental y, desde ahí, mantener conversaciones con el mariscal de campo Erich von Manstein —el hombre que conquistó Crimea con su 11.º Ejército—, sobre cómo estabilizar todo el frente y aliviar al Sexto Ejército de su previsible cerco. El Grupo de Ejércitos A tendría que retirarse de sus posiciones meridionales para formar una nueva línea defensiva segura y ser rebautizado como Grupo de Ejércitos Don. La cuestión principal era si el 6.º Ejército de Paulus podría aguantar y luchar mientras se organizaba e implementaba un relevo eficaz a través de los más de 160 kilómetros de territorio enemigo.

Dos días después del lanzamiento de Urano y con Hitler instalado en Prusia Oriental, las agrupaciones blindadas rusas se dirigieron hacia su objetivo de Kalach a fin de sellar el destino del 6.º Ejército. En el Cuartel General de Paulus, su personal se apresuró a destruir documentos en medio del sonido del lejano fuego de la artillería rusa en su avance. Se marcharon a tiempo de su base en Golubinski, justo en el momento en el que los T-34 aparecieron en el horizonte, y Paulus voló unos treinta kilómetros hacia el sudoeste para asentarse en Nizhne-Chirskaia, donde ya tenía la intención de establecer su cuartel de invierno. Cuando llegó, le esperaba un comunicado de Hitler con instrucciones claras sobre los pasos que debía seguir: «El comandante en jefe se dirigirá con su Estado Mayor a Stalingrado. El 6.º Ejército formará una posición defensiva completa y esperará nuevas órdenes». Una segunda orden vino poco después: «De ahora en adelante, aquellas unidades del 6.º Ejército que permanezcan entre el Don y el Volga se llamarán "Fortaleza Stalingrado"».[5]

La mañana siguiente, Paulus recibió una visita antes del amanecer: era Hoth, del 4.º Ejército Panzer. Ambos hombres hablaron del continuo flujo de señales que llegaba de las unidades del Eje repartidas por la estepa, todas luchando a la desesperada y en medio de una gran confusión para escapar de los blindados rusos que aparecían de la nada; era similar a la cuasicatástrofe de Moscú del diciembre anterior. Además, llegaron informes acerca de que los tanques soviéticos habían tomado sin oposición el vital cruce a las afueras de Kalach y los alemanes se enfrentaban en aquel momento a la conclusión inevitable: estaban rodeados. Ahora, la nueva línea de defensa a la que se replegaron los cinco cuerpos alemanes y sus aliados ante el ataque medía, aproximadamente, cincuenta y seis por treinta y dos kilómetros. Siete ejércitos soviéticos, que totalizaban noventa y cuatro divisiones, rodeaban ahora a veinte divisiones alemanas (catorce de infantería, tres divisiones Panzer y tres motorizadas), lo que quedaba de tres divisiones rumanas y un único regimiento de infantería croata. El general Zhúkov y el coronel general Vasilevski creían que el éxito de Urano había dejado entre 85 000 y 90 000 soldados del Eje atrapados en el cerco, pero, en realidad, eran cerca de 320 000 hombres con en torno a 100 tanques, 1800 piezas de artillería, 10 000 vehículos y 23 000 caballos. Aunque los soviéticos tardarían días en darse cuenta del tamaño de la bolsa alemana que ahora tenían que aplastar, para Paulus y Hoth, así como para sus respectivos comandantes, la magnitud de su aprieto era demasiado evidente.

Por su parte, Paulus creía con fervor en la cadena de mando. A diferencia de Von Reichenau, su predecesor, este comandante del 6.º Ejército no era de los que tomaban la iniciativa, tal como le recordaban algunos de sus oficiales de mayor rango cuando discutían la mejor manera de proceder. Ajeno a las discusiones similares que estallaban en el interior de la Guarida del Lobo de Hitler, el general Von Seydlitz-Kurzbach —jefe del LI Cuerpo de Paulus— intentó entonces forzar la situación, animando a sus propios comandantes de división a tomar las medidas necesarias y preparar a los hombres para una escapada hacia el oeste. La 94.ª División de Infantería tomaría la iniciativa en el noreste del nuevo perímetro, con la esperanza de que pudiera instigar un efecto llamada a otras agrupaciones y una marcha a gran escala hacia el sudoeste. Al llegar la noche, las unidades de la división empezaron a quemar todos los suministros y equipos, y a volar los depósitos de municiones. Luego, desalojaron sus bien construidas posiciones frente a una división del 66.º Ejército soviético, cuyos soldados quedaron atónitos ante el ardiente resplandor que llegaba desde el otro lado de la helada estepa. Atrapada en campo abierto, la 94.ª División fue atacada sin piedad y prácticamente destruida por las fuerzas de Chuikov. Al conocer la noticia, Hitler creyó que Paulus era el responsable cuando, en realidad, no tenía ni idea de la insubordinación de su comandante de cuerpo. El Führer dio ahora el primer paso para sellar el destino del 6.º Ejército al emitir una orden directa según la cual «el 6.º Ejército adoptará la defensa en erizo. [...] Los actuales frentes del Volga y del norte se mantendrán a toda costa. [...] Recibirán suministros por aire».[6]

Mientras Paulus asimilaba y daba posterior cumplimiento a la orden, en el Cuartel General de Hitler, se debatió durante todo el día cuál sería la decisión final: ¿luchar o huir? Al principio, sus altos mandos, como Zeitzler, lo habían convencido de que una huida era la única opción para salvar al 6.º Ejército, al que le quedaban tan solo seis días de suministros para defenderse. Cuando Zeitzler estaba seguro de que su argumento había ganado al Führer, contempló cómo Hermann Göring declaraba que la Luftwaffe lograría lo imposible y abastecería al cercado Paulus las quinientas toneladas de provisiones que, según se estimaba, necesitaba por día para sobrevivir. ¿No había funcionado esto el invierno anterior cuando el 9.º Ejército estaba atrapado en Demyansk?[7] Por lo que parecía, la falta de aviones adecuados, las condiciones meteorológicas y la creciente amenaza de la Fuerza Aérea soviética no entraban en los planes de Göring. Un Zeitzler colérico se enfureció ante esta temeraria promesa y citó en su favor estadísticas y cifras que socavaban las afirmaciones de Göring, pero, a pesar de ello, Hitler se puso de parte de su viejo aliado. Buscarían en los teatros de operaciones suficientes aviones y pilotos para emprender esta tarea, explicó Hitler unas semanas más tarde a su cabizbajo jefe de Estado Mayor, cuando empezaba la ofensiva de rescate de Von Manstein:

> En general, he tenido en mente una cosa. [...] No debemos abandonar [Stalingrado] ahora bajo ninguna circunstancia. No volveremos a ganarla. Sabemos lo que significa [...] imaginar que se puede lograr una segunda vez, si nos retiramos y dejamos el material tirado, es ridículo. No pueden llevárselo todo. [...] Lo que no se saque a motor se quedará atrás. [...] No podemos reemplazar esas cosas que tenemos allí. Si renunciamos a eso, renunciamos a todo el significado de esta campaña. Imaginar que vendré aquí otra vez es una locura. Ahora, en invierno, podemos construir una posición de bloqueo con esas fuerzas. [...] No volveremos aquí una segunda vez. Por eso, no debemos irnos de aquí. Además, ya se ha derramado demasiada sangre para eso.[8]

A pesar de estar ahora de acuerdo con la directiva de su Führer de formar una defensa en erizo, Paulus seguía enfrentándose a disputas internas con sus propios oficiales sobre lo que debía o no permitírseles hacer para salvar la situación. Von Seydlitz-Kurzbach, el comandante del LI Cuerpo, telegrafió a Paulus:

El [6.º] Ejército se enfrenta a una clara disyuntiva: avanzar hacia el sudoeste […] o enfrentarse a la aniquilación en pocos días. […] A menos que el Mando del Ejército revoque inmediatamente su orden de mantenerse en posición de erizo, es nuestro deber ineludible para con el Ejército y el pueblo alemán aprovechar la libertad de acción que nos niega la orden actual y aprovechar la oportunidad que aún existe en este momento para evitar la catástrofe y atacar nosotros mismos. Está en juego la aniquilación completa de 250 000 combatientes y de todo su equipo. No hay elección.[9]

Tras los límites de sus posiciones bien atrincheradas en la ciudad, la 71.ª División había empezado a seguir lo que su comandante de cuerpo había ordenado en un principio a la 94.ª División: aprestarse a la fuga. En la relativa protección que ofrecía el complejo penitenciario del GPO, donde se encontraba su regimiento, el teniente coronel Roske se las ingenió para escribir a su esposa sus pensamientos sobre la crisis en curso:

Mi querida y buena Bärbel:

Nosotros, todo el 6.º Ejército, estamos cercados por los rusos y los refuerzos están aislados. En el norte y en el sur, los rusos se abrieron paso entre los rumanos con grandes tanques y, al parecer, [los rumanos] en parte, se pasaron al enemigo y, en parte, regresaron en tromba, completamente destrozados. Después de habernos enterado de estos asaltos, el general nos convocó a una reunión, diciendo: «La situación es grave, muy grave». Nos explicó la pura verdad, a saber, que el Führer deseaba abrir un periodo de consultas hasta las 07:00 del día siguiente (24 de noviembre) para decidir si Stalingrado debía ser evacuado y que nuestras tropas se pusieran en marcha, o si debían quedarse y resistir. Mientras tanto, había que hacer todos los preparativos para que nuestras fuerzas pudieran movilizarse. Lo que ocurre es que teníamos algunos de nuestros caballos muy atrás —donde ahora están posicionados los rusos—, en las llamadas «Zonas de Recuperación», debido a las dificultades para alimentarlos en la ciudad; tenemos mucha ropa de invierno, munición, provisiones de alimentos, equipo para la lucha invernal…, pero poner todo ese peso en camiones iba a ser difícil, por no hablar de que fuera tirado por caballos.

Las noticias y el aumento de los rumores lo volvieron todo más difícil. Pronto recuperé la compostura y le dije al general [Von Hartmann] cuánto tiempo nos quedaba [a la 71.ª División de Infantería] de provisiones. Ya habíamos horneado nuestro primer pan. Habíamos vuelto a montar el molino y traíamos trigo del antiguo almacén de grano. Yo tenía experiencia en esto desde los combates del invierno anterior en Rusia.

Además, todavía teníamos suficientes caballos para sacrificar. Por lo tanto, era posible que tuviéramos que permanecer y defender nuestra posición, y esperar a que fuera posible abrirse paso. Por supuesto, también se discutió la posibilidad de la evasión y de hacer planes en este sentido.

El personal administrativo de la división, los oficiales y los operadores de radio, etcétera, quemaron toda la correspondencia escrita, las órdenes y los archivos. Los caballos que aún están sanos fueron llevados a nuestras posiciones; los vehículos, carros, equipos y artículos personales tendrían que permanecer aquí si pretendiéramos irnos. Se emitieron órdenes en caso de tener que abandonar nuestras posiciones actuales y se exploraron las rutas de regreso. La probabilidad de volver a la retaguardia «era del noventa por ciento», nos dijeron.

A todo el mundo le resulta horrible la idea de desmantelarlo todo y destruir las provisiones. Hay que tener una disposición fuerte para acostumbrarse a este pensamiento. Uno necesita algo de humor negro y cinismo para que te ayuden a superarlo. Ahora no puedo escribir más, tendré que ponerme al día en otro momento.

Tu marido,
Fritz[10]

Con la difusión de la última directiva de Hitler, los oficiales y hombres, al igual que el resto de sus compañeros del 6.º Ejército, sabían ahora que permanecerían allí hasta que Von Manstein los rescatara; así, el telegrama de este último que Paulus recibió en el Cuartel General del 6.º Ejército indicaba que:

Asumirá el mando el 26 de noviembre. Haré todo lo que esté en mi mano para socorrerlo. Mientras tanto, es imperativo que el 6.º Ejército, mientras mantiene el Volga y el frente norte en cumplimiento de las órdenes del Führer, forme fuerzas para, si es necesario, despejar un canal de suministros hacia el sudoeste. Manstein.[11]

Pronto se difundió la noticia: «Manstein kommt!» ('¡Viene Manstein!') y Roske volvió a escribir a su mujer para contarle las novedades:

Entonces (a mediodía): «La evasión no es probable». En la reunión de comandantes en el sótano del almacén, recibimos el liberador mensaje de radio: «¡El Ejército permanecerá y defenderá la posición!». La alegría de nuestros corazones al oír esto nos mostró el peso que esta abrumadora situación había estado ejerciendo sobre todos nosotros. De vuelta a la prisión, durante la comida, nos sirvieron una botella de champán, en copas pequeñas, para que hubiese bastante para todos. Pude, con voz temblorosa, dar las gracias al Führer y expresar nuestra promesa de que defenderíamos la posición y resistiríamos.[12]

Mientras el 6.º Ejército se disponía finalmente a organizar una defensa eficaz de su bolsa, en el distrito central de la ciudad, tanto la 71.ª División de Infantería alemana como la 13.ª División de Fusileros de la Guardia rusa permanecían enzarzadas en combates esporádicos. De nuevo, se producirían duros enfrentamientos para controlar, entre otras zonas estratégicas, la plaza del Nueve de Enero y una trágica serie de acontecimientos diezmaría la guarnición de la Casa de Pávlov.

Capítulo dieciséis

La lucha sin cuartel

Cada casa [de Stalingrado] se ha convertido en una fortaleza inexpugnable. [...] Los defensores de Stalingrado luchan por cada casa, granero y jardín. Toda casa se ha convertido en una posición de fuego. Los defensores de Stalingrado obran milagros de valentía, dedicación y lealtad hacia y por la patria.[1]

Una vez que la operación Urano había dado sus frutos con el exitoso cerco al ejército de Paulus, Chuikov necesitaba mantener la presión sobre su atrapado enemigo: los alemanes que, ahora, se apresuraban a reevaluar sus posiciones dentro de su bolsa o *Kessel* ('caldero'), tal como se conocería, a algunos kilómetros de la ciudad. En el interior de Stalingrado, la lucha se calmó hasta cierto punto cuando los remanentes del 62.º Ejército de Chuikov se atrincheraron tras el asalto final al distrito norte. Por su parte, más refuerzos cruzaron el Volga para alimentar los últimos reductos en torno a la franja de terreno donde los soviéticos habían luchado contra los alemanes hasta frenarlos. Las unidades de Rodímtsev, que seguían enfrentándose a un enemigo fuerte y motivado en la parte central de Stalingrado, recibieron la orden de atrincherarse allí donde estuvieran, mantener la línea a lo largo de las calles que los hombres habían tomado y garantizar que su posición estaba fortificada a fin de contener cualquier incursión enemiga. A pesar de la escasez de efectivos, Rodímtsev recibió instrucciones de mantener contenidos a los alemanes del centro y asegurar el cruce principal del río a través del embarcadero central. Al otro lado de sus líneas, las 71.ª y 295.ª Divisiones de Infantería del LI Cuerpo alemán hacían lo mismo mientras esperaban noticias sobre lo que realizaría el 6.º Ejército: ¿luchar o huir? Entretanto, en el lado ruso, se debían tomar decisiones estratégicas en relación con los imponentes edificios —ahora fortificaciones— que los alemanes controlaban y que casi dominaban el terraplén central; había que eliminarlos. La pequeña guarnición de Afanásiev en la Casa de Pávlov también entraría pronto en acción.

Utilizando las unidades que pudiera de los 42.º, 39.º y 34.º Regimientos —el que estuviera más cerca del objetivo designado—, Rodímtsev continuaría la tarea de intentar expulsar a los alemanes de los bastiones que habían mantenido durante más de dos meses. A estas alturas, al igual que las propias defensas rusas, el enemigo había fortificado fuertemente sus posiciones con campos de minas, alambradas de espino y emplazamientos de tiro bien construidos que proporcionaban claros ángulos de tiro que, entrelazados, cubrían todo el frente. Era un hueso increíblemente duro de roer. Los guardias de Rodímtsev se habían visto obligados a perfeccionar sus técnicas de asalto por las malas, a base de ensayo y error, lo que acabó costando muchos hombres.

Tras intentarlo en numerosas ocasiones, habían logrado tomar y mantener varios edificios, pero los contraataques y la artillería alemanes los rechazaban de manera constante. Los grupos de asalto soviéticos también habían adolecido de falta de moral para continuar un ataque cuando su líder moría. Cada vez que esto pasaba, los supervivientes perdían la concentración y retrocedían, por lo que, al quedar atrapados al descubierto o con el flanco expuesto, sufrían más bajas. Además, estaba el problema de no reforzar enseguida lo ganado en el asalto inicial, lo que también permitía que los alemanes respondieran. Todas estas cuestiones debían resolverse, y lo harían, pero no antes de un nuevo asalto desastroso, esta vez, contra la Casa de Pávlov.

La noche del 24 de noviembre, el teniente Afanásiev descolgó el auricular en la Casa de Pávlov y oyó la voz del comandante de batallón Zhúkov: «¡Iremos a visitarlos! Advierta a los hombres, tendrán trabajo que hacer». Media hora más tarde, llegó Zhúkov con su lugarteniente Náumov; el teniente primero Alekséi A. Dórojov, comandante del pelotón de ametralladoras de la compañía; el comisario Avagímov y el subteniente Alekséi Anikin, que estaba al mando de la pequeña guarnición en la «Casa de Zabolotni», a unos cientos de metros. Detrás de ellos, los seguían unas dos docenas de soldados fuertemente armados. El grupo bajó al sótano, donde las nuevas tropas de asalto se sentaron a descansar en una habitación contigua mientras Zhúkov discutía con sus oficiales el ataque que se avecinaba.

Los ingenieros abrirían caminos a través del campo de minas y, después, practicarían brechas en las alambradas que Afanásiev había colocado semanas antes para, en un principio, proteger la casa. Zhúkov reunió a sus oficiales alrededor de la mesa de mapas y, delante de ellos, colocó un diagrama de la plaza del Nueve de Enero y señaló con el dedo un edificio familiar para todos aquellos hombres, quienes habían acabado por odiarlo: la «Lechería», guarnecida por la 295.ª División alemana y situada justo enfrente de las posiciones rusas al otro lado de la plaza. La noticia electrizó tanto a los oficiales como a los hombres: toda la guarnición de la Casa de Pávlov pasaría a la ofensiva. Por primera vez en casi dos meses de lucha ininterrumpida, iban a abandonar el lugar que habían hecho habitable.

La Lechería había sido un objetivo formidable y letal desde que el propio Rodímtsev ordenó su captura. Al igual que la Casa de Pávlov, era un excelente punto de observación desde el que la artillería alemana podía disparar con precisión sobre el Volga y el Mamáyev Kurgán. En sus memorias, el teniente Afanásiev relató que, desde su posición en lo alto de la Casa de Pávlov, tenía una vista a vuelo de pájaro de las cercanías de las fortificaciones del propio 42.º Regimiento ruso a su espalda; a su izquierda y derecha, podía observar los diferentes edificios que se alzaban como centinelas, vigilando las líneas de su división. Las fuerzas alemanas, incluida la 71.ª División de Infantería, habían reforzado fuertemente los edificios y, con el cerco, se reforzaban aún más:

Teníamos nombres en clave para todos los edificios cercanos: «la Lechería» —llamada así por el color de sus paredes exteriores—, la Casa en Forma de L, la Casa de los Ferroviarios, la Casa Voentorg, la Cervecería, etcétera. Algunos edificios llevaban nombres de comandantes: a la izquierda, no muy lejos de nosotros, estaba también la Casa de Zabolotni.[2]

En la mañana del 25 de noviembre, el grupo de asalto atacó: atravesó con rapidez la plaza, saltó de cráter en cráter mientras la artillería soviética lanzaba una descarga en su frente e inmovilizó a los defensores alemanes en sus refugios a la vez que el equipo de Náumov avanzaba. Pronto cayeron sobre ellos y expulsaron a los alemanes con granadas y fuego de ametralladora, pero, entonces sobrevino el desastre. El edificio recibía entonces más fuego de un contraataque alemán y los morteros tocaban tierra en torno a la posición recién ganada por los rusos. Los hombres de Náumov buscaron cualquier refugio que pudieran encontrar en medio del intenso bombardeo, pero, con horror, descubrieron que, a diferencia de la gran mayoría de los edificios ocupados durante la batalla, la Lechería no tenía sótano. Ahora, estaban atrapados allí, sin poder retirarse con seguridad y mientras los atacaba la infantería alemana, que lanzaba granadas de mango a través de los agujeros ennegrecidos y carentes de ventanas. Con todo y con eso, la guarnición de Náumov rechazó varios ataques durante el día y la noche. A la mañana siguiente, los alemanes trajeron una pieza de artillería que voló las paredes y obligó a los supervivientes a buscar protección bajo las escaleras intactas de la casa; la situación era desesperada. Náumov se apresuró a cruzar la plaza para informar al Cuartel General de su situación, pero fue abatido y murió, y el coronel Elin ordenó la retirada. Más miembros del equipo de asalto fallecieron mientras corrían para ponerse a cubierto: el teniente Afanásiev y el sargento inferior Pávlov estaban heridos cuando alcanzaron la seguridad de la línea del regimiento. La plaza quedó sembrada de cadáveres mientras ambos bandos seguían disparando fuego de supresión. Al anochecer, las hostilidades se calmaron. La mayoría de los hombres de la Casa de Pávlov que se habían aventurado a salir habían muerto. El propio sargento Pávlov fue trasladado con una grave herida en la pierna, el teniente Afanásiev regresó a duras penas con múltiples heridas superficiales y lo que parecía neurosis de guerra. El coronel Elin ordenó al teniente Dragan, recuperado de su dramática huida durante la primera semana de combates, tomar el mando de la 7.ª Compañía.

Mientras se intensificaban los combates por los demás edificios de la zona de operaciones de la 13.ª División de Guardias, en el bando alemán, el teniente coronel Roske, del IR 194, se encontraba en el ojo del huracán. Tal como muestran las cartas que envió a su esposa, el combate fue intenso:

Stalingrado, 24 de noviembre

Desde anteayer, los rusos intentan irrumpir en mi flanco izquierdo. Durante la noche, penetraron en dos de las casas [fortalezas] más grandes, la «Alex» y la «Escuela». En la «Alex», entraron por las zonas derrumbadas del sexto piso; mis hombres permanecieron en la planta baja y en el sótano. En la «Escuela», los rusos estaban en el último piso y parte de la planta baja; nosotros permanecimos en la planta baja y en el sótano.

A pesar de este caos, «Me aventuré valientemente con mis sentidos»,[3] ordené que me trajeran más hombres y un PAK e hice que las partes del edificio en manos de los rusos fueran hechas pedazos.[4] Ordené volar los lugares donde los rusos estaban por encima de nosotros. Utilizamos granadas todo el rato. Los rusos resistieron otras doce horas después de haber rechazado varios de nuestros ataques. Tuvimos que lanzar cargas de explosivos de cinco kilos por las ventanas. Como esto seguía sin funcionar de la manera que esperábamos, pedí ayuda al otro edificio, que se unió a mis hombres para abrir agujeros en las paredes contiguas y atacar por ahí. Era casi imposible proteger a los artilleros, a los que rápidamente habíamos intentado adiestrar en nuestras tácticas de asalto. No podían seguir el ritmo, no entendían del todo la situación, y era difícil infundirles fuerza y mantener su moral con toda la sangre y la muerte que nos rodeaba.

Stalingrado, 25 de noviembre

Aquella tarde, la casa «Alex» se derrumbó y se convirtió en escombros. Los rusos intentaron incendiar las partes que quedaban, lo cual [no se dieron cuenta de que] también nos interesaba a nosotros; no los molesté aquel rato, pero no lo consiguieron. Luego, intentamos limpiar [de rusos] el lugar donde estaban las ruinas de la escuela —que aún nos había protegido parcialmente el día anterior—; para ello, nos servimos de tres asaltos separados, todos los cuales tuvieron un éxito parcial. Estábamos atrincherados frente al enemigo cuando este atacó mi flanco izquierdo con ochenta ametralladores, que fueron rechazados. En este infierno, los hombres cumplen con su deber día y noche sin protección, la comida es pobre y no hay tiempo para descansar ni posibilidad de ello. Anoche, llevé a la «Escuela» chocolates y cigarrillos para todos, que había guardado para cuando la situación pudiera volverse más desesperada. Durante toda la noche, los rusos todavía intentarían rodear nuestras posiciones y capturar la Escuela. Debían, sin duda, tomarla, y nosotros teníamos que aferrarnos a lo que teníamos.

Mi comandante de batallón tuvo entonces que volver otra vez [desde su puesto de mando]: dos de sus comandantes de compañía habían caído, los únicos que había tenido en el frente. Para sustituirlos, ascendí a dos oficiales subalternos, ambos grandes muchachos. Ordené al comandante del batallón que integrara él mismo a los refuerzos que esperábamos que se nos unieran.

Mientras tanto, hice correr las noticias sobre el panorama general entre los hombres: ¡La mayoría de los campamentos base aún están bajo nuestro control! Y los depósitos de suministros, también.

Los tanques rusos atacaron la Escuela y nuestra base de Primeros Auxilios. Dejamos que se acercaran y pusimos minas sobre sus orugas. Tuvimos que emprender una ardua lucha para repelerlos. Todo mi regimiento combate ahora hacia el oeste. Por este motivo, ayer recibí a un artillero de la compañía, que ahora, sin artillería, caballos ni vehículos, pertenece al IR 194. Hacia adelante, los frentes que miran hacia el sur, oeste y norte permanecen inmóviles. Han estado llegando refuerzos de la Luftwaffe. El 6.º Ejército recibió un anuncio por radio de Von Manstein: «¡Aguantad! ¡Os enviaré a muchísimos de los vuestros!». Dondequiera que cuente esta historia, el ambiente se llena de entusiasmo.

Stalingrado, 26 de noviembre

Pronto iba a amanecer. Estaba durmiendo cuando mi ayudante, Hindenlang, me informó: «Los rusos siguen ocupando la Escuela». Hago planes para volver a tomarla. Mi principal preocupación es: ¿están también en los sótanos? Doy la orden de formar una patrulla de asalto: la fuerza de reserva de nuestro regimiento, incluyendo también a los músicos del regimiento, a quienes, en los últimos días, se ha enseñado a disparar como es debido. Llamé al capitán Münch (comandante del 3.er Batallón) para que la dirigiera. Más tarde, informo [al general de división Von Hartmann] de que el puesto de combate E y las ruinas de la Escuela están [de nuevo] en nuestras manos. Los rusos han dejado muchos muertos tras de sí, y ningún prisionero. En las últimas treinta y seis horas, se han perdido cuatro oficiales y el ayudante del 3.er Batallón (el teniente Koch) está herido de gravedad. (Dirigió el asalto al puesto de combate E). Mi comandante del parque móvil (el teniente Willig, una persona extremadamente joven), permanecerá ahora como comandante de la guarnición de la Escuela.

Ahora, mi principal preocupación es cuidar de mi gente y encontrar la manera de mantenerlos calientes. La Escuela está ahora en ruinas. Hago inspeccionar los sótanos para ver si todavía se puede entrar allí, si todavía se pueden calentar. Hubo que deshacerse de los rusos muertos. Eran las 09:00; en cinco horas, oscurecerá de nuevo. Los zapadores empiezan a construir nuevas defensas para preparar un contraataque, de modo que, al anochecer, nuestras posiciones puedan quedar protegidas. Los zapadores se ponen enseguida a trabajar en la construcción de defensas de alambre de espino, porque, en los últimos días, hemos podido trabajar aquí dentro. Las ruinas de la fortaleza «Alex» necesitan personal a fin de proteger a los obreros. Se construyen terraplenes a nuestro frente, etcétera, con el objetivo de establecer una posición defensiva más fuerte, así como ofrecer cierta protección contra el frío. ¿Funciona alguna chimenea? ¿Hay municiones? Guardar y racionar, distribuir, racionar. El ruso está obligado a volver por la noche.

Más tarde, voy a inspeccionar el puesto de combate E, donde se encuentran mis nuevos soldados de infantería de artillería, y, luego, paso revista a los hombres de la Escuela. Su alivio [a mi llegada] es evidente. La artillería rusa nos obliga a buscar refugio, pero los hombres deben poder ver a sus compañeros para no sentirse abandonados. Todos los oficiales deben dar consejos a sus hombres y generar confianza para que tengamos éxito. Es mucho lo que hay que hacer para ayudar, averiguar los problemas y resolverlos.

En definitiva, Bärbel, eso es lo que significa luchar. Es un trabajo de hombres. Duro, pero bueno. Conseguiremos nuestro objetivo.

Tu viejo soldado y esposo
Tu Fritz

En la primera semana de diciembre, cuando el mariscal de campo Von Manstein se disponía a lanzar su ofensiva de rescate para el 6.º Ejército (la operación Tormenta de Invierno), Rodímtsev seguía presionando a sus comandantes para que capturasen posiciones alemanas. Tras el fracaso de la incursión en la

Lechería, se estaban adaptando a lo que se les exigía y a la mejor manera de conseguir resultados. Las unidades del 42.º Regimiento del coronel Elin serían las elegidas para la siguiente tarea dedicada a despejar las posiciones enemigas que dominaban la plaza del Nueve de Enero y sus adyacentes: la Casa en Forma de L y la de los Trabajadores Ferroviarios, ambas formidables fortalezas que dominaban el terraplén central. Rodímtsev codiciaba, en particular, la captura de la Casa en Forma de L, ya que servía como principal centro de operaciones para el sector alemán y, como tal, estaba fuertemente fortificada.

Así, se designaron ambas casas como objetivo prioritario de captura. Elin y sus oficiales de inteligencia habían pasado días analizando los errores cometidos por sus grupos de asalto y la mejor manera de reorganizarlos a fin de garantizar el éxito. La inteligencia y el reconocimiento se mejoraron explorando de antemano los objetivos previstos, intentando comprender el plan de fuego del enemigo e ideando soluciones para neutralizar a los alemanes: cavar trincheras cerca de los objetivos, cortar los enlaces de comunicación, buscar puntos ciegos para atacar y utilizar fuego de supresión. Ahora, llevar a cabo un ataque a la luz del día parecía la mejor opción a fin de garantizar que los grupos de asalto y el fuego de apoyo desde atrás estuvieran bien coordinados, pero los hombres tenían que cruzar y enfrentarse al enemigo con rapidez, así como apresurarse a pedir refuerzos con el objetivo de mantener lo que hubieran tomado.

Los hombres del coronel Elin habían intentado dos asaltos por túnel, que habían fracasado al calcular mal dónde estaba el edificio en poder de los alemanes y quedarse cortos. Ahora no dejarían nada al azar, según relató él mismo:

> Los cuarenta mejores individuos fueron asignados al grupo de asalto. Iban armados con tres granadas y un cuchillo cada uno y ocho crampones con cuerdas, uno para cada ventana del segundo piso del edificio. Además, el grupo estaba reforzado con ocho lanzallamas, uno por cada emplazamiento de tiro enemigo. Seis zapadores se unieron a ellos con explosivos. Irían en la segunda oleada junto a un grupo de apoyo de

setenta y cinco hombres con cuatro ametralladoras pesadas. El 32.º Regimiento de Artillería apoyaría con fuego concentrado. Para suprimir y destruir los puntos de tiro alemanes en la casa, se asignaron cañones de 76 mm y fusiles antitanque que apuntarían a una posición específica. Cuando se produjo el asalto, los guardias tomaron rápidamente la Casa de los Ferroviarios y la mantuvieron con éxito.

Elin concluye diciendo que:

Podría decirse que el asalto fue clásico. Durante el asalto propiamente dicho, el grupo no perdió ni una sola persona, las pérdidas fueron insignificantes durante la batalla en el edificio y el grupo de apoyo sufrió pequeñas pérdidas: varias personas resultaron heridas. La guarnición alemana fue capturada.[5]

Ahora bien, el asalto y la lucha por la Casa en Forma de L serían más intensos. Los soviéticos lograron entrar y expulsar al enemigo de las diversas habitaciones y de los pasillos de sus seis plantas: los alemanes retrocedieron, pero no fueron desalojados de su último reducto en el extremo norte del edificio, y defendieron el sótano con atrevimiento. El ingenio que se había inculcado al grupo de asalto ruso le hizo colocar 250 kilos de explosivos en el muro principal que protegía a los defensores alemanes y volarlo por los aires, lo que derrumbó un extremo de la casa. La aturdida infantería alemana retrocedió tambaleándose hasta sus líneas o se rindió cuando irrumpieron los guardias. Aquella fue una victoria notable en medio de los muchos y costosos fracasos que habían sufrido los rusos.

Mientras los comandantes de Rodímtsev planeaban nuevas operaciones —la mayoría de las cuales acabarían en tablas—, en la ciudad y en las posiciones defensivas periféricas del *Kessel*, todas las miradas alemanas se volvieron con optimismo hacia el sudoeste. La operación Tormenta de Invierno estaba a punto de desatarse.

Capítulo diecisiete

Se acaba la esperanza: Navidad en el *Kessel*

Él [el mariscal de campo Von Manstein] es el mejor táctico y comandante que tenemos.

Mariscal de campo Wolfram Freiherr von Richthofen

Quizá Hitler perdió la única oportunidad que podría haber salvado al ejército atrapado de Paulus en la primera semana del cerco: retirar al Grupo de Ejércitos A del Cáucaso e iniciar una ofensiva hacia el Volga para abrir un enlace plausible con la intención de rescatarlo. No obstante, en aquel momento, el deseo de vencer en el Cáucaso y la creencia de que la Luftwaffe podía abastecer al 6.º Ejército lo habían llevado a la superflua y casi inútil decisión de dar luz verde a los esfuerzos de Von Manstein para rescatar a Paulus y a sus hombres con su recién designado Grupo de Ejércitos del Don. La fuerza que Von Manstein reunió nunca estuvo a la altura de la tarea de romper el dominio que los frentes rusos reforzados tenían ahora a muchos kilómetros al sur y al oeste de Stalingrado. En teoría, la operación Tormenta de Invierno parecía viable siempre y cuando las fuerzas a disposición de Von Manstein estuviesen al completo y la Luftwaffe pudiese garantizar la supremacía aérea. Sin embargo, tan solo la 6.ª División Panzer —trasladada desde Francia— contaba con hombres y material frescos (Hitler había prometido cuatro a Von Manstein) mientras que la otra estaba mermada en hombres y máquinas. Además, el clima era atroz; el terreno, duro, y el enemigo, implacable y bien reforzado, a pesar de que Hitler juzgaba que esto solo era así sobre el papel y que, sin duda, tales unidades debían haber quedado despojadas de su fuerza desde que se inició el cerco.

El 12 de diciembre, tras iniciar la operación con un breve bombardeo de artillería para romper las defensas soviéticas de primera línea en un área localizada, el ángulo de ataque de la fuerza de socorro de Von Manstein tomó, al principio, al oponente por sorpresa. Los blindados alemanes avanzaron desde el punto más alejado del ejército asediado de Paulus hacia el frente suroccidental de los soviéticos. Por su parte, los rusos esperaban un asalto frontal allí donde la línea del frente alemán estaba más cerca de Stalingrado. Al adoptar este enfoque más largo, las fuerzas de Von Manstein ganaron terreno el primer día; la Stavka se vio superada y sorprendida por la rapidez con la que los alemanes habían organizado una operación de socorro. Sin embargo, en veinticuatro horas, las fuerzas germanas se toparon con una resistencia rusa más consistente. El mariscal de campo Von Manstein pidió más apoyo a Zeitzler, su jefe de Estado Mayor, pero Hitler se negó cuando se hizo evidente que los soviéticos estaban a punto de asaltar su debilitado flanco izquierdo, guarnecido por los restos del 8.º Ejército italiano. El Führer, acompañado por Zeitzler en la mesa de situación, señaló la ciudad junto al Volga: «No podemos, bajo ningún concepto, renunciar a ella. No la volveremos a tomar. Y sabemos lo que eso significa. Si renunciamos a ella, sacrificamos todo el sentido de esta campaña. El hecho de imaginar que volveré allí una próxima vez es una locura».[1]

Y, en efecto, fue una locura. La operación Tormenta de Invierno continuó durante cuatro días; hizo progresos, pero no los suficientes para el coste en hombres y material que implicaba, aunque, para entonces, Hitler había accedido a apoyar a Von Manstein con otra división motorizada. Los alemanes consiguieron situarse a menos de cincuenta y seis kilómetros de su Sexto Ejército una semana después de iniciada la ofensiva, pero la debilidad de las fuerzas de Paulus era tal en cuanto a falta de combustible para maniobrar que Von Manstein sabía que sería imposible abrir y mantener un corredor para socorrerlo:

tendrían que salir ellos mismos. Por ende, envió un mensaje a Paulus sobre su nuevo plan, la operación Trueno, para que el 6.º Ejército se deshiciera de su equipo, llevara solo lo que pudiese transportar y saliera al encuentro de sus rescatadores, que traían reabastecimientos. Sin embargo, sin que lo supieran los comandantes de la bolsa, Hitler prohibió el plan, tal como relató el teniente coronel Roske del IR 194:

> Bajo un sol radiante y un cielo cristalino, visité un puesto de observación de artillería situado en la azotea de un edificio de varias plantas sobre el Volga. Miré por los prismáticos hacia el enemigo, más allá del río Volga. Me paré en seco varias veces, porque creía oír el estruendo de los cañones a lo lejos. Le dije al artillero que debía de estar librándose un combate de artillería a nuestras espaldas. Ordené que hicieran un agujero en el techo y pedí que colocasen allí el anteojo. Además del estruendo, ahora podíamos distinguir las inconfundibles nubes de las explosiones. Tenía que ser el 4.º Ejército Panzer, dirigido por Hoth, que atacaba desde el sudoeste y venía a socorrernos.
>
> Un aire de alboroto nos recorrió, ya que ahora esperábamos que nos rescatasen. Sin embargo, me desconcertaba por qué nosotros, el Regimiento 194 o, de hecho, todo el 6.º Ejército, no estábamos involucrados en esta lucha, cayendo sobre las espaldas de los rusos que ahora se enfrentaban a Hoth. Ya no éramos especialmente móviles, pero ¡de qué no habríamos sido capaces con tal de salir de este *Kessel*!

Roske llamó febrilmente al cuartel general de la división para averiguar dónde estaba la columna de socorro y qué planes había para su salida:

> Mis consultas telefónicas a la división me permitieron conocer que nuestras suposiciones habían sido correctas, pero que no se sabía nada de ninguna participación por nuestra parte. Nos llevamos las manos a la cabeza con incredulidad: no sabíamos si éramos nosotros o el Alto Mando el que no

estaba en sus cabales. Desde el punto de vista táctico, la decisión más obvia era iniciar la evasión cuando se produce un ataque de socorro y esta posibilidad se estaba, sencillamente, ignorando. El combustible solo iba a durar unos treinta kilómetros a las tropas. No obstante, el 4.º Ejército Panzer estaba a cincuenta kilómetros de distancia. ¿Nadie tuvo siquiera la idea de ser valiente o de transferir el combustible de unos tanques a otros, dejando atrás los vacíos? Al final, el 4.º Ejército Panzer tuvo que ceder, después de que lo hubieran rodeado por todas partes. Y, con esto, nuestra última esperanza de rescate se había esfumado, aunque probablemente no nos dimos cuenta con tal claridad en aquel momento. Para nosotros, ahora la prioridad era inmovilizar al enemigo durante el mayor tiempo posible hasta que muriéramos de hambre o de frío, o nos mataran a tiros.[2]

A través de un sistema de telecomunicaciones de alta frecuencia recién instalado, Paulus y Von Manstein conversaron sobre las posibilidades de éxito de la operación Trueno, así como de los planes que debían ponerse en marcha si el Führer lo permitía. Tanto Paulus como el teniente general Arthur Schmidt, su jefe de Estado Mayor, confesaron que sus posibilidades eran escasas si los soviéticos ofrecían una dura resistencia. Esto obligaría a las asediadas tropas a luchar en la estepa helada por falta de combustible para sus vehículos, aún a kilómetros de la seguridad de las fuerzas blindadas alemanas. Ambos hombres reconocieron que, para el 6.º Ejército, sería una sentencia de muerte que Trueno no siguiera adelante. Una vez que los soviéticos lanzaron su asalto al flanco norte izquierdo de Von Manstein, amenazando con rodear a sus tropas, este se vio obligado a retirarse el 23 de diciembre a posiciones defensivas cerca del río Don.

Durante los días siguientes, el Ejército Rojo del Frente del Don, bajo el mando del teniente general Rokossovski, planeó despedazar al 6.º Ejército poco a poco, creando bolsas en miniaturas, embotellándolas y destruyéndolas de manera sistemática. A medida que los efectos de las gélidas temperaturas y la reducción del suministro de alimentos surtían efecto, múltiples bombardeos de artillería y asaltos de blindados e infantería comenzaron a exprimir la vida de las fuerzas de Paulus. En particular, la 71.ª División alemana habría de proporcionar unidades *ad hoc* para tapar huecos en la línea y estabilizar las defensas que protegían el ala sur del *Kessel,* alojar al propio Paulus una vez que él y su Estado Mayor decidieran, finalmente, trasladarse a lo que quedaba del centro de Stalingrado, y negociar algún tipo de rendición. En el centro de estos acontecimientos, estaría el teniente coronel Roske.

Conforme se acercaba la Navidad de 1942 y con toda esperanza de rescate ya perdida, tanto Roske como su personal del IR 194, al igual que muchos comandantes de campo alemanes atrapados en el *Kessel,* trataron de mantener a la unidad ocupada con el objetivo de mantener la moral. Para todos los soldados alemanes en el frente oriental —sobre todo, aquellos que trataban de sobrevivir en el sur de Rusia—, el recuerdo del hogar lo impregnaba todo en esa época del año. El personal de Roske intentó distraer a los hombres, tal como relata en sus memorias inéditas:

> Recurrí a algo conocido y apreciado por mis hombres: el Auxilio de Invierno del Pueblo Alemán. Encargué al regimiento una donación especialmente alta. ¡Qué resultado! En solo dos días, se recaudaron 43 000 *Reichsmarks.* Nunca antes había hecho campaña a favor del *Winterhilfswerk,* pero aquí la empleé como otra balsa a la que podían agarrarse las mentes de mis soldados, lo que puede atestiguarse por la enorme cantidad que donaron.[3] Además, había que levantar el espíritu de los hombres, destacando nuestros planes futuros para las batallas que se avecinaban, y organizando comida y decoraciones especiales para Navidad.

Por su parte, los restos de la división de Von Hartmann estaban firmemente instalados en sólidas posiciones al sur de la Estación de Ferrocarril número 1, con el desfiladero del Tsaritsa actuando como barrera natural para su flanco. En preparación para el invierno ruso, cada unidad había construido profundas

Las vías del tren destrozadas, así como las locomotoras y los vagones dañados, fueron el resultado de los incesantes bombardeos de artillería y ataques aéreos alemanes que precedieron al avance de la 71.ª División de Infantería para intentar capturar la estación de ferrocarril n.º 1 el 13 de septiembre de 1942.

trincheras al abrigo del barranco que, además de estar bien mantenidas, disponían de sistemas de comunicación subterráneos y buenas líneas de suministro. Los hombres de Roske también habían dedicado tiempo a transportar toneladas de trigo desde los silos de grano del sur de la ciudad para que los auxiliares rusos lo molieran y lo convirtieran en pan en la panadería improvisada que habían construido en el regimiento alemán. Asimismo, la división contaba con una fábrica de jabón para ayudar a los soldados en su constante lucha contra los piojos, así como con un matadero que abastecía a las tropas la carne que se pudiera encontrar y preparar. Los alemanes de la zona la conocían como «Hartmannstadt».

Las fuerzas de la agrupación que todavía quedaban ocupaban ahora una posición privilegiada en el centro de la bolsa y los hombres de Roske convirtieron varios edificios situados en las esquinas de su perímetro —como los grandes almacenes Univermag, la prisión local del NKVD y la Casa de Baños— en minifortalezas conectadas por trincheras y túneles de comunicación. A pesar de que las unidades de Roske no recibieron ataques directos, se enzarzaron en constantes escaramuzas con los grupos de asalto del Ejército Rojo en el flanco izquierdo de su línea de frente, donde otra división estaba siendo asaltada. El patrón de combate urbano de los rusos no había cambiado desde finales de septiembre: buscaban siempre aprovecharse de la reticencia del enemigo a entrar en combate durante las horas de oscuridad, tal como recordaba un sargento:

> Por la noche, realizaban continuamente incursiones de asalto que nosotros repelíamos con grandes pérdidas para el enemigo. Durante el día, los rusos lanzaban ataques al amanecer o al anochecer. Antes del ataque, su infantería abría fuego con armas pesadas, artillería, morteros y lanzagranadas. Estos ataques nos infligieron grandes pérdidas. Luego, los rusos atacaban con lanzallamas, destruían nuestros nidos de ametralladoras e intentaban abrirse paso. Si encontraban un hueco en la defensa —normalmente allí donde todo el mundo estaba fuera de combate—, se precipitaban de inmediato por él y había que hacerlos retroceder con un contraataque. Por lo general, nadie dormía por la noche, durante el día dormían por turnos: una hora para dormir y otra para vigilar.[4]

Se acercaba la Navidad y los hombres de la división de Von Hartmann intentaban arreglárselas como podían. El soldado Willi Jettkowski, del IR 191, recordó el surrealista encuentro que tuvo cuando traía suministros del aeródromo de Gumrak:

> Conduje con nuestro trineo [improvisado] hasta el aeródromo. El Ju 52 llegó al aeródromo, que estaba sometido a disparos y lleno de agitación. Era Nochebuena. Había nevado una vez más. Y entonces los vimos: árboles de Navidad. Los descargaron del avión y arrojaron a un camión. Al llegar al Ju 52, cogí uno.
>
> —¡Eh, tú! —me llamó alguien—. ¿Qué se supone que estás haciendo?
>
> —¡Orden del general de división Von Hartmann! Conseguir un árbol de Navidad para el puesto de mando —respondí con igual rapidez.

Rodeado por los soviéticos y a días de rendirse, Von Hartmann fue condecorado por Paulus con la Cruz de Caballero.

Ese truco siempre funcionaba. Echamos al trineo las bolsas del puesto con nuestro número de puesto de campaña y añadimos algunas provisiones. Luego, nos pusimos en marcha de nuevo en dirección al desfiladero de Minina-Tsaritsa, donde se encontraba nuestro batallón junto a la orilla del Volga.

Lo que había sido la típica aventura de un soldado en busca de provisiones en el aeródromo se convirtió, de repente, en un problema de mayor envergadura o al menos eso pensó él:

Ante nosotros, apareció el terraplén del ferrocarril al sur del desfiladero del Tsaritsa. Giramos a un lado y nos detuvimos frente al puesto de mando. Salió el general Von Hartmann, con la cruz de caballero al cuello. Hizo un gesto con la mano para que nos detuviéramos. Descargamos las dos bolsas del puesto para la unidad. Luego, el general se sentó a nuestro lado en el trineo y continuamos hacia el batallón. Cerca, detrás del terraplén de la vía férrea, que aquí formaba una curva, estaba la caseta del puesto de mando.

Aunque disfrutó de un bienvenido respiro en medio de los constantes bombardeos, Jettkowski resultaría herido a las pocas horas por la artillería soviética y sería evacuado en avión al día siguiente.[5]

El estado de ánimo del general de división Von Hartmann se ensombrecía a medida que las conversaciones que mantenía tanto en el seno del LI Cuerpo como con otros comandos se centraban en discutir lo que harían los soviéticos a continuación para expugnar la bolsa. El día de Nochebuena, mientras bebía *Schnapps* fuera de su alojamiento, meditaba con el general Max Pfeffer, comandante del IV Cuerpo, a la par que ambos miraban el despejado cielo nocturno:

> Consideradas desde el punto de vista de [la estrella] Sirio, las obras de Goethe no serán más que polvo dentro de mil años y el 6.º Ejército no será más que un nombre que ya nadie conocerá.

Frente a las posiciones del IR 194 de Roske, los soviéticos aparcaron un camión con un gran altavoz en el techo. En pocos minutos, los defensores de las posiciones avanzadas del regimiento pudieron oír con claridad canciones navideñas alemanas. Entre las canciones, una voz en alemán los apelaba: «Venid aquí. ¿Queréis volver a casa sanos y salvos? Para eso, tenéis que venir».

El día de Navidad, la nieve cayó en copos gruesos y pesados, y la ciudad quedó cubierta por una opresiva nube gris. Los centinelas alemanes y del Ejército Rojo se vigilaban mutuamente desde sus respectivas ruinas, intentando cubrirse lo mejor posible del cortante viento mientras las temperaturas descendían más allá de los veinticinco grados bajo cero. Ya no se podía enterrar a los muertos alemanes porque, además de que el suelo estaba demasiado helado, el hambre había debilitado a los vivos. Sin embargo, la nieve los libró de aquella tarea y los cadáveres se amontonaron junto a los sótanos y las trincheras como montones de leña. En los altavoces soviéticos, la música navideña había dado paso a un mensaje nítido, pero brutal: «Cada siete segundos, muere un soldado alemán en Rusia. Stalingrado es una fosa común». Dicho mensaje se reforzaba mediante el sonido de un reloj que tocaba cada siete segundos.

Hasta Año Nuevo, Roske recibió cinco veces la orden de desplazar de aquí para allá un batallón de una compañía a fin de estabilizar una situación que se desmoronaba en su flanco izquierdo o derecho conforme las líneas del *Kessel* retrocedían poco a poco. Sencillamente, tanto individuos como unidades enteras —o lo que quedaba de ellas— empezaron a desaparecer en la vorágine de los combates, tal como él mismo relató:

> Nunca volvimos a ver esos batallones. Una de aquellas veces, tuve que entregar un batallón al capitán Hindenlang, puesto que no disponía de más oficiales que pudieran haber dirigido responsablemente una tropa.[6] Con el corazón en un puño, tuvimos que separarnos. Después de muchos días, creyendo que habíamos perdido a Hindenlang y al batallón, de repente, se presentó ante mí. Llevaba un sayo blanco de camuflaje, ametralladora y cartuchera, y parecía demacrado hasta decir basta. El saludo: un coñac al que siguió otro. Habían desplegado a Hindenlang en el frente sudoeste junto con sus tropas. Habían combatido y estabilizado las incursiones enemigas con una frialdad gélida. Al final, un asalto ruso tuvo éxito cuando se agotó la munición de su batallón a pesar de que las unidades del Ejército Rojo atacaban sin ninguna formación táctica, más bien en una masa revuelta, corriendo en dirección a una bandera roja. Aquí y allá algún alemán con munición seguía disparándoles. Hindenlang asaltó un nido de ametralladoras ruso, le quitó el arma al atacante ruso, le dio la vuelta al arma y le disparó. Para que Hindenlang pudiera disparar de nuevo, un oficial alemán de la Luftwaffe que estaba junto a él se ocupó de reponer los cartuchos en el cinturón de la ametralladora hasta que estos se acabaron. Sin sentido, inútil, sin munición, sin comida y con los miembros

congelados. A pesar de todo, quería volver al regimiento y llegó a través de un aeropuerto en el que cargaban a los heridos en unos aviones que mantenían los motores en marcha para despegar de inmediato.[7]

Igual que ocurrió con algunos combatientes a lo largo de la guerra, quienes habían abandonado su unidad madre sentían, por cualquier motivo, la necesidad de volver. Hindenlang era uno de ellos, tal como le confió a Roske en el cuartel general del regimiento:

> Tras el tiroteo final con los soviéticos, Hindenlang se sentó en una caja de raciones y observó cómo se retiraban. Un piloto se acercó, se sentó y habló un rato con él. El oficial de la Luftwaffe lo instó a volar con él para no perecer aquí. Hindenlang se negó, diciendo que debía volver a su regimiento. Vino aquí y, hasta el amargo final, fue un modelo de oficial valiente, siempre con una rectitud ejemplar, tanto si combatía como si estaba prisionero. En enero, ya era imposible para nuestro Ejército detener las irrupciones del Ejército Rojo. El *Kessel* se reducía cada vez más.

A pesar de todos los intentos por aliviar la mente de los hombres del estrés mental y físico de los combates, de las gélidas condiciones meteorológicas y de los menguantes suministros, la realidad dio origen a actos desesperados, tal como describió, después de la guerra, el capitán Münch, uno de los comandantes de batallón de Roske:

> En Nochevieja, mis propios comandantes de compañía vinieron a verme y me dijeron que, puesto que todo esto ya no tenía sentido [...], ¿no deberíamos pegarnos un tiro todos juntos? Discutimos durante toda una noche entre nosotros lo que debíamos hacer. Y, al final de esta discusión, quedó claro que, mientras hubiese soldados bajo nuestro mando, no teníamos ningún derecho moral a suicidarnos.[8]

Por otro lado, los combates en la estepa al oeste de la ciudad resultaron más feroces, ya que las unidades alemanas —sin la protección adecuada y con muchos de sus cañones antitanque destruidos— se enfrentaron a los T-34 con explosivos improvisados y ametralladoras. Fue una sucesión unilateral y sangrienta de escaramuzas mientras las fuerzas del Eje retrocedían hacia la ciudad. Más tarde, el propio Paulus confesó al teniente coronel Roske que recordaba haber inspeccionado sus posiciones antes de retirarse a la bolsa sur:

«Los hombres de un batallón aguardan en la nieve. El comandante del batallón señala la colina de enfrente, donde una larga hilera de "Órganos de Stalin" están tomando posiciones, al igual que en otros lugares la artillería rusa había hecho lo mismo sin ser molestada. Están un poco más lejos de lo que puede alcanzar el disparo de un soldado de infantería, y ya no tenemos munición de artillería. El comandante del batallón me pregunta qué debe hacer. Su gente está a punto de ser acribillada a balazos. ¿Qué podía decir? Dije que debían permanecer tumbados». ¡Esto es lo que me dijo el comandante supremo del 6.º Ejército! ¿No es asesinato? Efectivamente, el batallón fue hecho pedazos.[9]

A medida que avanzaba el nuevo año, la intensidad de los combates hacía mella y llegaban más supervivientes de otras divisiones fragmentadas en busca de refugio, cosa que ponía bajo presión las reservas de alimentos y municiones de la división, que ya estaban cayendo en picado. Roske, testigo de esta avalancha de seres humanos congelados y desaliñados, mientras escuchaba sus terroríficas historias sobre los combates, empezó a preguntarse cómo podría acabar aquello:

Pero ahora, cuando nos estábamos quedando sin provisiones, sin ropa, sin municiones y sin tropas listas para el combate, ¿podía o debía dar órdenes a esos hombres para que emprendieran acciones de cuyo éxito yo mismo no estaba convencido? ¿Era posible ir a la batalla confiando únicamente en el ánimo de las tropas —que rayaba en lo milagroso— y en la ilimitada confianza que me otorgaba un simple soldado de mi comando? No, mis hombres no se verían privados de su confianza en mi liderazgo, que seguía siendo fuerte, aunque mi propia confianza en el liderazgo de la cúpula disminuyera cada vez más.[10]

Por su parte, los soviéticos podían sentir que el enemigo estaba en las últimas, tal como transmitieron los corresponsales de guerra rusos mientras seguían los acontecimientos en las líneas de frente alrededor del *Kessel*:

> En efecto, todo está cambiando. Y los alemanes, que se habían abierto paso a través de una calle en septiembre, se habían instalado en los bloques de apartamentos de la ciudad y bailaban al son de la ruidosa música de las armónicas, que habían caminado por la noche con antorchas y, durante el día, habían traído camiones cargados de munición, han tenido que esconderse en las ruinas de tierra y piedra. Permanecí largo rato con los prismáticos en el cuarto piso de un edificio calcinado, mirando las partes de la ciudad ocupadas por los alemanes: ni una voluta de humo. Ni una sola figura moviéndose. Para ellos, no hay sol. Para ellos, el día no tiene luz. Ahora, su ración es de entre 25 y 30 balas al día. Tienen órdenes de disparar solo a las fuerzas atacantes. Sus raciones de comida se limitan a 100 gramos de pan y carne de caballo. Están allí como bestias peludas en cuevas entre las rocas. Alguna noche suben a la superficie y, sintiendo miedo ante las tenazas de las tropas rusas que se cierran sin cesar, gritan: «¡Eh, ruso, dispárame primero a las piernas, y luego, a la cabeza!».[11]

El 7 de enero, tres oficiales subalternos del Ejército Rojo entregaron el primer ultimátum de rendición de Rokossovski, el comandante del Frente del Don, tras atravesar las líneas de frente alemanas. Las octavillas lanzadas desde los aviones soviéticos y los altavoces, que sonaban desde las posiciones del Ejército

Rojo, hicieron llegar a todo el mundo el mensaje. Los rusos afirmaban que la posición de los alemanes era insostenible y ofrecían condiciones generosas si Paulus aceptaba en veinticuatro horas. Todas las tropas alemanas recibirían un trato humano; sus enfermos y heridos, atención médica, y se permitiría a los hombres conservar sus efectos personales y sus escasas raciones. De forma extraordinaria, Rokossovski ofreció, en caso de una victoria soviética definitiva sobre el Tercer Reich de Hitler, la repatriación al país que eligieran a los hombres de Paulus. Este último, junto con su jefe de Estado Mayor Schmidt y el coronel Wilhelm Adam, su ayudante de campo, llevó las noticias a sus restantes generales, con quienes conferenció. Entonces, desde el Alto Mando del Ejército, llegó un telegrama con la noticia de una nueva operación de socorro prevista para principios de febrero.

Todos se pronunciaron en contra de la rendición y le aseguraron a Paulus que aquella era también la opinión de los comandantes de división.[12] Al finalizar la conferencia, se recibió una nueva directiva de Hitler que zanjaba, por el momento, la cuestión: capitular estaba fuera de discusión. Cada día que el ejército resistiera, más ayudaría a todo el frente y alejaría a las divisiones rusas de él.[13]

Así, se había perdido la oportunidad de salvar innumerables vidas y ahorrarles a los hombres de Paulus las desgracias con las que vivían. Entonces, conminó a sus oficiales y soldados a rechazar cualquier llamada a la rendición de los propagandistas comunistas, ya que su socorro llegaría pronto desde el oeste. La lucha continuaría; las deserciones, también. Para muchos, la búsqueda de alimentos estaba por encima de la necesidad de defender la bolsa, tal como recordaba un soldado de infantería de la 71.ª División:

> Los rusos atacaban ahora por todos lados y encontraban muy poca resistencia. Además, la comida había empeorado. No había sal para cocinar y solo de vez en cuando se podía encontrar un caballo muerto —que llevase muchos meses sin vida, pero se hubiera conservado en el hielo— para comer.

Con este fin, se cortaban trozos del cadáver, se colocaban en un casco de acero en agua granizada para que se calentaran un poco y, luego, los devoraban los hombres.

Los restos de la 71.ª División, con los supervivientes de las divisiones hermanas del LI Cuerpo, la 371.ª y la 295.ª, en su flanco, miraban ahora hacia el sur y el este, al otro lado del helado Volga. El teniente coronel Roske divisó algún que otro explorador ruso que se movía por la orilla oriental y pudo oír, entre el familiar estruendo de los T-34, el constante zumbido de los camiones móviles Katiusha colocándose en posición. Agazapado en uno de los búnkeres fortificados del regimiento, contempló la misma extensión de paisaje boscoso que había encontrado por primera vez cuatro meses antes, ahora cubierta por un pesado manto de nieve; un paisaje lunar y gélido que, a corto plazo, sería su hogar. Sobre el agua, soplaba un viento helado que le golpeaba el rostro y toda la piel que no estuviera protegida por su abrigo de cuero y sus guantes. Le resultaba difícil mirar por los prismáticos sin que se le congelaran los párpados en las lentes. Se limpiaba continuamente los ojos y la nariz para evitar la congelación y llevaba una bufanda para proteger su tez bien afeitada; no le gustaban las barbas que lucían ahora sus escuálidas tropas para resguardar su rostro. Sus instintos de combate le impulsaron a él y a sus escasos oficiales a mantenerse atentos a la esperada respuesta rusa ante la negativa de Paulus a rendirse.

Temiendo que el enemigo atacase, quise hacer un reconocimiento al otro lado del Volga, tras la orilla opuesta, para averiguar lo que realmente se estaba gestando delante de mis narices. Por ejemplo, si los rusos iban a atacar sobre el hielo. Yo no disponía de las fuerzas necesarias para llevar a cabo un reconocimiento de tal calado y cruzar los 1800 metros de anchura del Volga hasta la zona más allá. No tenía los hombres apropiados, pero también faltaba audacia y fuerza física para semejante tarea. Al final, yo mismo me encontré, en ocasiones, deambulando con un poco de nostalgia a lo largo del Volga, evitando cuidadosamente los campos de minas y las alambradas de espino para ver qué podía estar tramando «Iván».

La respuesta no tardó en llegar al día siguiente.

El domingo —el cuadragésimo octavo día de existencia del *Kessel*— a las 08:05 horas, el Frente del Don de Rokossovski desató el último acto del drama de Stalingrado: la operación Anillo. La Stavka había reforzado sus maltrechas divisiones de fusileros con 20 000 reemplazos, lo que le daba una fuerza de más de 212 000 hombres apoyados por 6860 artilleros y morteros, y respaldados por 257 tanques.[14] Una atronadora descarga de la artillería y los Katiusha, que duró varias horas, precedió a un asalto total al perímetro del 6.º Ejército, cuya circunferencia tenía treinta y cinco kilómetros de diámetro.

Desde el norte, llegó el 66.º Ejército; del oeste, el 65.º Ejército, y desde el sur, el 64.º Ejército con elementos del 21.er y 24.º Ejércitos. El 62.º Ejército de Chuikov inmovilizó a los defensores en el interior de la propia ciudad, alrededor del Distrito Fabril y del Mamáyev Kurgán. Aunque los supervivientes del bombardeo se defendieron como pudieron dadas las circunstancias, los informes por radio del 6.º Ejército al Alto Mando alemán de los días siguientes trazaban clínicamente su desaparición:

11 de enero, 09:40. El enemigo atacó en una amplia porción de la línea de frente [...]; algunos baluartes permanecen intactos.

11 de enero, 19:00. La resistencia de las tropas disminuye rápidamente por la escasez de munición, las heladas extremas y la falta de cobertura contra el fuego enemigo más intenso.

12 de enero, 08:00. El ejército ha ordenado, como último medio de resistencia, que cada soldado luche hasta la última bala en el lugar que mantenga en este momento.

13 de enero, 09:30. La munición está casi agotada.

En el oeste, el aeródromo de Pitomnik, salvavidas de Paulus, fue finalmente invadido en la tarde del 16 de enero, y las tropas alemanas y el personal de la Luftwaffe huyó de los T-34 soviéticos que avanzaban por unas carreteras ya repletas de vehículos destrozados y miles de cadáveres congelados.[15] Tras los blindados soviéticos, la infantería del Ejército Rojo avanzaba en línea a fin de recoger a los supervivientes que no habían sido aplastados por las orugas de los tanques o pulverizados por su artillería. Las columnas motorizadas alemanas que huían en dirección a la ciudad no escatimaron tiempo en recoger a sus camaradas a pie y, en algunos casos, los aplastaron bajo las ruedas, en medio del pánico por ponerse a salvo. Solo el aeródromo de Gumrak, a quince kilómetros al oeste del centro de la ciudad, era, por ahora, capaz de recibir aviones pesados, mientras que, en la ciudad, la Escuela Aérea de Stalingrado estaba operativa para aviones ligeros.

Las bajas alemanas alcanzaron los 70 000 soldados muertos, heridos o capturados; fue en ese momento cuando los comandantes soviéticos se dieron cuenta de que se enfrentaban a una fuerza asediada mucho mayor de lo que se pensaba. Las pérdidas del Frente del Don de Rokossovski reflejaban la feroz resistencia que esa fuerza podía ofrecer: los muertos y heridos rusos ascendieron a 24 000 hombres, y se destruyeron 143 tanques T-34.[16] No obstante, esto no disminuyó el ímpetu con el que el Frente del Don penetraba cada línea defensiva que los alemanes intentaban establecer después de cada miniretirada ante unos números abrumadores. Sin embargo, en el norte de la ciudad, la resistencia estaba siendo tenaz, ya que los supervivientes del XIV Cuerpo Panzer utilizaban el mismo terreno y las mismas tácticas defensivas que, el otoño anterior, el 62.º Ejército de Chuikov había aplicado con tanto éxito contra ellos.

Por su parte, Rokossovski ordenó a sus unidades del Frente del Don que se atrincherasen y esperaran refuerzos y reabastecimientos para la fase final, que comenzaría el 20 de enero. Los cazas soviéticos dominaban el cielo de la ciudad y proporcionaban suministros aéreos a diario, mientras que los alemanes lanzaban menos de diez toneladas. La Luftwaffe solo podía entregar suministros de forma efectiva al amparo de la noche. En medio del silencio del campo de batalla y con Pitomnik desaparecido, Paulus tomó la decisión de trasladar a su personal a la ciudad e instalarse en el cuartel general de la división, donde se convertirían en bocas extra que la 71.ª División —que ahora estaba cerca del aeropuerto de Stalingradski— debería alimentar en la «Hartmannstadt».[17] El viaje de Paulus y sus hombres a su nuevo alojamiento, en el que solo llevaron lo esencial y quemaron el resto, fue desgarrador, ya que condujeron por la «Carretera de la Muerte» hasta el centro de la ciudad, dejando atrás los restos del ejército en retirada:

> Innumerables muertos yacían junto a la calzada. Muchos eran cadáveres de heridos y enfermos que solo habían querido tumbarse a descansar un rato para intentar recuperar fuerzas. Se habían quedado dormidos por el cansancio y habían muerto congelados. En la calle, también yacían los muertos. Nadie hizo ningún esfuerzo por retirarlos.[18]

En un primer momento, Von Hartmann alojó al comando de Paulus —formado por unos 120 miembros del personal militar— en los cuarteles de invierno que la división había establecido a lo largo del desfiladero del Tsaritsa. Para Roske y los comandantes de división aún en activo, la llegada de otro grupo de visitantes supuso un mayor quebradero de cabeza:

> Entre las masas que, derrotadas, llegaban a mi zona de combate en Stalingrado —al principio, solo desde el oeste—, había, sobre todo, hospitales de campaña con miles de hombres heridos y congelados. Pronto no pudieron ser alojados en los pocos sótanos habitables que aún teníamos. Un túnel subterráneo [un puesto de mando soviético evacuado que originalmente había utilizado Yeriómenko, y luego, Chuikov] dio alojamiento a los pacientes. La ventilación de aire ya no funcionaba, lo que, en último término, tendría las más horribles consecuencias. Ningún poder terrenal habría sido capaz

de que las cosas fueran distintas para estos hombres heridos de gravedad.

La enérgica actitud de los soldados de Roske que aún podían luchar u ofrecer apoyo logístico contrarrestó la sensación de pesimismo que tales escenas causaban en su zona de operaciones. En sus recién descubiertas memorias, Roske celebra la camaradería de sus hombres y sus oficiales, tanto en el cumplimiento de su deber como en las cartas que enviaron en el último transporte a casa.

> Incluso el 21 de enero, mi ayudante, el teniente primero Hoßfeld, escribió a sus parientes en casa: «El espíritu de nuestro regimiento es completamente extraordinario» en un momento en el que bastantes cuentan ya con nuestra desaparición, «[…] ya que nadie sabe lo que puede pasar después», escribe, y añade, con sus propias palabras, lo que yo le había dicho una vez: «Vivir o no, y el momento de la muerte es del todo irrelevante. El único valor eterno para el futuro es, sencillamente, cómo vivimos y cómo morimos».
>
> Nunca oí una sola queja de aquellos combatientes hambrientos y moribundos de Stalingrado. Tanto si hablaba con ellos en los agujeros donde habían sido destinados como si lo hacía en un refugio, eran capaces de percibir mi preocupación por ellos y también de sentir que yo era incapaz de ayudarlos de verdad. De vez en cuando, me consolaban a mí, quien se suponía que debía darles fuerzas. «Señor, el hambre no es tan mala, saldremos adelante». De vez en cuando, oía esta y otras expresiones similares.

A pesar de las privaciones, mientras el Frente del Don preparaba su golpe de gracia para el 22 de enero, los hombres de la 71.ª División y, en particular, los del IR 194 intentaron establecer algún tipo de normalidad en medio de los esporádicos brotes de calma a lo largo de su línea de frente. Esto, sobre todo, se dio con ocasión del cumpleaños de su propio comandante, el 20 de enero. Para Roske, fue un cumpleaños diferente a cualquier otro que hubiera vivido:

Había prohibido cualquier tipo de celebración, pero no pude evitar que me entregaran los objetos que ya habían fabricado mis hombres. Tallas de madera, trabajos en metal, dibujos, una maqueta de un foso de la compañía e incluso poemas.

Aquella noche, el Estado Mayor del regimiento de Roske y los comandantes de batallón se reunieron con su comandante para brindar a su salud, cuando, de repente, como si viniera de debajo de la tierra, un impresionante *crescendo* de instrumentos de viento rompió el inquietante silencio del crepúsculo. Los oficiales observaron la manera en la que, desde el estrecho pasillo del sótano de la prisión, con los uniformes tan limpios como era posible en medio de las penurias, emergía la banda del regimiento.

Qué alentador, qué estimulante, en lo peor de la batalla. ¡Tocaron una marcha! Todos recibieron un coñac. Recordé que, a mi llegada al Volga el pasado mes de septiembre, había dado a la banda militar la oportunidad de reunir sus instrumentos y practicar con ellos; pronto me pidieron que comprobara sus progresos musicales. Al final, encontré tiempo para ir a su alojamiento y me emocioné en lo más hondo por escuchar música, aunque solo fuera música de marcha, y les dirigí unas palabras de elogio. Les dije que mi plan era, cuando liberásemos Stalingrado, hacer que las bandas militares tocaran fanfarrias desde los tejados de los altos grandes almacenes a fin de anunciar el triunfo, y los animé a pensar en un programa para la ocasión. En parte, expresé esta idea con el objetivo de elevar la moral y proporcionar confianza, y yo mismo me sentía más confiado en aquel momento, aunque no tanto como podían haber transmitido mis palabras. No me mentía a mí mismo, sino que me servía de un medio de batalla esencial si uno está decidido a seguir adelante.

El 24 de enero, el perímetro de la bolsa se había reducido en un tercio, con la pérdida del aeródromo de Gumrak y, en el sector norte, la retirada de los alemanes hacia el Distrito Fabril. A través de las destrozadas líneas de frente de la ciudad, las unidades alemanas aisladas —refugiadas en ruinas, sótanos y bloques de apartamentos incendiados— esperaban el fin.

> Los rusos se tomaron su tiempo, moviéndose con cuidado en pelotones, en secciones, sobre los montones de ruinas cubiertos de nieve. En innumerables enfrentamientos menores en las calles laterales de la ciudad, la orden «¡Raus! Raus!» resonaba cuando el tiroteo cesaba y los alemanes salían de sus agujeros con las manos en alto. Los rusos patearon a unos pocos, golpearon a otros, pero se llevaron a los prisioneros sin más incidentes.[19]

La disciplina se estaba haciendo añicos y continuaban las deserciones entre las divisiones del *Kessel,* desde el menor soldado de infantería hasta el general de más alto rango. El teniente coronel Kurt Wilhelm Ernst Corduan, comandante del IR 191 que supervisaba la prisión del NKVD (la piedra angular de la defensa de la 71.ª División), había llegado al punto de no retorno, tal como relataba el teniente coronel Roske:

> Esa noche [la del 25], el teniente coronel Corduan me telefoneó y me pidió que fuera a verlo de inmediato. Rechacé su solicitud y pospuse la reunión para la mañana siguiente. Cuando llegué, estaba con otros oficiales, así que le pregunté: «¿Qué pasa?». Corduan me dijo que había decidido ayer poner fin a esta batalla (aunque ni siquiera habían atacado al Regimiento 191 en ese momento) y hablar con los rusos en nombre del Ejército. Por eso, me llamó la víspera para pedir mi opinión y saber si me uniría a él. Y, como yo no me había presentado, había enviado a un oficial para negociar con el enemigo, pero el oficial en cuestión se dio la vuelta, acosado por la mala conciencia, y no cumplió con su tarea. Ahora, él (Corduan) acababa de enterarse de que sus oficiales también estaban en contra de tal paso.

Al verse necesitado de cortar de raíz tales acciones, el teniente coronel Roske actuó: ignorando a sus comandantes de división y de cuerpo, condujo directamente al Cuartel General del 6.º Ejército para hablar con Paulus en su habitación del sótano de la 71.ª División. «¿Podía cualquiera actuar según lo considerase y comenzar las negociaciones?», reflexionó. «¿O la lucha continúa con resolución?».

Cuando llegué al sótano del hospital (la sede del Estado Mayor del Ejército), planteé mis preguntas al ayudante del comandante, el teniente coronel Adam, quien, de inmediato, fue conmigo a ver al comandante supremo. Se encontraba en una pequeña habitación del sótano con las ventanas destruidas, donde estaban alojados ambos, y donde hacía poco, habían resultado heridos de levedad por las esquirlas de las bombas. Hablé con Paulus y le dije que necesitaba claridad.

«Por supuesto que seguimos luchando», dijo. «Todo lo demás es una confusión, y solo excusable —si realmente ello es posible—, por estas circunstancias extraordinarias».

Entonces, el coronel Adam tomó la palabra, informando al coronel de que su frente al sur ya se había derrumbado y que se esperaba que los rusos asaltaran pronto sus posiciones. Paulus y él tenían inyecciones letales a su disposición con las que poder quitarse la vida si fuera necesario, y un incrédulo Roske replicó:

—¡Ay, señor, todavía no es para tanto! Queda mucha lucha por librarse donde estamos y todavía habrá tiempo.

Paulus sonrió ante su bravuconada:

—Sí, Adam me habló de su visita de ayer y quedó impresionado por el buen humor que se respiraba allí.

—Bien, señor —contestó Roske—, usted será bienvenido si desea venir con nosotros, sobre todo, si las cosas terminan pronto por aquí. Eso sí, solo tengo espacio para unos pocos oficiales.

Paulus llamó al teniente general Schmidt, su jefe de Estado Mayor, y le informó de la sugerencia. Schmidt se negó, alegando que no era necesario trasladar el alojamiento tan poco tiempo después de haber llegado a la «Hartmannstadt».

Sin embargo, por la noche, Paulus, Schmidt, Adam y todo el equipo de comunicaciones junto con el coronel Hans-Günther van Hooven, su jefe de departamento, aparecieron en el campamento base del regimiento de Roske.[20] Se hizo espacio para ellos: tres habitaciones en el sótano de los grandes almacenes y los demás se hacinaron más cerca unos de otros. El hecho de ver al comandante en jefe insufló ánimo a los oficiales y soldados.[21]

El 24 de enero de 1943, Paulus envió un telegrama al Cuartel General de Hitler con el terrible informe de la situación. A pesar de la muerte, la destrucción y la inutilidad de continuar la defensa, todavía no podía ni quería tomar medidas unilaterales para salvar a sus hombres. Quizá empujado por sus altos mandos de cuerpo y división para llevar a cabo alguna forma de protesta, no se contuvo a la hora de detallar lo desesperado de la posición del 6.º Ejército:

> Las tropas están sin municiones ni provisiones; todavía pueden alcanzarse partes de seis divisiones. Hay signos de disolución en los frentes sur, norte y oeste. Ya no es posible un liderazgo coherente. En el frente este, solo hay cambios menores. 18 000 heridos sin la mínima ayuda de vendas o medicamentos. Las 44.ª, 76.ª, 100.ª, 305.ª y 384.ª Divisiones de Infantería están destruidas. El frente se ha abierto por muchos lados como consecuencia de las irrupciones masivas. Es inútil seguir defendiéndose; el colapso es inevitable. Para salvar las vidas de los hombres que aún permanecen aquí, el Ejército solicita permiso inmediato para capitular.[22]

Sus oficiales superiores sabían la verdad y su personal inmediato, el jefe de Estado Mayor Schmidt incluido, era consciente de lo insostenible de su posición, pero, sin embargo, Paulus esperaba la confirmación de que la agonía pronto terminaría para todos ellos. Sin duda, cualquier dirigente en su sano juicio se percataría de ello. Más tarde, ese mismo día en el sótano de los grandes almacenes, la respuesta le llegó a Paulus: «El Ejército debe mantener su posición hasta el último hombre y hasta la última bala. Adolf Hitler».[23] Cuando se corrió la voz entre los altos mandos de Paulus, el coronel Hans Clausius, jefe de Estado Mayor del LI Cuerpo, abandonó el Univermag y reunió a sus oficiales detrás de un edificio en ruinas para mantener una conferencia privada. Mientras se apiñaban dando pisotones para mantener a raya el viento helado, Clausius encendió con tranquilidad un cigarrillo y anunció su decisión: «Caballeros, pueden hacer y "no hacer" lo que deseen. La batalla está perdida. Les deseo lo mejor».[24]

Capítulo dieciocho

El último comandante de la «División Afortunada»

Para mí, el primer deber de un soldado es obedecer.

Mariscal de campo Friedrich Wilhelm Ernst Paulus[1]

El final de la partida para el *Kessel* se acercaba rápidamente el día 25 de enero; todo el mundo lo sabía. En cada lado de su perímetro, las tropas alemanas que aún estaban en condiciones de combatir podían ver el poderío que ahora se desplegaban contra ellos las fuerzas del Ejército Rojo. Tres agrupaciones motorizadas soviéticas convergían hacia los grandes almacenes Univermag y, en las calles secundarias, se oía el familiar estruendo de los tanques T-34. La artillería y los proyectiles de mortero caían de manera intermitente alrededor de los búnkeres alemanes, las trincheras y las ruinas que rodeaban la plaza Roja. Las bajas iban en aumento y no quedaba ningún lugar donde alojarlas o darles tratamiento; cientos de moribundos y cadáveres yacían esparcidos entre los escombros en plena calle. Los más afortunados se desangraban, congelaban o morían de hambre en hospitales de campaña temporales instalados en búnkeres o sótanos. La orden de defender Stalingrado hasta el último hombre, hasta la última bala, se cumplió con creces. La derrota estaba a la vista.

La noche anterior, a la tenue luz de las velas, el general de división Von Hartmann había decidido lo que se debía hacer. Tomaba una última copa con el general Richard Stempel de la 371.ª, su hermano de división, y el general Pfeffer, comandante del IV Cuerpo; se había unido a los otros dos veteranos para reflexionar sobre el destino del 6.º Ejército, la situación del frente oriental y lo que podría ocurrirle a la propia Alemania. Su destino parecía sellado, pero ¿debían rendirse? Más alemanes rezagados y unidades enteras caían en cautiverio, simplemente al caminar por tierra de nadie hacia los rusos, por lo que pronto no quedaría ejército en el sur del *Kessel*. El teniente coronel Roske ya había calculado la guarnición en 17 000 hombres de todos los rangos, con apenas 2000 o 3000 soldados aún en condiciones de luchar. Cuando ahora se entremezclaban unidades, era tan solo para formar un anillo defensivo. La voluntad de seguir adelante en medio de tales privaciones ya había hecho mella a lo largo de enero, tal como recordaba el teniente Wigand Wüster, de la 71.ª División:

> La razón por la que estas nuevas y variopintas unidades se desintegraron y sufrieron grandes pérdidas fue que estaban tan entremezcladas que las líneas de mando y las rutas de suministro se enredaron. No se conocía a los vecinos del lado izquierdo o derecho, y algunos soldados sencillamente desaparecieron en la noche y regresaron a sus unidades originales. Incluso muchos soldados de infantería experimentados se rindieron y desaparecieron en el mundo subterráneo de la ciudad destruida. Los soldados que habían abandonado el frente no parecían fuera de lugar en medio del caos.[2]

Con las líneas meridionales del *Kessel* desintegrándose poco a poco, el personal del IV Cuerpo de Ejército se encargó de emitir la siguiente orden a sus comandantes que todavía luchaban de manera activa:

> Por consideración a los heridos, no se combatirá más cerca del centro de la ciudad que en la actual línea de frente. Esta línea se mantendrá todo el tiempo que sea posible, pero, cuando la resistencia sea inútil, se abandonará y ello se hará visible de manera evidente al enemigo.[3]

Al comienzo de la campaña de verano, durante el julio anterior, Von Hartmann, Stempel y Pfeffer habían comandado decenas de miles de hombres, vehículos motorizados y piezas de artillería. Ahora, en un búnker de madera escasamente iluminado, estaban sentados sobre cajas de racionamiento dadas la vuelta, bebiendo *Schnapps* en tazas de hierro mientras mantenían la mirada fija a la luz de una vela. La división del general de división Von Hartmann se había visto reducida a menos de 200 combatientes y unas pocas piezas de artillería. Junto con lo que quedaba de la 14.ª División Panzer, aún eran capaces de ofrecer cierta resistencia a pesar de estar muy superados en número, pero su decisión ya estaba tomada. Su hijo murió el mes de julio anterior en el frente oriental, tal como él mismo explicó a sus camaradas:

> Un oficial debe morir en combate. No me dispararé, pero venderé mi piel tan cara como me sea posible. […] Mi esposa es una mujer competente, seguramente se las arreglará lo mejor que pueda sin mí: mi hijo ha muerto y mi hija se ha casado. No ganaremos esta guerra y el hombre que está en el mando supremo no es el hombre por el que lo habíamos tomado.[4]

Unas horas después de que los generales se despidieran, y ya en su propio cuartel, Stempel, al creer que su propio hijo —que luchaba en la ciudad con la 14.ª División Panzer— había fallecido mientras intentaba escapar del cerco, ordenó a su personal que tomara su propia decisión sobre los pasos que se debían seguir, cerró la puerta de su habitación, sacó su revólver y se pegó un tiro.

A la mañana siguiente, comenzó otro día húmedo y gélido para los exhaustos restos del IR 194 mientras los hombres yacían atrincherados a lo largo del terraplén de la vía férrea, a unos 550 metros del Tsaritsa. Los cinco meses de liderazgo del teniente coronel Roske habían cohesionado lo que quedaba de ellos, y actuaban y luchaban como una unidad en comparación con el variopinto grupo de tropas que defendían el resto de la línea cercana. No se limitarían a cruzar hacia los rusos tal como habían hecho otras unidades en los días previos. A través de la niebla matutina, la luz del sol delineaba las formas de cinco figuras que se acercaban a ellos desde la retaguardia, con las manos metidas en los bolsillos, a la par que caminaban lentamente erguidos hacia la primera línea del *Kessel,* en apariencia, ajenos al estruendo de las ráfagas de mortero que aterrizaban en la distancia. Los soldados de infantería los miraban atónitos. Los francotiradores rusos seguían muy activos en su sector, en caso de que alguien lo bastante estúpido quisiera erguirse para ofrecerles un blanco. El primer teniente de guardia, agazapado con sus hombres en sus posiciones en la nieve, se sorprendió al darse cuenta de que se trataba de Von Hartmann, acompañado por el general Pfeffer; el general de división Hans Wulz, comandante de artillería del IV Cuerpo, y los tenientes coroneles Corduan y Fritz Bayerlein, comandantes de regimiento de su propia división. Los cinco hombres llevaban carabinas al hombro como si fuera un día más en el campo de tiro de su división en Osnabrück.

Von Hartmann saludó a su oficial subalterno, que seguía tendido en el suelo y entrecerraba los ojos para enfocar a su comandante. El joven oficial le dio el informe de situación y la fuerza actual en sus posiciones: 183 hombres, 7 suboficiales y 3 oficiales, la mayoría de los cuales yacían a izquierda y derecha de su posición. El general le dio las gracias y le indicó que permaneciera tumbado en el suelo. A continuación, descolgó su fusil y miró fijamente las posiciones enemigas. Los rusos se agitaban ante el movimiento en las líneas alemanas; se veía actividad en las posiciones rusas. Detrás de las posiciones delanteras alemanas, se escuchaba el sonido de más proyectiles de mortero que aterrizaban mientras se hacía añicos la paz de la mañana. Los disparos restallaron junto al grupo de Von Hartmann y levantaron chorros de nieve cerca de sus pies. El teniente ordenó a sus hombres proporcionar fuego de cobertura, pero su comandante de división les ordenó permanecer inactivos. Se colocó en posición de tiro, con el pie delantero apoyado en el montículo de nieve tras el que yacía el oficial, y cargó una bala. Se echó el fusil al hombro y gritó: «¡A cubierto! Todos a cubierto» (la orden acostumbrada en un campo de tiro antes de una práctica de tiro) y apuntó.[5] Pfeffer y Wulz no tardaron en unirse al combate.

Informado del incidente, Paulus envió una orden verbal con instrucciones de «persuadir a los generales para que dejen de comportarse como lunáticos y para que cese inmediatamente el espectáculo» a través de su oficial de Estado Mayor Von Below, que fue despedido con brusquedad por parte de los generales mientras continuaba el tiroteo. Un debidamente escarmentado Von Below regresó sin prisas al Univermag a fin de referir la conversación a Paulus, pero este lo envió de nuevo con una orden escrita dirigida al general Pfeffer, el oficial de mayor rango implicado:

```
Se ordena al IV Cuerpo que se retire hasta
el límite de la ciudad. El comandante del
cuerpo informará al comandante en jefe. Pau-
lus.⁶
```

Sin embargo, para entonces, a Von Hartmann, de la «División Afortunada», se le había acabado la suerte. Aunque algunos testigos afirman que hirió a varios enemigos que se acercaban a su ubicación, un francotirador ruso consiguió colocarse en posición y matarlo en el acto de un disparo en la sien derecha. Sus hombres arrastraron su cadáver desde la línea de frente y lo enterraron en una trinchera excavada en la tierra helada del terraplén ferroviario. Al difundirse la noticia, muchos de los hombres se admiraron de que su comandante hubiese recibido una «bala honesta». El propio teniente coronel Roske estaba consternado por las acciones del grupo:

Sin duda, el general Von Hartmann se había despedido de la división demasiado pronto [...] [y había] acelerado su desintegración. Ahora, como comandante del IR 194, yo era el último comandante de regimiento vivo de la 71.ª División y juré no abandonar nunca a mis hombres a su suerte ni a la de los rusos.

El general Paulus (segundo por la derecha) conversa con el general de división Von Hartmann (el primero desde la izquierda) en el cuartel general de la 71.ª División de Infantería en la ciudad, en los grandes almacenes Univermag.

Por la mañana, Paulus se apresuró a actuar para restablecer cierta apariencia de orden. Ahora, Roske se encargaría de comandar todo el centro del *Kessel:*

6.º Ejército, 10:45 horas. «He asignado al teniente coronel Roske, comandante del Regimiento de Infantería 194, el liderazgo de la 71. I. D. Este probado, ejemplar, valiente y enérgico comandante ha reorganizado, en el menor tiempo posible, estas unidades completamente entremezcladas y ha transferido a sus hombres su absoluta e incondicional voluntad de perseverar. Solicito su ascenso a general de división para decretar y dar órdenes por radio». Paulus, coronel general.[7]

Aunque claramente sufría de disentería y prefería el refugio de su cama en el campamento, Paulus informó a su nuevo comandante de sus responsabilidades:

1. Solo debía abandonar el puesto de mando si se le daba permiso explícito para ello, de modo que siempre habría de estar disponible.

2. Cuando lo creyera necesario, informaría a Paulus de que se acercaba el final para que pudiera recibir más instrucciones.

Además, todo en el interior del *Kessel* iba a estar bajo su jurisdicción —cosa que, en realidad, ya sucedía— y, ahora, sería responsable de la distribución de cualquier provisión de alimentos.

En sus memorias, Roske relató el estado de pánico ordenado que se había apoderado de su cuartel general:

> En mi puesto de mando, había ahora un montón de oficiales y ordenanzas, todos apiñados. Había material de artillería por todos los grandes almacenes, y en el patio, lanzagranadas. El fuego de la artillería enemiga pronto destruyó nuestras ventanas; los hombres reparaban y protegían constantemente los huecos de las paredes con tablones y sacos de arena.[8]

Ahora, toda la operación del *Kessel* se dirigía desde su habitación del sótano. Roske era el comandante *de facto* del *Kessel* y tenía autoridad sobre todos los demás, salvo Paulus:

> Pronto se hizo imposible pensar con claridad, porque la llegada de oficiales y mensajeros era tan frecuente que el trabajo o el descanso no eran una posibilidad. No me servía de nada tener un vigía en la puerta, así que coloqué allí a un oficial [armado] con casco de acero, al que ordené que no dejase entrar a nadie sin permiso. Incluso esta medida resultó inútil, ya que los heridos y quienes buscaban refugio acudieron a él. Además, empecé a notar que llegaban más oficiales con malas noticias de una incursión concreta del enemigo —a menudo falsas— y pedían refugio. Muchos de estos hombres simplemente habían perdido los nervios. Tuve que aumentar de nuevo la fuerza de la guardia alrededor de los grandes almacenes.[9]

Sin que Roske, Paulus y los demás oficiales y soldados del 6.º Ejército lo supieran, dentro de sus propias defensas, la «Fortaleza Stalingrado» se había dividido en dos. Las fuerzas del Frente del Don de Rokossovski se adentraron una vez más en las líneas alemanas: sus destacamentos avanzados del 21.ᵉʳ y 65.º Ejércitos habían enlazado, por fin, con el asediado 62.º Ejército de Chuikov al norte del Mamáyev Kurgán, detrás de la zona de la acería Octubre Rojo. Por su parte, la 13.ª Guardia de Rodímtsev saludó a los tanquistas y a la infantería después de que todos reconocieran las bengalas verdes de señales de los demás. El ejército de Chuikov había luchado en solitario durante más de 140 días y, ahora, el enemigo estaba dividido en dos, con el grueso del XI Cuerpo del general Karl Strecker atrincherado al norte del Distrito Fabril. Ahora, los hombres de la 71.ª División de Roske formaban parte de la bolsa sur, que contenía lo que quedaba del LI y IV Cuerpos de Ejército, así como del XIV Cuerpo Panzer; los comandantes de estas dos últimas unidades ya habían volado fuera de la bolsa, así que habían abandonado a sus hombres a su suerte. Dentro de cuarenta y ocho horas, otro asalto soviético dividiría la bolsa sur en dos, algo que obligaría a Paulus a emprender una última resistencia en el mismo corazón de la ciudad que había capturado en las primeras semanas de septiembre. Roske sería ahora su líder de combate *de facto*.

El coronel entabló una relación cordial y, en cierto modo, afable con su oficial al mando durante aquellos últimos días de la defensa. El oficial de más edad informó discretamente a Roske de sus tratos con los superiores del Alto Mando del Ejército, con Hitler y de sus propias dudas a principios de 1942 sobre si la operación Azul era siquiera factible. Además, le confió a Roske que, antes de Barbarroja, había supervisado un ejercicio de juego de guerra sobre la invasión del sur de Rusia con la intención de capturar los campos petrolíferos y Stalingrado; se había llegado a la conclusión de que tal cosa no podría tener éxito:

> A partir del relato de Paulus […], cada vez tenía más claro que nunca recibiría una orden en la que el Alto Mando me conminase a terminar la batalla, porque la orden de Hitler era

no negociar. Para mí, era obvio que, como comandante de la defensa del anillo en la que estaba situado el cuartel general, la iniciativa y la decisión sobre la forma en la que debía terminar la batalla [ahora] me correspondían a mí.

Todo esto me sirvió para percatarme de una última cosa. Alguien tendría que poner fin a la agonía; tendría que intentar evitar que el Ejército Rojo expoliase y apaleara a nuestros hombres si nos rendíamos. Estos soldados estaban, en su mayoría, incapacitados para la batalla, apáticos, congelados, se morían de hambre en sótanos, en edificios en ruinas y en las calles. ¿Cómo iba yo a resolver este problema? Aún no lo sabía.[10]

Mientras tanto, Roske fue ascendido a general de división de la 71.ª División el 27 de enero y recibió con retraso la Cruz de Caballero por sus acciones cuando lideró el IR 194 hasta la orilla del Volga el septiembre anterior; en medio de los combates, parecía que hubiese pasado una vida. La mejor noticia de todas se la dio Paulus, quien se había puesto en contacto con la mujer embarazada de Roske en Alemania:

> Hacia el anochecer, Paulus vino a verme a mi oscura habitación del sótano, iluminada solo por velas, y me informó: «Y ahora tengo algo más para ti: ¡de parte de tu mujer!». Y me dio un trozo de papel, un radiograma, en el que estaba escrito: «Un hijo, todo va bien».

El estrés y la fatiga de los meses de lucha, la pérdida de camaradas, la presión de comandar el *Kessel,* ahora endulzada con la alegre noticia del nacimiento de su hijo, era demasiado que soportar: «Dejé al O. B. *[Oberbefehlshaber* o comandante en jefe] allí, me aparté de él y entré en la completa oscuridad del pasillo para que no se vieran mis lágrimas».[11]

Para entonces, los desesperados y los heridos de otras partes de la ciudad llegaban en tromba a su perímetro. Se había corrido la voz de que una división era lo bastante fuerte como para defenderse y ofrecer seguridad, y de que quizá dispusiera de suministros suficientes. Cientos de personas se dirigieron hacia allí en busca de refugio en los sótanos y las trincheras a lo largo del Tsaritsa, así como de víveres. En cuanto a la lucha, Roske solo podía depender de sus propios hombres:

> Recuerdo perfectamente que, una mañana, el O. B. entró en nuestra habitación y nos saludamos. Solo el capitán Hindenlang seguía en su cama, bajo la manta. Todos miramos en su dirección, así que, bromeando, le dije:
>
> —Vamos, Hindenlang, viejo dormilón, ¡a lo mejor te apetece levantarte en un rato!
>
> Hindenlang salió de entre la manta y se echó a reír:
>
> —No me importaría dormir de vez en cuando, herr general; ¡anoche pasaron muchas cosas!
>
> Y resultó que, aquella noche, lo habían llamado tres veces porque los rusos habían irrumpido en la desembocadura del río Tsaritsa; y tres veces se había apresurado a bajar, había reunido a algunas personas y había echado a los rusos sin munición, ¡solo al grito de «¡hurra!» y con una bayoneta! Paulus se limitó a sacudir la cabeza. Entonces, sonó el teléfono. Hindenlang charló animado con un oficial al que debía de conocer bien:
>
> —Estupendo, claro que podemos contar con usted. Venga por aquí, ¡hay mucho que hacer!
>
> Paulus volvió a menear la cabeza y me dijo:
>
> —¿Ves, Roske? La fuerza engendra fuerza.
>
> Tal como yo lo veía, era importante determinar el momento oportuno para un alto el fuego, que no podría demorarse mucho más; en otras palabras, mantener la batalla, aunque solo fuera por un tiempo breve —e indeterminado—, mientras aún quedase esperanza o, al menos, un propósito.

Para el 28 de enero, los blindados y la infantería rusos solo estaban a una distancia equivalente a la anchura de la plaza Roja (100 metros) al sur y a una calle de los grandes almacenes Univermag al oeste. Roske preparó su última batalla. Se había mina-

do fuertemente la fachada de los almacenes; una pieza de artillería pesada estaba a unos cientos de metros, en la Casa de Baños,
vigilando la entrada por un flanco, y varios grupos de soldados
se aprestaban con las armas que aún tenían para el asalto final.
El vecino Teatro Gorki era un cascarón: su enorme techo abovedado se había derrumbado por completo. Roske pidió entonces a sus últimos hombres aptos para el combate que tomasen
posiciones en las ruinas de los pisos superiores de los grandes
almacenes con el objetivo de defender su posición. No obstante, para entonces, muchos ya no se encontraban en sus puestos:
la mayoría se había alejado con apatía la noche anterior. Bajó
a los sótanos y pasillos abarrotados y malolientes, atestados de
muertos, moribundos y heridos, para despertar a los que todavía
querían y deseaban luchar:

> Por muchas órdenes que ladrara o reprimendas que soltase,
> nada podría cambiar la situación. Hablé con uno de los hom-
> bres que aún descansaban en el sótano, un soldado, por lo
> demás, espléndido. Me dijo: «Herr general, señor, ya no tiene
> sentido». Le puse la mano en el hombro y le dije que, hasta
> el momento, él y sus camaradas habían podido confiar en mí
> y que ahora podían volver a hacerlo. Así que se marchó de
> nuevo para instalarse en el piso superior.
>
> De vez en cuando, aquella mañana, pasaba un solo avión,
> buscando un punto de caída. Una vez estaba de pie en medio
> de una espesa niebla, de noche, delante de los grandes alma-
> cenes. Un avión zumbaba justo encima de nosotros, dando
> vueltas. El piloto nos sobrevoló una y otra vez, intentando
> encontrar el punto de lanzamiento que le habían comunica-
> do por radio, y, finalmente, se alejó de nuevo sin tener éxito.
> ¡Un hombre valiente![12]

El 29 de enero de 1943, Roske informó a Paulus de su situación: las 29.ª y 36.ª Divisiones de Fusileros, y la 38.ª División
Motorizada de Fusileros se habían unido, por fin, en el centro
de la ciudad y su posición estaba ahora firmemente rodeada:

Los días 28 y 29 de enero, el enemigo avanzó desde el sur, el oeste y el norte hasta llegar a una distancia que amenazaba mis posiciones en los grandes almacenes. Entonces, los ruidos de la batalla fueron a menos. La resistencia de las tropas y la fuerza de ataque de los rusos, que, tanto la una como la otra, ya eran bastante bajas, disminuyeron aún más. Ambos bandos estaban exhaustos. Alrededor del mediodía del 29 de enero, salí por la entrada de los grandes almacenes para hacerme una mejor idea. Determiné que:

1. Justo al otro lado de la plaza Roja, los soldados del Ejército Rojo ya se habían mezclado con nuestros innumerables hombres no aptos para el combate en los caminos de aproximación. Ya no se hablaba de una batalla de obuses que yo había colocado en las calles secundarias, sirviéndome del jefe de artillería Ludwig. Al menos, los rusos se mantenían a distancia de los cañones.

2. Hacia el norte, solo había una calle de ancho entre los tanques rusos y mi posición. Por todas partes, las posiciones alemanas y rusas estaban ahora entremezcladas.

3. En el noreste, donde los rumanos se habían posicionado para defender el flanco norte, estos mismos ya estaban hablando con los rusos de rendirse.

4. En la confluencia de los ríos Tsaritsa y Volga, los rusos habían avanzado hasta algún lugar cercano a uno de mis campamentos de apoyo.

5. Mi ocupación de los grandes almacenes solo resistía parcialmente. Aquí y allá se seguían disparando algunos tiros hacia posiciones enemigas, pero ¿acaso cada disparo no alcanzaba también a nuestros propios camaradas? Se lo dije al comandante y añadí:

—La batalla es asfixiante. Tal vez podría organizar algunos pequeños centros de tiro, pero, inevitablemente, también alcanzaríamos a los nuestros. Ya no puedo garantizar la defensa de los grandes almacenes.

El O. B., con quien, solo unos pocos días antes, había hablado de que yo comandaría la última unidad de buenos combatientes, respondió:

—Ya ves, Roske, te lo dije.

Y, ahora, se hablaba de los recelos respecto al día siguiente, 30 de enero, los cuales comprendí. También que, a partir de ahora, mi tarea consistía en actuar sin órdenes del O. B., de manera independiente, y, por lo tanto, en relevarlo de todas las decisiones al respecto.

El 30 de enero, mientras los tanques soviéticos avanzaban por las calles hacia su posición y las unidades que aún resistían en las ruinas y los atrincheramientos periféricos eran desalojadas o morían, el siempre atento Paulus envió una nota de felicitación a Hitler en su décimo aniversario de la toma del poder en Alemania. A mediodía, con las unidades rusas estacionadas en las calles secundarias a unos cientos de metros de sus posiciones, Roske informó al teniente general Schmidt, jefe de Estado Mayor del 6.º Ejército, que, a través del coronel Ludwig de la 14.ª División Panzer, había pedido a un negociador ruso que fuera a su despacho.[13] Schmidt seguía pensando que los hombres debían continuar la lucha en el aniversario de la toma del poder por parte de Hitler.

Cuando volví a mi habitación, Schmidt me alcanzó y me dijo en la puerta:

—¡Pero, Roske, tienes que ser tú quien esté al frente de las negociaciones!

—Naturalmente; esa era mi intención —respondí.

El [capitán] Hindenlang oyó este intercambio de palabras y, en cuanto Schmidt estuvo fuera, me dijo a su manera descarada y directa:

—Herr general, señor, eso ha sido mezquino por su parte.

Ante aquello, yo respondí diciéndole que era justo que así fuera.

El 31 de enero de 1943 fue el día en el que el propio Roske negociaría con los rusos y el sur del *Kessel* quedaría cautivo. En ese momento, solo consistía en los grandes almacenes y en una pequeña zona hacia el norte y el este. Esta historia sobre la rendición nunca se había publicado antes.

Pasada la medianoche, Roske pidió a Hindenlang que no lo interrumpieran durante, al menos, una hora a fin de tener tiempo de reflexionar sobre cómo podría proteger tanto a sus hombres como a Paulus; quería prepararse para reunirse con la delegación rusa. Entonces, el personal del Cuartel General le informó de que los soviéticos habían cortado sus líneas telefónicas. Pidió a su ordenanza que le buscase agua limpia para afeitarse y cepillar el único uniforme de gala que aún tenía, pero, mientras esperaba, la mente de Roske entró en un lugar oscuro. Según describe en sus memorias inéditas, sufría claramente estrés postraumático. Se cuestionaba lo buen comandante que había sido con sus hombres desde su llegada el septiembre anterior, sobre cómo evitaba reunirse con los heridos graves o inventaba excusas para no hacerlo. A pesar de que sus hombres lo respetaban

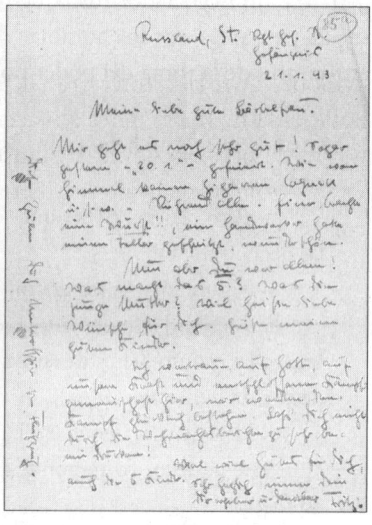

Ascendido a general de división, Friedrich Roske aparece aquí en el momento de su rendición el 31 de enero de 1943. La última carta de Roske a su esposa, que un avión consiguió sacar del cerco en que se encontraban los alemanes el 22 de enero de 1943, dice: «Confío en Dios, en nuestra fuerza y en la decidida comunidad combatiente de aquí: sobreviviremos bien a la lucha. No te dejes influir demasiado por los informes de la Wehrmacht».

sobremanera, al asumir el mando de las posiciones de la división en torno al Univermag, ahora prefería permanecer junto a Paulus tal como se le había ordenado y se excusaba para no inspeccionar las unidades en primera línea de su perímetro. En definitiva, era un oficial dotado y valiente que, tras cinco meses de intensos combates, se sintió impotente para salvar a sus hombres, pero, aun así, luchó con resolución hasta el final.

Para las distintas divisiones del Ejército Rojo que ahora rodeaban la posición de Paulus, la carrera por hacerse con el premio gordo hizo que varias partes intentasen contactar y hablar con el comando de Roske. En torno a las 03:00, un grupo de negociadores rusos llegó a la puerta principal, cerrada con llave, y solicitaron que los dejaran entrar.[14] Habían venido acompañados por una docena de soldados armados, algunos de los cuales llevaban granadas en los bolsillos, listas para ser empleadas en caso de que el enemigo abriera fuego. A un teniente del Ejército Rojo se le permitió acceder al edificio con dos ayudantes y se internaron en él por una entrada lateral, debido a que, con anterioridad, Roske había ordenado minar la fachada de los grandes almacenes. Sus memorias refutan el hecho de que este joven tanquista se reuniera realmente con Paulus; solo afirma que se informó por radio al teniente que era necesaria la presencia de un oficial superior del Ejército Rojo con el fin de acordar unas condiciones que pudieran garantizarse. Por la mañana, apareció una nueva delegación encabezada por un coronel ruso, con oficiales de apoyo y guardias, que deseaba hablar con el comandante alemán, y los rusos ya habían reunido a casi un batallón para presentar armas en el edificio.[15] Los hicieron esperar hasta que Roske y Schmidt hablaron con el coronel Adam, y a Paulus lo dejaron descansar en sus dependencias, junto a la habitación de Roske. Una vez más, tanto Roske como Schmidt se resistieron a entregar el puesto de mariscal de campo a alguien de rango tan inferior. Mientras uno de sus subalternos llevaba el mensaje del coronel ruso de vuelta a las líneas soviéticas, Roske intentaba aliviar la tensión del invitado soviético que se sentaba enfrente:

Yo necesitaba un puro y le ofrecí uno a él también. Poco después de encenderlo, lo dejó enseguida a un lado. Debía de estar dudando de si tal cosa estaba permitida, o de si estaba envenenado, o simplemente no estaba acostumbrado a ese tipo de cosas. Hablé con él sobre una posible manera de abordar la batalla y también sobre mis condiciones. Opinaba que, seguramente, las escucharían. Se haría una calma de unas horas antes de que los rusos enviasen, por fin, al hombre adecuado.

Por su parte, el oficial del Ejército Rojo quedó impresionado por su homólogo: «Roske tenía un aspecto muy elegante y limpio. Causó la mejor impresión del grupo. [...] Todos los ayudantes de Roske parecían pulcros. Todos ellos tenían docenas de medallas».[16]

Mientras esperaban la llegada de la nueva delegación superior, Roske había aprovechado para despedirse de Paulus. Por su parte, Hindenlang ya había informado a Roske del telegrama del Führer en el que se enumeraban los ascensos que Hitler había concedido a los oficiales que no pudo rescatar: un último adorno que colgar frente a hombres desesperados con la intención de que cayeran luchando. Roske se dirigió ahora al mariscal de campo del 6.º Ejército o a lo que quedaba de él.

Con aire sombrío, lo felicité por su ascenso. Estábamos uno frente al otro en su pequeña habitación y podíamos sentir lo íntimos que nos habíamos vuelto y lo bien que habíamos llegado a conocernos, durante esos días difíciles, como hombres, como soldados y como camaradas. Me dijo:

—Roske, ¿crees que el Führer me ha ascendido al rango de mariscal de campo porque nunca antes un mariscal de campo ha sido encarcelado y esto es algo que jamás debe ocurrir?

Se me pasó por la cabeza que, una vez, le había aconsejado que no se quitara la vida. En mi interior, todo se oponía a este pensamiento: «Si el O.B. se quitaba la vida, la culpa de esta derrota caería sobre todos nosotros». Pregunté a Paulus:

—¿Se siente herr mariscal de campo responsable [del fracaso de la batalla]?

Y, entonces, recordé una comparación un tanto pobre:

—De todos modos, el mariscal Mackensen sí fue encarcelado.[17]

Pues bien, esas dos frases, una al lado de la otra, parecieron poner punto final a sus consideraciones y se aferró a esto. Estrechamos la mano y me dio las gracias, visiblemente emocionado.[18]

Roske regresó a su propia habitación del sótano para dictar una última orden a sus hombres de la ID 71, pero, sobre todo, a los que restaban de su antiguo IR 194, con quienes había servido en los últimos cinco amargos meses de lucha:

El hambre, el frío extremo y la falta de municiones han hecho imposible continuar esta batalla. Seguiremos todos juntos como buenos camaradas, pues así soportaremos incluso las peores dificultades.

En menos de una hora, la delegación rusa —encabezada por el general de división Iván Andreevich Laskin, jefe de Estado Mayor del 64.º Ejército— llegó junto con el general de división Iván Dimitrievich Burmakov, comandante de la brigada que rodeaba los grandes almacenes; todos ellos, al igual que los anteriores oficiales rusos, aparecieron ataviados con buenos y limpios abrigos de invierno, sombreros y pesadas botas de fieltro. Sus atuendos contrastaban de manera notable con los desaliñados y desgastados uniformes de las tropas alemanas que vieron tendidas en las oscuras habitaciones de los sótanos. El grupo de Laskin se había desplazado desde el Cuartel General del 64.º Ejército en Beketovka en nombre del coronel general Shumílov, su comandante. Con la presencia del teniente general Schmidt y el coronel Adam, Roske tomó asiento y despidió al intérprete ruso, ya que prefirió utilizar el suyo propio, que rápidamente puso al día al comandante del Ejército Rojo sobre su posición en el sur del *Kessel*.[19] Paulus seguía sin aparecer por ninguna parte y los soviéticos aún no se habían dado cuenta de su proximidad. En los míseros pasillos fuera de su habitación, muchos de los oficiales de Roske y sus hombres lloraban ante la derrota.

Roske inició las conversaciones:

—He tomado la decisión —dijo— de, bajo ciertas condiciones, debido a los innumerables heridos y soldados no aptos para combatir, cesar el fuego si el Ejército Rojo cumple mis condiciones específicas.

—¿Qué condiciones son esas? —preguntó Laskin.

—Hay que garantizar la seguridad y la vida de mis soldados, y no se debe permitir ningún saqueo o pillaje, en particular, de mis soldados más débiles. Solo pondré fin a la lucha si me garantizan ahora mismo que cada uno de mis soldados podrá regresar a casa en cuanto acabe la guerra.

Laskin caviló unos minutos mientras se traducían las palabras del comandante alemán. Levantó una mano y luego hundió un dedo en la mesa mientras hablaba:

—Todo eso ya se mencionaba en el documento de capitulación original, pero hay una excepción, ya que esta no se aceptó: los oficiales no pueden conservar sus armas.

Roske se volvió para llamar la atención de Schmidt; ambos se dieron cuenta de que, ahora, debían confesar cuál era su baza. Se inclinó hacia delante para hablar con claridad y mirar a Laskin a los ojos mientras traducían sus palabras.

—En mi campamento, estoy alojando al O. B. del 6.º Ejército, el general mariscal de campo Paulus.

Por mucho que todos los rusos esperaran que así fuera, Roske había aportado por fin la prueba concreta de que, efectivamente, Paulus seguía en la ciudad y no había sido evacuado del *Kessel* por aire.

—¿Se refiere al comandante general Paulus? —lo interrumpió Laskin.

Roske negó con la cabeza y repitió enfático:

—No, me refiero al general mariscal de campo Paulus, de cuya seguridad soy responsable. Solo depondré las armas cuando se lo haya alejado con dignidad, sin que se lo hostigue en modo alguno.

Laskin estudió el rostro del alemán y miró a su alrededor, a su propia delegación y a las salas que emergían de aquella en la que estaban sentados, intentando, tal vez, adivinar antes de preguntar por fin:

—¿Dónde está el mariscal de campo Paulus?

Sin pestañear, Roske respondió con calma:

—En algún lugar dentro de mi campamento.

Digiriendo la increíble noticia del pez que estaban a punto de capturar, Laskin permaneció en silencio unos segundos antes de declarar con firmeza:

—Deben deponer sus armas de inmediato.

Sin esperar reconocimiento ni palabras de Schmidt, Roske negó con la cabeza:

—Solo cuando se cumplan estas condiciones. Llamaré su atención sobre el hecho de que aún dispongo de una pequeña, pero capaz, guarnición de soldados.

Los rostros de Laskin y del general de división Burmakov permanecieron inmóviles, ambos sin decir nada durante unos segundos, un tiempo desconcertantemente largo para la delegación alemana. Al fin, y de manera abrupta, Laskin profirió:

—¡*Tak!* ['¡Que así sea!'].

El intérprete miró y asintió a Roske, dando a entender que el ruso había aceptado las condiciones de su comandante. A falta del dramático desenlace, la partida parecía haber terminado. El teniente coronel Leonid Ábovich Vinokur asintió con la cabeza, pero sus soldados seguían sujetando con firmeza las granadas F-18, que guardaban en secreto en sus bolsillos.

Obviamente y de inmediato, con los ojos puestos en el premio gordo, Laskin quería saber ahora el paradero de Paulus.[20] Mientras tanto, Schmidt, el jefe de Estado Mayor del 6.º Ejército, había salido para informar a Paulus, quien, durante todo este tiempo, había estado tumbado en su cama del campamento, a solas con sus cavilaciones en la habitación de al lado. Cuando Schmidt regresó, Laskin volvió a preguntar por Paulus y Roske respondió que en breve se reuniría con él en una habitación contigua. El comandante ruso, junto a la mesa de conferencias, preguntó a Laskin si podía llevar personalmente a Roske al Cuartel General del Ejército en Beketovka. Laskin asintió a su petición mientras Roske miraba y escuchaba la traducción de su intérprete. «¿Será recompensado de buena manera por un general encarcelado?», se preguntó Roske.

Antes de que Laskin abandonase la sala, llegó el secretario oficial de Roske para anotar su última orden a las tropas:

Le pedí a Laskin que me disculpara, pues ahora tenía que firmar una orden. Leí y firmé una veintena de copias. Laskin preguntó si podía conocer el contenido de la orden. Hice que se la transmitieran y le permití, a petición suya, quedarse con una copia. Entonces, todos los rusos salieron de mi habitación para ver al mariscal de campo, que, entremedias, se había preparado y que, con posterioridad, fue conducido en el coche de Estado Mayor del general Laskin.

No obstante, el traslado de Paulus no sería tan tranquilo como se había prometido. Por su parte, Duvánov había luchado con el 62.º Ejército en su ciudad natal de Stalingrado hasta el final de la batalla. Por casualidad, se encontraba en la plaza Roja custodiando un vehículo de comunicaciones alemán capturado cuando Paulus salió del sótano de los almacenes Univermag y fue conducido al coche del Ejército Rojo que lo estaba esperando.

«Media hora después», relató, «vimos a un sargento que llevaba al hombro tres ametralladoras alemanas capturadas. Se acercó al coche y vio a Paulus dentro. Dijo: "¡Ah, el general que ha matado a tanta gente sentado en el coche como si nada!".

»Entonces, cargó una ametralladora y apuntó. Paulus se quedó boquiabierto y se puso blanco como la cera. Ya sabes: en un milisegundo el mariscal de campo habría pasado a mejor vida, pero, de pronto, salió un teniente y apartó la ametralladora. Cerró la puerta del coche y gritó al conductor: "Muévete, por el amor de Dios, de lo contrario lo matarán aquí mismo"».[21]

El comandante ruso se quedó con Roske a la espera de que se preparase para partir y seguir a Paulus y a su personal hasta el Cuartel General del 64.º Ejército. Roske encargó a su ordenanza que empaquetara sus pertenencias mientras permanecía inmóvil en su despacho.

Se me ocurrió la siguiente pregunta: ¿qué hacemos ahora? Los rusos, muy cabales y correctos, habían accedido a todas nuestras peticiones. Pregunté a mis hombres: «Bueno, ¿lo intentamos?». Estas palabras fueron un alivio para ellos y aplaudieron ruidosamente mi sugerencia. Como de todos modos íbamos a perder las armas, las inutilizamos y arrojamos partes de ellas al fuego, que estaba ocupado consumiendo mis papeles personales, fotografías, documentos de identidad y dinero. Nuestro médico militar me proporcionó entonces una ampolla de cianuro que podía llevar conmigo «por si acaso». Al darme el frasquito, me dijo: «Si herr general bebiera esto, lo mataría tres veces». Lo escondí en el bolsillo del pantalón.

Además de dirigir la 71.ª División, también había conservado el mando de mi antiguo IR 194. Aparte del comandante Dobberkau, el capitán Hindenlang y el teniente primero Hoßfeld, todos los oficiales de Estado Mayor del regimiento estaban alojados en una pequeña habitación contigua al vestíbulo de entrada al sótano. Desde que estaba allí, yo solo había visitado su espacio vital una sola vez. Ahora que las cosas llegaban a su fin, quise verlos por última vez y despedirme de ellos. Entré en el vestíbulo, que estaba en completa oscuridad, sin linterna, y no pude encontrar la puerta de sus habitaciones. Con indolencia, pero con un enorme pesar, di media vuelta y nunca llegué a verlos.

Roske volvió a su habitación del sótano, metió su vestimenta y su ropa de cama en una enorme bolsa de lavado, y añadió una pieza de equipaje de mano. Fue aquí donde le sorprendió la empatía, o incluso la generosidad, de los rusos. El oficial soviético solicitó transporte suficiente como para garantizar que todos los hombres y oficiales restantes, así como su equipaje, pudieran ser transportados con seguridad:

Al final, accedí después de que mis compañeros me convencieran y sin que a mí me importase lo más mínimo. Al cabo de unas horas, llegaron un camión y un coche. En el camión, subieron Dobberkau, Hindenlang, Hoßfeld, el gravemente herido teniente primero Wegener, mi ordenanza Berndl y todo el equipaje. Luego, subí a un coche aparte.

Para las tropas rusas, ahora de celebración —algunos hombres disparaban sus armas hacia el cielo brillante; otros estaban sentados tranquilamente con sus camaradas compartiendo historias; a su vez, otros soldados bailaban—, la última morada de su enemigo era, en opinión de algunos, un final muy apropiado. Anatoli Soldátov, oficial político adjunto del 62.º Ejército, describió «un hedor increíble» cerca del Cuartel General alemán en Stalingrado, donde los soldados germanos habían utilizado el pasillo como baño y dejado montones de

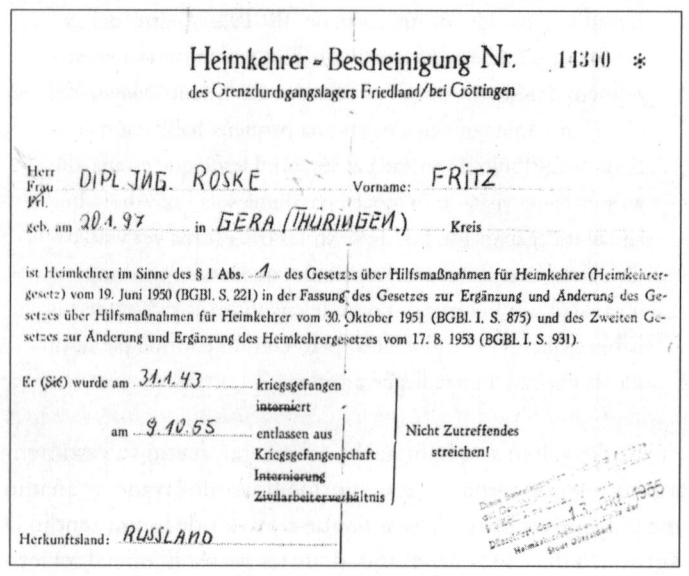

Historial penitenciario del general de división Roske entre enero de 1943 y octubre de 1955; incluye el encarcelamiento en Iwanowo (al noreste de Moscú) en marzo de 1946-47 y una cárcel en Stalingrado (septiembre de 1948, donde fue condenado a veinticinco años de prisión). En marzo de 1949 fue enviado a Vorkutá, al norte del círculo polar ártico, a un campo de una fábrica de ladrillos; en 1951, a un campo en Asbest, en los Urales; en 1954, a un campo en Sochi, y luego, en octubre de 1955, se recoge su llegada a Friedland en tren heces que llegaban «hasta el pecho».[22] Tal como Roske había dicho a Laskin, que también hizo comentarios sobre aquel lugar, fue tal la ferocidad de los ataques soviéticos de artillería y mortero contra todo lo que se moviese en las defensas alemanas que había resultado imposible organizar y mantener un sistema de letrinas eficaz.

Tras un difícil viaje campo a través, la columna motorizada que transportaba a los oficiales de Roske llegó finalmente por la noche a Beketovka, el Cuartel General del 64.º Ejército. Recordó que:

> Me llevaron a una granja que utilizaba el personal del ejército. El camión con todos mis compañeros siguió su camino. Cuando protesté por ello, me aseguraron que volvería a verlos a todos al día siguiente y que solo estaba aquí para que me presentaran al comandante del 64.º Ejército del Frente del Sudeste, el general de división Shumílov.[23]

Para Roske, la guerra había terminado. Sacó de su bolsillo el pergamino de papel de Estado Mayor que, quizá por su significado histórico, le había entregado su ordenanza. Era el último radiograma enviado por la división al Alto Mando del Ejército antes de que destruyeran el equipo de comunicaciones y llegaran sus captores soviéticos para llevárselos.

11:02. La emisora de radio de la 71.ª I.D. se despide. Saludos a todos los familiares.[24]

La «División Afortunada» de la Baja Sajonia, la principal agrupación de infantería que había servido con el 6.º Ejército para «asaltar los cielos» —una fuerza que había totalizado 11 361 hombres al comienzo de la operación Azul—, había dejado de existir, al igual que muchas de las agrupaciones de Paulus. Roske arrugó el radiograma, lo dejó caer en la nieve y salió al encuentro de sus captores.

Pasaría casi trece años en los gulags soviéticos de Siberia y los Urales antes de regresar a casa en 1955 (fue uno de los

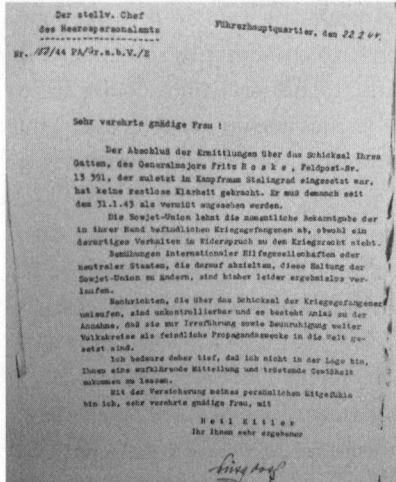

La carta enviada por el teniente general Wilhelm Burgdorf (jefe adjunto de personal del ejército del Cuartel General del Führer) a la esposa de Roske, en la que le informa de que su marido se cuenta oficialmente como «desaparecido» a partir del 31 de enero de 1943.

últimos prisioneros de guerra alemanes devueltos a Alemania Occidental por los soviéticos).[25] Él sería uno de los aproximadamente 5000 supervivientes de los 91 000 hombres que marcharon al cautiverio aquel gélido día de enero. Sin embargo, menos de un año después de su regreso, en la Navidad de 1956, Fritz Roske —que había sobrevivido a cinco meses de infierno en Stalingrado más de una década antes, dirigiendo a sus hombres con distinción en una ofensiva que sabía que estaba abocada al fracaso— se suicidó. Una de las últimas frases que escribió en una carta a su esposa en los días previos a la rendición resumía su calidad como eficaz líder de combate:

El general de división Roske regresaría a Alemania Occidental en uno de los últimos contingentes de prisioneros procedentes de Rusia en 1955, pero el encarcelamiento lo había afectado claramente. Se suicidaría el día de Navidad de 1956.

Lápida de Friedrich Roske, en Düsseldorf.

El ánimo en el seno de nuestro regimiento es completamente extraordinario. Estamos muy orgullosos de poder estar en una comunidad de verdaderos hombres en Stalingrado. Nadie sabe qué pasará. En realidad, no se trata de «qué». Se trata más del «cómo». Y nos ocuparemos de ello.[26]

Capítulo diecinueve

El fin

El ejército se marcha. No fue fácil verlos partir: a estos camaradas con los que había compartido tanto.

Veniamín Yákovlevich Zhúkov[1]

Los miles de soldados del Eje que se estaban rindiendo abandonaban, como Roske y sus hombres, la ciudad hacia un futuro desconocido y sombrío. El teniente Wüster, de la 71.ª División de Infantería, relató en sus memorias, *Un artillero en Stalingrado,* que:

Grandes y pequeños grupos de prisioneros fueron conducidos a través de los escombros de la ciudad. Este goteo se fundió en una enorme columna de prisioneros, al principio de unos cientos, más tarde, de miles. Pasamos junto a posiciones alemanas invadidas. Vehículos destrozados y quemados, tanques y cañones de todo tipo bordeaban la ruta formada a partir de nieve batida.

Había cadáveres congelados por todas partes, completamente demacrados, sin afeitar, a menudo encorvados por la agonía. En algunos lugares, los cadáveres yacían entrelazados formando grandes montículos, como si una multitud hubiera sido empujada y acuchillada con armas automáticas. Otros cuerpos habían sido mutilados hasta dejarlos irreconocibles. Los tanques rusos habían arrollado a estos antiguos camaradas, sin importar si estaban vivos o muertos. Las partes de sus cuerpos yacían esparcidas por la zona como trozos de hielo picado. [...] Yo había perdido a mis camaradas en los años de la guerra, había experimentado la muerte y el sufrimiento de primera mano, pero nunca había visto tantos soldados muertos en una zona tan reducida.[2]

Tanto los oficiales como los soldados del Ejército Rojo aplaudieron la victoria, si bien, al contemplar —ahora que Roske había rendido formalmente su posición— los horrendos lugares que el *Kessel* central tenía para ofrecer, quedó patente que el odio de los soviéticos estaba imbuido de una escasa compasión por el enemigo. Al teniente y comandante de carro Yampolski, ya recuperado de sus heridas de los enfrentamientos de octubre en el Distrito Fabril, le quedaban pocas emociones que le permitieran mostrar compasión:

Todos los sótanos estaban llenos de soldados y oficiales alemanes heridos, moribundos por las heridas, el hambre y el frío. Era duro contemplar su sufrimiento, pero, después de lo que habíamos vivido durante las batallas de otoño, nadie sentía piedad alguna. [...] Nuestros paramédicos eran físicamente incapaces de prestar asistencia a todos los alemanes. Se hizo cumplir la orden de no matar a los prisioneros. De todas formas, algunos de nosotros deambulábamos entre las filas de heridos, buscando hombres de las SS; aquellos que identificábamos por sus uniformes de las SS eran fusilados en el acto. Una cosa más nos llamó la atención: casi uno de cada diez de los que llevaban uniforme alemán eran antiguos soldados del Ejército Rojo. También a ellos se les aplicó la ejecución sumaria. La amargura de la gente era abrumadora. Todas las calles estaban llenas de cadáveres congelados de alemanes. Los propios prisioneros germanos abrían paso echándolos a ambos lados de los caminos. [...] Los alemanes arrancaban las botas de los cadáveres de sus compatriotas. La técnica era simple: golpeaban con una palanca en el tobillo, este se desmoronaba y, entonces, podían quitarle fácilmente las botas.[3]

El drama humano que se desarrollaba sobre el terreno se correspondía con las maquinaciones políticas de Berlín. El 1 de febrero, Hitler se enfureció en su Cuartel General contra la traición de Paulus, quien no aceptó el cáliz envenenado de un final glorioso con el que poder alimentar la leyenda que Goebbels, el ministro de Propaganda del Führer, estaba construyendo para el pueblo alemán: «En tiempos de paz, en Alemania, entre 18 000 y 20 000 personas al año optaban por el suicidio, incluso sin encontrarse en tal situación [como la de Paulus]. He aquí un hombre que ve morir a 50 000 o 60 000 de sus soldados, defendiéndose valientemente hasta el final. ¡Cómo puede entregarse a los bolcheviques!».[4]

El Führer conocía demasiado bien la realidad, pues, durante las últimas semanas, le habían presentado informes y testigos oculares de primera mano para notificarle acerca de la situación a medida que el 6.º Ejército se desintegraba.

La magnitud de los combates y el número de muertos eran asombrosos, tanto para comprenderlos en un informe oficial como para presenciarlos de primera mano en la propia ciudad. La muerte y la destrucción campaban a sus anchas, tal como referiría más tarde Jrushchov:

> Miles de cadáveres alemanes fueron desenterrados del suelo helado, apilados en capas alternadas con traviesas de ferrocarril y prendidos fuego. «No volví una segunda vez», recordaba Jrushchov. «Napoleón o algún otro dijo una vez que quemar cadáveres enemigos huele bien. Bueno, si he de hablar por mí, no estoy de acuerdo».[5]

Más de 2,9 millones de bombas habían caído sobre los distritos de la ciudad, ya fueran proyectiles de artillería, granadas de mortero o bombas lanzadas desde el aire por las miles de incursiones de la Luftwaffe. El Distrito Fabril —nacido de los planes quinquenales de Stalin—, la joya de la ciudad nueva, era ahora un paisaje humeante y lunar. 850 000 metros cuadrados habían resultado destruidos, llevándose consigo 126 de los negocios industriales de la ciudad y los 8630 grandes talleres de maquinaria que albergaban. Ahora, los tres grandes centros industriales donde se produjeron los principales combates (la acería Octubre Rojo, la fábrica de armas de Barrikady y la fábrica de tractores) eran ruinas. De los 666 edificios industriales de estos lugares, 546 habían quedado destruidos por completo. El coste estimado de los tres complejos era de, aproximadamente, 1 200 000 000 rublos.

La ciudad estaba irreconocible: alrededor de 41 000 edificios estaban ahora en ruinas y solo quedaba en pie el doce por ciento de las viviendas civiles. La batalla había destruido 110 escuelas, 15 hospitales y 68 centros de salud. Ahora, las calles de la ciudad eran simples caminos que atravesaban un yermo, sin apenas puntos de referencia que permitieran a un observador desinformado llegar a su destino. Un comandante de división recordaba el momento en el que vio, por primera vez, una casa intacta en Stalingrado tras 156 días de combate: «Estábamos tan acostumbrados a las ruinas —nos parecían normales— que una casita intacta era un fenómeno extraordinario y atrajo nuestra atención. Incluso nos detuvimos a contemplar esta casa superviviente».[6]

De los aproximadamente 400 000 habitantes de la ciudad (que antes de la batalla habían llegado a ser 850 000 debido a la afluencia masiva de refugiados que huían del avance inicial de los alemanes hacia el este) solo quedaban 9796 cuando fue liberada.[7] Las cifras soviéticas indicaban que 64 224 civiles habían muerto en los combates de Stalingrado, incluidos 1744 fusilados y 108 ahorcados.[8] La urbe no contaba con una fuerza policial local ni con una milicia activa para vigilar y proteger los edificios que permanecían en pie y podían atraer a los saqueadores y a las tropas alemanas que no se habían rendido, sino que habían optado por seguir luchando y sobrevivir como fuera entre las ruinas.[9] El Comité de Defensa de Stalingrado solicitó ayuda al NKVD a fin de asegurar las fronteras de la ciudad, establecer puestos de control, y reclutar y entrenar a una nueva fuerza policial.

La magnitud de la destrucción en Stalingrado fue tan grande que, en los debates celebrados en el Gobierno regional y nacional, se argumentó seriamente que, tal vez, la mejor opción era dejar sus ruinas como monumento a la guerra y, luego, reconstruir la ciudad en un nuevo punto a lo largo del Volga. Tal como declaró Paul Winterton, corresponsal de la BBC sobre el terreno:

> Se ha combatido por cada metro de ella, literalmente por cada metro, y los cadáveres congelados todavía yacen entre los restos de trincheras y refugios, y bajo paredes venidas abajo. [...] Las calles de Stalingrado, si se puede llamar de esta forma a los espacios abiertos entre las ruinas, aún conservan todas las señales de la batalla: la habitual hojarasca de cascos y armas, montones de munición, papeles revoloteando en la nieve, cuadernos de los alemanes fallecidos y un sinfín de cadáveres destrozados tendidos donde cayeron o apilados en grandes montones helados para su posterior enterramiento.[10]

Fuera cual fuese el resultado, había que empezar a limpiar. En algunos distritos, el sistema de alcantarillado de la ciudad se había visto gravemente afectado, con tuberías agrietadas o rotas y túneles derrumbados a consecuencia de los combates. Las aguas residuales que habían fluido por sótanos, escaleras, habitaciones de edificios hasta las calles, pero que, luego, se habían congelado durante los duros combates invernales eran ahora, con el deshielo primaveral en el horizonte, un verdadero peligro. No obstante, la limpieza del entorno no pudo comenzar hasta que los equipos de demolición especializados en trampas explosivas alemanas, así como en la munición sin detonar que cubría la ciudad, evaluaron cada zona de riesgo.[11] Del 15 de febrero al 4 de abril, el campo de batalla permaneció semicerrado para los forasteros mientras el Comité de Defensa de Stalingrado llevaba a cabo un programa de retirada masiva de cadáveres enemigos mediante destacamentos especiales que los retiraban y transportaban fuera de la ciudad para enterrarlos o, en algunos casos, quemarlos en piras comunitarias debido a los riesgos de enfermedades infecciosas. Por otro lado, se recogieron y enterraron los cadáveres de oficiales y hombres del Ejército Rojo que también se encontraron *in situ* en las decenas de campos de batalla de la ciudad, normalmente acompañados de una ceremonia a la que asistían funcionarios locales y mandos del ejército. Se retuvo en Stalingrado a varios grupos de prisioneros alemanes, primero para apoyar este programa de limpieza, y luego, para dedicarse a la reconstrucción de la ciudad. Uno de estos prisioneros, miembro de la 71.ª División del general de división Roske, recordaba el horror cotidiano de la limpieza que acabó convirtiéndose en su rutina de trabajo:

> En un solo barranco, arrojamos, aproximadamente, 30 000 cadáveres (rusos y alemanes) y echamos tierra sobre ellos. Yo había llevado un registro de todos los miles de alemanes muertos en combate para poder informar más tarde a sus familiares en casa, pero los rusos me lo quitaron.[12]

Era habitual que los pocos civiles que aún permanecían en la ciudad asistieran también a estos lugares o que, conforme pasaba el tiempo, mantuvieran estas fosas comunes; es decir, las rusas.

A pesar de los niveles de muerte y destrucción, así como de la despoblación de la propia ciudad, con el paso de los días y las semanas, una vez que la bolsa norte había sido finalmente despejada de las tropas alemanas que todavía luchaban contra las unidades del NKVD, allá por abril de 1943, la ciudad empezó a rezumar una apariencia de nueva vida mientras se desataba una oleada de euforia debido a que el Ejército Rojo había derrotado, por fin, a los alemanes.[13] Tal como recogía el informe de Winterton:

> Hoy se respira un auténtico ambiente festivo entre esta gente. Son los hombres y las mujeres más orgullosos que he visto nunca. Saben que han hecho un trabajo estupendo y que lo han hecho bien. Su ciudad ha sido destruida, pero han aplastado al invasor a base de pura tozudez y de un invencible valor. Estos hombres y estas mujeres lucharon y trabajaron durante meses de espaldas al río, que habían jurado no cruzar

jamás. Se enfrentaron a un enemigo que ocupaba la única altura dominante en Stalingrado, y que podía bombardearlos con obuses y morteros incesantemente día y noche. Se aferraron a su estrecho punto de apoyo y sus pies nunca resbalaron.[14]

Por temor a que las infecciones y enfermedades se extendieran a la población rusa, el proceso de expulsión de los prisioneros de guerra alemanes y del Eje comenzó casi de inmediato. Estos iban a ser trasladados al interior de la Unión Soviética a través del Volga, aunque una parte de los 91 000 prisioneros del Eje permanecieron en la ciudad para trabajar en su reconstrucción. Tras haber sobrevivido al infierno de la defensa de la urbe y a los horrores que había presenciado, ahora, el teniente de la Guardia Merezhko miraba compadecido a sus verdugos:

Antes, había pensado que podría rebanarles el pescuezo con mis propios dientes, pero, cuando los vi en convoyes a través del Volga, con esos andrajosos y miserables abrigos, sabiendo que el lugar habitable más cercano donde podían descansar estaba a diez o quince kilómetros […]. Y, así, marcha esta columna […] en esta interminable estepa kazaja. […] Y tú mismo piensas: «Nunca lo conseguiréis, muchachos». Y, al mismo tiempo, experimentas el sentimiento triunfante de la victoria. […] Cuando estaba allí, en un escarpe del Volga, decidí que seguiría vivo hasta el final de la guerra. Me ordené a mí mismo: «¡Sigue vivo hasta el final de la guerra!».[15]

La reconstrucción fue lenta. En enero de 1947, unas 330 000 personas vivían en Stalingrado en condiciones de hacinamiento y decenas de miles continuaban habitando los sótanos y huecos de escalera de los edificios en ruinas o en dormitorios improvisados.[16] No obstante, del programa de reconstrucción masiva que la ciudad necesitaría surgiría un espíritu comunitario no solo para volver a levantar Stalingrado y devolverle la gloria que había conocido anteriormente, sino también para conmemorar y celebrar la victoria. Así, acabaría por desarrollarse un movi-

La «Casa de Pávlov» después de la batalla; se observa el hastial oeste del edificio. El molino de Gerhardt aparece al fondo a la izquierda. Solo una parte frontal del edificio fue destruida a pesar del combate que había tenido lugar a su alrededor.

miento local que pretendía reconstruir una casa emblemática que, en el centro de la urbe, había personificado la desesperada lucha por derrotar a los invasores fascistas. Este movimiento se vería impulsado por las historias de la defensa de la casa que ya se habían difundido por toda Rusia, con sus defensores convertidos en héroes que infundían esperanza y fervor. Igual que el resto de la ciudad, la casa era una ruina.

De sus cenizas, emergería un nuevo movimiento patriótico no solo para reconstruir la Casa de Pávlov, sino también para hacer lo mismo con Stalingrado y todos los pueblos y las ciudades del oeste de Rusia que habían sufrido a manos de los alemanes. Serían los ciudadanos rusos de a pie quienes desencadenarían este monumental esfuerzo, y el Estado ruso el que apoyaría y nutriría la campaña con el fin no solo de reconstruir el país, sino de modelar una narrativa de posguerra que realzase la reputación de Stalin, su liderazgo y el papel crucial que el Partido Comunista había desempeñado en la victoria del país sobre la Alemania nazi. Así, la Casa de Pávlov se convertiría en un emblema de esta estrategia.

Epílogo

La leyenda del «Faro»

Nada se olvida, y nadie es olvidado.[1]

Museo Panorama (Volgogrado)

Mientras duró la Gran Guerra Patria, el Gobierno ruso estaba posiblemente en una gran posición para emprender la guerra propagandística: se debía contener el ataque alemán a través de sus fronteras occidentales. A partir de la revolución bolchevique de 1917, el Partido había desarrollado y convertido sus medios de comunicación de masas en armas para controlar y dirigir a su población. Desde la llegada de Stalin a su dirección, pasando por sus planes quinquenales que llevaron al país al siglo xx y sus brutales purgas posteriores que mataron a millones de personas, el uso de la prensa y la radio había difundido su mensaje y afianzado, así, su control. Ahora que el país estaba en guerra con la Alemania nazi, el aparato gubernamental simplemente potenció su mensaje y la causa noble, incluso santa, en la que, ahora, cada ciudadano ruso estaba involucrado.

El Gobierno de Stalin no solo reuniría a sus hombres y mujeres en la Madre Patria a fin de reconstruir las terribles pérdidas que sufriría el Ejército Rojo en los dos primeros años de la guerra, sino que también trabajaría para controlar y manipular lo que se dijera al país sobre su actuación. Millones de personas corrientes —al igual que los ciudadanos de Estados Unidos, la otra gran potencia de la Segunda Guerra Mundial— se alistarían para crear un enorme «ejército de ciudadanos». Esta milicia popular recién levantada iría evolucionando a través de multitud de errores catastróficos, pérdidas sangrientas y costosas victorias hasta derrotar a un muy profesional y letal ejército a las puertas de Stalingrado en febrero de 1943.[2] Tanto la diversidad demográfica como étnica de este nuevo Ejército Rojo reflejaba la inmensidad del propio país: una población de 170 millones de habitantes, compuesta por al menos diez grupos étnicos principales (de entre los cuales los rusos eran el grupo dominante) y que hablaba más de cincuenta idiomas. El Gobierno y las Fuerzas Armadas necesitaban establecer un «vínculo inquebrantable» con su pueblo, más allá de todos los límites y fronteras: esto se lograría gracias a los medios de comunicación —ya fuera mediante la persuasión o la coerción— a través de sus órganos políticos.

En el transcurso de la guerra, el Ejército Rojo produjo más de 1300 periódicos y revistas, que llegaron a un público de, por lo menos, 4,3 millones de personas. Existía una amplia variedad de ediciones semanales nacionales y regionales, así como periódicos diarios generalistas que cubrían las principales historias de la guerra, en cada teatro en el que las fuerzas soviéticas estaban involucradas. Todas las noticias estaban sometidas a una severa censura, pero eran lo suficientemente veraces como para mantener la mentalidad del país desde la llamada a las armas de Stalin en julio de 1941, cuando anunció que la Madre Patria estaba en peligro. Además, con el objetivo de vincular a las tropas con sus unidades y áreas de servicio, el ejército proporcionaba ediciones dedicadas y distintivas para todas las unidades. Por lo general, se imprimían en ediciones de dos, cuatro o seis páginas en las que se publicaban historias trascendentes que promovían las hazañas de valor de las unidades (compañía, batallón, regimiento, división, etcétera) contra el invasor fascista y, cuando procedía, se elogiaba y celebraba a los individuos. Por lo demás, las publicaciones promovían la línea del Partido y, si era necesario, promulgaban cualquier argumento que fuera necesario para apuntalar la moral, tanto en la esfera civil como en la militar. Los desastres de los primeros dieciocho meses de guerra (la operación Barbarroja, la casi captura de Moscú, el sitio de

Leningrado, las fallidas ofensivas de primavera de 1942 y, por supuesto, la retirada a Stalingrado) fomentaron la sensación de que el país estaba sitiado y de que el Gobierno (Stalin) y el Ejército Rojo frenarían la marea.

Para satisfacer la sed de noticias, se lanzó una cruzada por toda Rusia en busca de historias de heroísmo, sacrificio, patriotismo y, cómo no, de la glorificación del Ejército Rojo, el Partido y el propio Stalin. Esta maquinaria mediática mejorada y bien engrasada necesitaba contenidos. El Ejército Rojo emplearía a más de 5000 reporteros, escritores, poetas, dramaturgos y guionistas de radio que pondrían el pie sobre el terreno en los distintos teatros de guerra, en la propia línea de frente, a la caza de gentes e historias. Se animó a más de un millón de soldados rusos en activo a llevar diarios, además de escribir historias y cartas para consumo del público. Tal como resumió Schecter en *The stuff of soldiers:*

> El nuevo mundo soviético se construyó tanto sobre el papel como en el mundo físico; luchar a través de la escritura era tan militar como empuñar un fusil, conducir un tanque o manejar un cañón. [...] Solo el Ejército publicaba 465 periódicos de primera línea, y miles de periódicos locales continuaban su labor incluso en las condiciones más duras y hasta en la sitiada Stalingrado. De los 943 escritores profesionales enrolados en las Fuerzas Armadas soviéticas, 255 morirían en combate.[3]

Estos «soldados escritores» recibieron trabajo en todos los grandes órganos de los medios de comunicación, a saber, el *Krásnaya zvezdá,* el periódico del Ministerio de Defensa; *Izvestia,* el diario portavoz del Gobierno, y el *Pravda,* el propio canal del Partido Comunista para todas las noticias. Bajo el fuego y cubriendo los principales acontecimientos del frente, desde el Báltico hasta el Caspio, hombres como Konstantín Símonov, Borís Nikoláevich Polevoi, David Ortenberg, Ehrenburg y, por supuesto, Grossman consolidarían su reputación gracias a sus aclamados reportajes sobre la guerra, especialmente en Stalingrado. Algunos caerían más tarde en manos de la censura y del Partido —en particular, Ortenberg y Grossman recibirían un trato duro—, pero, en aquella época, millones de personas, tanto si trabajaban en las fábricas de los Urales como si luchaban en las trincheras de las afueras de Leningrado o Járkov, leían sus artículos en los periódicos diarios. Aquellos que no podían permitirse comprar las ediciones baratas, visitaban con regularidad los tablones de anuncios públicos para leer las versiones allí colgadas. Por mucho que la doctrina nazi despreciara al pueblo ruso como atrasado y analfabeto, una cuarta parte de la población sabía leer y escribir, aproximadamente 1 092 221 personas contaban con educación superior y 13 272 968 habían completado la educación secundaria.[4]

Tras el comienzo de la ofensiva alemana en el verano de 1942 y con el avance del Grupo de Ejércitos B hacia el Volga, los cinco meses de lucha por Stalingrado adquirirían un fervor casi religioso, debido a que estos escritores, y muchos otros de menor importancia, se sintieron atraídos por el campo de batalla, pues deseaban captar la esencia de una batalla a vida o muerte por la ciudad y el río que sintetizaban la Rusia moderna. La propia urbe se convertiría en la encarnación de la lucha de todo el país, algo que soldados escritores como Grossman reconocieron enseguida; su llegada en agosto, mientras la Luftwaffe asolaba Stalingrado, lo inspiró para acuñar la expresión «la ciudad muerta». Sus artículos llevarían los encarnizados enfrentamientos —como la lucha por el elevador de grano, en el distrito sur, o la fábrica de tractores, al norte— a los hogares de millones de rusos, glorificando a cada unidad que entraba en combate y vinculando su destino a los temas del sacrificio y el compromiso con la nación.

El cambio de táctica de Chuikov para crear grupos de asalto dedicados a librar una «defensa activa» contra el 6.º Ejército pronto se apoderó de la imaginación tanto de escritores como de reporteros, y la lucha por cada casa, piso y habitación acaparó la atención del país. Tal como describe el profesor Ian R. Garner:

La construcción del relato de la defensa casa por casa proporcionó al lector un nuevo medio a través del cual proyectar su propia experiencia sobre Stalingrado, y viceversa. La batalla por cada casa se convirtió en sinónimo de militarización y defensa tanto de la nación como del propio hogar del individuo. [...] «¡Todas las casas de Stalingrado son una fortaleza!» afirmaban las cabeceras de los periódicos junto a fotografías de hogares destruidos; esto dio el pistoletazo de salida a un periodo en el que la atención se focalizó en torno a la casa como elemento central de Stalingrado.[5]

La lucha por los emblemáticos edificios de Stalingrado y sus alrededores sirvió como telón de fondo perfecto para ensalzar las capacidades del soldado ruso al mismo tiempo que se entrelazaba con el tema de pertenencia a una gran causa y se profundizaba en una perspectiva personal con la que todo ciudadano podía identificarse: defender el propio pueblo, la propia ciudad y, lo que era más importante, el propio hogar. Antes incluso de que el Ejército Rojo lanzara su espectacular contraataque para rodear al 6.º Ejército a mediados de noviembre, las operaciones —que aspiraban a recuperar cualquier porción de la orilla oeste a la que pudieran aferrarse— emprendidas desde finales de septiembre por los grupos de asalto de Chuikov captaron la atención de los reporteros de guerra del Frente de Stalingrado.

Lo que se conoció como la «narrativa de la defensa casa por casa» no solo desempeñaría un papel vital en el mantenimiento de la moral del país, sino que, también, aumentaría la confianza del propio Ejército Rojo, todavía atónito por sus pérdidas en el sur de Rusia durante todo el verano. Con Paulus consolidando la ocupación alemana de la mayor parte de la ciudad, su fase final, dedicada a capturar los sectores industriales del norte, parecía estar teniendo éxito. La Luftwaffe seguía dominando los cielos, los alemanes estaban diezmando a los refuerzos soviéticos a los pocos días de desembarcar en la orilla occidental y, a pesar de la enérgica defensa rusa, el avance en el Cáucaso del Grupo de Ejércitos A proseguía sin que nadie lo frenara. No solo en Rusia, sino también en Gran Bretaña y Estados Unidos, se planteaba una pregunta de crucial importancia: ¿podrían resistir los rusos?

Todavía no sabemos si fue una decisión política, si se ordenó a los corresponsales del Ejército Rojo comenzar a escribir una serie de testimonios que celebrasen el espíritu de lucha y los éxitos de los defensores de Stalingrado, pero, en medio de aquellos terribles meses de feroces combates y con la ciudad al borde del precipicio, los reporteros soviéticos empezaron a encontrar historias de las heroicas hazañas acometidas por los defensores de Chuikov, quienes resistieron contra todo pronóstico y protegieron el «hogar» contra los invasores fascistas. Mientras los Grupos de Ejércitos A y B avanzaban por el sur de Rusia, el polémico artículo de Ehrenburg, «Matar al alemán», publicado el 24 de julio de 1942, había supuesto una llamada a las armas: el país no debía abandonar la lucha. A medida que se acercaba el invierno, los rusos necesitaban alguna noticia que les prometiera el éxito para galvanizar la defensa del Volga y del frente oriental en su conjunto. La 13.ª Guardia, que mantenía su pequeña franja de terreno en el centro de la ciudad, sería una de las varias unidades del ejército de Chuikov cuya actuación en combate ensalzaría, pues, la prensa soviética. Su sacrificio y, lo que es más importante, sus éxitos en la defensa de la ciudad, la protección del «hogar» y la lucha contra el enemigo se convertirían en el centro de atención del país, que celebraría hazañas e individuos. Los enfrentamientos casa por casa en Stalingrado serían una metáfora perfecta de la lucha del país por la supervivencia, tal como concluyó el profesor Garner:

> Al describir las casas como hogares, introduciendo referencias a los recuerdos o vestigios de sus habitantes o de la vida anterior a la guerra, la defensa de Stalingrado y, por tanto, de toda la nación se traslada a un único espacio familiar. Para el lector cuyo hogar estuviera amenazado por la invasión, la pérdida, los bombardeos o la evacuación, cualquier casa podría representar la guerra entera. [...] Cuando la victoria en Stalingrado parecía segura, el embriagador cóctel de sacrificios individuales, épicas batallas y valentía militar rusa —el «espíritu de

Stalingrado», tal como acabaría por conocerse— pudo, a su vez, dar forma a la acción en todo el frente oriental.[6]

Junto con otras hazañas de valentía —como los encarnizados combates al norte de la ciudad en las operaciones de Kotluban, que habían costado más de 200 000 bajas al Ejército Rojo, o la defensa del elevador de grano en el sur, donde una pequeña guarnición rusa de la 10.ª Brigada de Fusileros había destrozado a toda una división—, se daría a conocer al público la defensa de la Casa de Pávlov, que dominaba la plaza del Nueve de Enero. El 18 de octubre, cuando la lucha por los distritos del norte iba mal para Chuikov, tres semanas después de iniciado el «asedio», *Izvestia* dio noticias sobre la casa por primera vez, pero no mencionó al sargento inferior Pávlov ni a ninguna persona. El diario de combate de la 13.ª Guardia no hace mención de ella, como tampoco los diarios de las 71.ª y 295.ª Divisiones de Infantería del LI Cuerpo. Los documentos personales del general de división Roske, cuyo IR 194 tenía posiciones cerca de la plaza, no hacen ningún comentario al respecto.

De igual forma, no hay noticias de que se haya hablado de ella en el LI Cuerpo ni en el Cuartel General del 6.º Ejército. Sea como fuere, tal como se describe en este libro, la batalla por la casa aconteció en medio del flujo y reflujo diario de la lucha por los edificios centrales de la ciudad, donde la 13.ª Guardia aún mantenía sus posiciones en el complejo del NKVD, la Cervecería y el molino de Gerhardt. Más de un mes después de que la 7.ª Compañía del 42.º Regimiento de Fusileros de la Guardia de Elin se hubiera adueñado del edificio, un escritor soldado del *Stalinskoe znamya* (*Bandera de Stalin*), el periódico del 62.º Ejército, ensalzó, hasta cierto punto, la importancia de la casa.

El 31 de octubre de 1942, con el titular «La Casa de Pávlov», el periódico publicó «Esta es la heroica Stalingrado», por Yuli Petróvich Chepurin, quien escribía desde la misma ciudad.

> Durante más de treinta días, un grupo de guardias de la unidad de Rodímtsev, Héroe de la Unión Soviética, al mando del guardia sargento Pávlov, han estado defendiendo una de

Izquierda: El teniente Yuli Petróvich Chepurin era corresponsal de guerra del periódico *Bandera de Stalin* del 62.º Ejército. *Derecha:* Escribiría la primera historia de la defensa de la casa de la calle Penzenskaya, número 61, y le daría el nombre de «La casa de Pávlov», el 31 de octubre de 1942; la historia pronto llegaría al público nacional.

las casas de gran valor en la defensa de Stalingrado. En el parte de guerra, esta casa se designa la «Casa de Pávlov». No se trata de un episodio accidental en la lucha de los guardias. Al contrario, aquí no hay nada de casual. Aquí se combina el plan del comandante con su ejecución ejemplar. La «Casa de Pávlov» es un símbolo de la heroica lucha de todos los defensores de Stalingrado. Pasará a la historia de la defensa de la gloriosa ciudad como un monumento a la destreza militar y al valor de los guardias.

Esta casa en ruinas se alza casi en el mismo centro de la ciudad. Durante más de treinta días sin dormir, sin descanso, los rusos Pávlov, Alexándrov y Afanásiev; los ucranianos Sabgaid y Glushchenko; los georgianos Mosiyashvili y Stepanoshvili; el uzbeko Turgunov; el kazajo Murzaev; el abjasio Sukba; el tayiko Turdyev; el tártaro de sus camaradas combatientes y sus camaradas han defendido Stalingrado.

Esta es la Casa de Pávlov.[7]

Con veintiocho años, Chepurin, originario de Sarátov, 380 kilómetros al norte de los combates, era un corresponsal especial del periódico del 62.º Ejército. En 1939, fue llamado al servicio militar activo como soldado raso y, en el momento de la batalla, en 1942, había sido aceptado en el Partido Comunista y ascendido a oficial. A mediados de octubre, junto con otros muchos periodistas, fue destinado al distrito central ocupado por la 13.ª Guardia, ya que era el sector más tranquilo de la zona de operaciones de Chuikov. Los combates en el norte se habían intensificado y allí se concentraba la actividad aérea enemiga. Cabe suponer que, si un escritor quería encontrar tiempo para hablar con los soldados y escuchar sus historias, la división del general de división Rodímtsev —que ahora se enfrentaba a dos unidades alemanas agotadas (la 71.ª y la 295.ª Divisiones de Infantería) y, además, muy mermadas— era una apuesta segura. Al estudiar los diarios de combate, parece ser que los alemanes estaban entonces atrincherados en sus líneas y se contentaban con ofrecer una fuerte resistencia si les atacaban, pero recurrían más a lanzar ráfagas de mortero y esporádicas descargas de artillería. Por su parte, Rodímtsev quería estabilizar su línea para cimentar una defensa coordinada, de ahí la necesidad de hacerse con la casa en primer lugar, ya que ofrecía una excelente posición de vigía. Uno puede imaginarse que, para los lectores, podría resultar muy interesante la lucha por un edificio de cuatro plantas, todavía intacto en un noventa por ciento, en la calle Penzenskaya y con vistas a la plaza principal de la ciudad. A pesar de que todo a su alrededor eran escombros de guerra, la casa estaba en pie: los actuales defensores la habían tomado con brillantez y ocupaban todas las plantas, sin tener que esconderse en los sótanos ni arrastrarse por las alcantarillas para luchar contra los alemanes.

El artículo de Chepurin sobre la Casa de Pávlov ocupaba dos páginas y elogiaba la toma de la casa, sus fortificaciones y la pequeña guarnición que la protegía. Llegados a este punto de la historia, la casa llevaba el nombre del sargento inferior Pávlov (a quien se hacía referencia directa como comandante de la guarnición), cuando, en realidad, este tendría que haber sido el del teniente Afanásiev, el teniente Náumov de la 7.ª Compañía y, en última instancia, el teniente Zhúkov —de quien dependían ambos oficiales—, comandante del batallón con base a unos cientos de metros, en el molino de Gerhardt. Por primera vez, la historia también sacaba a colación las contribuciones de la nación, ya que Chepurin celebraba el leal esfuerzo de los compañeros no rusos de Pávlov: chechenos, georgianos, tártaros, tayikos, uzbekos y ucranianos. La 13.ª Guardia había sufrido terribles bajas desde que desembarcó los días 14 y 15 de septiembre, y muchos de los sustitutos procedían de estos territorios; así, la historia de Chepurin tal vez no era del todo precisa, pero también daba a su público del 62.º Ejército lo que querían leer. Estaban todos juntos en esto.

Pocos días después de la publicación del artículo, su historia ganó una mayor audiencia a causa de un Gobierno y un Ejército Rojo necesitados de mejores noticias. Las hazañas de la división de Rodímtsev fueron entonces reconocidas por todo el país debido a su propia supervivencia y éxito a la hora de retener la ciudad. Se corrió la voz entre los escritores de Moscú que también buscaban noticias positivas del frente y el *Pravda* localizó a Leonid Koren, del 42.º Regimiento de Fusileros de la Guardia y el propio instructor político del coronel Elin, que publicó una serie de viñetas tituladas «Días de Stalingrado». Tal vez retomando el artículo anterior, Chepurin cubrió la historia de la captura y defensa del propio edificio del Partido en la calle Penzenskaya. Ahora, el público soviético fue conocedor de las increíbles hazañas de la 13.ª Guardia y, en particular, las de un sargento que lideraba la heroica defensa de la Casa de Pávlov: una fortificación clave en el interior de la ciudad y que ahora llevaba su nombre. Mientras la contraofensiva del general Zhúkov estaba en marcha y el 6.º Ejército se replegaba a su funesta bolsa, la radio nacional soviética recogió esta historia; entonces, la voz de Levitan, el principal locutor del país, cautivó a la nación al leer un escrito redactado por Koren.

La historia podría haberse quedado ahí, ya que Pávlov fue herido después de cincuenta y ocho días de servicio en el frente de la ciudad, y enviado de vuelta a la retaguardia mientras, en Stalingrado, la defensa de la casa y la lucha por la ciudad continuó durante más de dos meses. La guerra siguió su curso y Pávlov no se reincorporó a la 13.ª Guardia al volver al servicio en 1943, sino que sirvió con la artillería conforme el Ejército Rojo avanzaba hacia Berlín en 1945. Sobrevivió a la guerra, al igual que muchos de sus camaradas que habían luchado con él en Stalingrado y en la casa que miraba al Volga. No obstante, cuando la contienda empezó a avanzar hacia el oeste, hacia Alemania, Stalingrado emergió de entre los escombros y sus habitantes volvieron a dar vida a la ciudad y al lugar que Pávlov ocupó en ella.

Un día normal y corriente, en las oficinas del *Stalingradskaia pravda*, llegó a la mesa del redactor una carta manuscrita titulada «Nuestra contribución», que tendría un significado histórico para la ciudad y para Rusia. Decía así:

Ayer, una de las trabajadoras de la guardería, la presidenta del comité de barrio, Alexandra Maksímovna Cherkásova, condecorada con la Medalla por la Defensa de Stalingrado, nos presentó una idea maravillosa que apoyamos encantados. La camarada Cherkásova decidió organizar una brigada de trabajo voluntario que se reuniría durante nuestras horas y días libres.

Convocamos a la competición socialista de una brigada de constructores que trabajen para restaurar la legendaria Casa de Pávlov y llamamos a todos los trabajadores de la ciudad, a todo el pueblo de Stalingrado, a seguir nuestro ejemplo.

Los heroicos defensores de Stalingrado, en su defensa de nuestra ciudad, siguieron adelante, hacia el oeste, y se propusieron luchar contra el enemigo, sin conocer el descanso, ni de día ni de noche, sin escatimar sus fuerzas ni su vida.

Demostraremos, pues, nuestra valía, heroicos *stalingradtsi* [estalingradeses], ¡trabajaremos por la restauración de nuestra ciudad natal tan desinteresadamente como nuestros maridos, padres y hermanos luchan contra el enemigo!

Estaba firmada por diecinueve mujeres y por la propia Cherkásova. Al día siguiente, martes 15 de junio de 1943, la carta se reprodujo en la portada del periódico. A los pocos días, las autoridades locales dieron curso a la petición del grupo y se formó una brigada compuesta por diecinueve veteranos, por maestros y técnicos de instituciones infantiles, así como por jóvenes madres corrientes de Stalingrado. La recién establecida asociación se puso inmediatamente manos a la obra y comenzó a restaurar el edificio de la calle Penzenskaya. Sería la primera casa o edificio reconstruido tras la destrucción causada por los invasores alemanes. No sería la última, sino el inicio de un movimiento que se extendería por la Rusia occidental. Este nuevo fenómeno, el nacimiento de la «Brigada Cherkásova», centró, en gran medida, la atención del siguiente número del *Stalingradskaia pravda,* que dedicó el noventa por ciento de su portada a historias, cartas y fotografías de esta. La Oficina de Restauración del Comité Municipal de Stalingrado emitió una declaración en la que alababa la «iniciativa patriótica» del grupo y animaba a la población local a apoyar el proyecto, lo que prácticamente garantizaba que obtendría todo el apoyo necesario para ponerse en marcha. La propia Cherkásova causó sensación de la noche a la mañana y el *Stalingradskaia pravda* puso su contribución a la ciudad al mismo nivel que la de los militares que habían asegurado su victoria meses atrás. Una semana después de la publicación de su primera carta, la ciudad celebró el primer «domingo de las masas», en el que trabajadores y amas de casa se unieron a los obreros de la construcción y a los miles de prisioneros de guerra del Eje que ya estaban trabajando.

Participaron más de 8000 personas.

En el mes siguiente a la publicación de la carta de Cherkásova, cientos de sus conciudadanos, bajo la denominación de *stalingradtsi,* obraron en la estela del nuevo grupo al que se habían incorporado. Los cientos pronto se convirtieron en miles, todos voluntarios que, en su tiempo libre, se dedicaban a proyectos de limpieza y reconstrucción de la ciudad, muy en la línea de lo que harían las mujeres alemanas *(Trümmerfrau)* tras el fin de la guerra.[8] En ese momento, brotaron las pancartas y los grafitis —las unas, colgadas en las calles sembradas de escombros; los otros, garabateados en las ruinas de los edificios— por toda la ciudad con un mismo mensaje: «¡Te reviviremos, nuestra querida Stalingrado!».

El «Movimiento Cherkásova», tal como acabó por conocerse, reflejó el deseo de la ciudad y, con el tiempo, del país, de reconstruir y compensar a quienes habían sacrificado sus vidas en combate. Este se expandió con rapidez fuera de la urbe, hacia el sur de Rusia y Ucrania, a medida que se creaban más brigadas, la guerra avanzaba hacia el oeste y la población regresaba a sus hogares destruidos. Aunque el Partido intentó guiar y controlar este recurso humano tan bienvenido, tuvo que actuar con cautela para que no se viera que microgestionaba abiertamente los proyectos que cada brigada decidía emprender: había que mantener el ambiente festivo de la victoria. Aun así, en un espíritu que recordaba al de los planes quinquenales de los años treinta, los periódicos elogiaban las hazañas tanto de brigadas como de

Alexandra Cherkásova, quien lideraría el movimiento cívico para reconstruir la ciudad.

individuos excepcionalmente productivos, lo que avivó la competencia entre grupos de trabajo para ver quién podía movilizar a más trabajadores y cuántas tareas podían completarse. Pronto, se puso en marcha un «registro de Cherkásova», que funcionaba casi como cuaderno de cronometraje y proporcionó al Partido y a los planificadores administrativos datos con los que orientar de algún modo el movimiento.[9]

Tal como atestiguaban, en la época postcomunista, algunas de las memorias de los hombres que lucharon por la ciudad con la 13.ª Guardia, la realidad de la vida en una «brigada Cherkásova» podía ofrecer situaciones muy diversas cuando se confrontaba con la manipulación política y mediática. Los civiles que se ofrecieron voluntarios de manera entusiasta contrastaron con los que se sintieron presionados a contribuir. Muchos celebraban sus logros y las nuevas habilidades que habían adquirido, pero otros pensaban que trabajar en esos proyectos solo les garantizaba un camino más fácil en la educación y en las carreras que habían elegido.

En cualquier caso, el movimiento se extendió por todo el país y, para cuando el Ejército Rojo llegó a Berlín, las brigadas Cherkásova se habían convertido en un elemento básico de la vida rusa, y se hablaba de ellas tanto en las noticias como en la calle mientras los proyectos de renovación y nueva construcción tomaban forma en Leningrado, Kiev, Smolensk y Sebastopol. El papel de Cherkásova en este resurgir de las cenizas del gran sacrificio quedaría firmemente asentado en el momento en el que se reunió de manera oficial con Pávlov (ahora subteniente) en Stalingrado durante el verano de 1945. Entonces, el militar aceptó de manera formal, de manos de Cherkásova, el edificio terminado que él había defendido con tanta tenacidad. Aquel fue un acontecimiento que la prensa local y nacional cubrió: era una leyenda unida a otra.

Por decreto del Presídium del Sóviet Supremo de la Unión Soviética del 17 de junio de 1945, el subteniente Pávlov fue condecorado con el prestigioso título de Héroe de la Unión Soviética, así como con la Estrella de Oro por sus acciones en Stalingrado en 1942. Ya lo habían condecorado por su posterior servicio como oficial de artillería con dos Órdenes de la Estrella Roja y con una Orden de Lenin por otras heridas recibidas en los combates con el Tercer Frente ucraniano y el Segundo Frente bielorruso entre 1943 y 1945. La iniciativa de concederle una de las más altas condecoraciones del país había partido del propio mariscal Chuikov, que se había reunido y conversado con él en Polonia mientras su 8.º Ejército de Guardias avanzaba hacia el oeste. Parece ser que la medida se cuestionó hasta cierto punto, ya que el coronel Elin —el antiguo comandante del 42.º Regimiento de Pávlov de la época— había dicho a los periodistas y a sus veteranos en reuniones posteriores que no sabía nada de la recomendación para tan alto honor. En agosto de 1946, Pávlov fue desmovilizado del Ejército Rojo tras rechazar una oferta para permanecer con su unidad acantonada en Stettin. En realidad, estaba agotado por los ocho años de servicio —la mayor parte en el frente— que había prestado a su país y todavía se estaba recuperando de la última de las tres heridas graves que había sufrido en la guerra. Ya se había afiliado al Partido Comunista y, como la mayoría de sus compañeros, quería emprender una nueva existencia como civil, pero su popularidad en la posguerra parece

La inscripción en la pared frontal de la «Casa de Pávlov» debida a Y. F. Pávlov: «Recibida de la camarada Cherkásova la casa, lista para ser habitada. 16 de julio de 1946».

haber condicionado su vida. En 1947, se casó y, al año siguiente, publicó unas breves memorias de su servicio en tiempos de guerra con una editorial afín a Stalin. La pareja se trasladó a Moscú, donde residieron durante nueve años; en esta ciudad, Pávlov estudió en la prestigiosa Escuela Superior del Partido Comunista de la Unión Soviética y su esposa enseñó ruso a estudiantes extranjeros de Vietnam y Corea del Norte, y allí nació Yuri, su hijo. Viajaba con frecuencia en nombre del Partido, tanto por Rusia y el bloque del Este como por Europa Occidental e incluso Cuba, donde entabló amistad con Fidel Castro. Yuri Pávlov, hoy un ingeniero jubilado que sigue viviendo en Nóvgorod —la ciudad natal de su padre— considera a su progenitor un hombre corriente que vivió una existencia extraordinaria:

> Nunca presumió de la Estrella de Oro delante de la gente, pero, al mismo tiempo, la apreciaba mucho. Vivía con modestia. Trabajaba mucho, participaba en actividades sociales, tomaba parte activa en inculcar a los jóvenes el sentido del patriotismo y el amor a la patria. A menudo, me decía: «Nosotros, los soldados del Ejército soviético, no pensábamos que fuera una hazaña: simplemente, cumplíamos con nuestro deber militar». Nunca dijo: «Yo defendí la casa», sino más bien: «La defendimos». Mi padre se hizo amigo del legendario francotirador Vasili Záitsev, con quien solía asistir a distintos eventos en Volgogrado.[10]
>
> El 7 de mayo de 1980, Pávlov recibió el título de Ciudadano Honorario de la Heroica Ciudad de Volgogrado por los «especiales servicios prestados en la defensa de la ciudad y la derrota de las tropas nazis en la batalla de Stalingrado». Esta es la realidad si uno visita Volgogrado y recorre los lugares de la batalla en torno a la plaza del Nueve de Enero y el distrito central.

No obstante, cuando me encontraba investigando los testimonios de quienes sirvieron con la 13.ª División de Fusileros de la Guardia en Stalingrado durante la batalla, una anécdota saltó a mi encuentro. Se trataba de una carta remitida al director del recién creado Museo Panorama de la ciudad en 1957; fue escrita por el capitán Zhúkov —comandante del 3.ᵉʳ Batallón de Fusileros del 42.º Regimiento de Fusileros de la Guardia— quien tenía responsabilidad operacional en la zona de la plaza del Nueve de Enero. Al igual que muchos otros veteranos de la batalla, el museo requirió al teniente primero Zhúkov que respondiera a una serie de preguntas que permitirían a su archivo crear un banco de recuerdos de la batalla. Una de estas se refería a la heroica lucha por la Casa de Pávlov, sobre la que incluso Chuikov, el propio comandante del 62.º Ejército, había dicho la frase, tantas veces citada, de que habían muerto más soldados alemanes intentando tomar la posición que los que habían fallecido capturando París en 1940.[11]

En su respuesta a Nadezhda Mijáilovna Shevtsova, la entonces directora del museo (entre 1956 y 1958), el teniente primero Zhúkov declaró:

Usted deseaba conocer a todos los participantes en la defensa de la Casa de Pávlov. Créame, camarada Shevtsova: esto es sencillamente imposible. Al fin y al cabo, las personas que estaban allí no eran siempre las mismas, se marchaban todos los días y la casa se reponía con nuevos soldados, ¿cómo puede uno recordarlas a todas? Puedo recordar a unas diez personas, a las que ya conoce: Pávlov, Romodónov, Sabgayda, Glushchenko, Vóronov, Kalinin, el instructor médico Iváschenko, Formusatov, el comandante de la sección de ametralladoras Afanásiev, el instructor político Avagímov, el comandante de la compañía Náumov y el combatiente Voedínov, que, más tarde, fue enlace con el teniente primero Dórojov.

En el momento en el que el ordenanza médico Kalinin informó al comandante del regimiento, el coronel de la guardia Elin, de que el edificio del número 61 de la calle Penzenskaya había sido tomado por el sargento Pávlov y otros tres soldados que se habían defendido allí, un corresponsal estaba presente y, al día siguiente, un periódico de primera línea publicó un artículo titulado «La casa del sargento Pávlov». Ni nosotros ni el comando pensamos, en aquel momento, que la casa pasaría a la historia con este nombre.[12]

Aunque las líneas temporales se confundieron en ocasiones, el teniente primero Zhúkov y otras personas que colaboraron en la elaboración de los archivos y concedieron entrevistas con posterioridad elogiaron a todos los combatientes que se defendieron del sitio, así como el heroísmo de Pávlov. No obstante, sí pusieron en cuestión la narrativa, para entonces asentada, que se les ofrecía. ¿Cuánto duró el asedio? ¿Quién fue el comandante? ¿Y cuántos hombres lucharon allí? En esencia, ¿qué verdad se esconde detrás de los tópicos elaborados y publicados por primera vez en el *Bandera de Stalin*, el *Estrella Roja* y el *Pravda* en noviembre de 1942, y que, luego, tras repetirse una y otra vez, todo el mundo aceptaba?

Otro testigo clave —que ya había sobrevivido a los combates a mediados de septiembre, cuando la 13.ª Guardia desembarcó en el terraplén occidental— fue el teniente Dragan de la 1.ª Compañía, 1.er Batallón del 42.º Regimiento del coronel Elin. Su testimonio pone de relieve una manifiesta discrepancia respecto del relato oficial, a saber, que el asedio de la casa durase cincuenta y ocho días. Puede que este fuera el tiempo que Pávlov estuvo allí, pero los combates por el edificio y la zona en sí se prolongarían durante muchos más días y semanas de 1943. Con el teniente primero Náumov, el comandante original del edificio, muerto en el asalto a la lechería —lugar en el que el propio Pávlov había sido gravemente herido y desde donde lo evacuaron de la ciudad—, Elin transfirió a Dragan a la 7.ª Compañía, que debía defender de la casa:

> En la segunda quincena de diciembre [...] Elin me dio la orden de defender la Casa de Pávlov y convertirla en un baluarte de nuestra defensa. [...] Desde entonces, comenzó la defensa de la Casa de Pávlov, pero el propio Pávlov ya no estaba en esta casa para ese momento. [...] Tanto mi 7.ª Compañía como yo mismo la defendimos hasta el final de la batalla de Stalingrado.[13]

A esta afirmación de Dragan la siguió una nueva evaluación de la actuación colectiva de su unidad, que luchó en la casa:

> Durante más de cuatro meses, los guardias de la 7.ª Compañía y de la 3.ª Compañía de Ametralladoras defendieron un edificio de cuatro plantas, llamado la «Casa de Pávlov», en la plaza del Nueve de Enero de la heroica Stalingrado.[14]

En la excelente historia oral de Michael K. Jones sobre los veteranos del Ejército Rojo que lucharon en Stalingrado, el testimonio de Gueorgui Potanski confirma que la historia oficial también ocultó el tamaño de la guarnición:

> Yo estaba en el molino cuando nos enteramos de que habían tomado la Casa de Pávlov. En pocas horas, conseguimos que entrasen otros 7 hombres y, al día siguiente, enviamos otros 30. Poco después, llegaron otros 50, y luego, otros 70. Nuestra unidad de ingenieros de combate había construido una trinchera de 100 metros desde el sótano del molino hasta la Casa de Pávlov, y enviamos refuerzos: ametralladores, artilleros antitanque, soldados de infantería y observadores de artillería. [...] Los 24 hombres fueron deliberadamente escogidos para la guarnición con el propósito de enfatizar la configuración de las repúblicas de la Unión Soviética.[15]

La pregunta sobre quién estaba al mando de la guarnición la responde la persona que, sobre el terreno, dio efectivamente tal orden: el coronel Elin, comandante del 42.º Regimiento de Fusileros de la Guardia. En su propio testimonio ante la persona al frente del museo en los años cincuenta, declaró que fue él quien dio instrucciones al teniente primero Zhúkov para que iniciase la operación de estabilización de su línea defensiva y para que un oficial superior comandase la recién adquirida posición que ahora sobresalía en tierra de nadie:

> Tras su captura, la casa entró en el sistema de la zona defensiva del 3.er Batallón de Fusileros. Se asignó la responsabilidad de la

defensa al comandante de batallón Zhúkov y este se la asignó al comandante de la 7.ª Compañía de Fusileros, Náumov.[16]

Por último, Potanski confirma la cuestión principal de quién ocupó realmente la casa. Potanski era un observador de reconocimiento y artillería del 42.º Regimiento de Fusileros de la Guardia que entró en la casa en los primeros días de la operación, y confirmó a Jones el carácter y la valentía de Pávlov: «Era mi compañero de combate: valiente, directo y honrado».[17] Sin embargo, a continuación admite una obviedad que, muy posiblemente, desde el final de la guerra, ha venido aflorando a la superficie durante décadas entre los veteranos: la cuestión de quién está en situación de registrar los hechos y contar «sus» historias. «Hubo muchos otros como él en nuestra guarnición que no han entrado en los libros de historia: fue el espíritu de camaradería lo que hizo a nuestras tropas tan fuertes».[18]

Esta narración nunca ha pretendido mancillar la reputación de un hombre ni socavar el orgullo de un país por su historia militar reciente, aunque su actual líder pretenda utilizarla como pretexto para invadir una nación soberana cuando pongo fin a este libro. En mi opinión, la batalla de Stalingrado es, sencillamente, la hazaña más asombrosa de resistencia humana, sacrificio y armas de la historia de la guerra. En ambos bandos del conflicto, hombres, mujeres y niños mostraron un nivel único de valor y devoción por sus camaradas, su unidad, su ciudad y su país. Las pérdidas y el sufrimiento son inimaginables para los estudiosos de la historia contemporáneos, aunque la devastación infligida a las ciudades ucranianas de Járkov y Mariúpol en 2022 nos da una idea. Ahora bien, tras haber investigado el material existente y los nuevos testimonios que se van descubriendo, es de suma importancia garantizar que llegamos a la verdad acerca de todos los aspectos de la batalla. Para mí, la Casa de Pávlov representa un momento en el que la historia imaginada se consideró más importante que la verdad real con el fin de apuntalar la moral de una nación y de un ejército maltrecho en un momento crítico de la Segunda Guerra Mundial en el frente oriental. Este relato cumplió un propósito, pero, durante la época comunista, tuvo una importancia tan grande que fue imposible cuestionar su veracidad: en términos sencillos, no se puede construir una leyenda para, después, derribarla. Todos los hombres que lucharon allí y los que sirvieron en el 42.º Regimiento de la 13.ª Guardia, que pueblan esta historia, son héroes, incluido el sargento inferior Pávlov, pero él no es el único. Ahora, incluso hay una campaña en curso para renombrar el edificio como «Casa de Afanásiev», aunque, en el actual clima, se podría aducir que tal cosa nunca sucederá mientras el presidente Putin siga en el poder.

La última página de las memorias de Afanásiev resume el precio que cada hombre del Ejército Rojo pagó para defender la ciudad y cómo, a pesar de la destrucción, surgió una nueva vida y la ciudad renació:

En 1946, al regresar de vacaciones, tuve que transitar por la ciudad del Volga. En cuanto el tren se detuvo en la estación, me sentí de inmediato atraído por la plaza del Nueve de Enero. Mi mujer y yo paseamos tranquilamente por la ciudad. Por todas partes, había edificios en ruinas, pero nuestra atención se centró en las numerosas obras en construcción. Aquí y allá se ponían los cimientos de nuevas casas, se construían nuevas calles y se restauraban las antiguas.

Nos emocionamos mucho al acercarnos al memorable edificio. La casa ya estaba restaurada, pero los agujeros de bala y metralla en las paredes recordaban todo lo que habíamos pasado. En la pared del fondo, que daba al Volga, una esmerada mano había escrito los nombres de mis camaradas de armas más cercanos, los valientes defensores del legendario bastión. Junto a ellos, había una inscripción más reciente: «¡Te reviviremos, querida Stalingrado!».

Tras salir de la casa, la rodeamos y nos quedamos un rato en la plaza. Por las calles despejadas, circulaban convoyes de camiones cargados de material de construcción; entre los escombros, la gente se afanaba con carretillas y palas. Los habitantes estaban restaurando su ciudad.[19]

Agradecimientos

Debo dar las gracias a Nikolái Chuikov por tomarse el tiempo de responder a mis preguntas sobre la actuación y el legado de su abuelo en los combates de Stalingrado. Fue un placer que participase en el proyecto. También deseo expresar mi agradecimiento a Yuri Pávlov por estar dispuesto a responder a mis preguntas sobre su padre durante y después de la batalla. El doctor Uwe Roske ha contribuido de forma decisiva a mi investigación, al aportar una visión única y reveladora de la batalla desde la perspectiva alemana. Su padre, el general de división Friedrich Roske, fue capturado y encarcelado durante doce años, y regresó a Alemania Occidental en 1955. Dejó tras de sí una notable colección de diarios, dibujos, cartas enviadas a casa y unas memorias inéditas antes de suicidarse en 1956. La mayor parte de estas nunca se habían publicado, y agradezco a la familia Roske que me haya permitido dar a conocer su historia al público general. Los documentos personales del unteroffizier Albert Wittenberg fueron de un valor incalculable a la hora de permitirme apreciar la experiencia del soldado alemán de a pie durante aquella ofensiva de verano en su avance hacia Stalingrado y el desastre que les aguardaba. Muchas gracias a Frank, su hijo, por facilitarme el material.

La investigación realizada a fin de escribir este libro me ha llevado por múltiples derroteros, ligeramente dificultados por las restricciones de movimiento que el confinamiento impuso a cualquier historiador que intentara visitar archivos en Gran Bretaña y en otros lugares. A pesar de ello, tuve la gran suerte de poder viajar a los archivos del Museo Panorama de Volgogrado en el invierno de 2020. Mi agradecimiento a todo el personal que facilitó mi estancia de una semana en sus oficinas y que, posteriormente, me ayudó con mis numerosas consultas de seguimiento sobre el material. Deseo dar las gracias a Mijaíl Shuvárikov y a Volgograd Sputnik Travel, su agencia de viajes al campo de batalla, por toda su ayuda y atención antes, durante y después de mi visita a la ciudad de Volgogrado. La cantidad de testimonios en primera persona que investigué en los archivos fue tan increíble como desalentador fue el proceso de traducción, por lo que he de dar las gracias a Andréi Efímenko por su trabajo. Asimismo, Lawrence G. Kelley también fue un omnipresente experto que se tomó el tiempo necesario para explicarme con detalle el material que estaba leyendo para que pudiera comprender con plenitud su significado e incorporarlo a mi narración de manera precisa. Desde una perspectiva alemana, quiero agradecer tanto a Bernd Kostka como a Uda Delbanko su ejemplar labor de experta traducción de las numerosas cartas, memorias y diarios que recibí de varias familias cuyos parientes lucharon con el 6.º Ejército en 1942-1943.

Otros expertos en Rusia a los que quiero dar las gracias son el doctor Ian R. Garner, experto en literatura y cultura soviética y rusa relacionada con la Gran Guerra Patria de la Universidad de Toronto, que me ayudó de manera extraordinaria al responder a todas mis preguntas y compartir su último trabajo de investigación sobre la cobertura de la prensa soviética de la batalla de Stalingrado. Muchas gracias al director Christoph Meissner del Museo Berlín-Karlshorst, quien me proporcionó contactos e ideas para seguir investigando en Rusia. Por su parte, el doctor Matthew D. Cotton, de la Universidad de Washington, fue de gran ayuda al compartir su investigación sobre el programa de reconstrucción de Stalingrado tras la batalla, y Alekséi Shirokormadov, a la hora de localizar y proporcionar distintos testimonios soviéticos, así como artículos periodísticos de la batalla. Un agradecimiento especial a Jason Mark por su análisis experto del relato de la batalla.

Me gustaría dar las gracias a varios colegas que también son historiadores y autores por derecho propio, y que han apoyado este proyecto: James Barr, Jonathan Dimbleby, Karen Farrington, Robert Forczyk, James Holland, Michael K. Jones, Giles

Milton, Al Murray, Laurence Rees y William Taubman. Muchas gracias a Marcus Cowper, editor de Osprey Publishing, por su prontitud en apoyar mi investigación con varios títulos de su excelente catálogo. También agradezco el apoyo prestado por Tony Pastor, de Goalhanger Films, que ha sido un gran sostén de este proyecto, y por Rob Attar, de la *BBC History Magazine*.

Me quito el sombrero ante Craig Fraser por una portada tan bonita, y ante Martin Lubikowski, de ML Design, por los excelentes y clarificadores mapas.

Por último, estoy en deuda con la confianza y el apoyo recibidos de Mark Lucas, mi agente literario de The Soho Agency, que ha sido una fuente de sabiduría durante todo este proceso, y con George Lucas, de InkWell Management, en Nueva York. Estoy igualmente agradecido a Andreas Campomar, de Constable; a Holly Blood, su editora, y a Henry Lord, mi publicista. En Scribner, en Nueva York, siempre estaré agradecido por tener un editor tan brillante como Colin Harrison, que cuenta con el diestro apoyo de Emily Polson y Jason Chappell.

Por último, he dedicado este libro a mis hijos, ambos historiadores en ciernes, pero terminaré esta larga lista dando las gracias a la única persona que siempre estuvo a mano para escuchar mis penas durante el confinamiento, así como para animar mi viaje a Rusia: mi mujer, Jo. No habría podido escribir este libro sin ella. Soy un hombre afortunado.

Iain MacGregor,
Londres, marzo de
2022

Notas

Bandera de Stalin, 31 de octubre de 1942, MZSB KP 21358.

Prólogo: Enterramos a los nuestros

1. Entrevista con Nikolái Chuikov en julio de 2021.
2. Octavo de doce hermanos, Chuikov nació el 12 de febrero de 1900 en el pueblo de Serébryanye Prudý, en la región de Tula, al sur de Moscú.
3. El 62.º Ejército fue rebautizado como 8.º Ejército de Guardias soviético, parte del 1.er Frente bielorruso. Chuikov recibió la rendición incondicional alemana el 2 de mayo de 1945.
4. Entre 1949 y 1953, Chuikov fue comandante en jefe del Grupo de Fuerzas Soviéticas en Alemania.
5. La familia Chuikov había solicitado a Brézhnev que su cuerpo fuera enterrado en el Mamáyev Kurgán.
6. Antiguo túmulo funerario que, supuestamente, debe su nombre al comandante tártaro derrotado en la batalla de Kulikovo en 1380.
7. Trasladaría su puesto de mando cuatro veces durante los combates debido a la acción enemiga.
8. El puesto de mando del 62.º Ejército del general Chuikov en el Mamáyev Kurgán.
9. (1908-1974). Entre sus otras obras, figura el Monumento de Guerra Soviético en el Treptower Park de Berlín, construido entre 1946 y 1949, que le valió fama internacional y el reconocimiento de los jerarcas comunistas.
10. Ejemplo del realismo socialista, esta estatua de más de ocho mil toneladas de peso es la más alta de Europa, con una altura de ochenta y cinco metros, más que la Estatua de la Libertad de Nueva York y el Cristo Redentor de Río de Janeiro.

11. El coronel general Mijaíl Stepánovich Shumílov, que comandaba el 64.º Ejército de Stalingrado, formaba parte del comité oficial de planificación de la construcción del complejo Mamáyev Kurgán y, finalmente, no aprobó el presupuesto en protesta por el predominio de Chuikov en su diseño.

12. En sus memorias, *La batalla de Stalingrado,* Chuikov pintó una imagen gráfica de la ceremonia de la victoria y la emoción que sintió: «Al ver las columnas de soldados formadas, con las que había sobrevivido a 185 días y noches de fuego, rompí a sudar. Comencé mi discurso con las siguientes palabras. «Juramos resistir hasta la muerte, no rendir Stalingrado al enemigo. Hemos resistido. Hemos mantenido nuestra palabra a la Madre Patria»».

13. Entrevista con Nikolái Chuikov en julio de 2021.

14. Scott W. Palmer, «How Memory Was Made: The Construction of the Memorial to the Heroes of the Battle of Stalingrad», *Russian Review,* 68 (julio de 2009): 373-407.

15. Entre el 10 de noviembre y el 17 de diciembre de 1942, se calcula que Záitsev mató a 225 soldados enemigos.

16. Los veteranos de Stalingrado reconocieron la relación simbólica de la estatua, de más de 16,5 metros de altura, con su antiguo comandante y se reunieron allí cada año hasta mediados de los años ochenta.

Introducción

1. John Erickson, *The Road to Stalingrad* (Cassell Military Classics, 2003), p. 41.

2. Para el Ejército Rojo, las bajas en Stalingrado ascendieron a 2,5 millones.

3. Profesor Richard Vinen, *A History in Fragments: Europe in the Twentieth Century* (Little, Brown, 2010).

4. Como parte de la desestalinización tras la muerte del dictador, Stalingrado pasó a llamarse Volgogrado en 1961.

5. Stalin fue aclamado Hombre del Año 1942 por una agradecida revista *Time.* Hitler había disfrutado del mismo honor en 1938.

6. Agencia de noticias Interfax, según se recoge en Damien Sharkov, «What Happened at Stalingrad?», *Newsweek,* febrero de 2018.

7. Asedio de trece días de un fuerte religioso cerca de San Antonio por tropas mexicanas durante la Revolución de Texas en 1836.

8. Del 21 de febrero al 18 de diciembre de 1916, la batalla más larga de la Gran Guerra en el frente occidental en Francia.

9. Brandon M. Schecter, *The Stuff of Soldiers: A History of the Red Army in World War II Through Objects* (Cornell University Press, 2019), p. 21.

10. Más de 50 divisiones fueron destruidas, aproximadamente 147 000 soldados murieron y 91 000 fueron capturados. Richard Overy, *Russia's War 1941-45* (Penguin, 1997), p. 186

11. John Erickson, *The Road to Stalingrad* (Cassell Military, 2003), p. 43.

12. En ruso, Ставка. Derivada del pasado imperial de Rusia, la Stavka fue el alto mando de las Fuerzas Armadas soviéticas durante la Segunda Guerra Mundial responsable de la estrategia, los suministros y la supervisión directa de los principales mandos militares dirigidos por Iósif Stalin *(Stavka Verkhovnogo Glavnokomandovaniya)*.

13. GlavPU RKKA, la Dirección Política Principal del Ejército Rojo.

14. En ruso, фронтовик. «Frontoviki» no era el mismo término genérico que el estadounidense «G. I. Joe», el británico «Tommy» y el alemán «Landser». Se trataba de un término específico dado a aquellos soldados del Ejército Rojo que combatían en el frente.

15. La vida de un soldado de primera línea del Ejército Rojo en Stalingrado se medía en horas.

16. «Días de Stalingrado» fue una serie de ensayos para el *Pravda* escritos por el periodista moscovita V. N. Kuprín.

17. *Daily Mail*, titular de portada, 1 de febrero de 1943.

18. *New York Times*, 3 de febrero de 1943.

19. Espadón de doble filo y dos manos, de aproximadamente 1,2 metros de longitud, con una guarda cruzada de plata maciza. A día de hoy, se expone en el Museo Panorama de Volgogrado.

20. El locutor favorito de Stalin que había anunciado la invasión alemana el 22 de junio de 1941 y leería todas las proclamas importantes del Gobierno durante la guerra.

21. El crítico de cine británico Richard Taylor describió la película como «una película que rinde culto a la personalidad». *Film Propaganda* (Londres), p. 48.

22. *Krásnaya Zvezda*, publicado por primera vez el 1 de enero de 1924, sigue siendo el órgano central de noticias del Ministerio de Defensa.

23. *Vida y destino* se publicó por primera vez en ruso, en Suiza, tras ser extraída del país de contrabando en 1980. En 1985, se publicó una edición en inglés. Los críticos comparan la obra de Grossman con la de León Tolstoi.

24. Burt Lancaster pasó tres semanas rodando en ocho ciudades soviéticas. Véase el episodio 5: «La defensa de Stalingrado».

25. En 2021, el crítico y editor Robert Gottlieb, en el *New York Times*, se refirió a *Vida y destino* como «la novela más impresionante escrita desde la Segunda Guerra Mundial».

26. El Movimiento Cherkásova se tratará en el «Epílogo».

27. Visita al museo interactivo «Rusia es mi historia», 2 de febrero de 2018.

28. Fue elegido tres veces diputado del Sóviet Supremo de la República Socialista Federativa Soviética de Rusia.

29. La ciudad vuelve a llamarse «La Heroica Ciudad de Stalingrado» seis días al año, todos ellos relacionados con la Gran Guerra Patria y la batalla por la ciudad: el 2 de febrero, por la victoria en Stalingrado; el 9 de mayo, por la victoria en Europa; el 22 de junio, por la invasión inicial de Alemania; el 17 de julio, por el comienzo de la batalla de Stalingrado; el 23 de agosto, por los bombardeos aéreos sobre la ciudad, y el 19 de noviembre, por el comienzo de la operación Urano.

30. *Tsentral'nyy Arkhiv Ministerstva Oborony Rossiyskoy Federatsii (*Archivos Centrales del Ministerio de Defensa de Rusia).

31. En ruso, агитпроп: la promulgación en los medios de comunicación de ideas gubernamentales favorables al comunismo.

32. Oficiales políticos soviéticos.

33. Cita de una entrevista de Jochen Hellbeck extraída del sitio web FacingStalingrad.com.

PARTE I: UN VERANO NEGRO PARA EL EJÉRCITO ROJO

Capítulo 1: Lanzando los dados: la batalla de Moscú (1941)

1. «Mólotov se dirige al pueblo soviético», 22 de junio de 1941, RG-60.0880, US Holocaust Memorial Museum.

2. En los tres primeros días de Barbarroja, la Luftwaffe destruyó 3100 aviones. Christer Bergström, *Barbarossa—The Air Battle: July-December 1941* (Classic Publications, 2007).

3. Hitler había rechazado el término en varias ocasiones. El Ejército alemán había utilizado la *Blitzkrieg* durante la Gran Guerra, pero para hacer referencia a una ofensiva basada en ataques de infantería contra puntos débiles estratégicos que, luego, darían lugar a un cerco más amplio.

4. Debe su nombre al emperador Barbarroja, el líder del Sacro Imperio Romano Germánico del siglo XII durante la tercera cruzada.

5. David M. Glantz y Jonathan M. House, *Stalingrad* (University Press of Kansas, 2017), pp. 5-6.

6. Entre los purgados, se habían contado tres de los cinco mariscales de la Unión Soviética, los once viceministros de Defensa, setenta y cinco de los ochenta miembros del Sóviet Militar, todos los comandantes de los distritos militares, trece de los quince comandantes de ejército, la mitad de los comandantes de cuerpo y el treinta por ciento de los oficiales por debajo del nivel de brigada.

7. Al menos, el veintiocho por ciento de los blindados alemanes (1023 tanques) lo componían los Panzer Mks. I y II, de inferior calidad.

8. Ben H. Shepherd, *Hitler's Soldiers: The German Army in the Third Reich* (Yale University Press, 2016) p. 115.

9. Catherine Merridale, *Ivan's War-The Red Army 1939-45* (Faber & Faber, 2005), pp. 59-60.

10. Albert Axell *Russia's Heroes 1941-45* (Constable & Robinson, 2001), p. 33.

11. Charles Messenger, *The Last Prussian: A biography of Gerd von Rundstedt* (Pen & Sword Military, 2018), p. 209.

12. Inicialmente, el Grupo de Ejércitos Norte capturaría Leningrado y sus alrededores, y enlazaría con los finlandeses, lo que eliminaría a la flota rusa en el Báltico y aumentaría la influencia alemana en Escandinavia. Los Grupos de Ejércitos Centro y Sur avanzarían solo hasta una línea de sur a norte: Odesa en el mar Negro, Kiev, Orsha, el lago Ilmen y Leningrado. Entonces, si el tiempo lo permitía,

el Grupo de Ejércitos Norte podría avanzar hacia el sudeste desde Leningrado hacia Moscú mientras el Grupo de Ejércitos Centro avanzaba hacia el este sobre la capital. Todas las demás operaciones se pospondrían hasta el año siguiente, cuando el cuartel general elaboraría nuevos planes basados en el mapa de situación.

13. Nigel Askey, *Operation Barbarossa: The Complete Organisational and Statistical Analysis, and Military Simulation*, II B (Lulu Publishing, 2014).

14. Joel S. A. Hayward, *Stopped at Stalingrad* (University Press of Kansas, 1998), p. 2.

15. Las «Directrices para el comportamiento de las fuerzas de combate» afirmaban que el bolchevismo era «el enemigo mortal del pueblo alemán nacionalsocialista» y que el soldado alemán debía mostrar «una acción despiadada y enérgica contra los agitadores bolcheviques, guerrilleros, saboteadores, judíos y la completa liquidación de cualquier resistencia activa o pasiva». En cuanto a los prisioneros de guerra rusos, «se exige extrema reserva y la más alerta vigilancia hacia todos los miembros del Ejército Rojo, incluidos los prisioneros».

16. Geoffrey Roberts, *Victory at Stalingrad*, 1.ª edición (Routledge, 2002) pp. 29-30.

17. Alemania y Japón, junto con la Italia de Mussolini, habían firmado el Pacto Tripartito el 27 de septiembre de 1940. Era uno de una serie de acuerdos entre las tres potencias para contrarrestar la amenaza económica de Estados Unidos.

18. La creencia de Stalin de que la batalla de Inglaterra era el preludio de una invasión marítima reforzó su confianza en que la propia *Blitzkrieg* del Ejército Rojo podría funcionar si Hitler se centraba en el oeste. Su jefe de Estado Mayor Zhúkov y el comisario de defensa Semión Timoshenko, guiados por la mano de Stalin, habían ordenado a los militares que trazaran planes para un ataque preventivo que derrotase a las fuerzas alemanas en la Polonia occidental ocupada y en Prusia Oriental en menos de cuarenta días.

19. La receta original del cóctel molotov era una mezcla de etanol, alquitrán y gasolina en una botella de 750 mililitros. Durante la guerra de Invierno, se fabricaron más de 450 000.

20. Budionni, exoficial de caballería zarista que luchó por los bolcheviques en la guerra civil rusa, fue un superviviente y confidente de Stalin. Cuando, en 1939, le hablaron de la importancia del tanque en la guerra que se avecinaba, comentó: «No me convenceréis. En cuanto se declare la guerra, todo el mundo gritará: «¡Que venga la caballería!». Los acontecimientos de la contraofensiva de invierno le dieron la razón hasta cierto punto.

21. B. Bonwetsch, «The Purge of the Military and the Red Army's Operational Capability During the "Great Patriotic War"», en B. Wegner, ed., *From Peace to War: Germany, Soviet Russia and the World, 1939-1941* (Oxford, 1997), pp. 396-98.

22. Jruschov, el futuro primer secretario de la Unión Soviética, sería uno de ellos en el frente de Stalingrado, donde trabajaría junto al mariscal Andréi Ivánovich Yeriómenko.

23. El general Dimitri Pávlov, comandante ruso del Frente Occidental, junto con sus ayudantes, fue llamado a Moscú, juzgado y ejecutado por el NKVD (precursor del KGB) por aparente condescendencia. Muchos otros comandantes soviéticos del Frente Occidental correrían una suerte similar ese verano.

24. Doc. N.º N-16845-F, «The War Journal of Generaloberst Franz Halder, Chief of the General Staff of Supreme Command of the German Army (OKH), Vol VI» (Archives Section Library Services, Fort Leavenworth, Kansas).

25. *Ibidem.*

26. Entrevista con Nikolái Vasílievich Orlov extraída del sitio web iRemember.

27. Para el 30 de septiembre, el Grupo de Ejércitos Sur había perdido 35 000 hombres y 250 tanques y piezas de artillería.

28. *Rasputitsa,* que significa literalmente 'cortes de tráfico', es un término ruso para referirse a las condiciones que se dan en primavera y otoño, cuando las fuertes lluvias y el deshielo hacían intransitables las carreteras sin asfaltar.

29. Doc. N.º N-16845-G, «The War Journal of Generaloberst Franz Halder, Chief of the General Staff of Supreme Command of the German Army (OKH), Vol VII» (Archives Section Library Services, Fort Leavenworth, Kansas).

30. Hitler había planeado el destino de Leningrado el 22 de septiembre, emitiendo una directiva para que la ciudad fuera borrada por la artillería y los ataques aéreos, y su población, liquidada.

31. Walter Kerr, *The Secret of Stalingrad* (Doubleday & Company, 1978), p. 5.

32. Incluyendo 24 000 muertos y 5000 desaparecidos en combate.

33. Georgui Zhúkov, *The Battle for Stalingrad* (Holt, Reinhart & Winston, 1963).

34. La bolsa, que contenía más de 100 000 hombres del 16.º Ejército, fue rodeada entre el 8 de febrero y el 21 de abril de 1942. Fueron abastecidos por un puente aéreo a costa de 106 aviones de transporte y 387 aviadores, pero el éxito de los alemanes en el reabastecimiento de un ejército cercado tendría repercusiones fatales a finales de año en Stalingrado.

35. Esta única operación, en la que participaron cientos de miles de trabajadores que cargaron y transportaron en trenes y vehículos cientos de fábricas, refinerías de petróleo y plantas siderúrgicas, había logrado lo imposible en las más duras condiciones invernales. Había supuesto un gran coste humano, pero garantizaba que el país siguiera teniendo capacidad para hacer la guerra.

36. La lucha por recuperar este valioso terreno que dominaba las principales rutas de suministro duraría quince meses y costaría más de un millón y medio de bajas. Sus combatientes la apodaron sombríamente la «Picadora de Carne de Rzhev».

37. Más de cuarenta generales fueron destituidos o «retirados» del servicio, entre ellos, los mariscales de campo Von Bock y Von Rundstedt, y el comandante supremo del Ejército alemán Von Brauchitsch.

38. Aunque las condiciones reinantes no eran en absoluto comparables a las del invierno de 1941-42 en Stalingrado.

Capítulo 2: La historia se repite: 15 de marzo – 28 de mayo de 1942

1. Adolf Hitler, *Reden und Proklamationen, 1932-45*, II, pp. 1.871-74 (Domarus, ed.), extraído de Earl F. Ziemke, *Stalingrad to Berlin: The German Defeat in the East* (Centro de Historia Militar, Ejército de Estados Unidos, 2002).

2. «Discurso por el Día de la Memoria de los Héroes», Berlín, 15 de marzo de 1942.

3. Richard Overy, *Russia's War 1941-45* (Penguin, 2010), p. 154.

4. Von Brauchitsch había sufrido un ataque al corazón el 19 de noviembre y fue retirado a la Führereserve (reserva de oficiales) por orden de Hitler en diciembre tras el fracaso de la operación Tifón.

5. En noviembre de 1941 se disponía de tan solo 33 000 reemplazos entrenados de la Zona del Interior.

6. Las horas de trabajo para construir un submarino equivalían al tiempo de construcción de dos Panzer (dependiendo del tipo).

7. David M. Glantz y Jonathan M. House, *Stalingrad* (University Press of Kansas, 2017), pp. 8-9.

8. Entre diciembre de 1941 y junio de 1942, más de quinientos mil hombres alemanes fueron retirados de la industria armamentística y la agricultura para cubrir las vacantes en las fuerzas armadas.

9. El mariscal de campo Von Rundstedt presentó incluso el argumento de que el Ejército alemán debería retirarse a su línea de frente polaca original para reducir sus líneas de defensa y suministro.

10. El mariscal de campo Reichenau, del 6.º Ejército, comentando al capitán Jordan, su oficial de Estado Mayor, en Guido Knopp, *Hitler's Warriors: Paulus the Defector* (Maguncia, Alemania, 1998).

11. Escuadrones de la muerte paramilitares empleados en toda la Europa ocupada por Alemania, concretamente en el este, bajo el liderazgo del Reichsführer-SS Heinrich Himmler.

12. Von Reichenau se quejó oficialmente de la escasez de municiones para el 6.º Ejército debido a que las unidades de las SS disparaban a los judíos.

13. Wilhelm Adam y Otto Rühle, *With Paulus at Stalingrad* (Pen & Sword, 2015).

14. Ya en la fase inicial de planificación de Barbarroja, en julio de 1940, Hitler había esbozado la necesidad de apoderarse de los campos petrolíferos del Cáucaso. La directiva del Führer número 32 establecía cómo conseguirlo y la forma en la que, después, el Grupo de Ejércitos Sur avanzaría hasta el vecino Irán y se adentraría en Oriente Próximo para amenazar los activos de la

Palestina británica. Mientras sus ejércitos luchaban a las puertas de Moscú en noviembre de 1941, sus planificadores militares en Berlín publicaron nuevos informes sobre qué unidades especializadas necesitaría el Grupo de Ejércitos Sur para apoderarse, reparar y, luego, explotar los campos petrolíferos de Bakú y Maikop. Tal optimismo se había disipado con el subsiguiente contraataque soviético ese invierno, pero ahora, en medio de una partida de todo o nada, en la primavera de 1942, Hitler se convenció de que aún podía lograrse.

15. El FHO preparó mapas de situación de la Unión Soviética, Polonia, Escandinavia y los Balcanes, y reunió información sobre posibles adversarios.

16. Operación Kremlin, que implicó un aumento de los vuelos de reconocimiento de la Luftwaffe y el desplazamiento de dos divisiones Panzer alemanas.

17. *Stalin's Correspondence with Churchill, Attlee, Roosevelt and Truman, 1941-45* (Lawrence & Wishart, 1958), doc. 36, p. 41.

18. A. Beevor, *Stalingrad* (Penguin Books, 1998), p. 63.

Capítulo 3: Hacia el sur

1. Orden del día, número 55, 23 de febrero de 1942.

2. Entrevista al teniente Yampolski extraída del sitio web iRemember.

3. Instalaciones de retención para el personal que llega de un cerco enemigo o del cautiverio hasta que se hubiera comprobado su «fiabilidad».

4. Entrevista al teniente Yampolski extraída del sitio web iRemember.

5. *Diario del unteroffizier Albert Wittenberg (Copyright* Frank Wittenberg, Alemania, 2021).

6. El 11.º Ejército alemán sufrió 75 000 bajas, de las cuales, 25 000 fueron muertos.

7. *Diario del unteroffizier Albert Wittenberg (Copyright* Frank Wittenberg, Alemania, 2021).

8. *Ibidem.*

9. William Craig, *Enemy at the Gates: The Battle for Stalingrad* (Hodder & Stoughton, 1973), p. 13.

10. Esto no impidió que más de cincuenta mil personas, principalmente altos funcionarios del Partido y de la administración y sus familiares, obtuvieran permiso para marcharse a lo largo del mes de agosto.

11. Hugh Trevor-Roper, *Hitler's War Directives, 1939-45* (Sidgwick & Jackson, 1964), pp. 129-30.

12. *Ibidem.*

Capítulo 4: «¡Ni un paso atrás!»

1. Informes de la sala de situación, Cuartel General del 6.º Ejército, 19 de agosto, en Wilhelm Adam y Otto Rühle, *With Paulus at Stalingrad* (Pen & Sword, 2015) p. 48.

2. Entrevista con el teniente Iván Vladímirovich Máslov extraída de la web iRemember.

3. Pogoniĭ, *Stalingradskaia epopeia*, en John Hannstad, *The Power of Persuasion: Remembering the Battle of Stalingrad During the Thaw, 1958-1966* (Universidad de Carolina del Norte, 2014), p. 443.

4. Vasili Grossman, «En el Volga», *Krásnaya zvezdá*, 21 de agosto de 1942.

5. Yeriómenko aún cojeaba de las heridas que había recibido al luchar a las afueras de Moscú el invierno anterior.

6. Entrevista con el teniente Iván Vladímirovich Máslov extraída del sitio web iRemember.

7. BfZ, Colección Sterz. Vendido. Christian B., 198. Inf. Div., 23.8.42.

8. Extracto del reportaje «Remembering the Horrors of Stalingrad», de Daniel Sandford, BBC News, Volgogrado, 31 de enero de 2013.

PARTE II: TODOS LOS CAMINOS LLEVAN AL VOLGA

Capítulo 5: Una ciudad revolucionaria: el nacimiento de Stalingrado

1. Nikolái Alekséyevich Nekrásov (1821-1878) fue uno de los mejores poetas rusos del siglo XIX y escribió «En el Volga» en 1860.

Su familia vivía en el campo, junto al río, y él jugaba en sus orillas cuando era niño.

2. Janet Margaret Hartley, *The Volga* (Yale University Press, 2021), p. 2.

3. En ruso, Иван Васильевич. (25 de agosto de 1530-28 de marzo de 1584). Primer zar de Rusia 1547-75.

4. Tsaritsyn era apodada, y con razón, la «Chicago del Volga».

5. El Ejército Blanco era un «ejército de voluntarios» rusos que planeaban marchar sobre Moscú; sus líderes se oponían al socialismo y al internacionalismo, y exigían, en cambio, la restauración de la monarquía.

6. Jonathan Bastable, *Voices from Stalingrad* (David & Charles, 2007).

7. Robert Service, *Stalin: A Biography* (Pan Macmillan, 2004), p. 169.

8. William Craig, *Enemy at the Gates: The Battle for Stalingrad* (Hodder & Stoughton, 1973), pp. 35-36.

9. Martin Sixsmith, *Russia: A 1,000-Year Chronicle of the Wild East* (The Overlook Press, 2014).

10. La «colectivización», término utilizado para obligar a millones de campesinos rusos a trabajar en explotaciones estatales, provocó una hambruna generalizada y más de once millones de muertos en 1934. Eric Hobsbawn, *Age of Extremes* (Allen Lane, 1994).

11. «Stalingrado», en Leon E. Seltzer, ed., *Columbia Lippincott Gazetteer of the World* (Columbia University Press, 1952), p. 1818.

12. Волгоградский тракторный завод (историческая справка) [fábrica de tractores de Volgogrado (referencia histórica)]. Real Economy Information Portal, 2007, archivado desde el original el 5 de junio de 2008.

13. Aleksei Seménovich Chuyanov, *Two Hundred Days of Fire: Accounts by Participants and Witnesses of the Battle of Stalingrad* (Moscú, 1970), p. 225.

14. Frente a la estación, se erigió la que pronto se convertiría en la icónica escultura de la Fuente Barmaley, que muestra un círculo de niños que bailan alrededor de un cocodrilo.

15. Los 24.º y 64.º Ejércitos quedarían bajo el mando del general Yeriómenko del Frente del Sudeste. R. Forczyk, *Campaign 368: Stalingrad*, volumen 2, (Osprey Publishing, 2021), p. 23.

16. Fue primer secretario del Comité Regional de Stalingrado del Partido Comunista de 1938 a 1946.

17. Al mando del comandante Vasili Ivánovich Záitsev, la división había obtenido buenos resultados en los combates de aquel verano en la retirada hacia Stalingrado.

18. Justo antes del primer ataque a Stalingrado, se efectuaron más de 2700 detenciones en la ciudad y sus alrededores de personas que no tenían los papeles en regla.

19. Cita de Samsónov, *Stalingradskaia bitva*, p. 153.

Capítulo 6: Lluvia de fuego

1. John Erickson, *The Road to Stalingrad* (Cassell, 2003), p. 347.

2. Joel S. A. Hayward, *Stopped at Stalingrad* (University Press of Kansas, 1998), p. 183.

3. El VIII Cuerpo Aéreo sufrió el derribo de dos aviones. Un buen resultado comparado con las pérdidas del 8.º Ejército del Aire soviético: más de noventa bajas entre aviones derribados y pilotos muertos en el enfrentamiento unilateral.

4. USAFHRA K113.309-3 vol. 5: *Hauptmann Herbert Pabst, Staffelkapitan u.Gruppenkommandeur in einer Sturzkampfstaffel: Berichte aus Russland, 1942, 23 de agosto de 1942*; Joel S. A. Hayward, *Stopped at Stalingrad* (University Press of Kansas, 1998), p. 188.

5. Vasili Grossman, *A Writer at War: A Soviet Journalist with the Red Army, 1941-1945*. Antony Beevor y Luba Vinogradova, editores y traductores, (Harvill Press, 2005) («Grossman») pp. 130-131.

6. Doctor Wigand Wuster, *An Artilleryman in Stalingrad* (Leaping Horseman Books, 2007), p. 82.

7. Walter Kerr, *The Secret of Stalingrad* (Doubleday & Co. Ltd., 1978), p. 125.

8. Antony Beevor, *Stalingrad* (Viking, 1998), p. 109.

9. Robert Forczyk, *Campaign Series: Stalingrad*, volumen 1 (Osprey Publishing, 2021), p. 79.

10. H. Pabst Hauptmann, citado en Joel S. A. Hayward, *Stopped at Stalingrad: The Luftwaffe and Hitler's Defeat in the East 1942-43* (University Press of Kansas, 1998), p. 188.

11. El Fliegerkorps VIII bombardeó impunemente las fuerzas soviéticas sitiadas de Sebastopol, haciendo 23 751 salidas y lanzando 20 857 toneladas de bombas solo en junio.

12. William Craig, *Enemy at the Gates: The Battle for Stalingrad* (Hodder & Stoughton, 1973), p. 57.

13. Laurence Rees, *War of the Century: When Hitler Fought Stalin* (BBC Books, 1999), p. 143.

14. Burkov y Miakushkov, Letopistsy pobedy. 52, en I. R. Garner, *Stalingrad Lives* (Yale University Press, 2021), p. 46.

15. El lanzamiento de la primera bomba atómica del mundo, bautizada como «Little Boy», por el avión Enola Gay de las Fuerzas Aéreas del Ejército de los Estados Unidos (USAF), mató directamente a más de setenta mil personas. The Atomic Bombing of Hiroshima Archive, 3 de marzo de 2016, U.S. Department of Energy, Office of History and Heritage Resources.

16. Las bajas en los seis distritos de la ciudad del 24 al 26 de agosto fueron las siguientes. Distrito Tractor: 68 muertos y 247 heridos. Distrito de las Barricadas: 200 muertos y 120 heridos. Distrito Octubre Rojo: 62 muertos y 126 heridos. Distrito Dzerzhinski: 70 muertos y 68 heridos. Distrito Yermanski: 302 muertos y 257 heridos. Distrito Voroshílov: 315 muertos y 463 heridos. Un total de 1017 muertos y 1281 heridos. Walter Kerr, *The Secret of Stalingrad* (Doubleday & Co., 1978), p. 135.

17. Durante la batalla de Stalingrado, el teniente Merezhko sirvió en el cuartel general del 62.º Ejército. Ascendido a capitán, participaría en la batalla de Berlín en 1945.

18. Extracto de la entrevista de Jochen Hellbeck extraído del sitio web FacingStalingrad.com.

19. Los funcionarios del partido habían intentado ocultar el hecho de que, a mediados de agosto, se había permitido evacuar de la ciudad a casi ocho mil familias de la élite empresarial y del partido.

20. *Rechnoi transport SSSR 1917-1957: sbornik staei o razvitii rechnogo trans- porta SSSR za 40 let* (Moscú, 1957), p. 33.

21. МЗСБ НВФ 17123: «Recuerdos de Vladímir Konstantínovich Shústov, antiguo soldado del Ejército Rojo del 34.º Regimiento de Fusileros de la 13.ª División de Fusileros de la Guardia» (Archivos del Museo Panorama, Volgogrado).

22. En ruso, Всесоюзный ленинский коммунистический союз молодёжи; se trataba de células de las Juventudes Comunistas Leninistas. El grupo de edad final de las tres organizaciones juveniles era el siguiente: Pequeños Octubristas (9 años), Jóvenes Pioneros (9-14) y, luego, Komsomol (14-28). Después, se convertirían en miembros de pleno derecho del Partido Comunista.

23. Extracto del reportaje «Remembering the Horrors of Stalingrad», de Daniel Sandford, BBC News, Volgogrado, 31 de enero de 2013.

24. Informe de la sala de situación del cuartel general del 6.º Ejército, 19 de agosto, en Wilhelm Adam y Otto Rühle, *With Paulus at Stalingrad* (Pen & Sword, 2015) pp. 60-61.

25. Catherine Merridale, *Ivan's War: Inside The Red Army 1939-45* (Faber & Faber, 2005), p. 150.

26. Ian R. Garner, *Stalingrad Lives* (Yale University Press, 2021), p. 48.

27. Iliá Grigórievich Ehrenburg «The Russian Anthaeus», *Krásnaya zvezdá,* 20 de septiembre de 1942.

PARTE III: «HORMIGÓN VIVO»: LOS ENFRENTAMIENTOS DE SEPTIEMBRE

Capítulo 7: El Rey de Stalingrado

1. Laurence Rees, *War of the Century: When Hitler Fought Stalin* (BBC Books, 1999).

2. Hauptfeldwebel Friedrich Hundertmark, carta facilitada por cortesía de Frank Wittenberg.

3. General Rolf Wuthmann, 295.ª División de Infantería, en Ben H. Shepherd, *Hitler's Soldiers: The German Army in the Third Reich* (Yale University Press, 2016).

4. Vasili Ivánovich Chuikov, *The Battle for Stalingrad* (Ballantine, 1968).

5. Anatoli Grigórievich Merezhko, fragmento de entrevista citado en Jochen Hellbeck, «Facing Stalingrad: One Battle Births Two Contrasting Cultures of Memory», *Berlin Journal* 21 (otoño de 2011).

6. Hauptfeldwebel Friedrich Hundertmark, carta facilitada por Frank Wittenberg.

7. XXXXVIII Cuerpo Panzer y IV Cuerpo de Ejército (compuesto por la 4.ª División Panzer, la 14.ª División Panzer, la 29.ª División de Infantería Motorizada, la 94.ª División y la 20.ª División de Infantería rumana, un total de 80 000 soldados). Robert Forczyk, *Campaign 368: Stalingrad*, volumen 2 (Osprey Publishing, 2021).

8. Doctor Wigand Wuster y Jason Mark, *An artilleryman in Stalingrad* (Leaping Horseman Books, 2007), p. 94.

9. Memorias inéditas del general de división Friedrich Roske (con permiso del doctor Uwe Roske, Alemania, 2021).

10. Recuerdos de Ernest-August Deppe, papeles de Ronald MacArthur Hirst, caja 12, carpeta «Hartmann, Alexander von,» Hoover Institution Library & Archives, Estados Unidos.

11. *Ibidem.*

12. *Die 71. Infanterie-Division 1939 - 1945 ; Gefechts- und Erlebnisberichte aus den Kämpfen der "Glückhaften Division" von Verdun bis Stalingrad, vom Monte Cassino bis zum Plattensee* ['La 71.ª División de Infantería 1939-1945; informes de combate y experiencias de batalla de la «División Afortunada» de Verdún a Stalingrado, de Montecassino al lago Balatón'] (Dörfler, 2006), pp. 462-63.

13. Doctor Wigand Wuster y Jason Mark, *An artilleryman in Stalingrad* (Leaping Horseman Books, 2007), p. 93.

14. El Sturmgeschütz III carecía de torretas y ofrecía un perfil bajo para la protección y la ocultación. Dotado de un potente cañón de 75 mm, resultó muy eficaz en las primeras fases de la batalla. Fue el vehículo blindado sobre orugas que los alemanes produjeron en mayor cantidad durante la Segunda Guerra Mundial.

15. Memorias inéditas del general de división Friedrich Roske (cortesía del doctor Uwe Roske, Alemania, 2021).

16. Capitán Gerhard Münch, extracto de la entrevista citada en Jochen Hellbeck, «Facing Stalingrad: One Battle Births Two Contrasting Cultures of Memory», *Berlin Journal* 21 (otoño de 2011).

17. Memorias inéditas del general de división Friedrich Roske (cortesía del doctor Uwe Roske, Alemania, 2021).

18. Apenas podía sospecharlo, pero, cuatro meses más tarde, Roske estaría situado a unos cientos de metros de esta posición, rodea-

do de tanques rusos y preparándose para rendirse con los pocos hombres que quedaban de su división.

19. Memorias inéditas del general de división Friedrich Roske (cortesía del doctor Uwe Roske, Alemania, 2021).

20. *Ibidem.*

21. Doctor Wigand Wuster y Jason Mark, *An artilleryman in Stalingrad* (Leaping Horseman Books, 2007), p. 101.

22. General Hans Doerr, jefe de Estado Mayor alemán de enlace con el 4.º Ejército rumano, en Geoffrey Roberts, *Victory at Stalingrad*, 1.ª edición (Routledge, 2002).

23. Memorias inéditas del general de división Friedrich Roske (cortesía del doctor Uwe Roske, Alemania, 2021).

24. *Ibidem.*

Capítulo 8: Haz venir a los Guardias

1. МЗСБ НВФ 990, «Recuerdos del coronel Iván Pávlovich Elin, comandante del 42.º Regimiento de Fusileros de la Guardia de la 13.ª División de Fusileros de la Guardia», 7 de abril de 1961 (Archivos del Museo Panorama, Volgogrado).

2. Mariscal Vasili Ivánovich Chuikov, *The Battle for Stalingrad* (Ballantine Books, 1968), p. 145.

3. *Ibidem,* p. 146.

4. Escapar de la debacle de Járkov había costado a la división más de un setenta por ciento de bajas al defenderse de los contraataques alemanes. Véanse МЗСБ НВФ 990, «Recuerdos de Iván Pávlovich Elin, comandante del 42.º Regimiento de Fusileros de la Guardia de la 13.ª División de Fusileros de la Guardia», 7 de abril de 1961 (Archivos del Museo Panorama, Volgogrado).

5. Sirviendo bajo el nombre encubierto de «Pablito», había sido un asesor militar soviético clave en la batalla de Guadalajara en 1937, cuando los republicanos españoles derrotaron al cuerpo expedicionario de Mussolini.

6. La 5.ª Brigada Paracaidista (con aproximadamente 1700 hombres) del 3.er Cuerpo Aerotransportado.

7. МЗСБ НВФ 12219⁄2, «Recuerdos del teniente primero Alekséi Efímovich Zhúkov, comandante del 3.er Batallón de Fusileros

del 42.º Regimiento de Fusileros de la Guardia de la 13.ª División de Fusileros de la Guardia» (Archivos del Museo Panorama, Volgogrado).

8. En la 1.ª Compañía, 1.ᵉʳ Batallón, del 42.º Regimiento de Guardias, por ejemplo, de un total de 85, de todos los rangos, los grupos étnicos eran: 40 rusos, 15 ucranianos, 5 bielorrusos, 1 tayiko, 1 judío, 4 uzbekos, 5 tártaros, 3 georgianos, 2 kazajos, 2 bashkires, 2 chuvashios.

9. Brandon M. Schechter, *The Stuff of Soldiers: A History of the Red Army in World War II Through Objects* (Cornell University Press, 2019), p. 42.

10. Borís Sokolov, *Myths and Legends of the Eastern Front: Reassessing the Great Patriotic War 1941-45,* traducido por Richard Harrison (Pen & Sword, 2019).

11. Para el Día D de 1944, Estados Unidos había enviado más de 300 000 camiones y otros vehículos militares a los soviéticos, la mayoría de los cuales eran Studebaker 6x6 de 2,5 toneladas. American Historical Association.

12. «Alexander Rodimtsev» en I. Afanásiev, *Casa de la gloria militar,* 3.ª edición (Editorial DOSAAF, Moscú, 1970).

13. La leyenda de dos guardias que comparten un fusil al entrar en combate, tal como se muestra en la película *Enemigo a las puertas*, es, evidentemente, ridícula. La división habría estado armada por completo.

14. En el momento de la batalla, Krásnaya Slobodá era todavía una pequeña ciudad situada en la orilla oriental del Volga, frente al Cruce Central de Transbordadores hacia la ciudad. Rodeada de bosques, era una estación de paso ideal para que las unidades del Ejército Rojo permanecieran ocultas antes de entrar en Stalingrado.

15. МЗСБ НВФ 12219/2, «Recuerdos del teniente primero Alekséi Efímovich Zhúkov, comandante del 3.ᵉʳ Batallón de Fusileros del 42.º Regimiento de Fusileros de la Guardia de la 13.ª División de Fusileros de la Guardia» (Archivos del Museo Panorama, Volgogrado).

16. El самовар ruso, que significa 'hervidor propio', es un elaborado recipiente metálico cuya invención en Rusia se extendió por to-

dos los pueblos de la Unión Soviética. ¡Este autor ha disfrutado de muchas tazas de té negro salidas de uno de ellos!

17. *Two Hundred Days of Fire: Accounts by Participants and Witnesses of the Battle of Stalingrad* (Moscú, 1970), p. 168.

18. «Alexander Rodimtsev», en I. Afanásiev, *Casa de la gloria militar,* 3.ª edición (Editorial DOSAAF, Moscú, 1970).

19. Mariscal de la Unión Soviética Vasili Ivánovich Chuikov, *STALINGRAD Battle of the Century* (Holt, Rinehart and Winston, 1964).

20. «Alexander Rodimtsev», I. Afanásiev, *Casa de la gloria militar,* 3.ª edición (Editorial DOSAAF, Moscú, 1970).

21. Evidentemente, Rodímtsev no se encontraba en condiciones de darse cuenta de lo obstinada que estaba siendo la defensa del Distrito Fabril, al norte. Para Rodímtsev, el colapso en el centro de la ciudad significaría un desastre para toda la posición del 62.º Ejército. Eso es lo que el propio Chuikov le había esbozado.

22. МЗСБ НВФ 12219/2, «Recuerdos del teniente primero Alekséi Efímovich Zhúkov, comandante del 3.ᵉʳ Batallón de Fusileros del 42.º Regimiento de Fusileros de la Guardia de la 13.ª División de Fusileros de la Guardia» (Archivos del Museo Panorama, Volgogrado).

23. Más de 470 000 unidades del sistema de armas antitanque de un solo disparo Degtyaryov, modelo de 1941, estarían en servicio en el Ejército Rojo en 1945.

24. МЗСБ НВФ 990, «Recuerdos del coronel Iván Pávlovich Elin, comandante del 42.º Regimiento de Fusileros de la Guardia de la 13.ª División de Fusileros de la Guardia», 7 de abril de 1961 (Archivos del Museo Panorama, Volgogrado).

25. *Ibidem.*

26. Cherviakov era un soldado regular que se alistó en 1933 y se graduó en la Escuela de Infantería de Járkov. En sus memorias, Rodímtsev lo describió como «una rara combinación [...] lleno de juventud y audacia, con la moderación y la disciplina de un guerrero».

27. «Alexander Rodimtsev», en I. Afanásiev, *Casa de la gloria militar,* tercera edición revisada (Editorial DOSAAF, 1970).

28. Un almacén de ladrillo donde se guardaban clavos y cables.

29. МЗСБ НВФ 990, «Recuerdos del coronel Iván Pávlovich Elin, comandante del 42.º Regimiento de Fusileros de la Guardia de

la 13.ª División de Fusileros de la Guardia», 7 de abril de 1961 (Archivos del Museo Panorama, Volgogrado).

30. Alexánder Rodímtsev, ¡Entre los guardias! (Editorial Moscú, 1967).

31. Y que, en algunos casos, han persistido hasta nuestros días.

32. Borís Sokolov, *Myths and Legends of the Eastern Front: Reassessing the Great Patriotic War 1941-45,* traducido por Richard Harrison (Pen & Sword, 2019), p. 131.

33. МЗСБ НВФ 535/1, «Recuerdos del teniente Antón Kuzmich Dragan, comandante de la 1.ª Compañía del 1.ᵉʳ Batallón del 42.º Regimiento de Fusileros, 13.ª División de Fusileros de la Guardia» (Archivos del Museo Panorama, Volgogrado).

34. Alexánder Rodímtsev, ¡Entre los guardias! (Editorial Moscú, 1967).

35. El asedio del elevador de grano es un relato demasiado épico como para hacerle justicia en uno o dos párrafos. La trilogía *Stalingrado* de David M. Glantz y Jonathan M. House (University Press of Kansas, 2017) es una lectura obligada a fin de comprender su importancia.

36. Alexánder Rodímtsev, ¡Entre los guardias! (Editorial Moscú, 1967).

37. МЗСБ НВФ 535/1, «Recuerdos del teniente Antón Kuzmich Dragan, comandante de la 1.ª Compañía del 1.ᵉʳ Batallón del 42.º Regimiento de Fusileros, 13.ª División de Fusiles de la Guardia» (Archivos del Museo Panorama, Volgogrado).

38. *Ibidem.*

39. Teniente Antón Kuzmich Dragan, en Michael K. Jones, *Stalingrad: How the Red Army Triumphed* (Pen & Sword, 2007), p. 121.

40. Denominada oficialmente «Jorovod de los niños» ('Corro de los niños'), la fuente se instaló en 1939. Basada en un cuento popular ruso, esta representa a seis niños riendo entrelazados mientras bailan alrededor de un cocodrilo africano.

41. МЗСБ НВФ 683, «Recuerdos de Iliá Vasílievich Vóronov, ametrallador de la 1.ª Compañía de Fusileros, entonces comandante de pelotón del 42.º Regimento de Guardias de la 13.ª División de Fusileros de Guardias» (Archivos del Museo Panorama, Volgogrado).

42. МЗСБ НВФ 763, «Recuerdos del teniente general Alexánder Ilich Rodímtsev, comandante de la 13.ª División de Fusileros de la Guardia».

43. Alexánder Rodímtsev, ¡Los guardias lucharon hasta la muerte! (Editorial Moscú, 1969).

44. Antony Beevor, *Stalingrad* (Viking, 1998), p. 137.

45. La Fuente Barmaley, estatua formada por un círculo de seis niños que bailan el jorovod alrededor de un cocodrilo.

46. Jonathan Bastable, *Voices from Stalingrad: First-hand Accounts from World War II's Cruelest Battle* (David & Charles, 2007).

47. William Craig, *Enemy at the Gates: The Battle for Stalingrad* (Hodder & Stoughton, 1973).

48. Doctor Wigand Wuster y Jason Mark, *An Artilleryman in Stalingrad* (Leaping Horseman Books, 2007), p. 109.

49. Boris Sokolov, *Myths and Legends of the Eastern Front: Reassessing the Great Patriotic War 1941-45,* traducido por Richard Harrison (Pen & Sword, 2019).

50. Los restos de: 10.ª División del NKVD; 91.er Regimiento de Seguridad Ferroviaria; 178.º, 249.º Regimiento de Convoyes; 112.ª División de Fusileros; 244.ª División de Fusileros; 133.ª y 137.ª Brigada de Tanques; 42.ª Brigada de Fusileros; 92.ª y 95.ª División de Fusileros; 6.ª Brigada de Tanques de la Guardia, y la Milicia Popular. En conjunto, la fuerza de 3 divisiones completas (30 000 hombres).

51. Mariscal de la Unión Soviética Vasili Ivánovich Chuikov, *STALINGRAD Battle of the Century* (Holt, Rinehart and Winston, 1964).

52. El 6.º Ejército sufrió casi dos mil bajas por los francotiradores en Stalingrado.

53. *Die 71. Infanterie-Division 1939 - 1945 ; Gefechts- und Erlebnisberichte aus den Kämpfen der "Glückhaften Division" von Verdun bis Stalingrad, vom Monte Cassino bis zum Plattensee* ['La 71.ª División de Infantería 1939-1945; Informes de combate y experiencias de batalla de la «División Afortunada» de Verdún a Stalingrado, de Montecassino al lago Balatón'] (Döfler, 2006), pág. 478.

54. Iliá Grigórievich Ehrenburg, «Stalingrado (I)», *Krásnaya zvezdá*, 6 de septiembre de 1942.

Capítulo 9: El éxito se mide en metros y cuerpos

1. Rodímtsev, *Doscientos días y noches* (Moscú, 1970), p. 174.
2. Lidin, «En casa saben que estás luchando» *Pravda* (septiembre de 1942): citado en Alexander Werth, *The Year of Stalingrad: A Historical Record and a Study of Russian Mentality, Methods, and Policies* (Alfred A. Knopf, 1947), 225.
3. Rodímtsev creía que Fedoséyev y todos sus hombres murieron en la batalla. En realidad, Fedoséyev fue capturado vivo y sobrevivió a la guerra.
4. МЗСБ НВФ 535/1, «Recuerdos del teniente Antón Kuzmich Dragan, comandante de la 1.ª Compañía del 1.er Batallón del 42.º Regimiento de Fusileros, 13.ª División de Fusileros de la Guardia» (Archivos del Museo Panorama, Volgogrado).
5. *Ibidem.*
6. *Ibidem.*
7. Michael K. Jones, *Stalingrad: How the Red Army Triumphed* (Pen & Sword Limited, 2007), p. 142.

Capítulo 10: Cambio en la cúspide

1. Diario de combate de la 71.ª División de Infantería, 1942.
2. El personal del cuartel general de Halder bautizó burlonamente al Alto Mando de las Fuerzas Armadas como «el buró militar del cabo Hitler». Basil Henry Liddell Hart, *The German Generals Talk* (William Morrow, 1975).
3. Heinz Schroter, *Stalingrad: The Epic Story of Germany's Greatest Military Disaster* (Ballantine, 1958), p. 42.
4. *Ibidem,* p. 49.
5. *Ibidem.*
6. Walter Goerlitz, *Paulus and Stalingrad* (Methuen, 1960), p. 65.
7. Zeitzler actuó como jefe de Estado Mayor del 1.er Ejército Panzer del general Paul Ludwig von Kleist, quien había encabezado la innovadora ofensiva alemana hacia Francia desde las Ardenas en 1940.
8. Albert Speer, ministro de Armamento y Producción Bélica del Reich, citó con cinismo los pensamientos del Führer, en Albert

Speer, *Inside the Third Reich* (Weidenfeld & Nicolson, 1995), p. 333.

9. Heinz Schroter, *Stalingrad: The Epic Story of Germany's Greatest Military Disaster* (Ballantine, 1958), p. 49.

10. Diario de combate, 71.ª División de Infantería, 1942.

11. *Ibidem.*

Capítulo 11: El grupo de asalto y el arte de la defensa activa

1. General Vasili Chuikov, entrevista del 5 de enero de 1943, en Jochen Hellbeck, *Stalingrad: The City That Defeated the Third Reich* (PublicAffairs, 2015)

2. Para una comprensión completa de esta cuestión, véase David R. Stone, «Stalingrad and the Evolution of Soviet Urban Warfare», *Journal of Slavic Military Studies* 22, n.º 2 (2009): 195-207, DOI: 10.1080/13518040902918089.

3. Sobre la falta de una doctrina soviética clara para la lucha en las ciudades, véase G. Efímov, «*Nekotorye Voprosy Taktiki Oborony Gorodov v Pervom Periode Voiny*», *Voenno-Istoricheskii Zhurnal* (en adelante, VIZh) 2 (1977): 21-29.

4. Transcripción de la entrevista con el camarada teniente general Vasili Ivánovich Chuikov, en Jochen Hellbeck, *Stalingrad: The City That Defeated the Third Reich* (PublicAffairs, 2015), p. 285.

5. Mariscal de la Unión Soviética Vasili Ivánovich Chuikov, *STALINGRAD Battle of the Century* (Holt, Rinehart and Winston, 1964), p. 146.

6. «Orden 166 del 62.º Ejército», 26 de septiembre de 1942, sobre todo 7, en *ibidem*, p. 150.

7. Entre 1941 y 1945, la Unión Soviética produjo más de doce millones de fusiles y carabinas.

8. El modelo PPSh-41 y, posteriormente, el PPS-43 tenían un diseño radical. Utilizaban piezas estampadas más ligeras en lugar de piezas mecanizadas de mayor peso, por lo que podían producirse en grandes cantidades: entre 1941 y 1945, se fabricaron más de seis millones. Eran fáciles de mantener y limpiar, con innovadores cañones cromados.

9. La pala, una fina lámina de metal de 20 centímetros de largo y 15 de ancho, dibujada sobre un mango de 30 centímetros, podía tener una cabeza cuadrada o afilada.

10. Brandon M. Schechter, *The Stuff of Soldiers: A History of the Red Army in World War II Through Objects* (Cornell University Press, 2019), p. 130.

11. Konstantín Símonov, «Días y noches», *Krásnaya zvezdá*, 24 de septiembre de 1942.

12. *Po-platunski* (una forma de desplazamiento arrastrando el vientre extremadamente bajo).

13. «Transcripción de la entrevista con el camarada teniente general Vasili Ivánovich Chuikov, Stalingrado, 5 de enero de 1943», en Jochen Hellbeck, *Stalingrad: The City That Defeated the Third Reich* (PublicAffairs, 2015), p. 277.

14. «Directiva de la Stavka 170635 al Frente de Stalingrado, 5 de octubre de 1942», *Velikaia Otechestvennaia* 5, n.º 2: doc. 589, p. 411.

15. *VPnaV*, p. 472.

16. «Defensa de una gran zona poblada», pp. 136, 139; véase también «Instrucciones del Cuartel General del Alto Mando Supremo sobre la defensa de grandes zonas pobladas», *Documentos soviéticos*, pp. 240-41.

17. Mariscal de la Unión Soviética Vasili Ivánovich Chuikov, *STALINGRAD Battle of the Century* (Holt, Rinehart and Winston, 1964).

PARTE IV: MANTÉN CERCA A TU ENEMIGO

Capítulo 12: El origen de la leyenda: la captura del «Faro»

1. Este lema, tomado del comandante militar ruso del siglo XVIII, el general Alexánder Suvórov, fue adoptado por *Estrella Roja* para la portada de su edición del 3 de octubre de 1942, en la que se detallaba la actuación del Ejército Rojo en Stalingrado.

2. El caballo de Frisia consistía en un obstáculo defensivo improvisado con el que se tapaban los huecos en las fortificaciones de alambre de espino; a veces estaba hecho de madera, o alambre e incluso cristales rotos, y tachonaba la parte superior de un muro.

Resultaba muy eficaz para frenar los ataques de la infantería en campo abierto, y también para suprimir el fuego de la artillería y las ametralladoras.

3. I. Afanásiev, *Casa de la gloria militar*, 3.ª edición revisada (Editorial DOSAAF, 1970).

4. Mariscal de la Unión Soviética Vasili Ivánovich Chuikov, *STALINGRAD Battle of the Century* (Holt, Rinehart and Winston, 1964).

5. МЗСБ НВФ 990, «Recuerdos del coronel Iván Pávlovich Elin, comandante del 42.º Regimiento de Fusileros de la Guardia de la 13.ª División de Fusileros de la Guardia» (Archivos del Museo Panorama, Volgogrado).

6. МЗСБ НВФ 12219⁄2, «Recuerdos del teniente primero Alekséi Efímovich Zhúkov, comandante del 3.ᵉʳ Batallón de Fusileros del 42.º Regimiento de Fusileros de la Guardia de la 13.ª División de Fusileros de la Guardia» (Archivos del Museo Panorama, Volgogrado).

7. *Ibidem.*

8. МЗСБ НВФ 1062, «Recuerdos de Terenti Illárionovich Gridin, fusilero de la 7.ª Compañía del 42.º Regimiento de Fusileros de la Guardia de la 13.ª División de Fusileros de la Guardia» (Archivos del Museo Panorama, Volgogrado).

9. МЗСБ НВФ 12219⁄2, «Recuerdos del teniente primero Alekséi Efímovich Zhúkov, comandante del 3.ᵉʳ Batallón de Fusileros del 42.º Regimiento de Fusileros de la Guardia de la 13.ª División de Fusileros de la Guardia» (Archivos del Museo Panorama, Volgogrado).

Capítulo 13: Problemas en el norte

1. Citado de Iliá Grigórievich Ehrenburg, «*Ubei!*» («¡Matar!»), *Krásnaya zvezdá*, 24 de julio de 1942.

2. Diario del unteroffizier Albert Wittenberg *(Copyright* Frank Wittenberg, Alemania, 2021).

3. Johan Heesters, «*Man müsste Klavier spielen können*».

4. Diario del unteroffizier Albert Wittenberg (Copyright Frank Wittenberg, Alemania, 2021).

5. *Ibidem.*

6. *Ibidem.*

7. *Ibidem.*

8. *Ibidem.*

9. *Ibidem.*

10. *Ibidem.*

11. *Ibidem.*

12. *Ibidem.*

13. El 19 de octubre de 1942, Wittenberg fue trasladado en un tren-hospital a Oderberg, en la Alta Silesia (la actual República Checa), donde llegó seis días después. En 1943, fue trasladado de nuevo, cerca de Kandrzin-Cosel (hoy, Polonia), y permaneció allí hasta casi el final de la guerra. En abril de 1945, las milicias polacas tomaron el hospital y se lo entregaron al Ejército Rojo, tras lo cual, Wittenberg optó por huir al oeste, hacia las fuerzas estadounidenses.

14. Vasili Ivánovich Chuikov, *The Battle for Stalingrad* (Ballantine, 1964), p. 156.

Capítulo 14: El último asalto del 6.º Ejército: la operación Hubertus

1. El periódico oficial de las SS, citado en Jochen Hellbeck, «Facing Stalingrad: One Battle Births Two Contrasting Cultures of Memory», *Berlin Journal* 21 (otoño de 2011).

2. Adolf Hitler, 8 de noviembre de 1942, discurso con motivo del noveno aniversario del Putsch de la Cervecería.

3. Brandon M. Schechter, *The Stuff of Soldiers: A History of the Red Army in World War II Through Objects* (Cornell University Press, 2019), p. 179.

4. Vasili Ivánovich Chuikov, *The Battle for Stalingrad* (Ballantine, 1968).

5. Creados en el verano de 1942 a raíz de la orden número 227 de Stalin y formados principalmente por oficiales comisionados que habían caído en desgracia con el régimen. El servicio era de uno a tres meses en el frente y, en muchos casos, los batallones eran muy valorados por los comandantes del Ejército Rojo debido a la experiencia en combate de los hombres que servían en ellos. En la lucha por Stalingrado, sufrieron muchas bajas.

6. Extracto del reportaje «Remembering the Horrors of Stalingrad», de Daniel Sandford, BBC News, Volgogrado, 31 de enero de 2013.

7. Para las pérdidas del Ejército Rojo, véase David M. Glantz y Jonathan M. House, *Stalingrad* (University Press of Kansas, 2017), p. 284.

PARTE V: LA MAYOR VICTORIA

Capítulo 15: «La Cannas del siglo xx»: la operación Urano

1. Geoffrey Roberts, *Victory at Stalingrad*, 1.ª edición (Routledge, 2002), p. 118.

2. Jochen Hellbeck, *Stalingrad: The City That Defeated the Third Reich* (PublicAffairs, 2015), pp. 279-80.

3. David M. Glantz y Jonathan M. House, When Titans Clashed: How the Red Army Stopped Hitler (University Press of Kansas, 1995), p. 134.

4. Extracto de la entrevista de Jochen Hellbeck extraído del sitio web FacingStalingrad.com.

5. Heinz Schroter, *Stalingrad: The Epic Story of Germany's Greatest Military Disaster* (Ballantine, 1958), pp. 74-75.

6. William Craig, *Enemy at the Gates: The Battle for Stalingrad* (Hodder & Stoughton, 1973), pp. 204-5.

7. La decisión de Göring de anunciar que la Luftwaffe podía lograr esta tarea rebatía los argumentos de su propio personal. El 6.º Ejército requería 762 toneladas por día y Göring estaba de acuerdo en que 508 toneladas eran posibles. Su personal, tras analizar las herramientas de que disponían para realizar el trabajo, tuvo en cuenta todos los elementos y se decidieron por un máximo de 355 toneladas.

8. Horst Boog *et al., Germany and the Second World War*, vol. 5 (Clarendon Press, 2001), p. 1148.

9. V. E. Tarrant, *Stalingrad: Anatomy of an Agony* (Pen & Sword, 1992), pp. 142-43.

10. Documentos personales del coronel Friedrich Roske, I.R. 194, 71.ª División (Cortesía del doctor Uwe Roske, Alemania, 2021).

11. William Craig, *Enemy at the Gates: The Battle for Stalingrad* (Hodder & Stoughton, 1973), p. 211.

12. Documentos personales del coronel Friedrich Roske, IR. 194, 71.ª División (Cortesía del doctor Uwe Roske, Alemania, 2021).

Capítulo 16: La lucha sin cuartel

1. «*Kazhdyi dom Stalingrada-Krepost*», *Izvestia*, septiembre de 1942.

2. МЗСБ НВФ 990, «Recuerdos de Iván Pávlovich Elin, comandante del 42.º Regimiento de Fusileros de la Guardia de la 13.ª División de Fusileros de la Guardia» (Museo Panorama, Volgogrado).

3. Cita de Ulrich von Hutten, caballero alemán del siglo xv, erudito, poeta y escritor satírico, que, más tarde, se convirtió en seguidor de Martín Lutero y feroz reformador protestante.

4. El PAK 38 (pieza de artillería de 55 mm) fue el cañón antitanque estándar utilizado por la Wehrmacht durante la contienda.

5. МЗСБ НВФ 990, «Recuerdos de Iván Pávlovich Elin, comandante del 42.º Regimiento de Fusileros de la Guardia de la 13.ª División de Fusileros de la Guardia» (Museo Panorama, Volgogrado).

Capítulo 17: Se acaba la esperanza: Navidad en el Kessel

1. Geoffrey Roberts, *Victory at Stalingrad*, 1.ª edición (Routledge, 2002) p. 125.

2. Memorias inéditas del general de división Friedrich Roske (Cortesía del doctor Uwe Roske, Alemania, 2021).

3. La *Winterhilfswerk des Deutschen Volkes*, comúnmente conocida por su forma abreviada *Winterhilfswerk*, era una campaña anual de donaciones de la Beneficencia Popular Nacionalsocialista para ayudar a financiar obras de caridad.

4. Philip Westrich, batallón de bicicletas de la 100.ª División Jäger.

5. Willi Jettkowski, I.R. 191, *KLEEBLATT* n.º 75/1971, extraído del libro *Ich Kam Durch!* (Erich Pabel, 1970).

6. El capitán Hindenlang comenzó la batalla como teniente primero y fue ascendido al rango de capitán a principios de enero de 1943.

7. Memorias inéditas del general de división Friedrich Roske (Cortesía del doctor Uwe Roske, Alemania, 2021).

8. Laurence Rees, *War of the Century-When Hitler Fought Stalin* (BBC Books, 1999), p. 182.

9. Memorias inéditas del general de división Friedrich Roske (Cortesía del doctor Uwe Roske, Alemania, 2021).

10. *Ibidem.*

11. Vasili Grossman, *Estrella Roja*, 1 de enero de 1943.

12. Wilhelm Adam y Otto Rühle, *With Paulus at Stalingrad,* traducido por Tony Le Tissier (Pen & Sword, 2015), p. 168.

13. *Ibidem.*

14. El Frente del Don disfrutaba ahora de una superioridad de ocho a uno en hombres, cinco a uno en blindados y veinte a uno en artillería. David M. Glantz y Jonathan M. House, *Stalingrad* (University Press of Kansas, 2017), pp. 455-57.

15. En realidad, Pitomnik había sido «capturado» por un solo tanque T-34 dos días antes, cuando el personal alemán que defendía el aeródromo huyó aterrorizado. Un contraataque coordinado pronto lo ahuyentó y el aeródromo volvió a estar operativo durante otros dos días vitales.

16. David M. Glantz y Jonathan M. House, *Stalingrad* (University Press of Kansas, 2017), pp. 469-70.

17. El cuartel general del ejército de Paulus estaba formado por unos 120 soldados, además del teniente general Arthur Schmidt, su jefe de Estado Mayor, y el coronel Wilhelm Adam, su ayudante principal. Ambos fueron capturados junto a Paulus.

18. Wilhelm Adam y Otto Rühle, *With Paulus at Stalingrad,* traducido por Tony Le Tissier (Pen & Sword, 2015), p. 181.

19. William Craig, *Enemy at the Gates: The Battle for Stalingrad* (Hodder & Stoughton, 1973), p. 364.

20. Como coronel y comandante de un departamento de noticias, el 28 de diciembre fue trasladado a la bolsa de Stalingrado como recién nombrado jefe de noticias del 6.º Ejército.

21. Memorias inéditas del general de división Friedrich Roske (Cortesía del doctor Uwe Roske, Alemania, 2021).

22. Wilhelm Adam y Otto Rühle, *With Paulus at Stalingrad,* traducido por Tony Le Tissier (Pen & Sword, 2015), pp. 2-3.

23. *Ibidem.*

24. Heinz Schroter, *Stalingrad: The Epic Story of Germany's Greatest Military Disaster* (Ballantine, 1958).

Capítulo 18: El último comandante de la «División Afortunada»

1. Heinz Schroter, *Stalingrad: The Epic Story of Germany's Greatest Military Disaster* (Ballantine, 1958).

2. Doctor Wigand Wuster y Jason Mark, *An Artilleryman in Stalingrad* (Leaping Horseman Books, 2007), p. 162.

3. Cartas, diarios y testimonios de los papeles de Ronald MacArthur Hirst, caja 12, carpeta «Hartmann, Alexander von»; Hoover Institution Library & Archives, Estados Unidos.

4. Heinz Schroter, *Stalingrad: The Epic Story of Germany's Greatest Military Disaster* (Ballantine, 1958), pp. 221-22.

5. Cartas, diarios y testimonios de los papeles de Ronald MacArthur Hirst, caja 12, carpeta «Hartmann, Alexander von»; Hoover Institution Library & Archives, Estados Unidos.

6. Cartas, diarios y testimonios de los papeles de Ronald MacArthur Hirst, caja 12, carpeta «Hartmann, Alexander von»; Hoover Institution Library & Archives, Estados Unidos.

7. HELANO, 71. ID en *KLEEBLATT* n.º 45/1965, (parte 7).

8. Documentos privados del general de división Roske (Cortesía del doctor Uwe Roske, Alemania, 2021).

9. *Ibidem.*

10. *Ibidem.*

11. *Ibidem.*

12. *Ibidem.*

13. Según sus memorias, en realidad, Roske había tomado un grupo armado y se había acercado a un T-34 próximo, ondeando la bandera de tregua, y había hablado con un comandante sobre el terreno (el teniente primero Fiódor Ielchenko, de la 29.ª División de Fusileros) para transmitir el mensaje de que ahora deseaba parlamentar.

14. Capitán Lukyan Petróvich Morozov de la 38.ª, teniente superior Fiódor Ielchenko de la 29.ª, y un tal capitán Ribak de la 38.ª.

15. Teniente coronel Leonid Ábovich Vinokur, oficial político adjunto de la 38.ª Brigada de Fusileros Motorizados.

16. Testimonio del teniente coronel Leonid Ábovich Vinokur, en Jochen Hellbeck, *Stalingrad: The City That Defeated the Third Reich* (PublicAffairs, 2015), pp. 244-45.

17. El mariscal de campo August von Mackensen era prusiano y uno de los generales más destacados de la Alemania imperial en la Primera Guerra Mundial. Fue internado por los aliados tras su derrota en la batalla de Mărăşeşti, en Rumanía, en septiembre de 1917.

18. Felix Gilbert, ed., *Hitler Directs His War: The Secret Records of His Daily Military Conferences* (Nueva York, 1950), pp. 18-19.

19. Comandante Unruh.

20. Varios oficiales subalternos del Ejército Rojo que ya habían llegado al almacén del departamento antes que Laskin han declarado desde entonces que se habían reunido con Paulus de antemano. En este tipo de memorias, hay una gran competencia sobre quién afirma estar en posesión de la verdad. Lo que sí sabemos es que Laskin aún no se había reunido con Paulus mientras se producía la rendición. Había cedido su responsabilidad a Schmidt y Roske, y Schmidt se había hecho a un lado para que Roske actuase como principal intermediario del 6.º Ejército.

21. Extracto del reportaje «Remembering the Horrors of Stalingrad», de Daniel Sandford, BBC News, Volgogrado, 31 de enero de 2013.

22. Brandon M. Schechter, *The Stuff of Soldiers: A History of the Red Army in World War II Through Objects* (Cornell University Press, 2019), p. 222.

23. Lamentablemente, Roske nunca volvería a verlas. Tras su muerte por suicidio en 1956 en Alemania Occidental, el capitán Hindenlang llevó las medallas de su comandante detrás de su ataúd.

24. *KLEEBLATT* n.º 147/1988.

25. Después de su encarcelamiento inicial en Beketovka, entre enero de 1943 y octubre de 1955, Roske sería trasladado por el sistema penitenciario de Rusia como prisionero de guerra: Ivánovo (al noreste de Moscú) en marzo de 1946-1947; Stalingrado en septiembre de 1948 (donde fue condenado a veinticinco años de prisión); a un campo de fábricas de ladrillos en Vorkutá, al norte del círculo polar ártico en marzo de 1949; a un campo en

Asbest, en los Urales, en 1951; a un campo en Sochi, en el Mar Negro, desde 1954 hasta octubre de 1955. (Cortesía del doctor Uwe Roske, Alemania, 2021).

26. Documentos privados del general de división Roske (Cortesía del doctor Uwe Roske, Alemania, 2021).

Capítulo 19: El fin

1. Capataz del taller número 7 de la acería Octubre Rojo.

2. Doctor Wigand Wuster y Jason Mark, *An Artilleryman in Stalingrad* (Leaping Horseman Books, 2007).

3. Entrevista con Iósif Mirónovich Yampolski extraída del sitio web iRemember.

4. Felix Gilbert, ed., *Hitler Directs His War: The Secret Records of His Daily Military Conferences* (Oxford University Press, 1950), pp. 18-19.

5. William Taubman, *Khrushchev: The Man and His Era* (The Free Press, Simon & Schuster UK Ltd., 2003).

6. Brandon M. Schechter, *The Stuff of Soldiers: A History of the Red Army in World War II Through Objects* (Cornell University Press, 2019).

7. «*Dokladnaia zapiska zaveduiushchego originstruktorskim otdelom Stalingradskogo obkoma TsK VKP (B) Tingaeva v TsK VKP (B) Shambergu o rabote po vosstanovleniiu goroda*», julio de 1943, F.17, Op.88, D.226, RGASPL.

8. Samsónov, *Stalingradskaia bitva*, p. 316.

9. Un informe posterior del NKVD citaba que las tropas alemanas continuaron resistiendo en operaciones de limpieza que duraron hasta bien entrado marzo de 1943: las tropas de seguridad del NKVD mataron a más de dos mil y capturaron a otras ocho mil.

10. «The Battle for Stalingrad», de Paul Winterton, reportaje de la BBC desde Stalingrado, emitido el 9 de febrero de 1943. Extracto de *Witness History*, BBC Worldwide, 2 de febrero de 2013.

11. Incluso hoy en día. En noviembre de 2020, este autor descubrió el estabilizador vertical de un mortero pesado alemán cuando caminaba por las laderas occidentales del Mamáyev Kurgán.

12. Sargento médico de Estado Mayor Médico Meyer, del IR 194, de las memorias inéditas del general de división Friedrich Roske (Cortesía del doctor Uwe Roske, Alemania, 2021).

13. Los informes del NKVD de marzo de 1943 afirman que más de 11 000 soldados alemanes resistieron después de la rendición oficial, escondidos en sótanos, alcantarillas y ruinas. Los soviéticos mataron a 2418 y capturaron a otros 8646. *Stalingrad,* episodio 3: «*Der Untergang*», documental de la televisión alemana, dirigido por Sebastian Dehnhardt y Manfred Oldenburg.

14. «The Battle for Stalingrad», por Paul Winterton, reportaje de la BBC desde Stalingrado, emitido el 9 de febrero de 1943. Extracto de *Witness History*, BBC Worldwide, 2 de febrero de 2013.

15. Extracto de la entrevista de Jochen Hellbeck extraído del sitio web FacingStalingrad.com.

16. Robert Dale, *Divided We Stand: Cities, Social Unity and Post-War Recon- struction in Soviet Russia, 1945-1953* (Cambridge University Press, 2015), p. 506.

Epílogo: La leyenda del «Faro»

1. En ruso, «Никто не забыт и ничто не забыто», un adagio muy conocido en los archivos del Museo Panorama.

2. En el momento de la victoria en Stalingrado, el Ejército Rojo había sufrido las bajas de 5 639 782 muertos, desaparecidos, capturados o incapacitados para el servicio.

3. Brandon M. Schechter, *The Stuff of Soldiers: A History of the Red Army in World War II Through Objects* (Cornell University Press, 2019), p. 189.

4. *Ibidem,* p. 22.

5. Ian R. Garner, *Stalingrad Lives* (Yale University Press, 2021), p. 35.

6. *Ibidem*, p. 36-7.

7. «Esta es la Casa de Pávlov», *Bandera de Stalin*, 31 de octubre de 1942, MZSB KP 21358, URSS, RSFSR.

8. 'Mujeres de los escombros'. Incluso esta leyenda ha sido puesta en cuestión por historiadores alemanes cuyas investigaciones han revelado datos que demuestran que solo un pequeño porcentaje

de mujeres trabajó realmente en la reconstrucción de las infraestructuras destruidas del país.

9. Según las estimaciones recopiladas por el comité ejecutivo de la ciudad en 1951, a finales de 1943, cerca de 15 000 voluntarios registrados trabajaban en 821 brigadas de trabajo reconocidas de manera oficial en el interior de Stalingrado, aportando 480 000 horas de trabajo a la restauración de la ciudad. En 1944, el número de brigadistas había aumentado a más de 20 000. En conjunto, añadirían más de un 1 000 000 de horas de trabajo a la reserva de mano de obra de la ciudad.

10. Entrevista con Yuri Pávlov, septiembre de 2021.

11. Algo que repitió más tarde en sus memorias militares, *La batalla de Stalingrado*, a principios de la década de 1960.

12. «Recuerdos del teniente primero Alekséi Efímovich Zhúkov, comandante del 3.ᵉʳ Batallón de Fusileros del 42.º Regimiento de Fusileros de la Guardia de la 13.ª División de Fusileros de la Guardia» (Archivos del Museo Panorama, Volgogrado).

13. ЗСБ НВФ 535/1, «Recuerdos del teniente Antón Kuzmich Dragan, comandante de la 1.ª Compañía del 1.ᵉʳ Batallón del 42.º Regimiento de Fusileros, 13.ª División de Fusileros de la Guardia» (Archivos del Museo Panorama, Volgogrado).

14. МЗСБ НВФ 9146, «Recuerdos del teniente Antón Kuzmich Dragan, comandante de la 1.ª Compañía del 1.ᵉʳ Batallón del 42.º Regimiento de Fusileros, 13.ª División de Fusileros de la Guardia» (Archivos del Museo Panorama, Volgogrado).

15. Georgui Potanski, en Michael K. Jones, *Stalingrad: How the Red Army Triumphed* (Pen & Sword, 2007), p. 255.

16. МЗСБ НВФ 990, «Recuerdos del coronel Iván Pávlovich Elin, del 42.º Regimiento de Fusileros de la Guardia de la 13.ª División de Fusileros de la Guardia» (Archivos del Museo Panorama, Volgogrado).

17. Georgui Potanski, en Michael K. Jones, *Stalingrad: How the Red Army Triumphed* (Pen & Sword, 2007), p. 255.

18. *Ibidem.*

19. Extracto de I. Afanásiev, *Casa de la gloria militar,* (Editorial DOSAAF, 1970).

Bibliografía

Aboulin, Mansur. *Red Road from Stalingrad: Recollections of a Soviet Infantryman*. Pen & Sword Ltd., 2004.

Adam, Wilhelm y Rühle, Otto. *With Paulus at Stalingrad*. Pen & Sword Ltd., 2015.

Afanásiev, Iván Filíppovich. *Casa de la gloria militar*. Editorial DO-SAAF, 1970.

Antill, Peter. *Campaign Series 184: Stalingrad 1942*. Osprey Publishing Ltd., 2007.

Bastable, Jonathan. *Voices from Stalingrad: First-hand Accounts from World War II's Cruellest Battle*. David & Charles, 2007.

Beevor, Antony. *Stalingrad*. Viking, 1998. [*Stalingrado,* trad. Magdalena Chocano Mena, Crítica, 2015].

Beevor, Antony y Vinogradova, Luba. *A Writer at War: Vasily Grossman with the Red Army 1941-45*. Harvill Press, 2005.

Bergstrom, Christer. *Black Cross Red Star Air War Over the Eastern Front: Volume 4, Stalingrad to Kuban 1942–1943 Vol. 4*. Vaktel forlag; edición ilustrada, 2019.

Boog, Horst, *et al*. *Germany and the Second World War*, vol. 6. Clarendon Press, 2001.

Busch, Reinhold. *Survivors of Stalingrad: Eyewitness Accounts from the Sixth Army, 1942-43*. Frontline Books, 2012.

Chuikov, Vasili. *The Battle for Stalingrad*. Ballantine, 1968.

Craig, William. *Enemy at the Gates: The Battle for Stalingrad*. Hodder & Stoughton, 1973.

Dimbleby, Jonathan. *Barbarossa: How Hitler Lost the War*. Viking, 2021.

Erickson, John. *The Road to Stalingrad: Stalin's War with Germany*, vol. 1. Cassell, 1975.

Erickson, John. *The Road to Berlin: Stalin's War with Germany*, vol. 2. Orion, 1983.

Forczyk, Robert. *Campaign Series 254: Kharkov 1942*. Osprey Publishing Ltd., 2014.

Forczyk, Robert. *Campaign Series 359: Stalingrad 1942–43*, vol. 1. Osprey Publishing Ltd., 2021.

Forczyk, Robert. *Campaign Series 368: Stalingrad 1942–43*, vol. 2. Osprey Publishing Ltd., 2021.

Garner, profesor Ian R. *Stalingrad Lives*. Yale University Press, 2021.

Gerlach, Heinrich. *Breakout at Stalingrad*. Apollo, 2018.

Glantz, David M., y Jonathan M. House. Trilogía *Stalingrad*. University Press of Kansas, 2017. *[Stalingrado,* Desperta Ferro Ediciones, 2017-2022].

Goerlitz, Walter. *Paulus and Stalingrad*. Methuen & Co. Limited, 1960.

Grossman, Vasili. *Life and Fate*. Vintage, 2006. *[Vida y destino,* trad. Marta Rebón, Galaxia Gutenberg, 2023].

Grossman, Vasili. *Stalingrad*. Harvill Secker, 2019. *[Stalingrado,* trad. Andrei Kozinets, Galaxia Gutenberg, 2023].

Hartley, Janet Margaret. *The Volga*. Yale University Press, 2021.

Hayward, Joel S. A. *Stopped at Stalingrad: The Luftwaffe and Hitler's Defeat in the East*. University Press of Kansas, 1998.

Hellbeck, Jochen. *Stalingrad: The City That Defeated the Third Reich*. PublicAffairs, 2015.

Hill, Alexander. *The Red Army and the Second World War (Armies of the Second World War)*. Cambridge University Press, 2019.

Holmes, Richard. *The World at War*. Ebury Press, 2007.

Joly, Anton. *Stalingrad Battle Atlas*, Volume 1. STALDATA.COM, 2013.

Jones, Michael K. *Stalingrad: How the Red Army Triumphed*. Pen & Sword Ltd., 2007.

Jrushchov, Nikita. *Khrushchev Remembers*. Little, Brown, 1970.

Kerr, Walter. *The Secret of Stalingrad*. Doubleday & Co., 1978.

Kershaw, Ian. *To Hell and Back: Europe 1914–1949*. Allen Lane, 2015.

Kirchubel, Robert. *Atlas of the Eastern Front 1941–45*. Osprey Publishing Ltd., 2015.

Liddell Hart, Basil Henry. *The German Generals Talk*. William Morrow, 1975.

Makárov, Iván Filíppovich. *Born Under a Lucky Star: A Red Army Soldier's Recollections of the Eastern Front of World War II*. Anastastia Walker, 2020.

Mark, Jason D. *Death of the Leaping Horseman: The 24th Panzer Division in Stalingrad*. Stackpole Books, 2014.

Merridale, Catherine. *Ivan's War: Inside The Red Army 1939-45*. Faber & Faber Ltd., 2005.

Muller, Rolf-Dieter. *Hitler's War in the East, 1941-1945: A Critical Assessment*, 3.ª edición. Berghahn Books, 2009.

Overy, Richard. *Russia's War 1941-45*. Penguin, 1997.

Popov, Petr Pavlovich, Anatoli Venedíktovich Kozlov y Borís Grigórievich Usik. *Turning Point: Recollections of Russian Participants and Witnesses of the Stalingrad Battle*. Leaping Horseman Books, 2008.

Rees, Laurence. *War of the Century: When Hitler Fought Stalin*. BBC Worldwide Ltd., 1999.

The Road to Stalingrad. Time Life Books (serie ilustrada).

Roberts, Geoffrey. *Victory at Stalingrad*. Routledge, 2002.

Roberts, Geoffrey. *Stalin's Wars*. Yale University Press, 2006.

Rodímtsev, Alexander Ílich. ¡Entre los guardias! Editorial Moscú, 1967.

Rottman, Gordon L. *Warrior Series 123: Soviet Rifleman 1941-45*. Osprey Publishing Ltd., 2007.

Schechter, Brandon M. *The Stuff of Soldiers: A History of the Red Army in World War II Through Objects*. Cornell University Press, 2019.

Schroter, Heinz. *Stalingrad: The Epic Story of Germany's Greatest Military Disaster*. Ballantine, 1958.

Sebag Montifiore, Simon. *Stalin: The Court of the Red Tzar*. Weidenfeld & Nicolson, 2003.

Service, Robert. *Stalin: A Biography*. Pan Macmillan, 2004.

Sevruk, Vladímir. *Moscow to Stalingrad 1941-1942: Recollections, Stories, Reports*, 1970.

Shepherd, Ben H. *Hitler's Soldiers: The German Army in the Third Reich*. Yale University Press, 2016.

Sokolov, Borís. *Myths and Legends of the Eastern Front*. Pen & Sword Ltd., 2019.

Speer, Albert. *Inside the Third Reich*. Weidenfeld & Nicolson, 1995.

Stargardt, Nicholas. *The German War: A Nation Under Arms 1939–45*. Vintage, 2015.

Taubman, William. *Khrushchev: The Man and His Era*. The Free Press, Simon & Schuster, 2003.

Trevor-Roper, Hugh. *Hitler's War Directives, 1939–45*. Sidgwick & Jackson, 1964.

Turner, Jason. *Stalingrad: Day by Day*. Chartwell Books, 2012.

Two Hundred Days of Fire: Accounts by Participants and Witnesses of the Battle of Stalingrad. Moscú, 1970.

Vinen, profesor Richard. *A History in Fragments: Europe in the Twentieth Century*. Little, Brown, 2010.

Walsh, Stephen. *Stalingrad 1942–43*. St Martin's Press, 2001.

Werth, Alexander. *The Year of Stalingrad: On the Ground Reporting in 1942–43*. Hamish Hamilton, 1946.

Werth, Alexander. *Russia at War 1941-45*. Skyhorse Publishing, 2017.

Wuster, Wigand. *An Artilleryman in Stalingrad*. Leaping Horseman Books, 2007.

Záitsev, Vasili. *Notes of a Russian Sniper*. Pen & Sword Ltd., 2009.

Zemke, Earl F. *Stalingrad to Berlin: The German Defeat in the East*. Centro de Historia Militar, Ejército de Estados Unidos, 2002.

Zhúkov, Georgui Konstantínovich. *The Battle for Stalingrad*. Holt, Rinehart & Winston Inc., 1963.

Entrevistas

Nikolái Chuikov, Moscú, 3 de septiembre de 2021

Yuri Pávlov, Nóvgorod, 29 de septiembre de 2021

Yuli Chepurin, Moscú, 13 de octubre de 2021

Doctor Uwe Roske, del 1 al 9 de diciembre de 2021

Otras fuentes

Diario de combate de la 13.ª División de Guardias, Stalingrado, 1 de septiembre-31 de diciembre de 1942.

«The Battle for Stalingrad», de Paul Winterton. *Witness History*. BBC Worldwide, 2 de febrero de 2013.

Hellbeck, Jochen. «Facing Stalingrad: One Battle Births Two Contrasting Cultures of Memory». *Berlin Journal* 21 (2011).

Kahl, Hans, teniente coronel. *Stalin, the Soldier*. The Russia Today Society, Londres, 1945.

Roske, Friedrich, coronel del IR 194 y, más tarde, general de división de la 71.ª División de Infantería, memorias inéditas y documentos personales. Permiso amablemente concedido por el Doctor Uwe Roske.

Stone, David R. «Stalingrad and the Evolution of Soviet Urban Warfare». *Journal of Slavic Military Studies* 22, n.º 2 (2009): 195-207. DOI: 10.1080/13518040902918089.

Wittenberg, Albert, unteroffizier, 50.ª División de Infantería. Documentos inéditos. Permiso amablemente concedido por la familia.

Yampolski, Iósif Mirónovich, teniente, 23.ᵉʳ Cuerpo de Tanques. Entrevista extraída del sitio web iRemember.

Cartas, diarios y testimonios de los papeles de Ronald MacArthur Hirst, caja 12, carpeta «Hartmann, Alexander von». Hoover Institution Library, Estados Unidos.

Cartas, diarios y testimonios de los papeles de Ronald MacArthur Hirst, caja 19, carpeta «Roske, Friedrich». Hoover Institution Library, Estados Unidos.

Cartas, diarios y testimonios de los archivos del Museo-Reserva Estatal Histórico y Conmemorativo de la Batalla de Stalingrado

Referencia	*Título*
КП-1094	Esquema: la zona de defensa de la «Casa de Pávlov» en Stalingrado.
КП-19024	LIBRO. Saveliev L.I. *La Casa de Pávlov*, M., Rusia soviética, 1970.
НВФ-11961	Poema «La Casa de Pávlov». Autor: Zemlyakov B.A.
НВФ-2800 /1	Recuerdos de V. K. Kotsarenko sobre los combates en el centro de la ciudad, por la Casa en Forma de L, 1965. Texto mecanografiado.
КП-21954	Libro *Casa de la gloria militar* con una dedicatoria, autor: Iván Filíppovich Afanásiev, 1960.

НВФ-3276   Memorias de Yákov Fedótovich Pávlov.

НВФ-654   Recuerdos de Iván Filíppovich Afanásiev: teniente de la Guardia y comandante de una sección de ametralladoras del 3.ᵉʳ Batallón de Fusileros del 42.º Regimiento de Fusileros de la Guardia.

НВФ-1045   Recuerdos de A.V. Bóldyrev.

НВФ-683   Recuerdos de Iliá Vasílievich Vóronov: ametrallador de la 1.ª Compañía de Fusileros, luego jefe de pelotón del 42.º Regimiento de Fusileros de la Guardia.

НВФ-1062   Recuerdos de T. I. Gridin: guardia del Ejército Rojo y fusilero de la 7.ª Compañía del 42.º Regimiento de Fusileros de la Guardia.

НВФ-17798   Recuerdos de Alekséi Alekséyevich Dórojov: teniente primero de la Guardia del 42.º Regimiento de Fusileros de la Guardia de la 13.ª División de Fusileros de la Guardia.

КП-6403/4   Recuerdos de Fayzerajmán Zulabajárovich Ramazanov: cabo de la Guardia y comandante adjunto del regimiento de fusileros antitanque del 42.º Regimiento de Fusileros de la Guardia.

НВФ-1319   Recuerdos de Alekséi Ivánovich Iváschenko: sargento de la Guardia y artillero de la ametralladora pesada de la 3.ª Compañía de Ametralladoras del 3.ᵉʳ Batallón de Fusileros del 42.º Regimiento de Fusileros de la Guardia de la 13.ª División de Fusileros de la Guardia.

НВФ-1015   Recuerdos de Alekséi Efímovich Zhúkov: comandante del 3.ᵉʳ Batallón de Infantería del 42.º Regimiento de Fusileros de la Guardia.

НВФ-1210   Esquema del trabajo de las minas subterráneas en la zona de los depósitos de petróleo en el área defensiva de la 13.ª División de Fusileros de la Guardia.

КП-1374   Esquema de bloqueo del punto fuerte enemigo en el edificio del Banco del Estado. 18 de septiembre de 1942.

КП-5182   Listas de participantes en la batalla de Stalingra-
               do, 42.º Regimiento de Fusileros de la Guardia,
               13.ª División de Fusileros de la Guardia.

КП-427   Materiales sobre las hazañas de combate de los za-
               padores del 8.º Batallón de Zapadores de la Guardia
               de la 13.ª División de Fusileros de la Guardia.

НВФ-1218   Esquema de refuerzo y ubicación de la defensa de la
               Casa en Forma de L.

Н В Ф -   Recuerdos de I. G. Glazkov sobre el asalto a la Casa
12022/2   en Forma de L.

НВФ-7639   Esquema de la defensa del 3.ᵉʳ Batallón de Fusileros
               del 42.º Regimiento de Fusileros de la Guardia en la
               zona de la plaza del Nueve de Enero.

МЗСБ НВФ   Recuerdos del general de división Alexánder Ilich
763   Rodímtsev. Durante la batalla de Stalingrado,
               13.ª División de Fusileros de la Guardia.

МЗСБ НВФ   Recuerdos de Zimnyur Yunusovich Tyapaev: artille-
1051   ro de mortero de 82 mm de la Compañía de Mor-
               teros de la 13.ª División de Fusileros de la Guardia.

МЗСБ НВФ   Recuerdos de A. P. Seredintsev: soldado de la
1025   13.ª División de Fusileros de la Guardia.

МЗСБ НВФ   Recuerdos de Mijaíl Alekséyevich Andreyev, anti-
1789/1   guo ametrallador de la 20.ª Compañía de Ametra-
               lladoras de un batallón de ametralladoras separado
               de la 13.ª División de Fusileros de la Guardia.

МЗСБ НВФ   Recuerdos de Grigori Arséntievich Gulko, antiguo
1951   soldado del 8.º Batallón de Zapadores Separados
               de la Guardia de la 13.ª División de Fusileros de la
               Guardia.

МЗСБ НВФ   Recuerdos de Iván Teréntievich Artiomenko, te-
11146   niente primero e instructor político del 39.º Regi-
               miento de Fusileros de la Guardia de la 13.ª Divi-
               sión de Fusileros de la Guardia.

МЗСБ НВФ 3219		Recuerdos de Piotr Ivánovich Kuznetsov: teniente de la Guardia y comandante de una Compañía de Ametralladoras de la 13.ª División de Fusileros de la Guardia.

МЗСБ НВФ
3220

Recuerdos de Matvey Alekséyevich Rusakov: capi-tán de la Guardia de la Compañía de Morteros de la 13.ª División de Fusileros de la Guardia.

МЗСБ НВФ
4045

Recuerdos de Iván Nestérovich Kopeikin: coman-dante de la Escuela Divisional para personal de mando subalterno de la 13.ª División de Fusileros de la Guardia.

МЗСБ НВФ
12022/2

Recuerdos de Iván Grigórievich Glazkov, antiguo oficial de inteligencia del 34.º Regimiento de Fusi-leros de la 13.ª División de Fusileros de la Guardia.

МЗСБ НВФ
4316

Carta al «Komsomol y Juventud de Moscú» de los miembros del Komsomol de la Unidad de Guardias de la 13.ª División de Fusileros de la Guardia.

МЗСБ КП
4574

Orden del cuartel general de la 13.ª División de Fu-sileros de la Guardia, del 22 de diciembre de 1942, sobre la entrega al comandante del 3.ᵉʳ Batallón del 42.º Regimiento de Fusileros de una ametralladora pesada con una dotación de ametralladores, que se en-contraba en la posición de tiro en la «Casa de Pávlov».

МЗСБ КП
28356

Características de combate en el rendimiento de combate de Drónov Víctor Ivánovich, comandan-te del Batallón de Fusileros del 42.º Regimiento de Fusileros, 13.ª División de Fusileros de la Guardia.

МЗСБ КП
11401/2

Una carta desde el frente de Nikitin Vladímir Kuz-mich, soldado de la 13.ª División de Fusileros de la Guardia.

МЗСБ НВФ
16611

Recuerdos de Tijon Stepánovich Goloborodko: sar-gento inferior de la 7.ª Compañía de Ametrallado-ras, del 3.ᵉʳ Batallón de Fusileros del 42.º Regimien-to de Fusileros, de la 13.ª División de Fusileros de la Guardia.

МЗСБ НВФ 1310 — Recuerdos de Yusup Shaijóvich Bakeev: artillero de la 9.ª Batería de la 3.ª División del 32.º Regimiento de Artillería de la 13.ª División de Fusileros de la Guardia.

МЗСБ НВФ 17123 — Recuerdos de Vladímir Konstantínovich Shústov, antiguo soldado del Ejército Rojo del 34.º Regimiento de Fusileros de la 13.ª División de Fusileros de la Guardia.

к МЗСБ НВФ 12604 — Recuerdos de Serguéi Nikítovich Ashíjmanov: trabajador del KGB de Stalingrado en la 13.ª División de Fusileros de la Guardia.

МЗСБ НВФ 535/1 — Recuerdos de Antón Kuzmich Dragan, comandante de la 1.ª Compañía del 1.º Batallón del 42.º Regimiento de Fusileros, 13.ª División de Fusileros de la Guardia.

МЗСБ НВФ 17798 — Recuerdos de Alekséi Alekséyevich Dórojov: teniente primero de la Guardia y comandante de la 3.ª Compañía de Ametralladoras del 42.º Regimiento de Fusileros, 13.ª División de Fusileros de la Guardia.

МЗСБ НВФ 12219/1 — Copia de la carta, fechada el 17 de septiembre de 1942, escrita desde el frente por Alekséi Efímovich Zhúkov: comandante del 3.ᵉʳ Batallón de Fusileros del 42.º Regimiento de Fusileros de la Guardia de la 13.ª División de Fusileros de la Guardia.

МЗСБ НВФ 12219/2 — Recuerdos de Alekséi Efímovich Zhúkov: comandante del 3.ᵉʳ Batallón de Fusileros del 42.º Regimiento de Fusileros de la Guardia de la 13.ª División de Fusileros de la Guardia.

МЗСБ НВФ 683 — Recuerdos de Iliá Vasílievich Vóronov: ametrallador de la 1.ª Compañía de Fusileros, luego comandante de pelotón del 42.º Regimiento de Guardias de la 13.ª División de Fusileros de la Guardia.

Títulos de referencia del Museo-Reserva Estatal Histórico y Conmemorativo de la Batalla de Stalingrado

Biblioteca   *Claves del patrimonio histórico y arquitectónico de Tsaritsyn-Stalingrado-Volgogrado (1589-2004)*. Volgogrado: Editorial «Panorama», 2004. 240 pp.

Biblioteca   Oléinikov P.P. *El patrimonio arquitectónico de Stalingrado* [Texto]: monografía / P. P. Oléinikov. Volgogrado: 2012. 557, [1] página: ilustración, retrato, tabla, fax, ilustración en color.

Biblioteca   *«Heroica Ciudad del Volga: Guía de la historia y lugares de Volgogrado*. Moscú: Ediciones Militares, 1962. 144 pp.

Biblioteca   *«Volgogrado es una ciudad heroica»: Guía de la historia y lugares de la ciudad* / T. N. Náumenko, I. M. Lóginov, L. N. Mérinova.-M.: Rusia soviética, 1973. 287 p., 1 sección.

Biblioteca   Pávlov Yá. F. *En Stalingrado (notas del frente)* / Yá. F. Pávlov, Héroe de la Unión Soviética. Stalingrado: editorial regional. 32 p.: ilustración.

Biblioteca   Pánchenko Yu. N. *163 días en las calles de Stalingrado* / Yuri Pánchenko. Volgogrado: PrinTerra. 321, [1] p., [8] l. Ilustración: retrato.

Créditos de las fotografías

1. Getty Images
2. Colección del autor
3. Getty Images
4. Museo Panorama
5. Mijaíl Shuvarikov
6. Getty Images
7. Museo Panorama
8. Museo Panorama
9. Museo Panorama
10. Museo Panorama
11. Mijaíl Shuvarikov
12. Cortesía del doctor Uwe Roske
13. Archivo de la familia Hindenlang
14. Colección del autor
15. Frank Wittenberg
16. Frank Wittenberg
17. Getty Images
18. Museo Panorama
19. Museo Panorama
20. Museo Panorama
21. Museo Panorama
22. Museo Panorama
23. MHSSB KP 213/58
24. AKG
25. Colección del autor
26. Colección del autor
27. Cortesía del doctor Uwe Roske
28. Cortesía del doctor Uwe Roske
29. Cortesía del doctor Uwe Roske

30. Colección del autor
31. Colección del autor
32. Mijaíl Shuvarikov
33. Museo Panorama
34. Museo Panorama
35. Museo Panorama
36. Museo Panorama
37. Colección del autor
38. Mijaíl Shuvarikov
39. Cortesía del doctor Uwe Roske
40. Cortesía del doctor Uwe Roske
41. Cortesía del doctor Uwe Roske
42. Cortesía del doctor Uwe Roske
43. Colección del autor

Índice onomástico

Ático de los Libros le agradece la atención
dedicada a *El faro de Stalingrado* de Iain MacGregor.
Esperamos que haya disfrutado de la lectura
y le invitamos a visitarnos
en www.aticodeloslibros.com,
donde encontrará más información
sobre nuestras publicaciones.

Si lo desea, puede también seguirnos
a través de Facebook, Twitter o Instagram y
suscribirse a nuestro boletín utilizando su teléfono
móvil para leer los siguientes códigos QR: